David Daniel Kennedy

Le Feng Shui pour les Nuls
Titre de l'édition américaine : Feng Shui for Dummies

Publié par
IDG Books Worldwide, Inc.
Une société de International Data Group
919E. Hillsdale Blvd., Suite 400

Traduction : Claude Raimond.

ISBN 2-87691-687-8
Dépôt légal : 2e trimestre 2002
Nous nous efforçons de publier des ouvrages qui correspondent à vos attentes et votre satisfaction est pour nous une priorité. Alors, n'hésitez pas à nous faire part de vos commentaires :

Éditions Générales First
33, avenue de la République
75011 Paris – France
e-mail : firstinfo@efirst.com

Sommaire

Deuxième partie : Le Feng Shui de l'extérieur : dynamiser l'extérieur de l'habitation 119

Chapitre 7 : Améliorer l'énergie du terrain, du paysage et de l'extérieur de la maison 121

Chapitre 8 : Tirer le meilleur parti de la forme du terrain et de la maison 149

Chapitre 15 : Pour décupler l'énergie de la maison 279

Chapitre 16 : Utilisation du Feng Shui au bénéfice de votre carrière 295

Introduction

Regardez autour de vous. Que voyez-vous ? Que vous vous en rendiez compte ou non, ce qui vous entoure a une incidence profonde sur votre santé, votre fortune, votre vie de famille, vos relations, et même, assurément, votre destin.

Le Feng Shui est cet art chinois ancien consistant à améliorer chaque aspect de votre vie en agissant sur l'environnement selon les principes de l'harmonie et des flux énergétiques. Au cours des dix dernières années, le Feng Shui est devenu populaire en Occident, et de nos jours, de plus en plus de gens le pratiquent et recueillent les avantages associés à la disposition opportune des objets. Nombreux sont ceux qui parviennent désormais à faire naître l'harmonie et le bonheur dans leurs relations, à augmenter leur prospérité, et à dissiper des schémas récurrents d'échec, de difficulté et de stress en aménageant leurs environnements personnels et professionnels selon les principes avérés du Feng Shui.

Si vous appliquez les méthodes efficaces du Feng Shui décrites dans cet ouvrage, vous verrez ce qui vous entoure d'un œil nouveau, et vous constaterez à quel point la disposition de votre habitation influence votre travail, vos relations, votre santé et chacun des aspects de la vie quotidienne. Vous établirez des rapports surprenant entre les obstacles figurant dans votre espace physique et les difficultés qui surgissent dans votre vie concernant vos finances, votre job, vos émotions et votre créativité. Suivez les principes du Feng Shui, et vous parviendrez au succès et au bonheur que vous méritez. Un environnement harmonieux fait circuler une plus grande énergie dans tout votre être. Vous comprendrez alors pourquoi le Feng Shui se pratique depuis des millénaires : il donne des résultats !

Le Feng Shui n'est pas une magie pour superstitieux, ni une mode passagère. Les Chinois savent depuis des millénaires que notre environnement physique influence chacun des aspects de notre vie privée ou publique. Ils ont identifié de longue date les relations entre une vie réussie et un bon Feng Shui. Par exemple, la position de votre lit affecte votre vie conjugale, et la position de votre bureau influence votre concentration et votre efficacité au travail – ce qui peut faire la différence entre une promotion et la réduction de vos responsabilités. Employés avec succès par les empereurs et les sages de l'Orient depuis des milliers d'années, les principes éternels du Feng Shui présentés dans ce livre sont aussi efficaces aujourd'hui qu'autrefois. Et maintenant, découvrez comment les utiliser à votre profit.

À propos de cet ouvrage

Il est vrai qu'on trouve actuellement en librairie nombre de livres excellents sur le Feng Shui. Mais ce peut être un véritable challenge que de trouver celui qui vous convient. Certains sont préférables pour les experts et les praticiens avancés, tandis que d'autres comportent des détails utiles, mais complexes, d'ordres historique, culturel et théorique. En essayant de déterminer ceux qui peuvent s'appliquer à votre cas, vous risquez d'être détourné de votre objectif immédiat – améliorer la disposition de votre habitation et de votre lieu de travail.

Entrez dans *Le Feng Shui pour les Nuls*, votre guide du Feng Shui, pour passer d'emblée aux applications pratiques. J'ai écrit ce livre pour vous, lecteur ou lectrice dynamique, souhaitant appliquer les principes du Feng Shui au contexte réel de la vie de tous les jours. Il vous guide dans la découverte de l'art du Feng Shui et vous offre les connaissances pratiques dont vous avez besoin pour améliorer votre environnement et votre vie – en commençant aujourd'hui. Il vous permet de prendre le contrôle et de réaménager votre environnement pour le rendre conforme à vos objectifs et à vos besoins. J'ai bourré ce livre de méthodes, de conseils et de techniques, choisis parmi les plus efficaces pour traiter vos problèmes quotidiens. Chaque méthode est clairement expliquée, et vous comprendrez comment et pourquoi elle marche. Vous pouvez retrousser les manches, continuer à lire, et vous préparer à l'action !

Ce livre est un guide par étapes du Feng Shui efficace. Ces étapes faciles et concrètes sont :

- Sentir et déterminer l'énergie de votre propre habitation ou lieu de travail – c'est plus simple que vous ne pouvez le penser !
- Déceler la façon dont votre environnement influe en ce moment même sur votre vie – ce qu'il ne manque pas de faire. Vous serez frappé de stupeur par les corrélations évidentes entre les caractéristiques d'environnement décrites dans le livre et des aspects particuliers de votre vie quotidienne.
- Appliquer correctement les solutions spécifiques pour modifier votre environnement, de telle sorte que vous remarquerez aussitôt les différences.

Pour chaque aspect de l'environnement traité dans le livre, je décris son état idéal et son fonctionnement optimal. (Dans cet ouvrage, le mot environnement désigne votre environnement personnel, non les forêts tropicales ou la couche d'ozone.) J'indique ensuite de quelles manières votre situation peut différer de ce modèle idéal et j'en décris les conséquences négatives potentielles. Mais je ne vous laisse pas sur le sable ; je vous fournis une ou plusieurs solutions pratiques pour chaque situation problématique. Et je vous précise les aspects de votre vie qui bénéficieront des solutions recommandées.

Comment utiliser ce livre

Ce livre n'est pas fait pour être lu d'un bout à l'autre, bien que vous puissiez aussi le lire de cette manière si vous le voulez. Pour ceux qui découvrent le Feng Shui, le premier chapitre du livre répond à la grande question, « Qu'est-ce que le Feng Shui ? » Il vous apporte la vue d'ensemble nécessaire pour mettre en œuvre les suggestions pratiques que vous trouverez partout dans le livre. Si vous êtes déjà familiarisé avec les concepts de base du Feng Shui, vous pouvez utiliser la table des matières ou l'index pour atteindre le chapitre contenant les informations dont vous avez besoin. Utilisez aussi les renvois vers des sujets apparentés à d'autres chapitres du livre.

Le texte est parsemé d'illustrations conçues pour comprendre les points clés et montrer la façon exacte d'appliquer les remèdes proposés dans votre cas particulier. Dans de nombreux cas, des détails spécifiques peuvent faire la différence entre une solution efficace et une autre produisant des résultats médiocres. Par exemple, si je recommande l'utilisation d'une tige de bambou, n'utilisez pas une baguette en espérant obtenir le même résultat ! Si j'insiste sur l'importance de certains détails, respectez-les dans toute la mesure du possible. J'utilise aussi des histoires vraies qui sont arrivées à certains de mes clients pour illustrer l'efficacité des méthodes décrites.

Conventions utilisées dans l'ouvrage

Les conventions suivantes assurent la cohérence de la présentation et facilitent la compréhension :

- Les termes nouveaux sont indiqués en *italique* et sont suivis d'une définition facile à comprendre.
- Les caractères **gras** mettent en évidence les actions à prendre au cours d'étapes numérotées.

La méthode Feng Shui de ce livre – celle de l'école du grand maître de Feng Shui Lin Yun – se distingue des autres à différents égards. Elle combine des éléments de la pensée orientale avec des concepts occidentaux modernes. Son approche est très pragmatique, privilégiant les remèdes qui prennent le moins de temps, d'argent et d'effort. Pour en savoir plus sur ce type de Feng Shui, et sur ce qui le distingue du Feng Shui traditionnel (lui aussi très efficace et parfaitement valide), consultez le premier chapitre.

Mes hypothèses risquées

Dans cet ouvrage, je fais plusieurs hypothèses à votre sujet, vous qui me lisez.

- Vous souhaitez découvrir en quoi vous êtes affecté par les objets qui vous entourent et comment les modifier pour améliorer votre vie.
- Vous voulez rendre vos environnements personnel et/ou professionnel plus esthétiques et plus harmonieux, avoir plus de chance, cultiver vos relations, et augmenter votre fortune.
- Vous ne voulez pas être assailli par des théories ou des méthodes par trop mystérieuses et complexes dont la compréhension prendrait des années.
- Vous avez un esprit ouvert et vous brûlez de découvrir des façons nouvelles et intéressantes d'améliorer votre existence.
- Vous êtes prêt à agir, et à faire bouger les choses.

Le Feng Shui est orienté vers l'action. Et vous verrez qu'il vous apporte plus que ce que vous lui donnez. Quand vous amorcez une pompe, un effort initial est nécessaire pour que l'eau commence à couler. De même, quand vous amorcez la pompe en aménageant votre environnement selon les principes du Feng Shui, l'énergie, l'harmonie, la créativité et l'abondance se mettent bientôt à irriguer chaque domaine de votre vie !

Organisation de l'ouvrage

Comme tous les livres ... *pour les Nuls*, *Le Feng Shui pour les Nuls* est organisé pour rendre aisément accessibles des tonnes d'informations utiles. Le livre comporte cinq parties. En voici le contenu :

Première partie – Mise en train : les bases du Feng Shui

La première partie explique les principes de base du Feng Shui dont vous avez besoin pour mettre en œuvre les méthodes pratiques décrites dans le livre. Je vous explique ce qu'est le Feng Shui – et ce qu'il n'est assurément pas. Je décris également ce qui distingue les principales écoles de Feng Shui, ainsi que la place de l'école du grand maître Lin Yun dans l'univers du Feng Shui. Je définis aussi les concepts fondamentaux du Feng Shui : *chi*, l'énergie du Feng Shui, les *remèdes*, les solutions du Feng Shui, et l'*intention*, la force qui décuple l'influence et l'efficacité de vos remèdes. Je montre aussi comment délimiter l'énergie de votre espace personnel par l'octogone du Feng Shui.

Cette partie vous fournit des procédés commodes pour percevoir l'énergie dans un espace et déterminer si cette énergie est positive ou négative. Je présente égalcment deux concepts clés du Feng Shui, le *symbolisme* et les *schémas*. Ce sont deux façons dont votre subconscient interprète votre espace et influence vos états d'âme et vos actes. Je vous montre aussi quelles parties de votre habitation ont une influence sur le bien-être de vos enfants, sur votre carrière, sur vos finances, sur votre santé, et ainsi de suite.

Deuxième partie – Le Feng Shui de l'extérieur : dynamiser l'extérieur de l'habitation

La deuxième partie traite de l'extérieur, c'est-à-dire de ce qu'il y a au-delà de votre habitation. De même que vous vivez dans votre habitation, votre habitation vit sur le terrain où elle se situe. En allant des maisons voisines jusqu'à la rue, et jusqu'à la porte d'entrée, je vous montre comment utiliser les énergies de la nature pour votre progression personnelle. Cette partie vous donne en outre des conseils sur la meilleure façon de placer votre maison, sur les remèdes aux caractéristiques négatives du voisinage, et vous dit comment recueillir les effets bénéfiques de la végétation et de l'eau qui s'écoule.

C'est dans cette partie que je traite de la question vitale des formes. La forme de votre terrain et celle de votre maison ont une influence déterminante sur la façon dont s'y déroule votre vie. Vous verrez comment tirer le meilleur parti de la situation, par quel chemin l'énergie s'écoule jusqu'à votre résidence, et les obstacles ou blocages qu'elle peut rencontrer. L'aménagement du site justifie les plus grands soins, compte tenu de son incidence sur votre bonheur futur.

Troisième partie – Le Feng Shui de l'intérieur : décupler l'énergie de votre habitation et de votre lieu de travail

La troisième partie prend en compte ce qu'il y a dans votre habitation. Je vous montre comment lire le plan de la maison pour voir si son aménagement est favorable ou néfaste. Je passe avec vous dans chacune des pièces et vous donne des conseils pratiques pour en augmenter l'énergie. En outre, j'explique l'importance d'éléments clés comme les portes, les escaliers, les fenêtres, les poutres, etc. J'explique aussi la façon d'améliorer l'énergie de la maison par l'éclairage, les couleurs, l'élimination des encombrements, et le ménage quotidien.

Le dernier chapitre de cette partie comporte des suggestions sur la manière d'obtenir les privilèges que chacun mérite pour son travail. Que vous travailliez depuis chez vous ou dans un compartiment d'un bureau paysager du vingt-troisième étage, je vous montre comment appliquer des remèdes simples du Feng Shui pour tirer le meilleur parti de votre environnement de travail.

Quatrième partie – Le Feng Shui spécial : cérémonials et remèdes personnels

Dans la quatrième partie, je présente des cérémonials puissants contribuant à faire disparaître des énergies néfastes de votre habitation et à augmenter votre bonne fortune. (Non, il ne s'agit pas d'une recette pour vous débarrasser de votre moitié !) La quatrième partie décrit aussi une branche originale et efficace du Feng Shui, pour vous appliquer directement des remèdes à vous-même, sur le lieu de votre habitation ou de votre travail, pour développer votre énergie personnelle.

Cinquième partie : La partie des dix

La partie des dix dans *Le Feng Shui pour les Nuls* contient un véritable trésor d'informations sur des procédés Feng Shui puissants, pratiques et immédiatement applicables dans les domaines de la santé, de la fortune, et des relations personnelles. J'y ai également inclus des suggestions utiles sur la manière de vendre, de trouver ou d'acheter une maison, des conseils pour bien vivre dans un appartement ou une copropriété, et des principes fondamentaux pour tirer le meilleur des remèdes Feng Shui. La cinquième partie se conclut sur un cadeau très spécial, dix bénédictions calligraphiées du grand maître Lin Yun.

Les icônes utilisées dans ce livre

Vous trouverez dans la marge du livre plusieurs icônes pour faciliter votre parcours :

Les textes signalés par cette icône en forme de cible vous donnent d'utiles suggestions en matière de Feng Shui.

Cette icône est placée auprès de détails importants conditionnant la réussite des aménagements du Feng Shui.

Cette icône vous dit qu'il y a lieu d'ouvrir l'œil et de faire attention. Un élément de votre environnement pourrait vous nuire, et sa modification peut vous éviter de sérieux ennuis ultérieurs.

Cette icône annonce des remèdes Feng Shui plus élaborés, dont certains sont particulièrement puissants.

Cette icône annonce une histoire vraie illustrant un aspect ou un résultat de l'utilisation du Feng Shui. Vous découvrirez beaucoup de choses à partir de l'expérience des autres et en utilisant vous-même ce qu'ils ont appris. Les détails sont vrais, mais les noms de ces heureux utilisateurs du Feng Shui ont été modifiés.

Première partie

Mise en train : les bases du Feng Shui

« Les ventes sur le site Web sont en baisse. Je pense que le Chi du serveur est bloqué, et nous essayons de modifier le Feng Shui de la salle informatique; et si ça ne marche pas, Robert a un remède qui devrait faire l'affaire. »

Dans cette partie...

Le Feng Shui est l'interaction entre vous et votre environnement. Le Feng Shui en action consiste à sortir de votre moule actuel et d'appliquer les astuces, les trucs et les techniques servant à réformer l'environnement de votre existence, à établir une nouvelle relation avec votre espace, et par la même occasion, à devenir plus heureux. Cela vous intrigue ?

Pour commencer, vous avez besoin de bases (juste quelques-unes), puis vous pourrez aborder la grosse artillerie du Feng Shui. La première partie vous dévoile ce qu'est le Feng Shui et les principes qui le font marcher. Vous en saurez assez pour aller de l'avant et établir la configuration des énergies de votre habitation (c'est beaucoup plus facile qu'il n'y paraît). Vous pouvez aussi vous saisir d'une brassée d'outils Feng Shui – je les appelle des remèdes – pour les appliquer où vous voudrez. *Last but not least*, je vous livre le plus grand de tous les secrets du Feng Shui : la façon d'utiliser l'intention pour que vos solutions Feng Shui fassent mouche.

Chapitre 1

Les bienfaits du Feng Shui

Dans ce chapitre :

- Principaux repères
- Les principes de base du Feng Shui
- Leur utilisation dans le livre
- Vers la solution des problèmes de la vie
- Les premiers aspects de votre vie à régler par le Feng Shui

Tout le monde apprécie les bienfaits d'un beau logement confortable. Le Feng Shui va plus loin et attribue à ce qui vous entoure, au-delà de la sensation de confort, un pouvoir sur votre santé physique et mentale, vos relations, et votre réussite sociale.

Le Feng Shui s'intéresse à la manière dont l'énergie circulant dans votre environnement est affectée par la disposition des objets, et à la manière dont ces objets interagissent avec la circulation de votre énergie personnelle, dont dépend la façon dont vous pensez et agissez, et donc vos chances d'atteindre vos objectifs personnels et professionnels. ***Croyez-moi*** : le Feng Shui vous influence à tout moment de la journée, que vous en soyez conscient ou non.

Le but du livre est de vous aider à réaliser des aménagements corrects de votre Feng Shui. Ce chapitre vous apporte une compréhension solide des concepts essentiels. Je commence par une présentation des méthodes traditionnelles du Feng Shui, puis je vous montre comment le Feng Shui peut apporter l'ordre, la clarté, et une force nouvelle dans votre vie de chaque jour. Je recommande à ceux qui abordent le Feng Shui de le faire avec un esprit ouvert et d'utiliser les méthodes les plus faciles à mettre en œuvre dans leur cas particulier.

Démystification du Feng Shui

Si vous avez déjà lu plusieurs livres sur le Feng Shui, vous êtes peut-être troublé par les avis apparemment contradictoires que vous y avez trouvés. Avant d'en venir à ce qu'est l'essence du Feng Shui, je voudrais dissiper certaines idées erronées qui circulent à son sujet. Le Feng Shui n'est aucune des choses énumérées ci-après :

1. Une méthode orientale de décoration d'intérieur pour gens pressés de s'enrichir, leur garantissant des résultats impossibles en modifiant leur ameublement selon des principes mystiques.
2. Un système de croyances superstitieuses ou une mode passagère du New Age pour vous déconnecter des réalités ou du train-train quotidien.
3. Une simple refonte de l'habitation ou du jardin.
4. Un rafistolage à effectuer en un après-midi.
5. Un luxe réservé aux gens riches et célèbres.

Voyons maintenant la question à un million d'euros : qu'est-ce que le Feng Shui ?

- Tout d'abord, le Feng Shui est simplement l'interaction entre les humains et leur environnement. Partant de là, il vous permet d'influencer l'interaction des énergies en vue d'obtenir des améliorations spécifiques de l'existence. Cette influence s'obtient en disposant ou en concevant l'environnement en harmonie avec les principes de circulation naturelle des énergies. Par suite, vous-même (ou votre vie) parvenez à l'harmonie avec ce qui vous entoure. Le Feng Shui est une approche pragmatique et terre-à-terre qui vous aide là où vous vous trouvez et où vous travaillez.
- On dit souvent que le Feng Shui est l'art du placement. La manière dont vous disposez vos meubles, ce que vous possédez, et vous-même ont un effet déterminant sur chaque aspect de votre existence. Le Feng Shui propose une manière originale et exclusive de vous percevoir vous-même et de percevoir votre environnement, et de lui conférer un niveau optimal d'équilibre, de confort et d'harmonie.
- Le Feng Shui est l'étude des relations entre l'environnement et la vie humaine. Découvert par les Chinois, le Feng Shui a été pratiqué pendant des siècles pour concevoir des environnements favorables à la réussite dans la vie.

On voit apparaître des données historiques confirmant l'intérêt du Feng Shui. Ainsi, des recherches scientifiques récentes montrent qu'il y a 28 000 ans, des hommes de Neandertal (dans la Croatie de l'époque moderne) choisissaient les cavernes où ils résidaient selon trois critères :

elles étaient en hauteur, les environs pouvaient être aperçus depuis l'entrée de la caverne, et une source d'eau était facilement accessible. Ces découvertes montrent que même nos ancêtres avaient naturellement conscience des effets de leur placement au sein de leur environnement. Il est intéressant de constater que ces trois critères sont en phase avec les principes de base du Feng Shui, lequel a évolué et est devenu plus sophistiqué en même temps que l'humanité. Le Feng Shui a autant d'intérêt et apporte autant d'avantages aux humains qu'il y a 28 000 ans.

L'environnement règne en maître ! Les paramètres du Feng Shui ont influencé l'évolution de la culture

De nombreux Occidentaux respectables et appréciés pour leur réussite et leur grande intelligence reconnaissent et appliquent à leur propre vie le point de vue de départ du Feng Shui – qui est que ce qui les entoure directement les influence en permanence et a un effet à long terme sur leur destinée. Par exemple, le biologiste Jared Diamond a obtenu le prix Pulitzer pour l'essai *Guns, Germs and Steel* (canons, grains et acier). Cet ouvrage, basé sur des années de recherche, explique pourquoi certaines sociétés et certains peuples ont développé l'agriculture, puis l'écriture, puis l'acier, et finalement les technologies avancées, tandis que d'autres sont restées au stade de la cueillette et de la chasse. Les théories antérieures tentant d'expliquer ces disparités les ont attribuées à des facteurs raciaux, des différences d'intelligence entre les peuples, une avance prise dans le développement ou à diverses autres causes. Diamond s'est aperçu qu'aucun de ces facteurs n'explique les différences surprenantes en matière d'évolution, et de progression de la culture et des technologies. Bien que son livre n'évoque pas directement le Feng Shui, il parvient finalement à cette conclusion : tout au long de l'histoire des hommes, le facteur déterminant de l'évolution et du rythme de progression des sociétés humaines a été l'environnement dans lequel elles vivaient. Encore le Feng Shui !

Feng quoi ? Signification du terme Feng Shui

Feng Shui est un terme composé des deux mots chinois *feng* (le vent) et *shui* (l'eau). Le vent et l'eau sont les deux éléments qui coulent, se déplacent et circulent partout sur la terre. Ils sont aussi les deux éléments de base indispensables à la survie des hommes. Le vent – ou l'air – est le souffle de vie, sans lequel nous mourons en quelques instants. Et l'eau est l'élixir de vie, sans lequel nous mourons en quelques jours. La combinaison du vent et de l'eau détermine le climat, qui depuis le début de l'histoire a déterminé nos sources de nourriture et par suite notre style de vie, notre niveau d'énergie et notre humeur. Ces deux éléments fondamentaux, et circulants, sont la base et le support de notre chi personnel, ou force de vie. (Le chapitre 2 précise ce qu'est l'énergie appelée chi.)

Secrets chinois anciens : vue d'ensemble du Feng Shui

Le Feng Shui est indissociable d'une conception holistique du monde. Il considère toutes les choses et tous les êtres comme appartenant à un ordre naturel, un vaste ensemble vivant, qui bouge et change en permanence. Dans cet ordre naturel, chaque chose vit autant que les autres et possède un élément énergétique. Ainsi tout – les plantes, les animaux, les gens et les objets – est situé dans un vaste paysage

Origines historiques du Feng Shui

Le Feng Shui s'est pratiqué d'une façon ou d'une autre pendant plusieurs milliers d'années. Ses origines remontent à des pratiques des anciens shamans et à des religions fondées sur la nature. Le tout premier Feng Shui comportait un mélange de divination, de rituels, de magie et de culte des ancêtres. Sa pratique était une façon d'intégrer la vie terrestre, enracinée dans la nature, avec le monde de l'esprit ou chi. À ces époques reculées, les lieux de sépulture étaient choisis soigneusement selon les principes énergétiques (ceux du Feng Shui), dans l'idée que des ancêtres heureux seraient enclins à assurer à leurs descendants une destinée plus heureuse. Ces principes finirent par s'appliquer dans le but d'améliorer la qualité de la vie quotidienne des humains.

Les principes énergétiques du Feng Shui ont aussi servi à prédire le temps ; à déterminer le meilleur moment pour semer ; et à choisir les meilleurs moments de la journée, les meilleures dates, les meilleurs emplacements et les meilleures dispositions pour commencer une construction. Ces principes ont aussi été utilisés pour décider quand faire la guerre, et quelles batailles livrer. (Même de nos jours, les stratégies et les campagnes militaires sont conçues selon les principes du placement des troupes par rapport aux adversaires et à l'environnement du champ de bataille. La stratégie utilise aussi le Feng Shui.)

Des systèmes semblables au Feng Shui se sont développés dans d'autres cultures un peu partout dans le monde. En Inde, les pratiques visant à créer l'harmonie avec l'environnement s'appellent *Vastu Shastra* et *Sthapatya Veda* (deux méthodes pour aligner son habitation avec les forces naturelles de l'univers). Les Japonais utilisent une méthode du même genre. Et les cultures celtes et de l'Europe du Moyen Âge utilisaient des méthodes magiques et de divination telles que la géomancie (littéralement la « magie de la terre ») pour influencer leurs relations avec l'environnement, se mettre en phase avec la force de la terre, et améliorer leurs existences terrestres.

bouillonnant d'énergie vitale. Cette même énergie qui coule à travers le monde coule également à travers vous. En fait, selon cette façon de voir, votre *essence* – la partie de vous qui fait que vous vivez, et que vous êtes unique – est précisément cette énergie. Et votre corps est le véhicule ou le contenant dans lequel coule cette énergie.

Le Feng Shui divise le vaste environnement ou paysage qu'est l'univers en plusieurs portions plus gérables – comme les êtres humains et leurs habitations, les propriétés, les bureaux, les salles de séjour et les chambres à coucher. Vous ne pouvez pas influencer le Feng Shui du monde entier. Mais le Feng Shui vous permet de faire le design de votre environnement personnel selon les mêmes principes universels gouvernant les flux d'énergie que ceux auxquels obéissent le mouvement des planètes sur leurs orbites et celui des galaxies à travers l'espace. Je creuse plus à fond cette notion d'énergie, la base du Feng Shui, au chapitre 2.

Les principes de base du Feng Shui

Voici quelques principes de base du Feng Shui pour vous aider à raisonner en terme de Feng Shui. Grâce à eux, vous comprendrez mieux votre environnement et ses effets sur vous. (N'ayez crainte, je serai bref, et ce sera facile.) Si vous connaissez déjà les bases du Feng Shui, vous pouvez si vous voulez survoler le reste du chapitre et passer au chapitre 3.

Pour les Chinois de l'Antiquité, l'univers comportait deux éléments complémentaires, le *yin* et le *yang*. Ils distinguaient en outre trois catégories dans lesquelles s'écoulaient ces deux essences : le ciel, la terre, et l'humain. Les philosophes firent aussi des études intensives au cours des générations pour découvrir comment les interactions entre ces catégories pouvaient être manipulées ou influencées pour améliorer la vie personnelle, la richesse et le destin. Le Feng Shui est l'aboutissement de ces recherches longues et approfondies. Voyons maintenant ces éléments fondamentaux.

Yin et Yang : des opposés complémentaires

Tout ce qu'il y a dans l'univers se compose de deux principes ou qualités opposés mais complémentaires : le yin et le yang. Le yin symbolise l'aspect passif de la nature, tandis que le yang représente son côté actif. Mais yin et yang ne peuvent exister indépendamment l'un de l'autre ; ils décrivent simplement les deux qualités primaires que l'on trouve en toutes choses. Rien ne peut être 100 % yin ni 100 % yang, et toutes les choses comportent certaines quantités d'énergie yin et d'énergie yang. Ce concept est l'une des clés du Feng Shui. La figure 1.1 montre le symbole du yin et du yang et de leur interaction. Le poisson blanc symbolise le yang, et le poisson noir le yin. Notez que chacune de ces deux qualités inclut en elle-même la couleur de son opposé, suggérant qu'il y a en chaque chose le germe de son changement.

Figure 1.1 : L'interaction et l'harmonie entre le yin et le yang.

Les choses qui se caractérisent par la passivité, la réceptivité, le silence, l'obscurité, et l'introspection sont censées représenter le yin. Les choses dont les caractéristiques sont d'être actives, dures, dynamiques, bruyantes, et lumineuses représentent le yang. Aucun n'est meilleur que l'autre et les deux sont nécessaires pour que l'univers et la vie puissent exister. Le yin et le yang décrivent en termes poétiques un monde dual. Rien n'est entièrement bon ni pur, de même, personne n'est totalement mauvais ni dépourvu d'aucune qualité. Tout ce qui existe est un mélange de certaines quantités de yin et de yang.

En termes de Feng Shui, un environnement excessivement yang est dérangeant et peut faire disparaître la paix et l'harmonie. Par exemple, une chambre à coucher près d'une rue bruyante peut vous priver du repos de qualité dont vous avez besoin. Mais un endroit excessivement yin – tel qu'un bureau donnant sur une allée étroite et sombre – peut vous pousser à être trop effacé et même léthargique, et limiter votre efficacité et votre énergie. L'entrée d'une maison qui serait trop yin – parce que masquée et sombre – peut ne pas attirer suffisamment d'énergie.

Le yin et le yang peuvent aussi servir à décrire des activités, des événements, et même des émotions. Par exemple, des funérailles sont en général yin par nature, calmes, sobres et discrètes. En revanche, un carnaval est un modèle d'énergie yang, active, colorée, bruyante et exubérante. Si vous êtes yang à l'excès, votre état émotionnel est coléreux ou explosif. Mais si vous êtes trop yin, vous pouvez devenir solitaire ou déprimé. Pour contrebalancer ou développer certaines qualités ou tendances, vous pouvez concevoir l'endroit où vous vivez selon les principes Feng Shui. À la base, tous les remèdes Feng Shui que vous découvrirez sont des moyens pour équilibrer le yin et le yang en vous-même et autour de vous.

Les trois domaines d'influence : le ciel, la terre et l'humain

Un autre modèle chinois important pour comprendre la vie est celui des trois domaines d'influence. Ce modèle a un rapport avec le Feng Shui, qui est une façon d'influencer le destin initial d'une personne. Ces trois domaines existent littéralement et au sens figuré, car ils existent effectivement et ils influencent de manière symbolique la vie des gens. Pour tirer le meilleur des circonstances de la vie, vous devez rechercher des conditions favorables dans chacun de ces trois domaines. Vous pouvez aussi mieux exploiter les circonstances de la vie en examinant attentivement ces trois domaines pour tirer parti de ce qu'ils peuvent vous procurer.

Au cours des siècles, ils ont été progressivement associés à trois types de chance, un type de chance pour chacun d'eux. Selon les croyances chinoises, la mise en phase de votre vie – de vos activités et de vos pensées – avec l'ordre naturel de ces trois domaines vous apporte la bonne fortune et le succès. Le Feng Shui est une méthode fondamentale conforme à ce principe. Les trois sections suivantes précisent la nature de chacun de ces trois domaines d'influence.

Le domaine du ciel

L'énergie céleste vous influence littéralement chaque jour à travers le temps qu'il fait, l'atmosphère et la qualité de l'air, et métaphoriquement par le biais du lieu et du moment de votre naissance. Les miracles et d'autres interventions inattendues du même ordre sont aussi considérées comme produites par le ciel. Par exemple, une soudaine inspiration, ou le fait d'échapper de justesse à un grave danger peuvent être attribués à l'intervention du ciel.

Le *timing* opportun – un peu plus facile à gérer que l'aide du ciel – se range également dans le domaine du ciel. Pour avoir les meilleures chances de prospérité et de bonne fortune, un plan doit être mis en œuvre au bon moment (celui où il aura les meilleures chances de réussite). Avoir la chance du ciel, c'est réussir à se lancer dans ses entreprises aux moments les plus favorables.

Le domaine de la terre

Le domaine de la terre fournit aux humains tous les matériaux nécessaires à la vie – la nourriture, un abri, des vêtements, etc. Selon les croyances du Feng Shui, la façon dont les humains se placent par rapport à ce qui les entoure a une énorme incidence sur leur bien-être et leur destinée. En appliquant le Feng Shui à votre environnement, vous développez au maximum les influences positives et vous minimisez les influences négatives sur votre vie. D'anciens penseurs chinois appelaient chance de terre la bonne fortune résultant d'un positionnement judicieux. (Naturellement, les humains ont aussi une influence sur la terre. Et le Feng Shui les aide à vivre en harmonie avec l'environnement.)

Le domaine humain

Le troisième domaine affectant votre vie est le domaine humain. En plus du bon *timing* (la chance du ciel), du bon positionnement (la chance de la terre), vous avez besoin autour de vous des bonnes personnes pour réussir dans vos projets. Vos actes et ceux de vos associés – et l'harmonie entre vous tous – sont ce qui complète le tableau. Pour bénéficier de la chance des hommes, vous devez être entouré de gens qui vous aident dans vos efforts.

L'analyse de la vie occidentale à la lumière des trois domaines d'influence montre que la plupart des gens comptent avant tout sur eux-mêmes et sur leurs associés ou leur famille (c'est la chance des hommes), puis sur la providence (la chance du ciel), et très peu ou pas du tout sur ce qui constitue l'environnement (la chance de la terre) – c'est-à-dire le Feng Shui pour vous et moi – surtout parce qu'ils ne savent pas qu'il existe. En réalité, ces trois domaines ont autant d'importance les uns que les autres en matière de réussite. Prenant conscience de la puissance et de l'influence du Feng Shui, vous aurez davantage de chance et vous réaliserez pleinement votre potentiel.

Cinq facteurs principaux de votre bonne fortune

Une autre façon de voir l'équation de la vie et la réussite est celle d'un concept historique de la culture chinoise, les cinq facteurs de la bonne fortune. Il s'agit d'informations distillées par des siècles d'observations empiriques de sages chinois en quête d'une réponse à la question lancinante : quels sont les facteurs de la réussite humaine ? Le concept des cinq facteurs est leur réponse à cette question.

En voici la liste, par ordre d'importance :

- **Le destin**. Le moment dans l'histoire, le pays dans lequel vous voyez le jour, votre famille, son statut socio-économique, sont autant d'éléments qui se combinent pour vous mettre dès le départ sur un parcours de vie particulier. Le destin détermine la vie à 70 % environ. Trois types de destins peuvent être conférés aux humains : bon, équitable, médiocre. Traditionnellement, vous subissez le destin qui vous a été octroyé à la naissance. La meilleure façon d'améliorer votre situation de base est d'utiliser les quatre autres facteurs de cette liste. (Vous trouverez plus loin un moyen d'échapper à ce dilemme !)

- **La chance**. D'après le concept des cinq facteurs, la chance n'est ni le fait du hasard, ni celui de coïncidences inattendues. La chance est un schéma récurrent, mystérieux, d'influences qui s'exercent sur le chemin de la vie. Certaines personnes semblent avoir un parcours plus chanceux que d'autres. Alors que le destin est le moment, le lieu de la naissance, la direction que vous prenez et la vitesse à laquelle vous démarrez sur le chemin de la vie, la chance est le schéma des événements que vous rencontrez en avançant sur ce chemin.
- **Le Feng Shui**. Le troisième facteur affectant la qualité de la vie est votre positionnement sur terre. Son incidence est telle que la sagesse antique le place en troisième position au hit-parade de la vie : si votre destin et votre chance sont médiocres, vous pouvez faire mieux par une application adéquate du Feng Shui à votre vie et à votre environnement. En fait, une bonne pratique du Feng Shui est supérieure à toute autre méthode connue (sauf de gagner à la loterie...) pour remédier à un destin médiocre et à la malchance.
- **Les actes charitables**. Vos actes positifs – particulièrement ceux qui servent les autres – viennent en quatrième position parmi les facteurs qui influencent la qualité de la vie. Les bonnes actions, effectuées sans chercher à ce qu'elles soient reconnues ou récompensées, sont encore plus bénéfiques pour vous-même et pour les autres.
- **L'amélioration de soi**. Il s'agit ici de l'amélioration du caractère et de la force morale. Ce type d'amélioration incite les bonnes personnes, les événements favorables et le bien-être à se manifester dans votre vie.

Comment l'Est est venu à l'Ouest

Dans la seconde moitié du XXe siècle, l'état d'esprit oriental s'est infiltré en Occident par différents chemins. Au cours des années 50 et au début des années 60, la génération de la musique *beat* a découvert le bouddhisme Zen, et dans les années 70, les arts martiaux (comme le karaté et le kung fu) ont commencé à devenir très populaires. Dans les années 70 et 80, l'acuponcture, l'acupressure, le yoga et le tai chi sont également devenus très courants, et leur usage et leur influence progressent à grands pas. Puis dans les années 90, le Feng Shui a fait irruption sur la scène, et sa popularité ne fait qu'augmenter. Plus que la mode, la raison pour laquelle les Occidentaux ont pris conscience de l'existence du Feng Shui est la surprise et l'enthousiasme suscités par les résultats obtenus par son application. De nombreux Occidentaux ont observé des effets positifs à la suite d'un aménagement de leur maison ou de leur bureau selon les principes du Feng Shui. Tous les systèmes orientaux que j'ai mentionnés (les arts martiaux, l'acuponcture, le tai chi, etc.) sont basés sur les mêmes considérations fondamentales sur l'énergie *(chi)* qui circule partout dans l'environnement, y compris dans le corps et dans l'univers tout entier.

La liste qui précède place en troisième position le Feng Shui parmi les facteurs de succès dans la vie. Si les anciens Chinois avaient raison (et pourquoi ne pas prendre au sérieux la civilisation qui a eu la plus longue existence sur la planète), votre environnement a plus d'influence que les bonnes actions ou les efforts que vous faites pour devenir meilleur. L'environnement peut-il avoir une telle influence sur vos pensées, vos sentiments, vos actes et vos résultats ? Ma réponse est un oui sans réserve !

Parmi les cinq facteurs, le premier sur lequel vous pouvez agir est le Feng Shui. Pensez-y une seconde : vous ne pouvez pas choisir la famille où vous venez au monde, ni changer les schémas qui gouvernent votre chance. Mais vous pouvez réarranger vos meubles ou commencer à changer les couleurs de votre habitation – deux procédés du Feng Shui que vous pouvez mettre en œuvre aujourd'hui – et dont vous pouvez voir les résultats positifs demain ou peu de temps après. La vérité est que les cinq facteurs affectent votre vie en permanence. Ce qu'il faut bien voir, c'est que le Feng Shui (l'interaction entre vous et votre environnement) a un effet majeur sur votre vie. Agir sur lui est l'un des procédés les plus forts et les plus directs jamais découverts par les hommes pour améliorer la vie.

Les écoles de Feng Shui

Il existe de nombreuses écoles de Feng Shui, mais toutes ont le même but – obtenir des améliorations de la vie en améliorant l'énergie de l'environnement. La plupart des écoles traditionnelles de Feng Shui utilisent une combinaison de deux méthodes de base : la méthode de la forme du terrain et la méthode de la boussole.

Une école moins connue de Feng Shui est celle dite de la secte noire, et c'est celle utilisée dans ce livre, sous l'appellation « méthode du grand maître Lin Yun ». Cette variante de Feng Shui a été étendue et adaptée à l'Occident par le grand maître Lin Yun, mon professeur à Berkeley en Californie.

Le Feng Shui des méthodes du terrain et de la boussole

Le Feng Shui du terrain étudie la disposition du terrain, et tient compte des contours, du climat, de la forme et d'autres facteurs pour déterminer le meilleur emplacement où vivre et travailler. Par exemple, en Chine, vivre avec une montagne dans le dos dans une maison orientée au sud a été longtemps considéré comme plus sécurisant. Pourquoi ? La montagne apportait aux résidents au moins trois avantages : elle les protégeait contre les malversations des bandes armées, leur procurait une forte sensation de support et de stabilité – contribuant avec le temps à l'accroissement de la fortune d'une famille –, et elle représentait une barrière contre les tempêtes et le froid qui pouvaient s'abattre sur eux en hiver. (Cette même barrière préservait aussi les terres cultivées et la santé des occupants.) La méthode de la forme du terrain était plus facile à utiliser à la campagne, mais aujourd'hui une bonne partie de ces observations continue d'être extrêmement utile à ceux qui vivent dans les villes.

Le Feng Shui de la boussole étudie les directions (est, ouest, nord et sud) sur lesquelles donne la porte d'entrée et les compare avec les directions personnelles de la vie, elles-mêmes calculées à partir de l'heure et de la date de votre naissance. Il existe des formules plus ou moins complexes pour établir votre direction personnelle. D'autres parties de la maison qui doivent être conformes aux directions optimales sont le lit, le fourneau, le bureau et la porte située derrière la maison. Selon la méthode de la boussole, les directions et le *timing* sont les deux facteurs les plus importants du Feng Shui.

L'école du grand maître de Feng Shui Lin Yun

L'une des principales caractéristiques de l'école du grand maître Lin Yun est son éclectisme. Ayant des racines dans les enseignements de l'Inde, de la Chine et du Tibet, elle puise à de multiples sources, tissant une combinaison de Feng Shui traditionnel, de théories sur l'énergie propres au grand maître Lin Yun, et de folklore chinois. Cette école bénéficie également de l'addition de concepts occidentaux et d'explications empruntées à différentes disciplines comme la physiologie, la psychologie, l'écologie et la sociologie. Elle part du principe qu'un mariage des concepts de l'Orient et de l'Occident peuvent donner les meilleurs résultats.

L'école de Feng Shui du grand maître Lin Yun est :

- une forme de Feng Shui facile à comprendre ;
- extrêmement pratique et efficace ;
- apte à l'obtention rapide de résultats bénéfiques, avec les moindres dépenses de temps et d'argent.

Mon livre est axé principalement sur les solutions qui produisent des effets discernables tout en étant relativement faciles à appliquer. Le Feng Shui est l'un des moyens les plus efficaces pour agir sur votre contexte et atteindre une plus grande partie de vos objectifs dans la vie. Vous pouvez vous en saisir, le mettre en œuvre aussitôt, obtenir d'autres résultats, et créer un nouveau flux de vie et d'énergie.

Il y a deux différences fondamentales entre le Feng Shui traditionnel et celui de l'école du grand maître Lin Yun. La première est que le Feng Shui traditionnel emploie une boussole physique pour établir les directions clés de l'habitation et les relier à ses résidents par des calculs astrologiques. L'école du grand maître Lin Yun, tout en reconnaissant la validité de la méthode traditionnelle de la boussole, se sert d'une approche différente. Au lieu de la boussole physique, elle utilise une boussole mentale appelée le Ba-Gua ou octogone du Feng Shui pour lire les énergies de la maison et de son terrain (voir chapitre 3, où vous trouverez plus de détails sur l'application de l'octogone du Feng Shui à votre environnement). L'école du grand maître Lin Yun insiste en outre sur la *théorie du positionnement relatif*, selon laquelle les zones de l'environnement qui sont les plus proches de vous sont celles qui ont le plus d'incidence sur votre énergie (voir chapitre 2).

En second lieu, l'école du grand maître Lin Yun diffère du Feng Shui traditionnel par l'utilisation métaphorique de l'*intention* (qui renforce de manière spectaculaire les effets des remèdes que vous appliquez) comme un sixième sens s'ajoutant aux sens traditionnels que sont la vue, l'ouïe, le toucher, l'odorat et le goût. Je précise au chapitre 6 la manière dont l'intention et la visualisation peuvent rendre vos remèdes plus efficaces.

Grâce à ces informations, vous avez le pouvoir de changer de contexte. Il n'y a pas dans la vie de scénario qui soit désespérant ou sur lequel on ne puisse agir. Vous pouvez toujours faire quelque chose pour améliorer votre situation – si vous le décidez. Si vous lisez d'autres livres sur le Feng Shui, rappelez-vous que certaines écoles de Feng Shui peuvent utiliser d'autres principes ou méthodes. Ces différences sont normales – toutes les méthodes de Feng Shui sont valables et efficaces.

Comment tirer parti du Feng Shui

Vous trouverez ci-après dix moyens importants par lesquels le Feng Shui exerce dès maintenant une influence sur vous. Ce livre vous fera découvrir comment tous ces facteurs – et d'autres encore – peuvent être utilisés à votre avantage.

- **Votre porte d'entrée**. Cet emplacement reçoit la plus grande partie de l'énergie subtile qui pénètre dans votre habitation, influence les occasions qui se présentent à vous et les revenus que vous percevez.

- **Les gens qui vous ont précédé dans votre habitation**. Ils ont probablement laissé derrière eux des traces invisibles de leur présence, de leurs sensations et de leurs expériences. Elles peuvent être autant d'obstacles pendant vos premières années de résidence à cet endroit.
- **L'emplacement du fourneau**. Cet emplacement influence votre santé et vos revenus. Un fourneau toujours sale peut avoir un effet tout à fait néfaste.
- **Une maison ou un bureau encombrés**. Le désordre bloque l'énergie vitale, créant d'innombrables frustrations et des obstacles sournois.
- **L'emplacement des salles d'eau et toilettes**. Un mauvais choix peut entraîner des pertes d'argent ou de sérieux problèmes de santé.
- **La position du lit**. Elle influence votre vie amoureuse à un point que vous ne soupçonnez pas.
- **La qualité de l'air et l'éclairage**. Chez vous et au travail, ces éléments affectent directement vos modes de pensée et le niveau de vos endorphines, agissant sur vos performances, vos attitudes et vos résultats.
- **Les couleurs que vous voyez**. Les couleurs ont une forte influence sur vos humeurs, votre niveau d'énergie et votre efficacité.
- **La position du bureau**. Elle peut faire ou briser votre carrière. Le bureau est le facteur numéro un de la réussite professionnelle.
- **Visibilité de la porte d'entrée depuis la rue**. Vous risquez d'avoir beaucoup de peine à saisir les occasions qui se présentent si votre porte d'entrée n'est pas directement visible. (Le Feng Shui peut y remédier.)

Un dentiste d'une moyenne ville provinciale était frustré par la difficulté qu'il éprouvait à trouver du personnel pour développer son activité. Après avoir mis le Feng Shui en pratique dans son cabinet dentaire, il eut la surprise de voir surgir des candidats qualifiés. Tôt ou tard, la modification du Feng Shui peut générer un véritable trésor d'opportunités dont vous ne pouviez soupçonner l'existence.

En appliquant les principes Feng Shui raisonnables que propose ce livre, vous pourrez enrayer les effets des engrenages négatifs et renforcer les positifs, pour maximiser vos chances de succès. Le Feng Shui peut vous aider à améliorer votre environnement facilement, directement et puissamment. Il facilitera votre vie dans les domaines essentiels – les relations, la carrière, la fortune, les liens familiaux, et ainsi de suite. Vous serez surpris par la facilité avec laquelle de modestes déplacements d'énergie dans votre habitation ou votre lieu de travail peuvent balayer les obstacles de l'existence.

Le Feng Shui et les solutions aux problèmes de la vie

Il y a toujours de multiples solutions aux problèmes qui se posent dans la vie. Si par exemple vous avez des ennuis avec votre voiture, vous pouvez en acheter une autre, la réparer vous-même, la faire réparer par quelqu'un d'autre, espérer que les ennuis disparaissent ou décider de vivre avec ces ennuis. Chaque option a des avantages et des inconvénients. Votre choix dépend de l'argent dont vous disposez, de votre expertise en matière d'automobile, et de votre style de vie actuel. À presque n'importe quelle situation correspond une gamme de solutions, il est rare qu'on ne puisse choisir parmi plusieurs chemins.

Les solutions aux problèmes les plus courants de l'existence peuvent être :

- Travailler plus dur et/ou plus intelligemment ; se procurer de nouvelles informations.
- Faire appel à un expert.
- Invoquer une puissance supérieure ou prier.
- Essayer de tirer la leçon d'une situation, devenir une meilleure personne, forger son caractère.
- Améliorer l'environnement pour engendrer le changement (faire des ajustements du Feng Shui).

Vous pourriez être surpris de constater que le meilleur choix est souvent le dernier de cette liste. Ajustez le Feng Shui de votre habitation ou de votre lieu de travail pour changer la situation et résoudre votre problème.

Le processus du Feng Shui

L'école de Feng Shui présentée dans cet ouvrage implique l'identification des problèmes énergétiques (ou opportunités d'amélioration) dans votre environnement, et la détermination d'une solution adaptée à vos besoins ainsi qu'à vos goûts, votre budget, vos critères esthétiques, et votre tempérament. Les bonnes solutions se doivent d'être à la fois pratiques et efficaces.

Il y a deux façons d'aborder le Feng Shui : examinez-les soigneusement. L'une et l'autre sont efficaces, mais l'approche générale (décrite dans la section suivante) peut parfois entraîner des frustrations et des malentendus. Je recommande personnellement la seconde, à cause de sa clarté, de sa puissance et de sa progression directe vers des résultats tangibles. Toutefois, comme toujours en matière de Feng Shui, la meilleure méthode est celle dont vous sentez qu'elle est pour vous la meilleure – et produit les résultats dont vous avez besoin.

L'approche générale : améliorer l'environnement de façon aléatoire

La première stratégie du Feng Shui consiste à examiner votre habitation en terme de Feng Shui – sans nécessairement tenir compte des besoins ressentis actuellement dans votre existence. Puis à appliquer des solutions pour améliorer l'énergie globale de l'environnement dans le but de rendre les choses meilleures pour vous et votre maison. Cette méthode générale n'implique pas l'analyse de ce qui se passe dans votre vie pour déterminer la direction à prendre. Elle produit des résultats ; cependant, comme vous ne formulez pas d'objectifs spécifiques, les résultats peuvent ne pas être à la hauteur de vos espérances. Il peut être plus difficile de juger de l'efficacité des remèdes appliqués ou de discerner les améliorations supplémentaires souhaitables.

L'approche spécifique : fixer des objectifs et les atteindre

Si vous tenez à des résultats indiscutables, je vous recommande l'approche spécifique, qui vous impose une démarche en deux temps :

1. **Examinez votre vie**. Identifiez avec précision les aspects de votre existence (relations, travail, etc.) qui ne vont pas bien et ont un besoin criant d'amélioration. Décidez des améliorations spécifiques souhaitées dans les domaines concernés.
2. **Ajustez votre environnement**. Servez-vous des informations dont regorge ce livre pour déterminer la façon d'ajuster votre environnement en produisant les changements désirés dans les aspects de votre vie que vous voulez améliorer. Choisissez les remèdes qui marchent pour vous et votre style de vie, et appliquez-les.

Cette approche est à la fois efficace et spécifique, puisqu'elle se concentre sur les résultats cherchés. Connaissant vos buts et vos cibles, vous pouvez les viser et les atteindre. Au lieu de vous limiter à des ajustements généraux en espérant qu'ils vous aident, vous appliquez des remèdes dont vous connaissez pour chacun d'eux l'effet particulier – ce qui est bien plus efficace. En outre, c'est vous qui êtes aux commandes, qui décidez des aspects de votre vie à modifier et des changements à opérer. Vous pouvez aussi bien mieux suivre les résultats, mesurer l'efficacité de votre Feng Shui, et peaufiner les énergies pour arriver à des résultats encore meilleurs.

L'intention : la puissance cachée du Feng Shui

On peut subdiviser le Feng Shui en deux parties – la partie visible et la partie invisible – ayant chacune leur importance. Les facteurs visibles sont les murs, les portes, les rues et les autres éléments tangibles que vous analysez et modifiez au moyen du Feng Shui. Les facteurs invisibles sont le *chi* (la force vitale), les *influences des prédécesseurs* (les énergies de ceux qui demeuraient avant vous dans votre habitation), les fantômes et les esprits, les énergies du terrain qui ont une influence sur vous, et certains autres facteurs.

Le plus important des facteurs invisibles est l'*intention*, un désir très fort du résultat cherché, accompagné de sa visualisation. Tout ce que vous faites dans la vie suppose une intention et une action. L'action est la composante physique du processus. En Feng Shui, elle consiste à placer le lit à un meilleur emplacement, à changer la couleur d'un mur ou à décorer une pièce avec de robustes plantes en pot. L'intention est la partie invisible et spirituelle du Feng Shui. C'est la raison pour laquelle vous avez déplacé le lit – le changement à accomplir dans votre vie par cette opération. L'intention comporte deux aspects : ce que vous voulez et la netteté avec laquelle vous le voulez. Si vous déplacez le lit pour améliorer votre vie conjugale, et si vous visualisez ce que vous voulez obtenir tout en changeant la position du lit, le remède sera beaucoup plus efficace. (Vous verrez au chapitre 6 comment renforcer les effets de l'intention.)

La gamme des remèdes disponibles

De très nombreux remèdes peuvent traiter les diverses « maladies ». Dans une situation donnée, le remède approprié peut aller d'une solution simple, rapide et facile (déplacer les meubles actuels) à une opération complexe, difficile et coûteuse (acheter une autre maison). J'essaie de m'en tenir aux solutions les plus aisées et les moins coûteuses possibles.

Le Feng Shui n'est pas nécessairement bon marché, mais avec un peu d'imagination, on peut trouver des remèdes Feng Shui peu coûteux applicables à de nombreuses situations. J'attache une grande importance au choix d'une solution efficace, adaptée à votre problème particulier.

Choix des domaines de la vie à améliorer

Vous êtes prêt désormais à passer à l'action. Vous pouvez commencer par décider ce qu'il faut changer ou améliorer dans votre vie. Vous n'êtes pas obligé de corriger chacun des facteurs Feng Shui de votre maison ou de votre bureau. La liste des remèdes pourrait comporter des centaines de points. Aucun bâtiment n'est parfait, ni ne peut être rendu parfait du point de vue du Feng Shui. Vous devez d'abord vous demander de quelle manière votre résidence (ou votre bureau) est favorable ou contraire à votre progression.

Le livre vous apporte des douzaines de procédés pratiques pour obtenir les résultats cherchés. Occupez-vous de ce que vous pouvez faire maintenant. En agissant tout de suite, vous obtiendrez plus rapidement des résultats. Commencez par remplir le tableau 1.1 pour déterminer les domaines de votre vie où vous voulez appliquer les bienfaits du Feng Shui. Cet exercice met en évidence l'état de divers aspects de la vie et vous aide à choisir ceux que vous voulez améliorer. Pour chaque rubrique mentionnée dans la première colonne, écrivez un mot ou deux pour décrire la situation présente. Utilisez la troisième colonne pour indiquer l'urgence. Photocopiez la feuille pour pouvoir vous en servir de nouveau plus tard.

Tableau 1.1 Exercice d'autoévaluation

Domaine de la vie	*Description*	*Priorité (1, 2, 3)*
Fortune		
Mariage		
Santé		
Carrière		
Réputation		
Famille		
Enfants		
Ceux qui vous aident		
Connaissances		

À la suite de cet exercice, choisissez parmi les domaines de plus haute priorité ceux dont vous voulez vous occuper immédiatement. Gardez bien en tête ces aspects de votre vie, et en lisant le livre, notez les remèdes que vous pouvez leur appliquer : vous aurez le loisir de les mettre en œuvre beaucoup plus vite.

Le démarrage : les étapes du succès

Procurez-vous un plan ou un dessin fidèle de votre maison et de votre terrain pour l'utiliser en lisant le livre. (Si vous voulez pratiquer le Feng Shui, autant vous y prendre comme il faut.) Retrouvez les dessins d'architecte que vous avez rangés quelque part dans le garage, ou faites un dessin de la maison avec les cloisons intérieures et les portes. Ces éléments vous inciteront à mettre en œuvre effectivement le Feng Shui (au lieu de vous borner à envisager des changements).

Dans la liste suivante, je vous indique des étapes Feng Shui de grande efficacité (appliquées à titre d'exemple au cas du mariage) :

1. **Choisissez le domaine de votre vie dont vous voulez vous occuper en premier**. (Voir tableau 1.1.) Par exemple, vous voulez une plus grande harmonie et une plus grande intimité dans votre couple.

2. **Prenez la décision de voir de nouveaux résultats (des changements) dans votre vie pour l'aspect que vous avez choisi**. Prenez conscience de la nécessité d'effectuer des changements dans votre habitation, votre bureau ou votre propriété pour obtenir les résultats voulus, et prenez la résolution de détecter et de corriger les déséquilibres. (Ou, dans le cas du mariage, décidez d'ajouter de l'énergie à certains aspects du couple s'il n'y a pas de problème évident.) À ce stade, vous pouvez demander à votre conjoint de vous aider ou vous préparer à faire vous-même les modifications envisagées.

3. **Passez en revue votre environnement tout en lisant le livre pour voir où des ajustements de Feng Shui peuvent s'appliquer**. Pour améliorer votre mariage, relevez la position de votre lit et les objets qui peuvent encombrer votre chambre à coucher.

4. **Sélectionnez les meilleurs remèdes applicables à chaque problème d'environnement que vous aurez détecté**. Par exemple, vous pouvez avoir choisi de remédier à la situation en déplaçant le lit au meilleur endroit possible dans la pièce et en faisant disparaître tout ce qu'il y a sous le lit.

5. **Appliquez les remèdes choisis**. Déplacez le lit et éliminez ce qu'il y avait dessous.

6. **Exécutez le renforcement de vos remèdes selon les modalités des trois secrets**. J'explique au chapitre 6 en quoi consiste cette étape importante qui donne plus de force aux remèdes.

7. **Faites attention aux changements qui se produisent dans votre vie à la suite de la mise en œuvre des remèdes**. Guettez l'apparition des effets que vous voulez provoquer. Vous pouvez par exemple observer une plus grande harmonie et une meilleure communication au sein de votre couple.

8. **À partir du feed-back obtenu, appliquez si besoin des remèdes complémentaires au même domaine de votre vie**. Si vous constatez une légère amélioration, mais souhaitez aller au-delà, reprenez le livre et appliquez d'autres remèdes convenant pour le mariage.

9. **Reprenez l'ensemble du processus au profit d'un autre domaine de votre vie**. Fort d'un premier résultat, vous pouvez vous attaquer à un autre aspect de votre vie – comme votre carrière ou votre santé – susceptible d'amélioration.

La façon dont se manifestent les résultats et le moment de leur apparition échappent à votre contrôle. Toutefois, dites-vous bien que même si vous observez des bienfaits immédiats à la suite des remèdes, ces remèdes continuent d'agir indéfiniment et d'apporter une énergie et des résultats continus pendant des années – à moins bien sûr que vous ne déménagiez, auquel cas il vous faut reprendre les choses au début.

Obtention d'une aide supplémentaire

Parfois les problèmes de Feng Shui sont si nombreux que vous ne savez pas par où commencer. Ou vous pouvez avoir utilisé de bons remèdes et observé quelques résultats, mais penser qu'il reste encore beaucoup de chemin à faire. Si vous avez besoin d'aide pour régler complètement les problèmes, vous pouvez suivre un cours de Feng Shui ou faire appel à un consultant en Feng Shui. Faites quand même dès maintenant toutes les améliorations que vous pouvez, pour augmenter vos chances d'obtenir des résultats positifs – inévitablement, les choses finiront par bouger.

Chapitre 2

Les principes du Feng Shui

Dans ce chapitre :

- Sentir l'énergie
- Les types de chi
- Accompagner l'écoulement d'énergie
- Développer l'énergie vitale
- Le langage du Feng Shui
- Se placer favorablement
- Penser en termes Feng Shui

Le Feng Shui porte sur la prise de conscience de l'environnement et sur les principes énergétiques à appliquer à ce qui vous entoure. À tout moment, sans que vous vous en rendiez compte, le Feng Shui de votre environnement agit sur vous. Les énergies de votre résidence et de votre lieu de travail ont en permanence contribué à vos succès et à vos échecs dans la vie, de sorte que la pratique du Feng Shui ne consiste pas à se préoccuper de quelque chose de nouveau. Le Feng Shui est la participation consciente à un processus naturel qui opère depuis les débuts de l'humanité. Il consiste à interagir consciemment avec l'environnement. Les informations contenues dans cet ouvrage vous donnent des yeux Feng Shui. Vous verrez bientôt les changements pratiques possibles chez vous et au travail, grâce aux préceptes de la Chine ancienne mis au point au cours des siècles.

L'une des prémices du Feng Shui est que l'énergie s'écoule librement dans un environnement harmonieux, mais rencontre des obstacles dans un environnement privé d'harmonie. Que ces prémices vous semblent académiques ou mystiques, le fait est que ce concept du Feng Shui recouvre une réalité qui influe directement de plusieurs manières tangibles sur votre vie. Tenez-vous prêt à découvrir des façons inhabituelles d'envisager la vie, l'énergie et les sensations, et à percevoir ce qui vous entoure d'une nouvelle manière, pour beaucoup mieux comprendre et contrôler votre propre existence.

Dans ce chapitre, je présente les principes essentiels du Feng Shui expliquant comment et pourquoi les *remèdes* (modifications de l'environnement entraînant des changements désirables dans la vie d'une personne) sont efficaces. Vous pouvez certes obtenir des résultats sans maîtriser tous ces principes, mais cette initiation aux concepts du Feng Shui vous aidera à mieux comprendre tout ce qui suit. Commencez à lire, et vous vous trouverez bientôt en train de progresser et de changer en même temps que votre environnement. Le Feng Shui peut être amusant ! Embarquez-vous pour une aventure dans les domaines de l'espace (il s'agit de votre espace), de l'énergie et de l'amélioration du contexte de la vie.

Chi : l'énergie du Feng Shui

Le *chi* est le principe fondamental sans lequel le Feng Shui n'existerait pas (pas plus que vous ou moi d'ailleurs). Chi est un mot chinois qui n'a pas d'équivalent direct en français, et renferme plusieurs significations simultanément : énergie cosmique, force vitale, souffle, et vapeur. (Dans ce livre, quand je parle d'énergie, je me réfère au chi.) Chi est l'énergie invisible qui anime tout ce qui vit. Le chi circule en permanence le long de chemins (ou *méridiens*) dans votre corps (les pratiques de l'acuponcture et des médecines orientales sont basées sur la propagation du chi) ; dans votre maison, à travers la terre, les cieux, l'atmosphère, et le cosmos. (La figure 2.1 représente de façon schématique la circulation de l'énergie humaine.) Le chi est le flux de la vie elle-même, et si le chi est empêché de passer en vous ne serait-ce qu'une seconde, vous cessez de vivre. Selon le folklore chinois, les canaux d'énergie qui courent au sein de la terre sont appelés des veines de dragon. Ces veines s'apparentent aux méridiens d'énergie du corps. Le chi circulant à travers ces canaux de la terre s'appelle le *souffle* (l'énergie) du dragon.

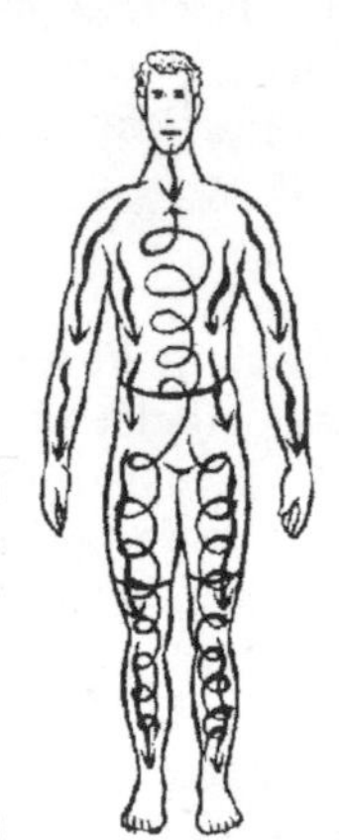

Figure 2.1 : L'énergie circulant à travers le corps.

L'écoulement du chi dans tout votre environnement affecte chaque domaine de votre vie, influençant votre santé, votre apparence, vos prises de décision, et même votre vie sexuelle. Il est à son tour influencé par des éléments intérieurs et extérieurs de l'environnement physique. Les couleurs, les formes, l'orientation, l'éclairage, les objets et leur position, et les arrangements, l'utilisation de l'espace, le degré de propreté ou le désordre, tous ces éléments ont une incidence et déterminent ensemble l'écoulement du chi dans votre habitation. Et cet écoulement (et son absence) vous influence sans arrêt, agit sur ce qui vous arrive chez vous et au travail, et sur ce qui peut vous arriver en bien ou en mal dans l'avenir.

Des millions de gens dans le monde entier et des milliers de personnes avec qui j'ai travaillé au fil des ans appliquent les principes et utilisent les pratiques décrits dans cet ouvrage, et obtiennent des résultats positifs. Alors, que vous préfériez une approche philosophique de la compréhension du chi (« cette métaphore du chi m'offre une façon utile et nouvelle de comprendre et de réorganiser ma vie ») ou simplement intuitive (« je sens bien qu'il y a du bon là-dedans »), vous tirerez de grands avantages de l'aménagement de vos lieux de résidence et de travail selon les principes du Feng Shui.

Une façon nouvelle et néanmoins ancienne de voir le monde

À ce stade, vous pouvez vous demander, « Quelle est la réalité de cette force mystérieuse et si grande appelée chi ? » De nombreux Occidentaux ne comprennent pas le chi parce que la science moderne n'admet pas son existence. La vision rationaliste du monde nie la réalité de ce qui ne peut pas être pesé sur une balance ni mesuré d'une quelconque façon par un instrument. En vertu de cette logique, une force vitale animant toute chose n'existe pas faute d'un moyen pour la mesurer. Par extension, le bonheur, la tristesse, la joie, l'amour et la douleur ne sont pas réels pour les mêmes raisons. Et pourtant, le plus sophistiqué de tous les instruments de l'univers dont les fonctions permettent de mesurer l'écoulement du chi existe déjà. Cet instrument est l'être humain, et ses fonctions sont les sensations et l'intuition.

Une caractéristique intéressante du chi est qu'il marche pour vous, que vous croyiez ou non à sa réalité (un peu comme la gravité ou l'oxygène). Par exemple, comment êtes-vous capable de bouger votre bras ? La science moderne dit que la nourriture que vous digérez libère de l'énergie (des calories) qui donnent de la force à vos cellules et permet à vos nerfs de s'exciter et à vos muscles de se contracter. Voilà ! Vous pouvez attraper votre tasse de café du matin. Mais comment ce processus se passe-t-il au juste ? Et pourquoi, lorsque le corps meurt, ne pouvez-vous pas simplement le faire manger de nouveau – ou le zapper avec de l'électricité – pour qu'il se lève et se remette à marcher ? Ces mystères sont ce qui met en branle aussi bien la science que la religion.

Une façon nouvelle et néanmoins ancienne de voir le monde *(suite)*

Les théories chinoises expliquent le phénomène du mouvement dans une perspective différente. Votre force de vie – votre chi personnel – venait à l'origine de vos parents. (Avant vos parents, elle venait de l'univers, mais c'est une histoire beaucoup plus longue.) Les théories chinoises disent que le chi active votre cerveau pour le faire percevoir et penser, et s'écoule ensuite dans le corps, lui permettant de se mouvoir et de fonctionner. « Donne-moi une tasse de café ! », dit Monsieur le cerveau. Et le chi stimule les muscles de votre bras pour qu'il saisisse, soulève et porte la tasse jusqu'à vos lèvres, leur permettant de prendre une gorgée de café. Mais même quand vous vous activez sous l'influence de la caféine, vous continuez de carburer au chi, comme tout le reste de l'univers.

Vous pouvez aussi voir les choses comme suit : l'électricité se ramène à la circulation d'électrons à travers des fils. Elle part de l'usine de production sous un voltage élevé. Lorsqu'elle parvient chez vous, le voltage a été suffisamment réduit pour fournir la puissance nécessaire sans tout faire sauter. Cette énergie de base est ensuite adaptée pour faire marcher une grande variété d'appareils (le réfrigérateur, l'ordinateur, la stéréo, la télé, etc.) remplissant diverses fonctions. Vous y êtes désormais habitué, et vous pensez probablement que tous ces avantages vont de soi, jusqu'à une panne de courant ou à l'arrivée de la facture – et pourtant vous ne comprenez pas vraiment ce qu'est l'énergie ni comment elle marche. En fait, personne ne le sait vraiment ! Ce qui est le plus intéressant à propos de l'électricité est que l'on sait comment la maîtriser, mais en fin de compte on ne sait pas ce que c'est. (Alors on l'appelle électricité.) On peut dire la même chose du chi : on ne sait pas en définitive ce qu'est le chi, mais cette énergie fait marcher le corps, traverse vos émotions, et danse mystérieusement dans vos pensées, vos inspirations et vos rêves.

En tout cas, même les plus grands maîtres de l'Orient n'ont pas entièrement résolu les mystères subtils de la force vitale. Pas plus que les plus grands savants occidentaux. Ils ont simplement élaboré des théories commodes qui leur permettent de manipuler des forces qu'ils ne comprennent pas ou n'ont pas besoin de comprendre. (Les savants sont toujours activement à la recherche de 65 à 90 % de la masse de l'univers, qu'ils appellent l'*énergie obscure*. Si vous la découvrez, ne manquez pas de leur faire savoir où elle se trouve.) Les théories d'Einstein ont été renversées par de nouvelles théories, qui seront renversées à leur tour. Ne soyez donc pas inquiet : en utilisant les principes et les méthodes du Feng Shui de ce livre, vous mettrez en œuvre la mécanique du chi de la même façon que vous employez l'aérodynamique à chaque fois que vous prenez l'avion, sans diplôme d'aéronautique. (À propos, saviez-vous que les bourdons, d'après les théories de l'aérodynamique, ne devraient pas réussir à voler ? Heureusement pour eux, ils n'ont pas les moyens d'étudier ces théories.)

En conclusion, représentez-vous le chi comme une métaphore utile, comme $E = MC^2$. Et pour lire ce livre avec profit, imaginez qu'il s'agit d'une rivière coulant à travers votre corps et votre maison. Si la rivière s'écoule doucement et puissamment, vous parcourrez avec confiance les chemins de la vie, où vous rencontrerez souvent la fortune, le bonheur et la réussite. Mais si le cours de la rivière se bloque, si elle stagne, vous risquerez de vous empêtrer dans les difficultés, les problèmes et les frustrations.

Commencez par examiner les différentes manières dont votre corps absorbe sa dose quotidienne de chi. Le chi vous parvient de maintes sources situées dans votre environnement, parmi lesquelles :

- Ce que vous mangez.
- L'air que vous respirez.
- L'eau que vous buvez.
- La terre et sa végétation.
- Le soleil et d'autres corps célestes.
- L'endroit où vous habitez.
- Votre lieu de travail.

Ces sources multiples fournissent à votre corps le chi (l'énergie) dont il a besoin pour subsister. Votre corps transforme alors cette énergie et la dirige vers de multiples activités : digestion, respiration, action des muscles, pensée, travail, soucis et une myriade d'autres emplois importants ou non. Mais toutes ces activités sont permises par la même énergie de base qui circule dans votre système, votre environnement, et dans l'univers.

Types de chi

Selon les théories du Feng Shui, il existe plusieurs variétés de chi, qui vous affectent à un niveau ou à un autre. Les plus importantes sont décrites dans les sections suivantes.

Le chi des cieux

Le chi céleste englobe le chi de l'air, du temps qu'il fait, du ciel, des étoiles, et d'autres corps célestes. La quantité et la qualité du chi de l'air détermine la qualité, la fraîcheur et la vitalité de l'oxygène que vous respirez. Le chi du ciel et de l'atmosphère englobe les influences climatiques affectant les humains et les autres formes de vie. Le chi cosmique est l'énergie de l'espace interstellaire et des corps célestes : le soleil, la lune et les étoiles. Sans le chi du soleil, il n'y aurait pas de vie sur terre.

Le chi de la terre

Le chi de la terre est le domaine du Feng Shui. La civilisation n'est pas assez avancée pour changer les choses dans l'espace (elle peut lancer des satellites, mais ne peut réarranger les planètes), mais elle est tout à fait capable de modifier le chi de la terre, en mal comme en bien. L'énergie de la terre se divise en de nombreuses catégories. Les maîtres du Feng Shui distinguent des centaines de types de chi spécifiques pour différentes sortes de terrain. La distinction la plus importante est celle indiquant si l'énergie d'une parcelle de terre est saine et propice aux humains qui y vivent. Aux extrémités du spectre, le chi de la terre peut prendre deux formes :

- **Vivant, vibrant et nourrissant**. Ce type de chi abonde dans des régions telles que Hawaii, dans les anciennes forêts de séquoias, et le long de fleuves puissants et toniques. Ces environnements comportent une grande quantité d'ions négatifs (qui ont un effet positif sur la santé), contiennent de grandes quantités d'oxygène, et favorisent l'adoption d'une attitude mentale positive.
- **Acide, dénudé et hostile**. Le chi correspondant est défavorable à la vie humaine et peut même drainer la vie des gens qui séjournent trop longtemps sur un tel terrain. De tels emplacements peuvent comporter des champs magnétiques néfastes, des températures insupportables (trop basses ou trop élevées), ou être dépourvus d'autres formes de vie. Ce sont, par exemple, les régions arctiques ou antarctiques, le désert de Gobi, la vallée de la Mort aux États-Unis, et la mer Morte (les noms de ces deux endroits ne sont pas le fait d'une coïncidence).

Le chi de votre habitation et des lieux où vous vivez

Le chi des habitations peut varier considérablement en fonction des énergies des résidents et de détails spécifiques propres au terrain. Les interactions entre le chi d'une habitation et celui de ses résidents constituent le Feng Shui ; la maison elle-même et les gens qui y vivent en synergie produisent le chi de la maison, lequel à son tour conditionne l'énergie, les actes et jusqu'à un certain point la destinée des résidents. Cela peut vous paraître surprenant, mais la situation de votre maison peut faire la différence entre une vie de bonheur et de bonne fortune et un destin marqué par les occasions manquées et les difficultés. Le rôle du Feng Shui est de vous aider à distinguer ces deux options et à vous faire bénéficier de celle que vous préférez.

Le tableau 2.1 donne une vue d'ensemble des types d'énergie rencontrés dans diverses résidences. Notez que le type de chi se réfère à une impression d'ensemble qui se dégage en permanence de l'environnement. La configuration des énergies de toutes les habitations peut varier dans le temps. Mais le tableau des types de chi permet de se faire une première idée des caractéristiques énergétiques générales d'une maison en relation avec les humains. Si par exemple une maison a un chi de jeu, cette influence sera ressentie par ses habitants même s'ils ne sont pas en train de jouer au poker. Et si quelqu'un est mort récemment dans la maison, l'impression générale énergétique peut être pendant quelque temps le chi de la mort – que les résidents en soient ou non conscients.

Ne cherchez pas absolument à déterminer correctement le type de chi spécifique de votre habitation. Il vaut mieux laisser faire cette analyse par un consultant professionnel du Feng Shui. Vous pouvez vous contenter de déterminer quels aspects de votre vie vous voulez modifier et appliquer des remèdes appropriés pour atteindre vos objectifs. Vous serez ainsi assuré de modifier le chi de votre demeure dans le bon sens.

Tableau 2.1 Types de chi d'une demeure

Chi de la demeure	*Effets sur la vie des occupants*
Chi studieux	Atmosphère d'étude et de développement culturel
Chi noble	L'honneur, l'attachement aux principes et la valeur prédominent
Chi coléreux	Tensions, controverses et amertume
Chi batailleur	Heurts, violences et sensation de frayeur
Chi opulent	Sentiment de prospérité et d'abondance
Chi du jeu	Des fortunes peuvent se constituer ou disparaître rapidement
Chi de la chance	La bonne fortune et le bonheur prédominent
Chi de la malchance	Il peut survenir un événement malheureux dans cette maison
Chi de la mort	Il faut changer ce chi !

Chi des humains

L'état du chi des gens se mesure par rapport à un état de chi idéal, et il comporte de nombreuses variantes. Les états du chi des gens sont classés selon leurs attitudes et leurs principaux comportements. Par exemple, si quelqu'un a mauvais caractère, est dominateur, et sans égard pour les autres, on dit qu'il a un chi porc-épic ; quelqu'un qui est physiquement présent mais mentalement absent a un chi de rêveur éveillé. (Les lumières sont allumées et le chien aboie, mais il n'y a personne à la maison.) Le tableau 2.2 mentionne d'autres types de chi qui peuvent caractériser différentes personnes.

Tableau 2.2 Types de chi humains

Type de chi	*Caractéristiques personnelles*
Chi idéal	L'énergie est élevée, régulière, équilibrée
Étouffé	Incapable de dire la vérité
Bavard	Dit malheureusement trop souvent la vérité
Contre soi-même	Plein d'illusion, empêche son propre succès
Distrait	Entreprend trop de choses différentes en même temps
Introverti	Excessivement concentré sur soi, devient facilement soupçonneux

Les écoulements du chi

La chose la plus importante à retenir à propos du chi est qu'il s'écoule comme le vent et l'eau. Représentez-vous le chi dans votre corps et dans votre maison comme une rivière d'énergie. La source principale de cette énergie est votre bouche ; pour votre maison, la porte d'entrée. Manipuler l'écoulement du chi dans votre environnement, c'est pratiquer le Feng Shui. Dans le meilleur des cas, vos écoulements de chi devraient avoir les caractéristiques décrites dans les sections suivantes.

L'état de chi idéal du corps

Pour le corps humain, le chi idéal est une énergie forte, régulière et positive, également distribuée dans tout le corps – elle s'écoule depuis le sol (les pieds) jusqu'à la tête. Vous recevez le chi de nombreuses sources, mais la source principale est la bouche : les aliments, l'air et le chi entrent tous dans le corps par la bouche pour vous apporter nourriture, soutien, énergie. (Comme la bouche joue un rôle essentiel dans l'état idéal du chi, les exercices respiratoires et l'amélioration des habitudes alimentaires ont une grande importance.) Dans la meilleure des situations, le chi circule puissamment dans tout le corps sans obstacle, blocage ni distorsion.

Chi idéal pour la maison

Pour faire comprendre le chi de la maison, j'utilise la métaphore du compte en banque d'énergie. Dans le meilleur des cas, le chi de la maison circule régulièrement et librement partout dans la maison, la remplissant d'énergie positive. Cette énergie est le revenu énergétique de la maison. La porte d'entrée est la principale source d'énergie parce que c'est le point par lequel les gens entrent chez vous (voir chapitre 9). Quand le chi de la maison est idéal et s'écoule parfaitement (voir figure 2.2), son énergie suffit à vous fournir tous les bienfaits utiles à la vie. Votre compte en banque d'énergie est créditeur. Vous êtes prospère et florissant. Vous vivez bien. Mais si la maison comporte des obstructions (par exemple, si la porte d'entrée est bloquée), la circulation du chi est perturbée, et certaines parties de la maison peuvent être privées d'énergie, au détriment des gens qui y vivent. En général, une maison dont les ressources énergétiques sont épuisées ou perturbées (solde du compte énergétique trop bas) souffre d'un manque d'harmonie et la vie de ses habitants devient difficile.

Figure 2.2 : Circulation de l'énergie dans une maison et son terrain.

En résumé, les caractéristiques idéales de l'écoulement du chi sont les suivantes :

- Puissant
- Positif
- Élevé
- Coulant
- Régulier

Les caractéristiques négatives de l'écoulement du chi sont :

- Énergie torrentielle (arrive trop vite, provoque des déséquilibres et peut entraîner des blessures)
- Chi stagnant (vous empêche d'atteindre vos buts)
- Chi bloqué (peut vous arrêter dans votre progression)
- Fuite de chi (entraîne une perte d'énergie)
- Chi perçant (peut menacer votre santé et votre bien-être)

Chacune des configurations d'énergie négatives ci-dessus peut générer des influences néfastes sur votre corps, votre esprit et les circonstances de la vie. Toutefois, des remèdes Feng Shui – détaillés tout au long du livre – peuvent les contrebalancer. Convenablement appliqués, les remèdes transforment les états d'énergie négatifs en états positifs, entraînant de nouvelles influences bénéfiques pour assurer des conditions de vie conformes à vos désirs : la paix, l'harmonie et le bien-être.

Culture du chi

Sachant que tout peut affecter votre énergie, que pouvez-vous faire ? Selon la philosophie chinoise ancienne, l'une des choses les plus importantes dans la vie est de cultiver le chi. Vous pouvez appeler votre culture du chi votre Feng Shui personnel. Vous cultivez le chi comme on cultive n'importe quoi d'autre – avec du temps, de la patience, de l'attention, et en respectant soigneusement toutes les étapes. Par exemple, pour cultiver un jardin potager, vous surveillez l'état du jardin, vous lui apportez des engrais, vous l'arrosez, le protégez contre les insectes nuisibles et les intrus éventuels, et d'une manière générale, vous créez des conditions telles que ce que vous voulez obtenir (des plantes, certaines espèces animales) puisse se développer et prospérer. Vous pouvez aussi chercher à améliorer vos connaissances des techniques et des principes du jardinage. En poursuivant votre lecture, vous verrez comment appliquer ces principes de culture au développement de votre chi personnel.

Les avantages de la culture du chi

Le chi est la vie, et si vous le cultivez, vous améliorerez votre vie dans tous ses aspects, et vous étendrez votre sphère d'influence dans la vie, à la maison, dans vos relations, et au travail. Voici une liste de résultats positifs découlant de la culture du chi :

- Meilleure santé physique
- Meilleur équilibre mental
- Augmentation des facultés intellectuelles et de la sagesse
- Élévation de la puissance psychique et spirituelle
- Plus de chance
- Amélioration des relations familiales ou autres
- Influence bénéfique sur le caractère, vous rendant plus calme, tolérant, patient, honnête, et ainsi de suite.

Huit facteurs affectant votre chi personnel

Vous pouvez non seulement veiller aux sources de chi et à ses mouvements (son écoulement) dans votre corps, mais en outre vous préoccuper des forces qui conditionnent votre chi personnel. *Conditionner* veut dire affecter ou influencer la qualité de quelque chose. Le conditionnement conscient du chi est ce que les Chinois appellent la culture du chi. La culture du chi est nécessaire parce que tout a une influence sur le chi. Si vous ne vous occupez pas de votre chi, d'autres facteurs en prendront le contrôle, que cela vous plaise ou non.

Vous pouvez cultiver votre chi personnel en manipulant les huit facteurs principaux qui peuvent l'affecter :

- **Votre moi** : c'est vous-même qui avez la plus grande influence sur votre propre énergie (et qui, de ce fait, en êtes le plus directement responsable). Vos pensées, vos humeurs et vos choix affectent et modifient continuellement votre chi, en bien ou en mal. C'est pourquoi vous devez observer et discipliner votre moi. Prenez de meilleures habitudes de pensée. Ce mode de culture du chi est vraiment efficace.
- **Les gens autour de vous** : les gens avec qui vous passez votre temps ont une grande influence sur vous. Depuis le début de l'histoire, tous ceux qui prêchent l'amélioration des qualités humaines soulignent l'influence de l'entourage sur la qualité et le déroulement de l'existence. Passer plus de temps en bonne compagnie est pour cette raison une forme efficace de culture du chi personnel.
- **L'environnement** : votre environnement influence continuellement votre énergie. Ne pouvant supprimer ces influences, vous pouvez reprendre l'initiative et le contrôle de votre destin en les modifiant. C'est ici qu'intervient le Feng Shui, l'un des outils les plus puissants de la culture du chi.

- **Les événements** : tout ce qui vous arrive affecte votre énergie : un accident de voiture, tomber amoureux, la perte d'un job, une promotion, un divorce… De tels événements ont un effet direct, profond et évident sur votre chi. Vous ne pouvez pas les empêcher de se produire, mais vous pouvez dans une certaine mesure influencer et même choisir la manière dont vous réagissez, ce qui est une autre manière de cultiver votre chi.
- **La conduite** : tous vos actes affectent votre chi. Votre conduite laisse des impressions durables dans votre esprit, influence vos émotions, et a des effets similaires sur l'esprit et les émotions des autres. Ainsi votre conduite a-t-elle une influence déterminante sur l'écoulement de votre chi.
- **Comportement au plan spirituel** : vos orientations religieuses ou spirituelles ont une influence significative sur votre énergie (et aussi sur votre caractère). Développer volontairement cet aspect de la vie, vivre en harmonie avec les valeurs et les principes spirituels, sont autant de modes de culture du chi.
- **Climat politique** : les événements politiques affectent-ils votre énergie personnelle ? La guerre froide. La chute du mur de la honte. Maastricht. Le Kosovo. Il est évident que les événements politiques affectent votre énergie plus ou moins fortement. Vos choix électoraux déterminent par ailleurs le Feng Shui de votre pays. (Votez-donc avec énergie !) Une participation active et positive à l'évolution du contexte plus large dans lequel vous vivez est une autre manière de cultiver votre chi.
- **Autres facteurs** : nombre de facteurs inconnus exercent continuellement leur influence sur vous. En progressant dans la vie sur le chemin de la sagesse, vous découvrirez certains d'entre eux.

Les facteurs énumérés ci-dessus affectent tout le monde à des degrés divers. Toutefois, votre Feng Shui personnel est celui de ces huit facteurs sur lequel vous pouvez agir le plus facilement. Cessez donc pour l'instant d'essayer de changer les autres et concentrez-vous sur votre propre amélioration et celle de votre environnement personnel. Cultivez votre propre chi. Prenez en charge votre Feng Shui personnel. Et observez les changements positifs qui commencent à transformer votre vie.

Le langage du Feng Shui

Si le chi est le carburant du Feng Shui, les symboles et les schémas en sont le langage. Ils peuvent vous faire comprendre la manière dont votre environnement agit sur vous. Tel le poisson influencé sans en être conscient par l'eau dans laquelle il nage, vous subissez en permanence l'influence de votre environnement, qui conditionne globalement ce qui vous arrive à chaque instant, sans que vous vous en rendiez compte. Les symboles et les schémas sont des procédés par lesquels votre psyché peut de manière subconsciente interpréter votre environnement et se mettre en rapport avec lui.

- **Symbolisme** : ce qui représente une autre chose ou en tient la place. Les images symboliques révèlent des correspondances entre des schémas de l'environnement et des schémas de votre vie.
- **Schémas** : les relations structurelles entre les événements de la vie et les réalités de votre habitation et de votre lieu de travail. Ces schémas – quand vous êtes conscient de leur existence – vous montrent la manière exacte dont votre environnement conditionne ce qui vous arrive. Ils peuvent aussi vous conduire à faire aussitôt des modifications très efficaces.

Examinons de plus près les symboles et les schémas.

Symboles : l'environnement s'exprime (il vous parle !)

Les symboles vous affectent à trois niveaux – universel, culturel et personnel – tous les trois en rapport avec l'endroit où vous vivez. Le Feng Shui de votre demeure (et de votre bureau) porte sur ces trois niveaux d'influence symbolique.

- **Symboles universels** : ce sont des représentations significatives pour tout le monde. Par exemple, votre fourneau symbolise la nourriture et la santé. Quelles que soient les influences culturelles subies, le fourneau ou le feu sur lequel on prépare à manger représente la même chose pour tous les êtres humains. Il s'agit donc d'un symbole universel. De même, la salle de bains représente la propreté, le lit symbolise la relation et le mariage, et ainsi de suite.
- **Symboles culturels** : ce sont des rapports entre des objets et des significations dont le sens est particulier à une culture. Ainsi, certains objets, comme la feuille d'érable au Canada, peuvent être le symbole d'une nation et même figurer sur son drapeau. Dans une autre culture, le même objet peut ne pas avoir de valeur symbolique ou représenter autre chose.
- **Symboles personnels** : une association entre un objet ou un événement et une signification peut n'être valide que pour vous ou votre famille. Par exemple, un portrait d'ancêtres sur le mur ou les armoiries de votre famille n'a de valeur symbolique que pour vous, et n'a guère de sens pour un visiteur.

Que vous en soyez ou non conscient, les relations symboliques sont partout dans votre vie, sur laquelle elles ont une profonde influence. Elles conditionnent vos pensées, vos états d'âme, vos actes et votre énergie, qui déterminent la manière dont les autres vous perçoivent et vous traitent. Les symboles culturels ou personnels peuvent être utilisés pour le Feng Shui, mais dans ce livre, je présente surtout des symboles universels, valables pour tous. (Cependant, j'utilise divers symboles culturels chinois dont une longue pratique du Feng Shui a consacré la signification et qui sont efficaces pour tout le monde.)

Symboles par lesquels vous vivez

Le niveau primaire du symbolisme du Feng Shui est la relation entre vous et l'environnement dans lequel vous vivez. Cette relation est le symbolisme universel, car chacun de nous a une relation avec le contexte dans lequel il vit. Ainsi l'affirmation du Feng Shui, « Ta maison c'est toi. » Bien sûr, cette affirmation n'est pas littéralement vraie, mais c'est une *métaphore* – une manière symbolique de communiquer l'importance de votre demeure et son influence sur vous-même et votre famille. En langage symbolique, votre maison (sa structure, sa forme, son état, etc.) vous représente et vous reflète, vous, votre corps, votre esprit et votre âme à différents niveaux. Mais ne voyez pas seulement un concept dans cette métaphore. L'état de votre maison influence fortement votre psyché et votre vie.

Pour continuer, la porte principale de votre demeure vous représente vous-même, ainsi que votre sécurité et votre voix. Les portes à l'intérieur de la maison représentent les voix des adultes, tandis que les fenêtres représentent les voix des enfants. Le bouton de porte symbolise votre emprise sur la vie, et on pourrait allonger indéfiniment la liste de ces corrélations. (Des corrélations symboliques de cet ordre apparaissent tout au long du livre pour vous faire prendre conscience de la manière dont votre environnement affecte directement ou indirectement votre situation dans la vie.)

Le symbolisme joue également un grand rôle dans les deux métaphores : « Ton environnement est ton miroir » et « Ta maison symbolise ton corps. » La première métaphore veut dire que tout ce qu'il y a dans votre environnement reflète quelque chose à propos de vous. Par cette révélation, vous pouvez commencer à mesurer le genre de conditionnement auquel vous êtes soumis jour après jour. Vous n'allez pas nécessairement tout changer, mais vous allez adopter un autre état d'esprit, un autre mode de conscience, une autre attitude. Par exemple, vous allez prendre conscience en vous indignant de ces piles d'objets entassés dans votre chambre et de son rapport avec des frustrations éprouvées dans vos relations. (En Feng Shui, la chambre à coucher est en corrélation directe avec les relations.)

L'autre métaphore – ta maison symbolise ton corps – est liée à une branche entière du Feng Shui concernant les relations entre votre maison et différentes parties de votre corps. Par exemple, la poutre maîtresse de la maison représente l'épine dorsale, les murs représentent la peau, la tuyauterie les fonctions d'élimination, etc. Au chapitre 14, je fournis des remèdes pour améliorer les choses dans ces divers domaines.

Identification et modification des schémas

Pour bien appliquer les techniques présentées dans le livre, recherchez des *schémas* (ou des correspondances entre votre environnement et les événements qui se produisent dans votre vie). En repérant ces schémas, vous parvenez à une relation consciente, effective, avec votre environnement ; cette relation est le but du Feng Shui. Un exemple peut être la mise en relation d'une carrière freinée par des obstacles, d'une situation financière difficile, avec des conditions observées dans votre maison (une entrée principale encombrée et une mauvaise disposition de l'espace représentant la fortune). Les schémas révèlent des relations de cause à effet entre ce qui vous entoure et votre vie. Cette prise de conscience vous permet de prendre des mesures concrètes et d'apporter des changements positifs dans n'importe quel aspect de la vie.

Deux de mes clients, Étienne et Josette, connaissaient des difficultés importantes en matière d'argent et de carrière. Ils gagnaient de l'argent, mais il semblait toujours leur échapper. Lorsque j'ai vu leur maison, le schéma m'est aussitôt apparu. En Feng Shui, l'eau symbolise l'argent. Des fuites dans la maison ou d'autres problèmes de plomberie peuvent avoir une influence négative sur les finances. Eh bien ! Le toit de ces braves gens laissait couler de l'eau dans la zone de la fortune de leur maison. Bang ! Corrélation directe. Ils avaient aussi une baignoire cassée dans cette même zone de la fortune, une autre relation directe entre leurs ennuis personnels (les effets sur la vie) et l'environnement dans lequel ils vivaient (cause des ennuis). Ils ont aussitôt remédié à ces conditions, à la suite de quoi ils ont gagné plus d'argent en quelques mois qu'au cours de l'année précédente. Tel est l'effet du Feng Shui. (Vous vous attendiez peut-être à quelque chose de mystique ?)

Des douzaines de corrélations se présentent également dans votre vie. Vous pouvez ne pas les remarquer actuellement, mais plus vous avancerez dans la lecture du livre, plus leur évidence vous paraîtra aveuglante. Et vous pourrez agir en conséquence. (Même si ce livre ne sert qu'à vous pousser à garder votre maison en bon état de propreté, vous en aurez eu plus que pour votre argent.) En continuant à lire, examinez plus à fond à la fois votre vie et votre demeure. Commencez à penser en termes de schéma, de corrélations et de relations, et vous irez loin dans le Feng Shui.

Le positionnement : votre place dans l'ordre des choses

L'un des principes du Feng Shui est que l'importance d'une position est déterminée par le temps que vous passez dans l'emplacement en question. Le *positionnement* est la façon dont vous vous reliez personnellement à tout environnement dans lequel vous vous trouvez. En moyenne, les humains passent un tiers de leur temps au travail (au bureau), un tiers à dormir (au lit), et un tiers à s'occuper de tout le reste. Vous pouvez ne pas y avoir pensé jusqu'ici, mais la position de votre lit et celle de votre bureau déterminent votre orientation au cours des deux tiers de votre vie. Il va sans dire que ces deux positions ont une grande incidence sur votre santé, votre bonheur et votre réussite.

Deux théories du positionnement – le positionnement relatif et la position dominante – peuvent vous aider à voir comment appliquer ce concept. (Vous trouverez des remèdes aux chapitres 11 et 16 pour obtenir de solides avantages personnels par le positionnement.)

La théorie du positionnement relatif

Comme je l'explique au premier chapitre, le Feng Shui traditionnel s'appuie sur la boussole physique pour déterminer les directions, en commençant par la porte d'entrée principale, d'une importance primordiale. J'appelle l'usage de la boussole physique positionnement *absolu* (ou global) parce qu'il utilise le champ magnétique terrestre pour orienter une maison correctement au moyen des directions absolues figurant sur le cadran de la boussole (est, ouest, nord et sud). L'école du grand maître Lin Yun (le type de Feng Shui utilisé dans ce livre) se sert d'une autre méthode, appelée la théorie du positionnement relatif, pour orienter et analyser l'environnement. Cette méthode est plus facile à comprendre pour la plupart des gens et ils en obtiennent rapidement de bons résultats.

Deux principes sous-tendent la théorie du positionnement relatif.

- **Les interactions locales ont plus d'importance que le positionnement global**. Selon ce premier principe, l'interaction entre les différentes parties de l'environnement (leur orientation les unes par rapport aux autres) est plus importante que leur orientation par rapport aux directions absolues (est, ouest, nord ou sud). En pratique, cette école insiste sur les relations entre votre maison et les voisins, l'allée conduisant à la maison et la rue qui la borde, votre maison et le terrain, et nombre d'autres parties de l'environnement, plutôt que sur l'importance des directions de la boussole. (***Note*** : l'école du grand maître Lin Yun considère que la méthode de la boussole est un système de Feng Shui parfaitement valide et hautement efficace, mais préfère utiliser sa propre méthode pour analyser et diagnostiquer l'environnement.) Cette méthode présente l'avantage supplémentaire de vous amener à examiner de plus près les relations symboliques entre différentes parties de l'environnement dans lequel vous vivez et d'évaluer plus précisément leurs véritables relations réciproques. Ce système vous permet aussi de voir les relations symboliques de tous les domaines de votre vie personnelle et de mieux comprendre les façons dont elles vous influencent.

- **Ce qui est plus proche de vous a plus d'importance que ce qui est loin**. Selon ce second principe, plus une zone d'un environnement est proche des humains qui y vivent (il s'agit de vous !), plus cette zone a d'influence sur eux et sur le déroulement de leur existence.

Principe de la position de commandement

Le principe de la position de commandement intervient dans plusieurs contextes différents. L'idée principale de la position de commandement est que vous vous situez, que vous vous tenez ou êtes assis dans la position la meilleure, et la plus forte de toutes les positions disponibles dans n'importe quelle situation. La position de commandement apporte une assistance fondamentale dans chacun des domaines suivants de l'existence :

- La réussite générale (position du lit)
- La carrière et les projets (position du bureau)
- La santé et l'argent (position du fourneau)
- La vie en société (canapé du salon)

La position de commandement contribue à vous maintenir en sécurité, fort, et en position de responsable. De nombreux Occidentaux ont oublié le besoin de protection ou de précautions particulières dans leur vie. En vérité, à la base, vous restez ce même individu qui luttait pour survivre dans la jungle, la forêt ou la savane ; l'avantage accordé par l'évolution échoit toujours à la personne qui est dans la position la mieux protégée et la plus forte. Je vous montre comment mettre en pratique le principe de la position de commandement avec votre lit au chapitre 11, avec votre fourneau au chapitre 12, et avec votre bureau au chapitre 16.

L'une des façons d'appliquer la position de commandement est celle de la position classique du fauteuil, conforme aux indications suivantes.

Supposons qu'il y ait une montagne ou une colline derrière la maison. Cette disposition donne un appui solide dans la vie. Disons qu'il y a une colline, un peu plus basse que celle qui se trouve à l'arrière, à la gauche de la maison, et une autre un peu plus basse, mais tout de même importante, à sa droite. Devant la maison se trouve un espace dégagé avec une vue agréable sur une distance assez grande (voir figure 2.3). Cette position protège la maison sur trois côtés, la préservant contre d'éventuels intrus et protégeant ses résidents. La vue saisissante qu'elle offre sur le devant est un indice de bonne fortune. Cet exemple classique est une très forte position de commandement en Feng Shui.

Figure 2.3 : Exemple classique de positionnement positif en Feng Shui.

La position de commandement s'utilise aussi pour l'intérieur de la maison à différents emplacements clés, mais elle s'y applique d'une manière légèrement différente. Par ordre d'importance, ces emplacements sont le lit, le fourneau, le bureau, la table de la salle à manger et le canapé. Voici en résumé les principes de la position de commandement qui s'appliquent à l'intérieur :

- La position doit avoir un appui solide.
- Voir l'entrée depuis la position.
- Voir la plus grande partie possible de la pièce.
- Ne pas se placer sur le passage allant de la porte au reste de la pièce.

Les trois piliers de la vie

J'ai inventé l'expression *trois piliers de la vie* pour désigner un concept fondamental du Feng Shui, qui englobe les trois parties les plus vitales de toute demeure – l'entrée principale, le lit de la chambre principale et le fourneau. En vous concentrant sur les trois piliers de votre maison, vous pouvez faire en sorte que l'énergie fondamentale de votre maison et de votre vie reste forte et solide. Si vous avez des problèmes de Feng Shui dans un seul de ces trois domaines, de multiples problèmes peuvent en résulter, et si vous en avez dans plusieurs – prenez garde !

Importance de l'entrée

La porte d'entrée – la *bouche du chi* – est le premier et le plus grand des trois piliers. La porte d'entrée est le point d'entrée principal de l'énergie de la maison. Elle a un effet sur les relations, la santé, les gens, etc. L'état de la porte d'entrée en dit long sur votre vie et donne le ton pour le Feng Shui de toute la maison. Si l'état de la porte d'entrée ne permet pas à une quantité suffisante d'énergie de pénétrer dans la maison, tous les domaines de votre vie s'en ressentent. Au chapitre 9, je fournis davantage de précisions sur la porte et sur l'entrée.

Le lieu du repos et du rajeunissement

Le deuxième pilier de la vie est le lit de la chambre principale, lié au repos, aux relations et à la santé. Le lit a également un rapport avec votre réussite parce que la position dans laquelle vous dormez et la qualité de votre repos ont une influence sur votre aptitude à gagner de l'argent. Vous trouverez plus d'informations sur le lit et la chambre au chapitre 11.

Le générateur d'énergie de la maison

Pour l'école du grand maître Lin Yun, le fourneau est le troisième pilier de la vie et le principal générateur d'énergie de la maison, apportant la santé et la prospérité. La position du fourneau et celle du cuisinier ont une importance vitale pour votre santé et vos finances. Je traite du fourneau, de la cuisine et de la position de celui ou celle qui prépare les repas au chapitre 12.

La psychologie du Feng Shui

Les attitudes ont une incidence déterminante sur toute entreprise, y compris sur l'utilisation du Feng Shui dans votre demeure. La manière dont vous abordez la pratique du Feng Shui détermine l'ampleur de sa contribution à l'augmentation des énergies et du succès dans la vie. Les attitudes et les modes de pensée recommandés ci-après vous aideront à réussir pleinement dans l'utilisation du Feng Shui.

Toute situation est susceptible d'amélioration (en particulier la vôtre)

Telle la pesanteur, le Feng Shui s'applique de la même façon à toutes les choses. Que vous soyez riche ou pauvre, heureux ou triste, athée ou croyant, la même énergie est disponible et les mêmes principes s'appliquent. Aucun cas n'est désespéré et l'on peut toujours faire quelque chose pour redresser une situation dans l'environnement ou dans la vie. Au pire, vous pouvez être obligé de déménager. Le déménagement est un remède Feng Shui, à condition d'aller au bon endroit – un changement d'environnement approprié peut changer votre vie. Qui que vous soyez, vous pouvez bénéficier d'un aménagement de vos environnements personnels et professionnels selon les principes du Feng Shui. Les résultats peuvent être ténus ou spectaculaires. Mais vous observerez des résultats positifs.

Tirer le maximum de la situation actuelle

Cette idée d'exploiter au mieux la situation actuelle suit dans la foulée la possibilité d'améliorer n'importe quelle situation. Desserrer tous les freins et utiliser tous les moyens disponibles peut avoir un effet magique. Quand vous savez que vous avez fait tout (pas presque tout) ce que vous pouviez, un poids se soulève, votre psyché bouge, et la situation change. Quelque chose de nouveau et d'inattendu surgit dans le tableau. Et depuis votre position renforcée (le Feng Shui vous met dans la meilleure position !), vous pouvez saisir l'occasion par le col et passer tranquillement à une situation plus harmonieuse, plus prospère, plus heureuse.

Vous connaissez peut-être le dicton, « Prie comme si tout dépendait de Dieu et travaille comme si tout dépendait de toi. » Cet excellent conseil s'apparente à une croyance du Feng Shui : « Agis comme si le Feng Shui de ta maison déterminait le cours de ta vie. Applique toutes les options raisonnables et va même un peu plus loin. Et attends-toi à d'excellents résultats. »

L'action sans la connaissance n'est pas une recette pour réussir. Le Feng Shui ne consiste pas à bouger les meubles en tous sens ni à décorer sa maison n'importe comment. Le Feng Shui combine l'esthétique avec des principes sur l'énergie vérifiés depuis longtemps. Tenez-vous à la rampe. Appliquez sagement les principes décrits dans ce livre. Choisissez les remèdes appropriés après avoir observé votre environnement et défini vos besoins. Et par-dessus tout, écoutez votre intuition.

Vous êtes au centre de l'équation

Que vous croyiez à la science ou à une puissance supérieure, la vie reste un mystère. Personne ne contrôle tous les événements de sa vie. Mais votre libre arbitre vous permet d'entreprendre des actions positives dans certains domaines. En Feng Shui, vous êtes le facteur principal dans votre environnement. Et vos actions peuvent introduire les différences conduisant à des changements substantiels et bénéfiques dans votre vie.

Choisir d'améliorer la vie

Après avoir compris que vous pouvez agir pour améliorer votre situation, l'étape suivante consiste à décider par où commencer. Examinez soigneusement votre situation actuelle ; ce livre vous procure des méthodes pour effectuer des changements conduisant à une vie meilleure. Il vous suffit de les utiliser.

Être ouvert au changement et accepter la nouveauté

Lorsque vous mettez en œuvre le Feng Shui, attendez-vous à des changements ! Certains mouvements de l'existence peuvent être spectaculaires et soudains ; d'autres peuvent être subtils et progressifs. Ce qui importe, c'est d'être ouvert aux choses et aux idées nouvelles, d'accepter d'agir, et d'être réceptif au changement. L'esprit est comme un parachute : il marche au mieux quand il est ouvert. Les gens qui obtiennent les meilleurs résultats avec le Feng Shui sont ceux qui ont un esprit ouvert, une attitude positive, et une intention claire (ces qualités font aussi partie des principes du Feng Shui).

Sur la voie de la réussite en Feng Shui

Si vous ne faites rien d'autre, appliquez au moins les principes suivants du Feng Shui :

- **Ravivez la porte et l'entrée**. La porte est le point clé de toute la maison. Décorez-la comme il faut – son pouvoir est considérable. Vous en apprendrez davantage au chapitre 9.
- **L'énergie doit circuler**. Évitez les blocages et la stagnation. Gardez les passages (couloirs, halls, allées conduisant à la maison) ouverts et dégagés pour que l'énergie y circule librement.
- **Améliorez la position et la qualité du lit**. Le lit est l'endroit le plus important de la maison après la porte, et il a un effet sur tous les aspects de la vie, notamment sur la santé et le mariage. Vous pouvez améliorer votre vie grâce à un meilleur Feng Shui pour votre lit (voir les détails au chapitre 11).
- **Assurez vos arrières**. Adoptez une position de commandement qui donne la force et la sécurité. Reportez-vous aux chapitres 10, 11 et 16 pour plus d'informations à ce sujet.
- **Rôle primordial de la propreté**. Faut-il en dire plus ? Bon, juste un peu plus : une maison propre vous apporte une énergie fraîche et propre, celle dont vous avez besoin pour rester heureux, sain et vigoureux.
- **Saisissez toutes les occasions d'améliorer l'équilibre et l'harmonie**. Dès que vous détectez un déséquilibre autour de vous, faites un effort pour y remédier par le Feng Shui, et vous serez surpris par la qualité du résultat.

Chapitre 3

Lecture des vibrations et utilisation de l'octogone du Feng Shui

Dans ce chapitre :

- Sentir l'énergie environnante
- Les neuf zones de vie de l'octogone
- Application de l'octogone à votre espace vital
- Résolution des difficultés d'application
- Changer sa vie grâce à l'octogone

Ce chapitre vous initie à la détection de l'énergie dans votre espace vital et à son utilisation pour comprendre ce qui s'y passe – les deux étapes de l'utilisation du Feng Shui. La première étape implique l'utilisation du corps et de vos sensations ; la seconde étape consiste à délimiter votre espace vital au moyen d'un outil spécial appelé l'*octogone* du Feng Shui. Lorsque vous aurez compris les méthodes de base pour analyser les caractéristiques de l'énergie de votre espace vital, allez au chapitre 4 qui vous ouvrira une boîte à outils de remèdes pour faire les modifications de vie et d'énergie appropriées.

Découvrez le pouvoir de vos sens grâce à votre *intuition* – tout le monde a de l'intuition – et prenez ainsi conscience de ce qui se passe dans votre environnement à propos de l'énergie. Les méthodes sensorielles décrites dans ce chapitre peuvent vous sembler un peu étranges au début (ou un peu dépassées), mais en les essayant, vous verrez qu'elles marchent. L'intérêt de cette approche est qu'elle vous donne des éléments d'information généraux sur l'énergie de votre espace vital.

L'octogone, lui, est un outil visuel applicable à n'importe quel espace. Il sert à diviser votre maison ou votre bureau en neuf surfaces appelées dans ce livre surfaces vitales. Dans ce chapitre, je vous montre comment recouvrir le plan de votre demeure avec l'octogone. (Reportez-vous au chapitre 16 pour plus d'informations sur l'utilisation de l'octogone au profit de votre lieu de travail.) Appliqué à l'habitation, l'octogone est un outil puissant pour voir sur quels points intervenir afin d'obtenir les changements désirés.

L'utilisation conjointe de l'octogone et des procédés de détection de l'énergie vous font prendre conscience de ce qui se produit dans votre espace vital, et des ajustements à faire à son Feng Shui. Vous trouverez dans ce chapitre des astuces pour mieux percevoir les informations collectées par le corps, ainsi que des conseils pour déduire de ces informations les changements les plus utiles à apporter à votre demeure.

Sentir l'énergie : bonnes et mauvaises vibrations

Percevoir l'énergie, la sentir dans son corps, et agir à partir de ces sensations est l'essence même du Feng Shui, qui est la relation entre l'énergie de l'espace vital et celle du corps. Si vous savez déjà sentir l'énergie, vous avez pris de l'avance sur les informations contenues dans ce chapitre. Toute personne peut sentir les énergies dès lors qu'elle y prête attention. Percevoir ce qui se passe dans son espace personnel et le rapprocher de ce qui arrive dans la vie fait surgir une image des modifications requises dans cet espace. (Reportez-vous au chapitre 2 pour plus d'informations sur les corrélations entre votre espace et les schémas de votre vie.)

Tous les humains perçoivent l'énergie inconsciemment, 24 heures sur 24 et 7 jours sur 7. Quand vous marchez dans un environnement qui vous inspire la répulsion, l'apaisement, la réflexion ou la tristesse, vous en percevez l'énergie.

Les premiers modes de lecture de l'énergie sont de natures intuitive et physiologique. Tout ce que vous rencontrez s'enregistre dans votre corps en tant que sensation. Si vous prêtez attention à vos sensations, vous vous rendez compte qu'elles vous livrent des indications exactes sur l'énergie de l'espace où vous vous trouvez. En d'autres termes, votre corps et vos sensations sont des baromètres incroyablement précis pour mesurer la pression énergétique. Vous n'avez pas besoin de dons particuliers, tous les humains sont dotés de cette faculté. Il suffit d'avoir un esprit ouvert, de la patience, et la volonté d'essayer les méthodes du livre. L'aptitude à lire l'énergie, comme toutes les autres facultés, s'améliore et devient naturelle par la pratique.

Grâce aux procédés décrits dans les sections suivantes, vous recueillerez des trésors d'informations sur tout emplacement, et sur ceux qui y vivent. Avec de la pratique, vous appliquerez les techniques en question avec plus d'aisance et d'habileté. Choisissez les méthodes qui marchent le mieux pour vous, et servez-vous-en pour aiguiser vos facultés natives de détection de l'énergie.

Détection des schémas d'énergie de votre environnement

De nombreux signes vous indiquent si un endroit spécifique est favorable ou défavorable à ceux qui y vivent. Pour les reconnaître, vous devez savoir ce qu'il faut chercher, comment sentir l'environnement, et quelles questions vous poser. Imaginez que vous soyez sur le point d'acheter une maison, et qu'un agent immobilier vous fasse visiter les environs. Les paramètres et les questions suivantes vous aident à évaluer les énergies de n'importe quel endroit. (Cependant, vous n'avez pas besoin de connaître les réponses à toutes les questions pour évaluer correctement un environnement.)

- **Le temps** : le climat de la région est-il favorable à la végétation, agréable, humide, aride, etc. ? Est-il extrême ou dur à supporter ? En quoi diffèrent les saisons ?
- **La végétation** : les espèces végétales qui entourent la maison sont-elles luxuriantes et vertes ou au contraire desséchées ? Le sol est-il riche et fertile, sablonneux ou stérile, rocailleux ou surtout argileux ?
- **La faune** : quels animaux (sauvages ou domestiques) vivent dans l'environnement ? Voyez-vous quelque animal en approchant ? Les corbeaux, les vautours, les chats noirs, les chiens galeux et les cadavres d'animaux sont autant de signes négatifs évidents. Les biches, les renards, les aigles, les pies ou les animaux sociables et heureux sont des signes positifs.
- **Les gens** : observez les animaux à deux pattes que vous rencontrez dans cet endroit (je ne parle ni des autruches, ni des kangourous). Les gens sont-ils cultivés, équilibrés, soignés, etc. ? Ont-ils l'air astucieux, énergiques, vifs et heureux ? Léthargiques, distants ou malheureux ?
- **Les environnements des autres** : quel est l'aspect des environnements des voisins ? Leurs jardins sont-ils bien tenus et leurs pelouses tondues et ratissées ? Leurs voitures sont-elles déglinguées ou en bon état ? Y a-t-il des traces de balles dans le panneau de stop ? Vous sentez-vous guilleret, heureux, en explorant la région ? Ou éprouvez-vous une sensation de malaise ou même de frayeur ?

- **Présages ou coïncidences spirituelles** : que se passe-t-il quand vous arrivez à la maison ? Faites attention aux premières impressions, qui ont beaucoup d'importance. En Feng Shui, tout ce qui se remarque et tous les événements qui sortent de l'ordinaire sont autant de présages. Par exemple, supposons que l'agent immobilier tente d'ouvrir la porte et que la clé se casse dans la serrure, ce qui vous empêche d'entrer. Ce n'est pas bon signe ! Ou supposez que vous entrez dans la cuisine et que la lampe du plafond grille. Ou que vous trouvez un rat mort sous l'évier dans la cuisine. Superstition, dites-vous ? Eh bien ! supposez qu'en regardant par la fenêtre, vous apercevez un corbillard motorisé avec deux cercueils et qui est tombé en panne juste devant la maison. Bien sûr, il y a des gens qui feraient une offre sur le champ. Je ne vous recommande pas d'en faire autant !

  Bon, j'ai quelque peu exagéré. Mais vous voyez ce que je veux dire. De tels faits s'appellent des présages pour une bonne raison. Observer et sentir l'énergie de ces petites choses vous aide à établir les caractéristiques d'une habitation.

- **Chi chanceux ou malchanceux** : renseignez-vous sur le sort des voisins de la maison où vous envisagez d'habiter. Si des événements malheureux se sont produits (divorce, perte d'emploi, décès récent, maladie grave, cambriolage, faillite, procès, etc.) dans le même groupe de maisons ou d'appartements, vous avez intérêt à poursuivre vos recherches ailleurs.

Détection de l'énergie en respirant

La respiration est étroitement liée au chi, de sorte qu'une bonne façon de sentir un environnement consiste à remarquer si la respiration se modifie quand vous entrez dans un endroit. Si le chi y circule abondamment et librement, la respiration devient plus ample et s'ouvre. Si le chi est stagnant, limité, bloqué ou nocif, il provoque une gêne respiratoire. Tout comme les sensations, la respiration change à chaque fois que vous changez d'environnement. Vous n'y avez peut-être jamais prêté attention jusqu'ici, mais les changements respiratoires sont un moyen simple et efficace de détecter l'énergie d'un espace. Comme pour toutes les autres méthodes, il s'agit seulement d'écouter ce que vous dit votre corps.

Détection de l'énergie par le corps

La lecture de l'énergie se base sur le simple principe suivant : votre corps dit toujours la vérité. Le seul problème est qu'il ne crie pas : il parle doucement, et il faut vous taire pour entendre ses messages les plus importants. La prochaine fois que vous entrerez dans un nouvel environnement, arrêtez-vous, faites attention, et sentez ce qui se passe en vous. Quelles que soient les données transmises par votre corps, essayez de les accepter telles quelles, sans les juger ni les interpréter. Remarquez-les et sentez-les.

Outre l'attention portée au rythme respiratoire et à la profondeur de vos inspirations (voir la section précédente), il y a d'autres moyens de détecter les réactions du corps aux énergies d'un environnement. Le meilleur moment pour utiliser ces techniques est celui où vous venez d'entrer dans l'environnement en question, car nous tendons à nous adapter rapidement et sans transition à tout ce qui nous entoure. Après avoir été dans un endroit pendant une heure ou plus, vous devenez moins sensible à ses influences que durant la première minute.

Vous pouvez vous être habitué ou vous etre adapté aux influences énergétiques de votre demeure actuelle, de sorte qu'elles vous paraissent tout à fait normales et correctes. Si c'est le cas, faites très attention à ce que vous ressentez aussitôt après l'application d'un remède Feng Shui. Les remèdes modifient l'énergie de l'espace, et le chi modifié génère de nouvelles influences que vous pouvez remarquer en y faisant attention. (Les remèdes sont des techniques Feng Shui pour améliorer l'écoulement de l'énergie dans un espace, avec une incidence bénéfique sur la vie.)

Voici des méthodes pour détecter l'énergie par le corps :

- **Trouvez le calme pour mieux ressentir les émotions**. Toutes les émotions s'inscrivent dans le corps sous la forme de sensations physiques allant habituellement de l'estomac jusqu'à la poitrine et à la gorge. Soyez réceptif et sentez l'effet de l'espace sur votre corps. Notez chaque sensation éprouvée dans ces parties du corps ainsi que les émotions qui l'accompagnent. Vous recevrez ainsi des informations parfaitement exactes sur l'énergie ambiante. Si vous êtes calme, réceptif et confiant, vous saurez aussitôt ce qu'il faut faire pour régler par les divers remèdes du livre n'importe quel problème d'environnement.
- **Vérifiez la stabilité de votre corps**. Éprouvez-vous un léger déséquilibre ? Une sensation de léthargie ou de lourdeur ? Vous sentez-vous solide sur vos jambes et stable ? En perte d'équilibre ou groggy ? Agité ou calme ? Observez bien ce que vous ressentez. Si vous vous sentez instable, l'énergie du lieu où vous êtes n'est probablement pas équilibrée. Voyez si vous pouvez en déterminer la raison. (Peut-être la structure elle-même est-elle légèrement de travers sur ses fondations, une chose qui ne peut normalement pas être découverte sans l'aide d'un technicien. Mais la subtile inclinaison de votre corps peut vous avertir que quelque chose ne va pas, même si vous ne savez pas exactement ce que c'est. Et une telle situation peut malheureusement faire que les résidents ne se sentiront pas dans leur assiette pendant des années !) Si vous êtes à l'aise, solide sur vos jambes, calme, et équilibré, l'énergie du lieu est probablement harmonieuse et positive.

- **Observez vos pensées**. Les pensées reflètent les sensations du corps et les émotions, de sorte que les modifications de la pensée peuvent servir de baromètre pour mesurer l'incidence de l'espace visité sur votre énergie. Notez vos pensées et votre état d'esprit avant d'entrer. Essayez d'entrer en étant neutre et calme. Vos pensées changent-elles lorsque vous entrez ? Votre état d'esprit se modifie-t-il dans un sens positif ou négatif ? Faites bien attention.
- **Relevez les réactions de votre corps**. L'entrée dans un lieu dont le chi est négatif se traduit le plus souvent par une sensation dans l'estomac ou la tête plutôt qu'ailleurs dans le corps. Si vous éprouvez une douleur dans la tête ou si votre estomac se serre tandis que vous entrez dans un lieu, c'est donc le signe d'un chi négatif. Si en revanche vous vous sentez détendu, ouvert, heureux et l'esprit libre, ce peut être le signe d'un chi positif. Notez aussi si vous avez brusquement chaud ou froid en entrant ou si vous avez un goût étrange dans la bouche. Ces changements de température ou de goût ne sont pas des signes clairs de bon ou de mauvais chi, mais sont plutôt comme l'alternance des nuages et du beau temps – ils vous donnent des indications sur ce qui est en train de se passer dans l'espace en question. L'interprétation de ces informations est affaire d'intuition et d'expérience.
- **Observez votre niveau d'énergie**. Il est vraiment très facile de déterminer son propre niveau d'énergie. Si un espace a une bonne énergie, vous vous sentez bien, c'est-à-dire calme, heureux, dispos ou enthousiaste. Un lieu dont le niveau d'énergie est bas peut absorber l'énergie de ses occupants. Dans un tel endroit vous vous sentirez probablement déprimé, fatigué, somnolent, paresseux ou abattu.

La magie de l'octogone

Le Ba-Gua, que j'appelle l'octogone du Feng Shui, est un instrument servant à l'analyse du Feng Shui. Le *Ba-Gua* vous permet de déterminer de quelle manière les différentes surfaces définissables de votre espace (maison, jardin, bureau, pièces) affectent les domaines correspondants de votre vie. Tous les espaces ont une incidence sur vous ; la question est de savoir quels domaines sont affectés par chaque lieu. L'octogone du Feng Shui apporte une première réponse à cette question.

Qu'est-ce que l'octogone du Feng Shui ?

L'octogone du Feng Shui est une carte énergétique (un outil pour diagnostiquer les qualités énergétiques de votre espace) appliquant aux espaces humains la sagesse du *I-Ching* (un livre ancien des connaissances chinoises). Avec l'octogone, vous divisez un espace en neuf sections ou surfaces, chacune avec son propre jeu d'influences et d'énergies. Un espace définissable doit être délimité et avoir une entrée principale. Je vous recommande de mémoriser l'octogone pour pouvoir l'appliquer mentalement dès que vous entrez dans une pièce ou une maison afin d'en discerner plus facilement les caractéristiques Feng Shui.

Les neuf surfaces vitales de l'octogone

L'octogone divise le plan en neuf surfaces (appelées *guas* en chinois). Chaque surface – que j'appelle désormais surface de l'octogone ou surface vitale – possède une énergie différente et correspond à un domaine spécifique de la vie. Si votre maison est carrée, les dimensions de ces surfaces sont les mêmes. Dans les maisons de forme irrégulière, les dimensions de ces surfaces varient. (Mais la taille de chaque surface a moins d'importance que ce qui s'y passe du point de vue de l'énergie.) L'octogone vous permet de repérer les surfaces sur lesquelles vous voulez opérer, et d'agir ensuite en connaissance de cause.

Supposons par exemple que vous ayez besoin de plus d'argent. Utilisez d'abord l'octogone pour déterminer la surface de la maison qui a une influence sur la fortune ; puis déterminez la situation énergétique de cette surface, et effectuez les changements ou ajustements (appliquez les remèdes) nécessaires à l'amélioration de son énergie. C'est ce processus général que vous utiliserez tout au long du livre.

Voici les neuf surfaces vitales de l'octogone et leur emplacement dans un environnement :

- **Gens qui vous aident** : partie avant droite de l'espace
- **Carrière** : milieu de la partie avant
- **Savoir** : partie avant gauche
- **Famille** : à gauche de la partie centrale
- **Fortune** : partie arrière gauche
- **Renommée/réputation** : milieu de la partie arrière
- **Mariage/partenariat** : partie arrière droite
- **Enfants** : partie centrale droite
- **Santé** : centre de l'octogone

La figure 3.1 vous montre les neuf surfaces de l'octogone – huit côtés plus le centre. Dans les sections suivantes, je passe en revue chacune des neuf surfaces, ses associations et ses corrélations. L'octogone peut être appliqué à votre demeure (y compris le terrain sur lequel elle se trouve) ainsi qu'à votre lieu de travail. À cet effet, j'indique également les corrélations avec le monde du travail pour vous permettre d'appliquer l'octogone au plan qui lui correspond (bureau, espace dans un bureau paysage, etc.), qu'il s'agisse d'un lieu de travail extérieur ou d'un bureau que vous occupez chez vous. (Le placement de l'octogone sur un plan est traité dans une section ultérieure de ce chapitre.)

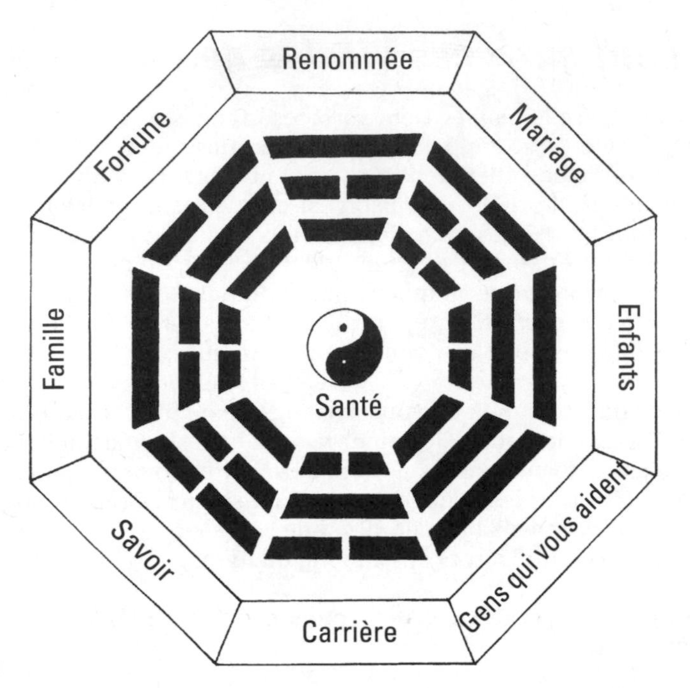

Figure 3.1 : L'octogone du Feng Shui montrant les neuf surfaces vitales.

N'OUBLIEZ PAS

Les emplacements des surfaces de l'octogone sont indiqués sur la figure 3.1 en relation avec la porte d'entrée et le devant de la maison. De sorte que « arrière gauche de la maison » désigne cet emplacement vu depuis la porte d'entrée.

Vous pouvez aussi utiliser l'octogone pour vous guérir ou vous maintenir en bonne santé, et j'ai indiqué les parties du corps associées à chaque surface de l'octogone. Ainsi, la surface du mariage est reliée aux organes internes, de sorte qu'un remède approprié placé dans la surface du mariage peut redonner de l'énergie à un organe déficient.

Je crois devoir vous mettre en garde. Je n'ai aucune qualification en matière de santé ! En fait, je ne suis même pas sorcier. Je vous prie donc de ne pas utiliser ces remèdes du Feng Shui à la place des soins prodigués par les professionnels de la médecine. Si vous avez un problème de santé, consultez un professionnel qualifié. Vous pouvez utiliser les remèdes du Feng Shui à titre proactif ou complémentaire.

En Feng Shui, tout est énergétique et en relation étroite avec tout le reste. La couleur est une autre forme d'énergie, et elle exerce une profonde influence sur votre vie. Le Feng Shui associe certaines couleurs à chaque surface de l'octogone. Dans les sections suivantes, j'indique les couleurs qui leur sont associées, et au chapitre 15, je fournis des conseils spécifiques sur l'utilisation des couleurs pour obtenir des changements dans votre environnement.

En Feng Shui, aucune surface de l'octogone n'est plus importante que les autres. Toutes les surfaces ont des relations entre elles, et lorsqu'elles sont conformes aux principes du Feng Shui, elles contribuent toutes à l'équilibre, la plénitude et la prospérité de l'existence. Il vous appartient à vous seul de décider sur quelle surface vous voulez vous concentrer à un moment donné (ce qui dépend probablement de l'aspect de votre vie que vous souhaitez améliorer).

De plus, les corrélations indiquées pour chaque surface ne sont pas les seules à prendre en compte. Par exemple, les questions familiales ne sont pas sous la seule influence de la surface famille de l'octogone, elles dépendent aussi des pièces dans lesquelles la famille passe du temps (ou est censée passer du temps), telles que le salon ou la salle à manger.

Voyons maintenant chacune des neuf surfaces vitales de l'octogone :

La surface des gens qui vous aident

Emplacement : avant droit

Nom chinois : Ch'ien

Couleurs : gris, blanc et noir

Partie du corps associée : la tête

La surface des gens qui vous aident est en rapport avec les voyages que vous pouvez faire. Si vous voyagez beaucoup ou si vous envisagez de voyager fréquemment, et si vous voulez le faire en toute sécurité, je vous suggère d'appliquer en priorité à cette surface les remèdes Feng Shui décrits dans le livre. Les gens qui vous aident sont aussi vos bienfaiteurs dans la vie. (En fait, comme absolument n'importe qui peut être une personne qui vous aide, les ajustements effectués au niveau de la surface des gens qui vous aident peuvent avoir un effet positif sur toutes vos relations.

Ainsi, les améliorations apportées à cette surface peuvent contribuer au développement de votre réseau de contacts, à la qualité de vos relations (collègues, employés, clients, fournisseurs, etc.), et à des liens plus étroits avec vos amis. En outre, cette surface est associée à la bonne fortune des membres mâles de la famille, tels qu'un mari, un fils ou un frère.

La surface de la carrière

Emplacement : milieu avant

Nom chinois : Kan

Couleurs : noir et bleu nuit

Parties du corps associées : les oreilles et les reins

La surface de l'octogone dite de la carrière concerne votre travail, votre réussite professionnelle, et la manière dont vous gagnez votre vie. Appliquez-lui des remèdes si vous voulez trouver un meilleur job, obtenir une promotion, avoir de meilleures relations avec vos collègues de travail ou faire en sorte que vos mérites professionnels soient reconnus. Cette surface de la maison peut avoir encore plus d'influence sur votre carrière que le bureau de votre lieu de travail. La surface de la carrière étant placée sur le devant de la maison, elle est également liée à vos relations avec le monde extérieur. (Mais qu'est-ce qu'une carrière, si ce n'est une relation avec le monde extérieur ?)

La surface du savoir

Emplacement : avant gauche

Nom chinois : Gen

Couleurs : bleu, vert et noir

Partie du corps associée : la main

La surface du savoir influence les aspects mentaux, spirituels et personnels de votre vie. Si vous voulez devenir plus intelligent, sage ou vif d'esprit – accordez-lui toute votre attention. Étant associée à la connaissance, à l'information, aux éclairs de compréhension, cette surface intervient dans votre vie spirituelle ou religieuse, et dans le développement de votre personnalité.

Sur un plan professionnel, la surface du savoir est liée à la connaissance du métier, aux informations sur la concurrence, à la qualité des décisions et aux réseaux d'ordinateurs. (Pour les ordinateurs, reportez-vous également à la surface des enfants.) Si vous avez affaire à Internet et son déluge d'informations, la surface du savoir peut vous aider à en faire le meilleur usage.

La surface de la famille

Emplacement : centre gauche

Nom chinois : Jen

Couleurs : vert et bleu

Partie du corps associée : le pied

La surface de la famille concerne à la fois le noyau familial et les parents plus éloignés. C'est de cette surface Feng Shui que vous devez vous occuper pour résoudre d'éventuelles disputes familiales ou promouvoir l'harmonie familiale.

Au plan professionnel, la surface de la famille a une influence à la fois sur les employés et sur le management. À un degré moindre, cette influence affecte aussi les clients, les fournisseurs et d'autres personnes en contact régulier avec une entreprise (la famille étendue de l'entreprise).

La surface de la fortune

Emplacement : arrière gauche

Nom chinois : Sun

Couleurs : pourpre, vert, rouge et bleu

Partie du corps associée : les hanches

La surface de la fortune est en directe corrélation avec la propriété et l'abondance ; elle est liée à l'état de vos finances. (Beaucoup de gens abordant le Feng Shui avec cette préoccupation, j'appelle la surface de la fortune la ligne de but.) Pensez également qu'en plus de la surface de la fortune, votre entrée principale et le fourneau de la cuisine ont aussi un effet important sur le chi financier (voir chapitres 9 et 12). Et bien sûr, dans le cas d'un site professionnel, la surface de la fortune a une importance primordiale.

La surface de la renommée

Emplacement : arrière milieu

Nom chinois : Li

Couleur : rouge

Partie du corps associée : les yeux

Oui, cette surface de vie influence la renommée, la célébrité, l'attention du public. Elle détermine notamment l'attention portée aux véritables vedettes, qui attirent les *paparazzi*, sont invitées aux *talk shows*, figurent à la une des magazines. Mais l'ajustement de cet espace Feng Shui ne vous apportera pas nécessairement de tels résultats. Cette surface a également un rôle plus pratique, et même banal. La renommée associée à cette surface est aussi votre réputation en tant que personne – la façon dont vos pairs, vos voisins et les gens de votre communauté vous voient. Tout le monde ne peut pas être célèbre, après tout. (Vous n'aviez pas vraiment envie d'avoir affaire aux *paparazzi*, n'est-ce pas ?)

Tout le monde, y compris vous, a une réputation d'une sorte ou d'une autre. Une bonne réputation apporte de grands avantages ; une mauvaise réputation est un obstacle évident. La surface de la renommée influence également la façon dont vous envisagez votre vie, et il est bon de l'améliorer si vous vous fixez des objectifs ou si vous prévoyez votre avenir.

Dans le monde des affaires, cette surface est liée au marketing, aux relations publiques, à la position d'une entreprise sur son marché, et à ce qu'on dit à son sujet. Pour améliorer la réputation de votre entreprise, vous devez accorder une attention particulière à cette surface.

Surface du mariage ou du partenariat

Emplacement : arrière droit

Nom chinois : Kun

Couleurs : rose, rouge et blanc

Parties du corps associées : les organes internes

La surface du mariage est spécifiquement associée à l'état de votre mariage ou relation. Elle affecte la qualité de cette relation, votre aptitude à trouver un nouveau partenaire ou vos chances d'y parvenir, si telle est votre intention. Selon les principes énergétiques du Feng Shui, cette surface est associée à l'énergie nourrissante de la terre, et aux personnes de sexe féminin d'un ménage – l'épouse et la mère, les filles, les sœurs, etc.

Dans la vie professionnelle, cette surface s'appelle surface du partenariat, car elle influence vos relations avec vos partenaires professionnels internes (tels que des associés) ou vos principaux partenaires extérieurs (clients, fournisseurs, etc.).

La surface des enfants

Emplacement : centre droit

Nom chinois : Dui

Couleur : blanc

Partie du corps associée : la bouche

La surface des enfants est liée à la santé, au bien-être, et aux progrès de vos enfants. Si vous avez du mal à concevoir un enfant, appliquez des remèdes Feng Shui à cette surface. La surface des enfants a aussi une influence sur la créativité, artistique ou autre, ainsi que sur la clarté et la qualité de votre communication.

Dans une entreprise, la surface des enfants se rapporte aux employés ainsi qu'à la créativité et à la communication dans le cadre du travail.

La surface de la santé

Emplacement : centre

Nom chinois : Tai Chi

Couleurs : jaune et autres tons rappelant la terre

Parties du corps associées : toutes les parties du corps non associées aux autres surfaces

La surface de la santé concerne au premier chef votre santé physique. Appliquez-lui des remèdes Feng Shui si vous voulez avoir plus de vitalité et de vigueur. Cette surface se trouvant au centre, elle est également en relation avec votre moi (c'est-à-dire vous !) et elle affecte tous les aspects de votre vie en même temps. La surface de la santé est le moyeux de la roue sur lequel se connectent tous les rayons (toutes les autres surfaces) ; les énergies de chacune des huit autres surfaces passent à travers le centre auquel elles sont reliées.

Dans une entreprise, la surface de la santé se rapporte à la fois à la santé physique des gens qui y travaillent et à la santé financière de l'entreprise.

Placement de l'octogone sur le plan

L'octogone du Feng Shui est toujours placé en relation avec l'entrée principale de la maison, jamais avec une entrée latérale ou de garage. Chaque maison n'a qu'une entrée principale, qui s'appelle en termes de Feng Shui la *bouche du chi*. La bouche du chi est ce par quoi le principal flot d'énergie pénètre dans la maison. (Pour plus d'informations sur la bouche du chi, consultez le chapitre 9.) Dans le cas d'une pièce individuelle, l'octogone s'oriente en fonction de la porte principale de la pièce (celle qui est utilisée le plus souvent s'il y en a plusieurs).

Déterminer la ligne de la porte principale

Pour déterminer la ligne de la porte principale, tracez sur le plan une ligne allant de gauche à droite, et passant directement par le plan de la porte principale. Cette ligne est importante pour deux raisons : elle vous aide à orienter et à placer l'octogone, et elle vous indique aussitôt les parties de la structure qui reçoivent l'énergie depuis la porte principale.

Positionner l'octogone

Si votre maison a une forme compliquée, vous avez intérêt à faire d'abord l'exercice suivant avec le dessin d'une simple maison carrée, et à le faire dans un deuxième temps avec le plan de la maison. Consultez aussi la section « Surfaces manquantes et projections », plus loin dans ce chapitre, pour comprendre l'effet des irrégularités sur l'octogone, et par ricochet, sur vous-même.

1. **Identifiez le mur de devant de la maison**. Ce mur contient la porte principale.
2. **Tracez la ligne de la porte principale**. Voir la section précédente.
3. **Regardez si la porte est sur la droite, la gauche ou au milieu du mur de devant (position des gens qui vous aident, de la carrière ou du savoir)**. Une porte sur la droite du mur principal de la maison est dans la surface des gens qui vous aident. Une porte au milieu du mur est dans la surface de la carrière. Et une porte placée sur la gauche est dans la surface du savoir. Dans ce système, ces surfaces de l'octogone sont les seules qui peuvent contenir la porte principale (ce qui veut dire, par exemple, que la porte principale ne peut jamais être dans la surface de la fortune ni dans celle des enfants). Voir figure 3.2.

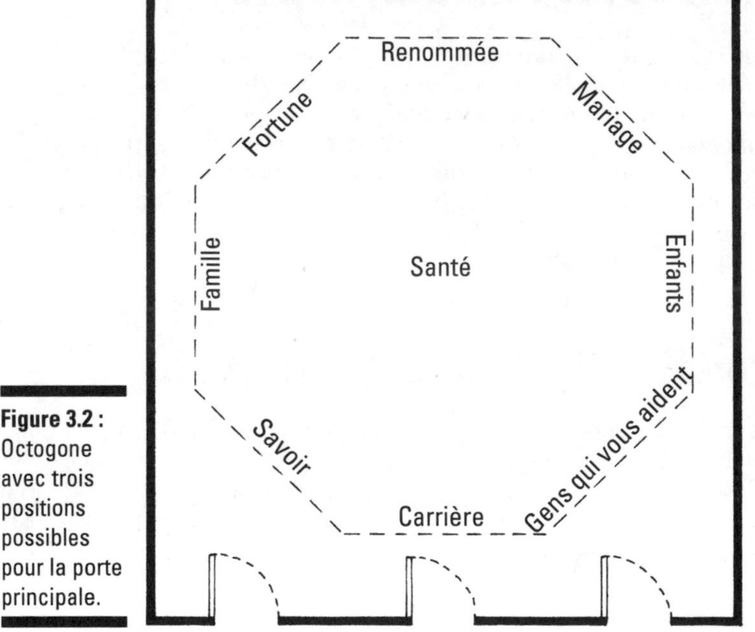

Figure 3.2 : Octogone avec trois positions possibles pour la porte principale.

4. **Tracez les trois surfaces de l'octogone qui jouxtent la ligne de la porte principale**. La surface des gens qui vous aident est toujours située devant et à droite. La surface de la carrière devant et au milieu. Et la surface du savoir est toujours devant et à gauche.

5. **Dessinez sur le plan les autres surfaces de l'octogone**. Voir figure 3.3.

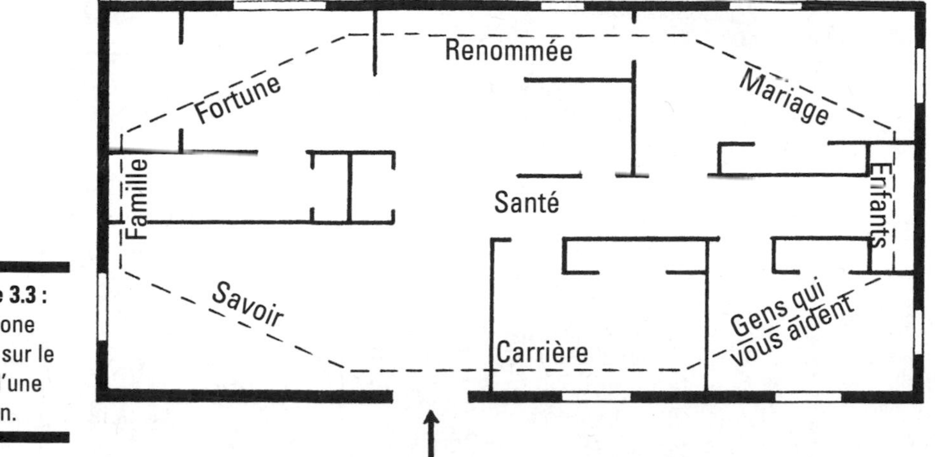

Figure 3.3 : Octogone placé sur le plan d'une maison.

L'octogone du Feng Shui est applicable à toute surface que vous voulez définir (ou dont vous voulez déterminer le périmètre) et qui a une entrée principale. L'octogone peut être placé sur de nombreuses surfaces d'un environnement (y compris chaque pièce de la maison), vous donnant une compréhension de plus en plus précise des causes et des effets en matière de Feng Shui. La lecture de l'octogone se fait typiquement à partir de la maison elle-même, mais vous pouvez aussi placer l'octogone sur d'autres espaces importants de votre vie, comme un bureau, l'endroit où vous faites vos exercices physiques ou un jardin. (Les applications multiples de l'octogone à une même maison sont une originalité de l'école de Feng Shui du grand maître Lin Yun.)

Voici deux autres façons d'utiliser l'octogone pour analyser l'environnement et modifier les influences auxquelles il est soumis :

- **Placer l'octogone sur le terrain**. Vous pouvez placer l'octogone sur le plan de votre propriété pour déterminer les surfaces à aménager et améliorer les domaines correspondants de votre vie (voir figure 3.4). Je vous indique au chapitre 7 les remèdes applicables à un terrain.

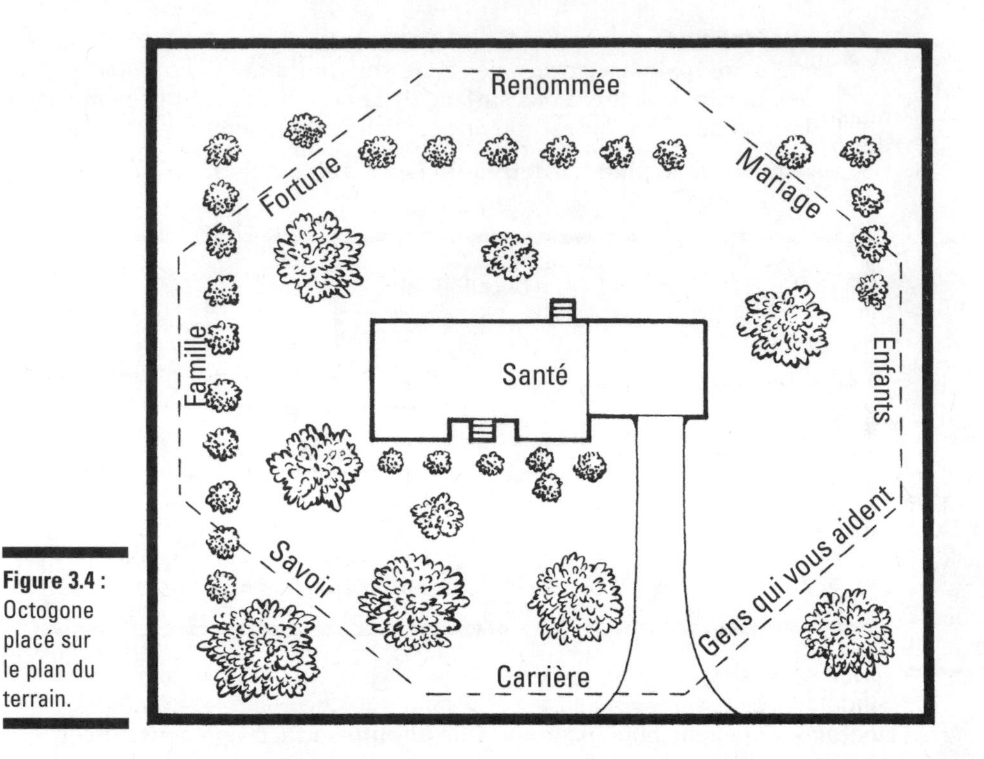

Figure 3.4 : Octogone placé sur le plan du terrain.

- **Placer l'octogone sur des pièces individuelles dans la maison**. La pièce la plus importante est la chambre à coucher principale. Selon la tradition du Feng Shui, l'octogone de la chambre à coucher a plus d'importance encore que celui de la maison elle-même ou du terrain. La figure 3.5 montre comment l'octogone peut être utilisé pour toute pièce de la maison.

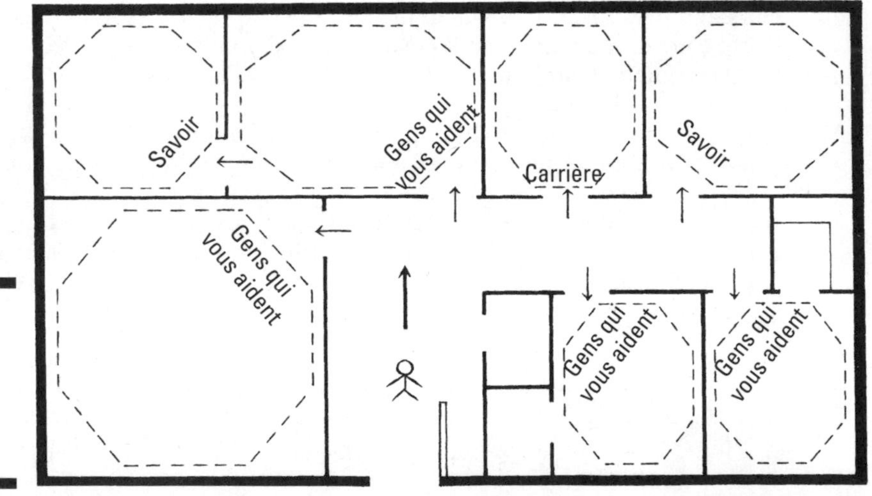

Figure 3.5 : Octogone placé sur chaque pièce de la maison.

Une approche du Feng Shui très efficace consiste à appliquer simultanément des remèdes, pour un même objectif, à chaque pièce de la maison. Par exemple, pour augmenter votre fortune, vous pouvez appliquer des remèdes à la surface de la fortune propre à chacune des pièces. L'effet sur votre maison et sur votre vie peut être spectaculaire.

Problèmes d'utilisation de l'octogone

Pour beaucoup de maisons, le placement de l'octogone sur le plan est facile et immédiat. Des questions surgissent néanmoins dans un certain nombre de situations courantes. Je traite quelques-unes de ces situations dans les sections suivantes.

Surfaces manquantes et projections

La forme idéale d'une maison est une forme régulière – un carré ou un rectangle. Une forme régulière assure un équilibre naturel, de bon aloi. Cependant, une forme de maison irrégulière n'est pas forcément un mauvais signe, mais elle peut avoir une influence positive ou négative sur les occupants selon la forme et selon les remèdes Feng Shui utilisés. Les *surfaces manquantes* du plan sont des caractéristiques négatives qui bloquent l'écoulement du chi dans les surfaces de vie correspondantes. Les *projections*, en revanche, sont des surfaces supplémentaires dans lesquelles l'énergie circule, apportant un chi supplémentaire, et augmentant la bonne fortune dans la surface de vie correspondante. On peut rencontrer les deux situations dans un même plan. Par exemple, si vous avez une surface manquante dans la surface des enfants de l'octogone et une projection dans la surface de la renommée, vous aurez probablement une bonne réputation, mais vous pouvez avoir des problèmes avec vos enfants (ou avoir du mal à concevoir des enfants). Ces principes s'appliquent aussi à la forme du terrain. Pour voir si votre maison ou votre terrain ont des surfaces manquantes ou des projections, reportez-vous au chapitre 8.

Plans compliqués

Si votre plan est trop complexe, il peut être difficile de placer l'octogone correctement. Le plan peut aussi être biscornu, ce qui rend également plus difficile l'application de l'octogone. Une solution éventuelle consiste à utiliser seulement l'octogone pour chacune des pièces de la maison. Vous pouvez aussi faire appel à un consultant en Feng Shui.

Entrées qui font un coude

La situation peut être un peu déroutante si vous entrez dans la maison dans une direction, puis changez de direction pour pénétrer dans le corps de la maison. En pareil cas, je recommande d'orienter l'octogone dans le sens du trafic le plus important pour pénétrer dans la maison (voir figure 3.6).

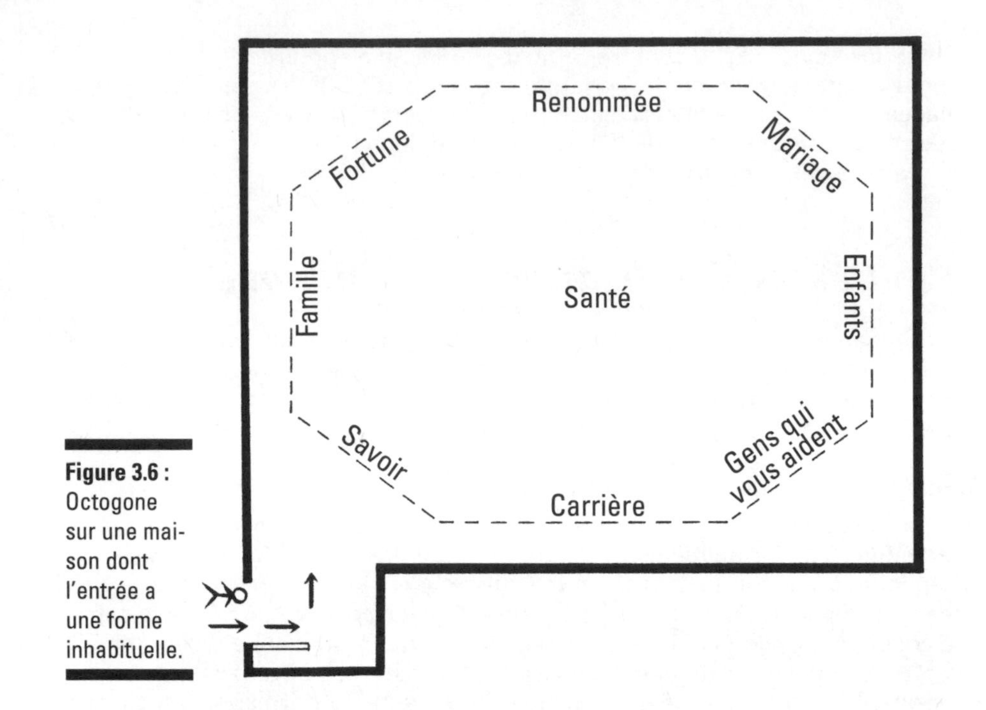

Figure 3.6 : Octogone sur une maison dont l'entrée a une forme inhabituelle.

Entrées qui forment un angle

Une porte présentant un angle de 45 degrés permet d'envisager deux manières de placer l'octogone sur le plan. Laquelle est correcte ? La réponse s'obtient en deux étapes. Déterminez d'abord lequel des deux côtés de la maison fait l'objet du trafic le plus important (à pied ou en voiture). Placez ensuite l'octogone selon un angle de 90 degrés avec la direction correspondante. La figure 3.7 fournit deux exemples d'une telle situation. (Au chapitre 14, j'évoque plus en détail les problèmes de Feng Shui découlant des portes formant un angle.)

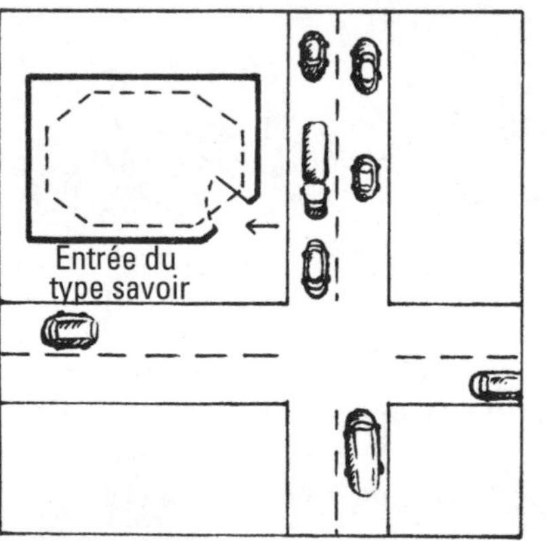

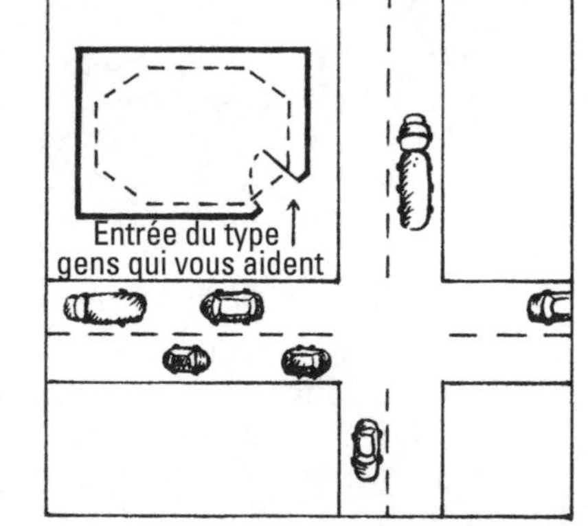

Figure 3.7 : Octogone placé sur le plan d'une maison avec une entrée en angle.

Placement de l'octogone au premier étage ou au sous-sol

Le niveau principal de la maison est celui qui a le plus d'importance pour le placement de l'octogone. Tenez compte des deux remarques suivantes pour placer l'octogone à un étage supérieur ou sur un sous-sol :

- L'entrée (porte principale/bouche du chi) de tout niveau autre que le rez-de-chaussée (c'est-à-dire un niveau accessible par un escalier) est son palier (voir figure 3.8).

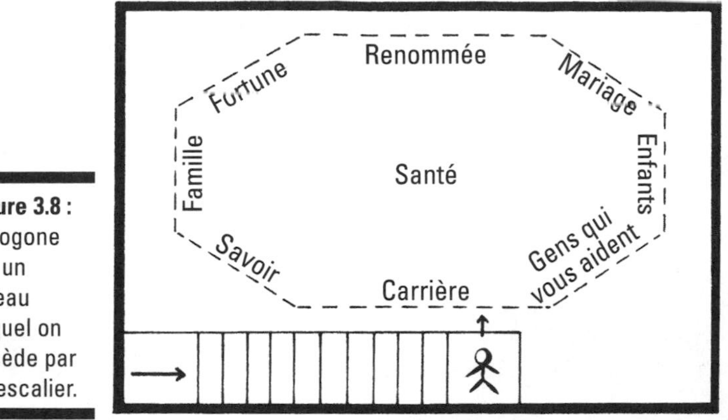

Figure 3.8 : Octogone sur un niveau auquel on accède par un escalier.

- Les escaliers intérieurs représentent des surfaces manquantes de l'octogone Feng Shui des deux niveaux reliés par l'escalier.

Comment changer la vie au moyen de l'octogone

Après avoir placé correctement l'octogone, l'étape suivante consiste à vous en servir. Une bonne façon de faire consiste à sélectionner les surfaces qui correspondent aux principaux changements de vie que vous voulez opérer. Pour augmenter l'harmonie familiale, commencez par la surface de la famille. Pénétrez dans cette surface. Soyez calme, et regardez-la bien. Sentez-en l'énergie par les méthodes recommandées au début du chapitre. Vous pouvez prendre brusquement conscience d'anomalies criantes, exigeant des remèdes.

Une autre utilisation excellente de l'octogone consiste à rechercher des corrélations entre chacune des surfaces de l'octogone et les schémas observés dans les domaines correspondants de votre vie (voir chapitre 2). Par exemple, si la surface de la fortune de la maison est encombrée et désordonnée et si vos finances sont dans un état lamentable, la corrélation est évidente. La mise en ordre de la surface (et son maintien dans cet état) peuvent avoir un effet notable sur votre situation financière (pour en savoir plus, reportez-vous au chapitre 15). Je n'insiste pas sur l'aspect plus agréable de la pièce en question, l'intérêt du Feng Shui étant d'abord d'ordre pratique.

Chapitre 4

Les remèdes du Feng Shui

Dans ce chapitre :

- Définition d'un remède Feng Shui
- Tirer parti des remèdes
- Les différents types de remèdes
- Méthode des additions mineures pour assurer des résultats majeurs

Les trois chapitres précédents ont montré l'utilisation par le Feng Shui d'une énergie appelée *chi*, laquelle circule continuellement dans la maison, influençant la vie de tous les jours, en bien ou en mal. Le Feng Shui agit en modifiant la façon dont l'énergie circule dans la maison et dans la vie.

Pour obtenir un résultat différent, on doit à l'évidence changer quelque chose. C'est le rôle des remèdes du Feng Shui, qui provoquent des déplacements de l'énergie de la maison, du terrain ou du bureau, et vous font bénéficier d'influences positives émanant de l'environnement. Ces remèdes placent entre vos mains toute la puissance du Feng Shui. En les appliquant, vous pouvez changer n'importe quel aspect de la vie.

La variété et l'étendue des solutions du Feng Shui semblent un peu déroutantes au début, et c'est pourquoi j'insiste dans ce livre sur les plus simples, les plus faciles à appliquer et les plus efficaces. Ce chapitre présente celles qui marchent vraiment – des méthodes fiables que vous pouvez appliquer sans entraînement contraignant et sans devoir apprendre le chinois. Il est temps maintenant de mettre le Feng Shui en pratique !

Ce qu'est un remède en Feng Shui

Au niveau le plus élémentaire, les remèdes sont des façons de changer la vie en modifiant l'espace dans lequel elle se déroule. On peut dire aussi que les remèdes sont les solutions à des problèmes de Feng Shui. L'application des remèdes modifie la circulation de l'énergie dans l'espace, déplace le chi dans votre environnement – et en vous –, établissant un état énergétique plus bénéfique.

Dans quels cas appliquer des remèdes Feng Shui

Vous pouvez utiliser les remèdes pour régler un problème d'environnement, améliorer un aspect de votre vie qui laisse à désirer ou rendre encore meilleur un état déjà très satisfaisant. Voici les trois principales raisons d'utiliser des remèdes :

- **Pallier une énergie faible ou problématique dans une surface de votre environnement**. Vous procédez par exemple à l'examen de votre chambre à coucher en utilisant les principes du Feng Shui et vous découvrez que votre lit est dans une position néfaste du point de vue de la santé. Et vous reliez cette situation à des problèmes de santé dont vous souffrez actuellement. Si vous étiez une autruche, vous mettriez votre tête dans le sable en espérant que le problème se résolve de lui-même. Mais comme vous êtes une personne et non une autruche, vous voulez que votre environnement contribue à votre santé, et vous décidez d'appliquer un remède.
- **Améliorer un aspect de votre vie qui vous met au défi, vous perturbe ou représente un problème sérieux**. En liaison avec la chambre à coucher, vous avez eu récemment beaucoup de discussions orageuses avec votre conjoint ou la personne qui partage votre vie et vous décidez d'appliquer un remède pour améliorer votre relation. (Il est toujours bon d'appliquer de tels remèdes, même s'il n'y a pas de tension entre vous. Je crois fortement aux traitements proactifs.) L'étape suivante consiste à ausculter les surfaces de la maison, du terrain, de la chambre, et ainsi de suite, qui ont un rapport avec la relation en question, et de leur appliquer des remèdes spécifiques. Vous pouvez remédier à un Feng Shui défectueux (peut-être une porte de sortie dans la surface du mariage provoque-t-elle une fuite du chi dans la relation). Ou encore, si vous ne détectez aucun problème de Feng Shui à ce niveau, vous pouvez appliquer un remède pour améliorer sensiblement ou activer fortement une surface correspondant au mariage. Par exemple, placer des fleurs fraîches ou quelque chose de couleur rose dans la surface du mariage de la chambre à coucher ou dans d'autres parties de la maison. (Reportez-vous au chapitre 3 pour plus d'informations sur les surfaces vitales de l'octogone.)
- **Développer davantage encore ou renforcer un domaine de votre vie déjà très solide**. Disons que votre carrière avance au pas de charge. Votre dernier film est un grand succès commercial. Votre CD arrive en tête. Et votre nouvelle ligne de prêt-à-porter est le dernier cri de la mode parisienne. Quoi ? Vous voulez aussi remporter le prix Goncourt ? Eh bien ! Allez-y ! Pour accélérer votre carrière, vous devez appliquer

des remèdes dans les surfaces de la carrière, de la maison, du terrain, de la chambre et des autres endroits concernés. (D'un point de vue pratique, si votre objectif est le prix Goncourt, je vous suggère aussi d'écrire un roman, en plus des remèdes, juste pour augmenter vos chances de réussite.)

Cinq types de remèdes Feng Shui

Dans toutes les circonstances de la vie, il y a toujours un choix parmi toute une gamme de solutions. La solution d'un problème de voiture peut consister à acheter une autre voiture, à faire réviser le moteur, à faire une rotation des pneus, ou simplement à remplacer les essuie-glace – le remède dépend de la nature du problème (et de votre situation financière). Si vous achetez une nouvelle voiture, laquelle voulez-vous ? Et si vous réparez l'ancienne voiture, jusqu'à quel point voulez-vous la rénover ? Voulez-vous simplement qu'elle soit en parfait état de marche, qu'elle tienne encore un an ou deux ou qu'elle puisse simplement continuer de rouler jusqu'à ce qu'elle tombe d'elle-même en morceaux ?

Les remèdes du Feng Shui sont assez comparables ; le remède dépend de la nature du problème, de vos objectifs particuliers, et de vos ressources financières. Chaque niveau de remède a ses avantages et ses inconvénients et exige des dépenses variables de temps, d'énergie, et bien sûr, parfois, d'argent. Comme pour beaucoup de décisions, on en vient à faire un budget. (« Dis donc, ces accessoires de salle de bains en or massif, incrustés de diamants, auraient un effet considérable sur le Feng Shui. Mais finalement, je me contenterai du laiton. »)

La liste suivante vous indique cinq niveaux de solutions pour mettre votre maison en parfait état Feng Shui. Pour vous éviter des dépenses excessives et rester sur un plan pratique, j'insiste sur les trois derniers de la liste et je m'abstiens de recommander les options plus coûteuses des deux premiers.

- **Déménager dans une autre maison ou en construire une nouvelle.** Ce remède est le plus radical, et il est également très coûteux. Si vous choisissez cette option, veillez à vous y prendre au mieux. (Assurez-vous que le Feng Shui de la nouvelle demeure est meilleur que celui de l'ancienne.) Je ne suggère ce remède à mes clients que comme dernière possibilité lorsque leur maison actuelle ne peut pas être suffisamment améliorée (disons, par exemple, que la vue d'une de vos fenêtres rappelle Chernobyl, avec des lueurs inquiétantes pendant la nuit).

- **Effectuer d'importants travaux de rénovation ou de refonte du paysage pour résoudre le problème**. Ce remède est une excellente option sous l'angle de l'efficacité, pourvu qu'il soit conforme aux principes reconnus du Feng Shui. La solution, comme celle consistant à déménager, a des inconvénients évidents : dépenses, investissement en temps, et désagréments. Mais ses avantages sont tout aussi évidents. Et comme dans le cas précédent, si vous vous engagez dans cette voie, faites-le correctement !
- **Trouver un placement ou un aménagement modifiant de façon décisive l'écoulement du chi**. Il s'agit maintenant de solutions des problèmes de Feng Shui d'un excellent rapport prix/performance, ne remettant pas en cause la structure de la maison. La plupart des remèdes du livre sont dans cette catégorie. Je privilégie les méthodes pratiques utilisables immédiatement avec des effets mesurables dans le sens désiré, et dont le coût est minimal. (Vous devrez vous passer des accessoires de salle de bains en or massif.)

- **Effectuer une cérémonie de bénédiction pour changer, clarifier ou déplacer l'énergie**. Contrairement à la méthode décrite précédemment, les cérémonies du Feng Shui ont sur l'énergie d'une maison ou d'un terrain un effet instantané, d'où leur puissance considérable. Les cérémonies opèrent sur un plan purement énergétique et affectent des éléments invisibles du site. Ces éléments invisibles sont notamment les énergies spirituelles et émotionnelles ainsi que des résidus énergétiques laissés par les occupants précédents ou les émanations d'énergie provenant des occupants des maisons voisines. Les cérémonies de bénédiction contribuent à l'élimination des énergies négatives, apaisent le chi chaotique, et apportent la prospérité et le bien-être. Les cérémonies de bénédiction sont l'une des méthodes Feng Shui les plus efficaces et les moins coûteuses. Bien qu'elles n'impliquent en général aucun changement physique sur le site, elles peuvent avoir une incidence positive déterminante sur la santé physique et mentale, sur le bien-être et sur la sécurité. Les solutions de ce type sont décrites au chapitre 17.
- **Ajuster directement votre chi personnel**. Cette méthode met en jeu des pratiques spéciales d'ajustement d'énergie personnelle et agit directement sur le déroulement de la vie, sans impliquer nécessairement des modifications de la maison ou de l'environnement, et ressemble à cet égard aux cérémonies de bénédiction effectuées au profit de la maison ou du terrain. Ces remèdes puissants sont également très efficaces et peu coûteux. Le chapitre 18 en décrit un grand nombre.

Les deux phases de vos remèdes

Je décris dans cette section les deux phases des remèdes Feng Shui. L'une des choses les plus importantes qu'il faut comprendre à propos des remèdes est qu'ils opèrent à deux niveaux en même temps : celui du *domaine visible* (ou matériel), et celui du *domaine invisible* (ou intangible). Chaque remède a deux parties correspondant à ces deux domaines. C'est en accordant la même attention aux deux parties du remède que vous obtiendrez les meilleurs résultats.

Phase I : faire l'acte constituant le remède

La première phase se situe dans le monde visible, matériel. Elle consiste à faire dans l'environnement des changements physiques ; par exemple, à peindre une pièce dans une nouvelle couleur, à modifier l'emplacement des meubles ou à nettoyer un placard. La partie visible du remède n'intervient peut-être que pour 10 à 30 % de l'efficacité du remède. La phase I produit un effet, mais un autre ingrédient conditionne l'obtention du résultat complet – l'intention.

Phase II : activer l'intention du remède

La partie invisible, intangible du remède est faite des pensées, des émotions et des sensations qui accompagnent l'application du remède. Le secret d'un remède Feng Shui est votre intention – le facteur le plus important de son efficacité. L'intention génère de 70 à 80 % de l'efficacité. Voyons de plus près en quoi elle consiste.

Une première composante de l'intention est la conscience que vous avez des raisons personnelles pour lesquelles vous appliquez le remède, ainsi que votre volonté de l'appliquer. Que voulez-vous que le remède accomplisse, et avec quelle netteté souhaitez-vous qu'il le fasse ? Ces questions ont un rapport avec l'intention. Mais l'intention est plus qu'un simple désir. Sur un plan plus élevé, l'intention implique tout à la fois la sincérité, la volonté, la visualisation et la foi. Ces facteurs opèrent en synergie pour activer ou renforcer l'élément physique du remède, en décupler la puissance.

La combinaison de ces deux éléments – l'action et l'intention – peut porter l'efficacité des remèdes au-delà de 100 %. Que faut-il comprendre par là ? Cela veut dire qu'un remède peut non seulement régler un problème particulier dans votre vie, mais en outre créer des conditions encore meilleures que celles qui prévalaient lorsque le problème est apparu.

Vous trouverez au chapitre 6 des indications sur l'art d'activer l'intention par une méthode spéciale appelée le renforcement des trois secrets.

Les remèdes ne sont pas simplement des ajustements mécaniques de l'environnement. Le Feng Shui met en jeu votre cœur et votre esprit en même temps que votre maison et votre terrain. Si vous ne comprenez pas encore parfaitement, ne vous inquiétez pas ! Après avoir appliqué des remèdes et pratiqué le renforcement des trois secrets (voir chapitre 6), vous commencerez à comprendre la manière dont ce processus engendre de nouveaux états d'énergie et vous ouvre de nouvelles perspectives.

La panoplie du Feng Shui : les remèdes

Je vais maintenant mettre à votre disposition cinq méthodes d'élaboration de remèdes. Votre choix d'une méthode dépend notamment de vos besoins et de vos désirs particuliers, de votre budget et de votre sens de l'esthétique. Ces méthodes sont décrites dans les sections suivantes.

Création d'un positionnement positif

La création d'un positionnement positif consiste à mettre les choses à la bonne place ou aux endroits les plus favorables. Un bon ou un mauvais positionnement vous touche de plusieurs façons. La disposition des objets détermine la façon dont le chi (ou l'énergie) circule dans l'environnement. Et la circulation du chi touche votre corps et votre esprit. La position du lit, par exemple, a une incidence sur de nombreux aspects de la vie, comme le mariage, le tonus et les revenus.

De même, la position du bureau dans la pièce où vous travaillez est importante parce qu'elle détermine l'endroit où vous êtes assis et la manière dont vous apparaissez pour les gens avec qui vous êtes en contact, ainsi que l'énergie qui entre dans la pièce. Le positionnement du lit, du bureau et du fourneau est important, mais ce ne sont pas les seuls objets dans ce cas. Vous trouverez plus d'informations sur les facteurs de positionnement aux chapitres 11 à 13, et au chapitre 16.

Des ajouts nécessaires, mineurs ou importants

La catégorie suivante de remède implique l'ajout d'objets à l'environnement. Ces remèdes peuvent aller de la plantation d'un nouvel arbre à la mise en place d'une plate-bande, d'un mobile ou d'un miroir. Les remèdes de cette catégorie sont un peu comme les aiguilles d'acuponcture du Feng Shui. L'addition d'un objet approprié à l'emplacement convenable peut avoir des effets spectaculaires sur l'énergie et sur la vie. Vous trouverez sous la section « Adjonctions mineures pour des changements majeurs », plus loin dans ce chapitre, des explications détaillées sur de nombreux remèdes de ce type.

Dégager les voies d'écoulement de l'énergie

Une autre stratégie très efficace consiste à éliminer tout ce qui n'est pas nécessaire, tout ce qui est dans le chemin, tout ce qui doit s'en aller. Nous avons tous tendance à accumuler. Vous appartenez à une culture de collectionneurs compulsifs, mais l'allègement de cette charge opprimante peut libérer une énergie considérable et faciliter votre vie.

L'entassement a pour défaut de bloquer la circulation de l'énergie dans votre maison et en vous, surtout s'il a lieu dans l'entrée ou d'autres parties communes, et même s'il est caché dans un placard ou dans le garage. Les bricoles superflues sont un fardeau pour votre psyché, vous retiennent, et vous font trébucher. Il faut mettre ailleurs les chaussures placées derrière la porte d'entrée. Ces objets inutiles qui encombrent les placards et le garage, il vaut mieux les jeter ou les donner à une association de bienfaisance. Quelqu'un d'autre peut s'en servir, vous vous sentirez plus libre. Vous trouverez au chapitre 15 d'excellents conseils sur le désencombrement.

Adaptation des remèdes : réparation, nettoyage et remplacement

Cette catégorie inclut la modification et l'ajustement des objets actuels de la maison pour en améliorer la valeur énergétique. Il peut s'agir de réparer des objets cassés, de remplacer des ampoules grillées, et bien sûr, c'est très important, de nettoyer. Pourquoi ces changements sont-ils importants ? Tout simplement parce que tout ce qui dans votre environnement n'est pas en bon état a sur vous une influence subtile ou profonde, mais toujours néfaste, sur votre propre état. Ce qui chez vous est cassé ou n'est pas entretenu introduit dans votre subconscient les germes du dysfonctionnement et de la dégénérescence. Allez voir au chapitre 15, qui vous propose de nombreuses solutions.

Changer l'esprit d'un lieu : création d'une nouvelle atmosphère par le biais d'une cérémonie

Les cérémonies ont été la toute première science, et elles jouent encore un rôle essentiel dans nos existences. La femme qui se maquille et se parfume avant son rendez-vous, les fans et les joueurs de foot qui chantent l'hymne national avant un match décisif accomplissent des cérémonies. Que sont ces gestes et ces actes très courants, sinon des cérémonies, des actions particulières destinées à provoquer des effets spécifiques ? Mais nous tendons à l'oublier à notre époque moderne, sous l'empire de la technologie et de la science. Le Feng Shui ne l'a certes pas oublié, et fait un excellent usage de la puissante influence des cérémonies.

Les cérémonies unissent le monde matériel dans lequel nous vivons aux sphères invisibles de l'énergie auxquelles nous sommes reliés. Les cérémonies Feng Shui sont des procédures énergétiques qui changent l'esprit du chi de votre maison et la perception que vous en avez. Elles purifient les influences négatives invisibles (mais que l'on peut ressentir), écartent la malchance, apportent la protection, créent de nouveaux commencements, et ajoutent à votre environnement une énergie nouvelle et joyeuse. Les cérémonies sont décrites au chapitre 17.

Adjonctions mineures pour des changements majeurs

La section précédente décrit cinq principaux types de remèdes Feng Shui. Dans la catégorie des choses ajoutées à l'environnement (« Des ajouts nécessaires »), l'une des approches les plus aisées est la méthode des adjonctions mineures. Cette méthode est basée sur le principe *xie di*, qui veut dire « un petit peu ». Ce principe revient à utiliser quatre grammes d'énergie positive pour déjouer l'effet de tonnes d'énergie négative. Par exemple, vous traversez la rue et vous voyez une voiture arriver sur vous à toute vitesse. Allez-vous a) vous figer dans l'attitude d'un praticien des arts martiaux et vous pencher en avant pour vous préparer à stopper la voiture avec votre main ? b) vous pousser légèrement pour la laisser passer ? Cette alternative illustre le principe de la méthode et son efficacité.

Les remèdes sous forme d'adjonctions mineures impliquent l'ajout de plusieurs sortes de « chi naturel » (comme la lumière, le son et l'eau) pour ajuster l'énergie d'un emplacement. Ils permettent de réaliser des changements tangibles dans le sens désiré sans avoir à rénover la maison, à en acheter une autre ou à la faire pivoter sur ses fondations pour l'orienter dans une autre direction. Les adjonctions mineures sont simples, commodes et, surtout, efficaces. Elles agissent immédiatement, produisant un effet sensible sur l'environnement et sur vous-même. (Consultez la page des ressources Feng Shui à la fin du livre pour y trouver des sources de remèdes.)

Les remèdes par adjonctions mineures utilisent les énergies des éléments ci-après :

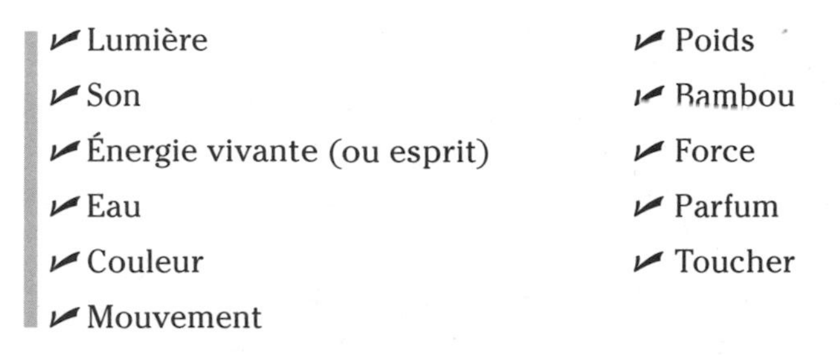

- Lumière
- Son
- Énergie vivante (ou esprit)
- Eau
- Couleur
- Mouvement
- Poids
- Bambou
- Force
- Parfum
- Toucher

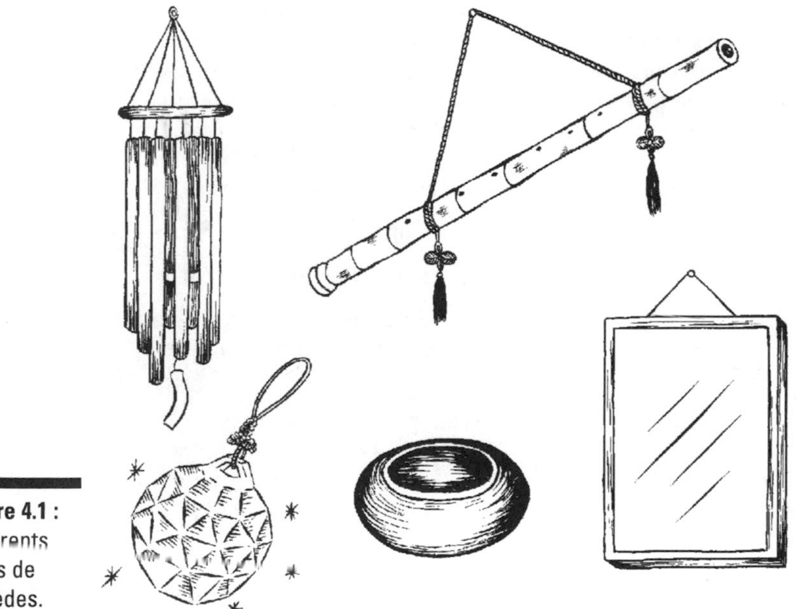

Figure 4.1 : Différents types de remèdes.

Remèdes de lumière

Les remèdes de lumière sont de trois types : les lampes, les sphères recouvertes de facettes en cristal et les miroirs. Ces remèdes ajoutent aux espaces qui en ont besoin des attributs énergétiques tels que la lumière, le brillant, de l'expansion et de la gaîté. Les niveaux d'éclairage et la qualité de la lumière affectent les humains de multiples manières et sont l'un des outils les plus puissants du Feng Shui.

Lampes

Les différents types de lampes apportent de la clarté et de la gaîté. En règle générale, la lumière est d'autant meilleure qu'elle est forte. Les lampes utilisées comme remèdes en Feng Shui n'ont pas à être allumées à tout moment, mais il faut qu'elles soient en bon état de marche. Si l'ampoule de votre remède est grillée, le remède est annulé.

Sphères recouvertes de facettes en cristal

Ces sphères (obtenues par l'ajout de 30 % d'oxyde de plomb à du verre à l'état pur) trouvent de nombreuses applications dans le cadre du Feng Shui. Elles ont des dimensions variées. Pour les remèdes du livre, je recommande celles d'un diamètre de 5 centimètres au moins – 4 centimètres si vous ne pouvez pas faire mieux. (Consultez la page des ressources Feng Shui à la fin du livre, vous y verrez où vous les procurer.) Lorsque la lumière du soleil touche ces sphères cristallines, les arcs-en-ciel se déploient harmonieusement à travers la maison (voir la figure 4.1). Les sphères cristallines agissent sur l'énergie d'un espace de plusieurs manières importantes :

- Ajout de lumière, d'expansion et d'énergie nouvelle.
- Réorientation des énergies dans une direction plus bénéfique.
- Harmonisation des flux d'énergie chaotiques.
- Protection contre les flèches d'énergie néfaste en les réfractant et en les diffusant (pour plus d'indications sur les flèches empoisonnées, voir le chapitre 7).
- Augmentation de votre pouvoir de visualisation.
- Attraction d'énergie vers un emplacement.
- Ces sphères sont vraiment belles ! (La beauté est un élément important du Feng Shui.)

Les *cristaux de quartz* peuvent aussi être utilisés comme remèdes en Feng Shui, mais comme leur utilisation est plus complexe (et comme les sphères à facettes cristallines sont d'une grande efficacité), je ne parle pas des cristaux de quartz dans ce livre. Une autre raison de l'intérêt des *sphères en cristal à base de plomb* est que le plomb crée un effet prismatique. (Les sphères en verre ordinaire n'ont pas la même puissance curative.)

Miroirs

Les miroirs représentent un outil aussi utile en Feng Shui que les couteaux suisses. Il vaut mieux utiliser l'une des quatre formes suivantes : carrée, rectangulaire, octogonale ou circulaire (voir figure 4.1). Toutes ces formes sont efficaces. Les miroirs carrés et rectangulaires symbolisent l'équilibre, et les miroirs circulaires symbolisent la plénitude, l'unicité, l'unité. Les miroirs octogonaux dénotent la puissance et ont l'intérêt symbolique de représenter l'octogone du Feng Shui. Cependant, les miroirs utilisés simplement pour se regarder (pas seulement à des fins décoratives) et les miroirs accrochés sur les portes doivent de préférence être rectangulaires ou carrés. En général, les grands miroirs sont des remèdes plus forts que les miroirs plus petits.

Selon le cas, les miroirs peuvent servir à :

- Ajouter de la lumière et de la clarté.
- Attirer l'énergie dans un espace.
- Repousser un chi négatif ou néfaste.
- Réorienter un flux d'énergie.
- Étendre une surface, en créant plus d'espace par le biais de l'énergie.
- Amplifier ou renforcer sa propre image.
- Donner de la vigueur à une surface de l'octogone pour satisfaire un besoin vital particulier.
- Restaurer une surface manquante dans une pièce ou une maison. (Un espace peut avoir une surface manquante si ce n'est pas un carré ou un rectangle complet, voir chapitre 8.)

Vérifiez le miroir avant de l'acheter. Évitez d'acheter des miroirs qui ont des rides ou des défauts sur la surface (ou sur le cadre). Pour voir les distorsions d'un miroir, tenez-vous d'un côté et regardez dans le miroir en choisissant un objet réfléchi. En gardant l'œil fixé sur l'objet, balancez régulièrement le corps de gauche à droite. Si l'objet ondule ou subit une quelconque déformation, le miroir a une distorsion. N'achetez pas un tel miroir, et si vous en avez déjà un, remplacez-le. Les miroirs symbolisent l'image que l'on a de soi et la clarté d'esprit, et les miroirs avec des défauts ont des effets subtils et désagréables sur votre psyché.

Evitez l'usage de miroirs fumés ou assombris, de formes bizarres, ou comportant des gravures ou autres embellissements. Il vaut mieux éviter les miroirs en mosaïque. Le miroir idéal est simple, sa surface est sans défaut. Il peut être discrètement biseauté sur le pourtour. Vos miroirs peuvent comporter un cadre ou ne pas en avoir. Le Feng Shui vous recommande de remplacer les miroirs anciens rayés, tachés ou abîmés. Si vous êtes attaché à la beauté du cadre d'un miroir ancien, dont la surface est défectueuse ou visiblement marquée par le temps, gardez le cadre et remplacez le miroir proprement dit.

Remèdes sonores

Les remèdes sonores sont excellents pour évacuer l'énergie ancienne, négative, et faire place à une énergie nouvelle, positive. Vous pouvez choisir entre deux sortes de remèdes sonores, ceux qui s'apparentent à une sonnerie et les autres. Les sonneries sont plus puissantes, mais vous pouvez utiliser presque n'importe quelle source de son pour créer un remède sonore. Les sons du type sonnerie peuvent être produits par des clochettes activées par le vent, des cloches ou des gongs. Les sonneries de notre époque sont celles du téléphone, du réveil et d'autres systèmes pour attirer l'attention.

Les bienfaits des remèdes sonores sont obtenus en :

- Stimulant une nouvelle énergie
- Réveillant, en invitant à l'action, en prévenant
- Sollicitant un message
- Envoyant une réponse
- Renforçant l'énergie d'un emplacement, d'une personne ou d'une surface de l'octogone
- Assurant une protection (les alarmes contre les cambrioleurs)
- Créant l'harmonie, la paix et l'équilibre

CONSEIL

Pouvoirs spéciaux du ruban rouge

Lorsque vous suspendez un remède Feng Shui tel qu'une sphère avec des facettes de cristal, des clochettes secouées par le vent ou des mobiles, utilisez une ficelle, un ruban ou une corde rouge pour obtenir les meilleurs résultats. En Feng Shui, le rouge a un pouvoir de transformation considérable. Le rouge symbolise le feu et l'énergie par laquelle les changements se produisent. (Voir au chapitre 9 les informations relatives aux portes de couleur rouge.) La ficelle rouge rappelle les liens originels du Feng Shui avec la sorcellerie, et elle sert encore aujourd'hui dans les rites de guérison de certaines peuplades.

En plus de la couleur rouge, un autre facteur de succès important consiste à couper le ruban ou la ficelle en une longueur multiple de 9 centimètres, par exemple 9 centimètres, 18 centimètres, 27 centimètres, etc. Neuf est le nombre le plus puissant dans la théorie du Feng Shui ; il symbolise l'accomplissement. L'utilisation d'une corde rouge d'une longueur multiple de 9 centimètres allie au remède deux éléments énergétiques puissants, la couleur et le nombre.

Carillons

Ils peuvent améliorer maintes situations, à l'intérieur ou dehors. Ils attirent une nouvelle énergie, suscitent des opportunités, et font exploser les obstacles rencontrés sur le chemin de la vie. Pensez à les accrocher avec un ruban ou une cordelette rouge pour en obtenir des effets encore plus importants (voir l'encadré « Pouvoirs spéciaux du ruban rouge »).

Les carillons utilisés comme remèdes doivent être de préférence métalliques et produire des sons clairs (reportez-vous à la figure 4.1). Les carillons métalliques tintent réellement, tandis que ceux qui sont faits d'autres matériaux ne tintent pas et ont un pouvoir curatif moindre. Le laiton est le métal qui convient le mieux.

La qualité du son – la clarté et le timbre – est le facteur d'efficacité le plus important pour un carillon. Écoutez-le bien avant de l'acheter pour vous assurer de ses qualités sonores. Il doit vous plaire pour agir au mieux sur votre énergie. N'accrochez pas un carillon que vous n'aimez pas, simplement parce qu'on vous l'a offert. Si vous détestez les sons qu'il émet, son énergie vous sera moins profitable.

Si les carillons installés chez vous ne sonnent pas, ne vous inquiétez pas ! Les carillons sont toujours très efficaces. Si vous le désirez, vous pouvez activer un carillon en le faisant tinter quand vous passez à côté, engendrant ainsi du chi à la demande.

Cloches

Une cloche en laiton est un bon remède pour une surface dans laquelle un carillon ne conviendrait pas. (Vous n'êtes pas non plus obligé de mettre des carillons partout !) Une cloche en laiton placée sur un bureau ou un comptoir peut engendrer du dynamisme aux endroits voulus. Les gongs sont d'excellentes solutions pour les entrées des maisons, des propriétés ou des bâtiments.

Remèdes vivants

Les remèdes vivants utilisent la vitalité et l'énergie des plantes pour dynamiser le chi d'un emplacement. Ils apportent un chi nourrissant et sain. Ces remèdes vivants sont en outre faciles à appliquer, très efficaces, et agréables à regarder.

Plantes et fleurs

Les plantes ajoutent de la couleur dans un espace et symbolisent une nouvelle vie ainsi que la croissance. Les meilleures plantes en tant que remèdes sont celles qui sont fortes, luxuriantes et vibrantes de vie. Les feuilles arrondies sont préférables aux feuilles allongées et pointues. Évitez les plantes en forme de couteau, comme les cactus, qui sont autant de pieux symboliques dans votre environnement. Si vous avez des plantes qui sont malingres, faibles, malades ou mourantes, soignez-les ou remplacez-les dès que possible par des plantes fraîches et saines. En outre, les plantes portant des fleurs et/ou des fruits constituent des remèdes plus efficaces que celles qui n'en ont pas.

Débarrassez-vous de ce qui est mort, mourant et desséché

Les plantes et les fleurs mortes ou fanées, et les baguettes de décoration (mais pas les tiges de bambou) créent des effets Feng Shui négatifs, car ce sont des signes opposés à la vie. Même les couronnes et les arrangements de fleurs séchées, quelle qu'en soit la beauté, symbolisent la mort pour votre subconscient, et peuvent créer un subtile affaiblissement de votre énergie. Ceci reste vrai même si vous les aimez personnellement. Les fleurs séchées sont mortes, quelle que soit leur apparence ou le prix que vous les avez payées, et d'après les principes du Feng Shui, elles peuvent avoir une influence négative sur votre environnement et sur vous-même. Je vous recommande de les éliminer. Il est encore plus efficace de les remplacer par des plantes ou des fleurs vivantes, colorées. Le remplacement de la mort par la vie est un merveilleux acte symbolique, dont les effets dynamisants se font sentir immédiatement.

Création de la chance grâce au pouvoir symbolique des plantes

Un aspect fascinant de l'utilisation des plantes comme remède est la découverte de la valeur symbolique attachée à chaque plante. Certaines plantes sont renommées pour leurs effets positifs au sein d'un environnement.

Le *bambou* est le roi des plantes. Quand on le fait pousser ou le place dans une maison, le bambou apporte la sécurité, l'harmonie et un avenir solide. Les Chinois disent que la vie de celui qui vit avec du bambou s'améliore régulièrement avec le temps.

Comme la *plante jade* verte ressemble à la pierre de jade, cette plante est considérée comme un symbole de chance ou de bonne fortune et de richesse.

La *plante de l'argent (Lunaria annulis)* est une plante favorite du Feng Shui, symbolisant la richesse et l'abondance.

Pour plus d'informations sur les symboles des plantes, consultez le tableau 7.2 du chapitre 7.

Si vous prévoyez l'utilisation d'une plante comme remède Feng Shui, vous obtiendrez de meilleurs résultats en achetant une plante nouvelle, fraîche et vibrante, spécialement pour le traitement ; ce sera plus efficace que d'utiliser une plante déjà en votre possession. Si toutefois les plantes que vous possédez sont tout ce que vous pouvez vous permettre, utilisez-les !

Les fleurs fraîchement coupées sont un autre excellent remède vivant, car elles stimulent la vie, la bonne humeur, et le chi positif. Mais ne les laissez pas se faner et mourir dans la maison.

CONSEIL

D'une manière générale, un nombre impair de plantes assure une énergie plus forte et plus active qu'un nombre pair. Mais un nombre pair de plantes est efficace malgré tout.

Les plantes artificielles peuvent être utilisées comme remèdes, mais assurez-vous qu'elles semblent réelles. Les meilleures plantes en soie ne peuvent pas être distinguées des plantes réelles, sauf au toucher. Pour cette raison, si vous choisissez des plantes artificielles, utilisez des plantes en soie pour vos remèdes Feng Shui. Les meilleures plantes artificielles ont l'air d'être fraîches et de ce fait symbolisent la continuation de la vie. Un geste attentionné consiste à placer une plante en soie d'apparence convaincante dans un pot rempli de terre véritable. ***Souvenez-vous*** : si vos plantes – en soie ou non – ont l'air d'être artificielles, leur efficacité curative s'en trouvera diminuée.

Poissons

Les aquariums, qui combinent l'eau avec une énergie vivante, sont de puissants remèdes Feng Shui. Ils donnent du tonus à une surface, apportant une nouvelle vitalité et un flux d'énergie stimulant. Ils vous remontent tout naturellement le moral. Ils ont la réputation d'apporter la chance et la bonne fortune à une résidence et de générer des richesses au profit de ses résidents, et c'est pourquoi de si nombreux restaurants – l'un des types d'activité dans lesquels il est le plus difficile de réussir – les utilisent.

Les aquariums contiennent aussi des poissons qui circulent continuellement, sont apparemment pacifiques, et ne sont jamais bloqués. Ils favorisent des mouvements similaires dans votre vie, l'aisance dans vos entreprises, et limitent la présence d'obstacles et de blocages. De plus, des poissons étincelants, vifs et multicolores, vous incitent à bien vous entendre avec des gens très différents les uns des autres.

Pour maintenir le chi positif de votre aquarium, assurez-vous que vos poissons sont en bonne santé, que leur eau reste bien propre, et remplacez au plus vite les poissons qui meurent par de nouveaux poissons en bonne santé.

Un remède du grand maître Lin Yun à base d'aquarium, encore plus puissant, consiste à placer dans un aquarium un groupe de neuf poissons dont huit rouges et un noir. Si l'un d'eux vient à mourir, remplacez-le aussitôt. Si le poisson noir meurt, cela veut dire qu'un malheur qui devait vous frapper s'est abattu sur le poisson à votre place.

Remèdes aquatiques

L'eau représente la connexion, le support, la richesse et la circulation de la vie. Les humains ont toujours cherché à vivre près des sources d'eau, mais aujourd'hui, enfermés dans leur maison ou leur lieu de travail, la plupart des gens sont coupés du contact avec l'eau qui s'écoule naturellement et privés, de ce fait, d'un élément important pour leur équilibre psychique.

La solution du Feng Shui consiste à ajouter de l'eau à l'environnement, soit dans la propriété, soit dans la maison. L'eau qui coule crée des bruits apaisants (le murmure du ruisseau), et le mouvement de l'eau sur les pierres et les rochers (les torrents et les cascades) provoque une émission saine et rafraîchissante d'ions négatifs, suscitant une sensation de bien-être et une respiration plus libre.

Fontaines et cascades

Les fontaines et les cascades créent un nouveau flux d'énergie. Il est à la fois surprenant et plaisant de voir de l'eau en mouvement à l'intérieur d'une maison, et une fontaine bien située a une influence rafraîchissante et bienfaisante dans n'importe quelle demeure. Évitez cependant de placer une fontaine dans la surface de la renommée de l'octogone (voir chapitre 3). La surface de la renommée est l'endroit attitré du feu, et comme l'eau éteint le feu, une fontaine dans cette surface aurait un effet déprimant sur votre réputation.

Les meilleures fontaines sont celles qui laissent voir l'écoulement de l'eau, et où l'eau séjourne visiblement quelque temps au lieu de disparaître aussitôt. Une fontaine d'une grande puissance est une fontaine dans laquelle le mouvement de l'eau effectue un travail, comme par exemple faire tourner une roue. Le mouvement de l'eau symbolise un mouvement d'argent, des fonds utilisés efficacement, produisant des résultats. Une lumière incorporée au design de la fontaine lui confère une agréable touche énergétique additionnelle.

Étangs et bassins

L'eau immobilisée dans les étangs et les bassins symbolise l'opulence de la propriété ainsi que des connaissances claires et approfondies. Les étangs, les lacs et les piscines ont en général un effet positif sur le chi d'une propriété. Il faut toutefois respecter les principes suivants :

- La masse d'eau ne doit pas être trop grande en comparaison de la maison, qu'elle pourrait submerger, affaiblissant le chi des occupants.
- Sa forme et son emplacement ont aussi leur importance.
  - Un angle aigu de la surface du bassin pointant vers la maison représente un bord coupant, pouvant y susciter des accidents.
  - Un bassin en forme de croissant dont les pointes seraient opposées à la maison symboliserait un appauvrissement du site.
  - Un bassin en forme de rein a un effet positif, parce qu'il est arrondi, et parce que le rein a un rapport avec l'eau au sein du corps. La meilleure position d'un bassin de cette forme est avec le creux du rein tourné vers la maison, incitant la richesse à y rester.
- Une eau limpide est le signe d'une excellente position financière et d'une grande clarté d'esprit. Des eaux boueuses peuvent entraîner des opérations financières malsaines et un état d'esprit confus.

Remèdes colorés

La couleur agit sur tous les aspects de la vie, et les possibilités d'amélioration de l'énergie d'une maison par les couleurs sont innombrables. La couleur peut servir à ajuster l'énergie d'une pièce entière en peignant les murs, elle peut être ajoutée de diverses manières à une surface de l'octogone pour y faire surgir des effets énergétiques. Sur les vêtements, elle influence votre chi personnel. La couleur agit puissamment sur votre état d'âme, et elle peut activer des émotions et des idées subconscientes conduisant à la réussite.

Les attributs des couleurs listés dans le tableau 4.1 sont ceux définis par le Feng Shui. Il existe dans le monde de nombreux autres systèmes de couleurs (occidental, indien, par exemple). Ajoutez les informations que je vous propose à celles que vous possédez déjà, et faites votre propre choix de couleurs. Pour plus d'informations sur les couleurs, allez au chapitre 15 ; le chapitre 5 comporte également des indications sur le sujet.

Tableau 4.1 Les principales couleurs et leurs attributs

Couleur	*Symbole*
Vert	Nouvelle vie, nouveau commencement, énergie, vitalité, printemps, espoir
Pourpre	Richesse, royauté, degré extrême du rouge (l'expression chinoise « C'est tellement rouge que c'est pourpre » indique l'énergie et la puissance)
Rouge	Puissance, protection, énergie, activité. La plus active de toutes les couleurs, utilisée de bien des façons en Feng Shui
Rose	Amour, cœur, mariage, maternité
Blanc	Propreté, pureté, rectitude, mort (les Chinoises portent des robes blanches en signe de deuil)
Gris	Neutralité, absence de couleur, objets cachés, bienfaiteurs
Noir	Puissance, autorité, absorption d'énergie, respect (trop de noir représente le désespoir et la tristesse)
Bleu	Savoir, ciel, royauté, vie, espoir
Jaune, tons rappelant la terre	Santé, terre, sol, connexion

Remèdes mobiles

Les mobiles sont des objets qui tournent et qui bougent, stimulant l'énergie et la faisant circuler tout en ayant un effet calmant extrêmement bienfaisant. Les mouvements des mobiles sont provoqués par les courants d'air. Vous pouvez utiliser des mobiles, mais aussi des manches à air, des drapeaux, des bannières ou des moulinets. Les remèdes mobiles créent de nouveaux courants d'énergie, harmonisent et régularisent les énergies chaotiques, invitent à l'action et aux idées nouvelles. Ils sont une panacée contre toutes les formes de stagnation.

Les mobiles

Ils sont particulièrement utiles dans tout espace ayant besoin de circulation, de mouvement, de dégagement. Les mouvements doux des mobiles ont un effet calmant et apaisant. Ils peuvent aussi neutraliser en les éparpillant des énergies trop agressives, comme celles provoquées par les extrémités anguleuses d'un bureau, d'un buffet, d'une étagère ou d'un mur. Un mobile peut aussi remplir une surface manquant de caractère, ou rétablir l'équilibre en comblant le vide sous un plafond trop élevé.

Signification des mâts surmontés d'un drapeau ou d'une lumière

Un remède souvent proposé en Feng Shui est l'installation dans un endroit important d'un mât surmonté d'un drapeau ou d'une lumière. Outre la couleur, le mouvement et la lumière qu'ils apportent, ces éléments jouent le rôle d'aguilles Feng Shui enfoncées dans la terre, dont ils font remonter le chi jusqu'en haut de la surface sur laquelle ils se dressent. La remontée du chi est une fonction importante. L'énergie montante favorise la vie et la croissance, alors que l'énergie descendante provoque la dégénérescence et le déclin. Ces mâts ou perches apportent la vitalité et l'entrain. De plus, un mât de drapeau creux attire l'énergie terrestre et en répand les bienfaits sur la propriété.

Drapeaux et bannières

Les drapeaux ajoutent aux remèdes les vertus de la couleur et des symboles. Un drapeau vert (très prisé en Feng Shui) est un signe de santé, de vitalité, de vie et de richesse. D'autres couleurs peuvent être choisies en fonction de vos besoins et du design de l'espace concerné. (Voir la section « Ajouter de la vie par une touche colorée », au chapitre 15.) Les drapeaux peuvent comporter des dessins ou des emblèmes, à condition qu'ils vous plaisent. Ces emblèmes peuvent être des armoiries familiales, un drapeau national, le drapeau de votre école ou de votre équipe sportive, des tournesols, des coccinelles ou toute autre image qui vous plaît ou vous donne du tonus. Pour choisir un emblème, laissez-vous guider par votre intuition.

Manches à air

Les manches à air sont des remèdes efficaces aussi bien à l'intérieur qu'à l'extérieur. Combinant le mouvement et la couleur, elles stimulent, activent et ravivent des espaces déficients en énergie, tels que des allées ou des routes en impasse. Le trafic automobile qui passe trop rapidement devant une maison (chi excessif) arrache le chi de la maison. Mais la mise en place d'une manche à air (ou trois) à des emplacements stratégiques, par exemple à côté de la route, peut atténuer les effets négatifs de cet excès de chi et stabiliser la zone perturbée.

Moulinets

Les moulinets sont un moyen rapide et peu coûteux pour donner de la vie à une allée de jardin ou attirer le chi le long d'un chemin ou d'une allée conduisant à la maison. Bien que de petite taille, ce sont des générateurs d'énergie, qui peuvent également servir à calmer ou à modérer le chi excessif de la circulation automobile.

Remèdes faisant appel à la pesanteur

Ces remèdes apportent à un site le poids ou la solidité qui lui manque en lui ajoutant littéralement une masse supplémentaire, générant une sensation de stabilité et de calme. Les remèdes pesants peuvent aussi servir à souligner un point ou une surface ou à lui donner une forme. Par exemple, un gros rocher ou une statue peuvent être la contrepartie énergétique d'une surface manquante de la maison. (Voir au chapitre 8 les détails relatifs aux surfaces manquantes.) Un remède pesant peut faire ressortir et renforcer une partie déficiente d'une propriété ou remplir une surface manquante.
Le remède pesant peut aussi être un bureau ou un autre meuble d'un grand poids, ou même une dépendance ajoutée à la propriété, comme une serre, un garage ou une cabane à outils. (Voir au chapitre 7 les meilleurs emplacements pour les dépendances.)

Une forme plus mystique pour un remède pesant est celle du yu. Un yu est un petit bol avec une base étroite, un corps élargi et une petite ouverture (voir figure 4.1). Si un yu est convenablement préparé, il peut remédier à de nombreux problèmes. Les étapes de la préparation d'un yu sont présentées au chapitre 18.

Remèdes à base de tige de bambou

Les tiges de bambou sont de puissants remèdes ayant de nombreuses propriétés. Peu d'autres remèdes ont autant de sens et d'efficacité (voir figure 4.1). Les tiges de bambou s'emploient dans maintes circonstances de la vie. Mes clients les utilisent, et beaucoup me signalent les résultats surprenants obtenus par la suite. Voici les avantages offerts par la meilleure sorte de tige de bambou :

- **Apporte la paix et la sécurité** : le bambou est renommé dans la culture chinoise pour la chance et la force qu'il procure si on le fait pousser ou l'expose dans une maison.
- **Fournit un soutien** : nous avons tous besoin d'un soutien accru, et le bambou, l'une des plantes les plus solides et les plus robustes, est un symbole très fort de soutien dans vos entreprises.
- **Chasse les mauvais esprits** : que vous les appeliez des esprits, des fantômes ou tout simplement des influences néfastes, vous pouvez détecter les énergies négatives comme tous les autres humains. Attachée comme sur la figure 4.2, la tige de bambou, qui est la représentation symbolique de la lame d'une épée, peut éloigner les énergies négatives et apporter le calme et le repos de l'esprit.

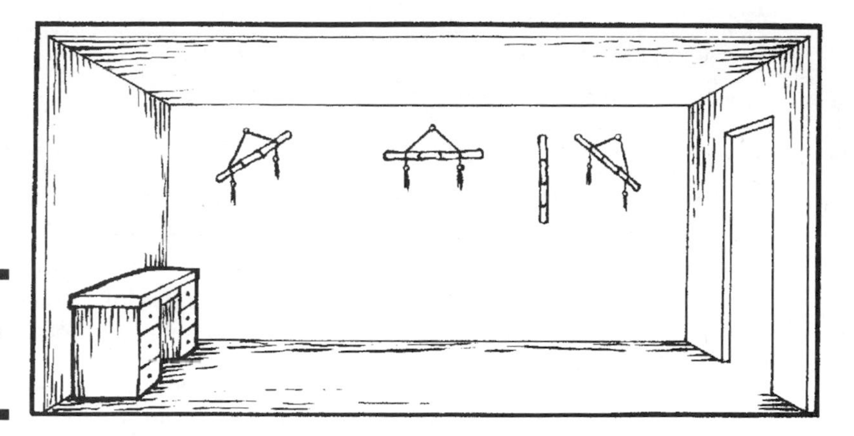

Figure 4.2 : Positions de la tige de bambou.

- **Écarte les personnes malfaisantes, négatives ou scandaleuses** : le remède de la tige de bambou est sans égal pour éliminer l'énergie négative de ceux qui vous veulent du mal, vous harcèlent ou vous haranguent.

L'emplacement de la tige

Le point auquel la tige est suspendue (ce point est lié aux secteurs de l'octogone du Feng Shui) a une grande importance. Pour le comprendre, visualisez l'octogone du Feng Shui, non comme étant situé sur le sol, mais en position verticale sur un mur. L'endroit du mur où vous suspendez la tige de bambou dépend de la surface de vie de l'octogone, bénéficiaire du remède. Par exemple, si vous visez la richesse, vous placez tout naturellement une tige de bambou dans la surface de la fortune.

Pour rendre le remède du bambou encore plus efficace, suspendez-le aussi selon l'angle correspondant à la richesse. Ce détail renforce l'efficacité du remède. Le tableau 4.2 donne les angles associés à chaque surface de vie de l'octogone.

Tableau 4.2 — Angles de suspension des tiges de bambou

Surface de vie concernée	*Orientation de la tige*
Fortune ou gens qui vous aident	Angle de 45 degrés, extrémité gauche en bas
Mariage ou savoir	Angle de 45 degrés, extrémité droite en bas
Enfants ou famille	Verticale, sections plus courtes de la tige vers le bas
Renommée ou carrière	Horizontale
Santé	L'une quelconque des quatre orientations ci-dessus

Précautions spéciales

Voici quelques consignes à respecter quand vous achetez ou accrochez une tige de bambou.

- La tige de bambou recommandée en Feng Shui vient d'une espèce spéciale de bambou dont chaque nouveau segment devient plus long que le précédent. Cette caractéristique symbolise les progrès de la vie, grâce auxquels les choses iront mieux demain qu'aujourd'hui, encore mieux le jour suivant, et ainsi de suite.

- Les segments d'un bambou sont marqués par des anneaux le long de la tige (voir figure 4.1). Ces marques sont elles-mêmes un élément important de l'énergie de la tige, symbolisant la puissance et la force. Pour être pleinement efficace, une tige doit avoir des anneaux intacts. S'ils ont été limés (pour que la tige soit lisse et non segmentée), l'effet curatif de la tige est très affaibli. Suspendez les tiges avec les segments plus courts en bas et les segments plus longs en haut.
- Les tiges ont leur efficacité maximale lorsqu'elles sont suspendues par un ruban rouge et comportent deux houppes, une à chaque bout, aux points d'attache du ruban (voir figure 4.1). Laissez le ruban sur la tige, même si vous la suspendez verticalement. Suivez ici encore la recommandation relative à la longueur du ruban, qui doit être un multiple de 9 centimètres : 9, 18, 27, etc. (voir l'encadré « Pouvoirs spéciaux du ruban rouge », plus haut dans ce chapitre).
- Une tige utilisée comme remède doit être traitée avec respect et ne jamais servir de jouet, ni être maltraitée, et il ne faut pas souffler dedans. La tige de bambou ne serait plus alors qu'un objet décoratif sans qualité énergétique.

Remèdes motorisés

Les remèdes motorisés utilisent le plus souvent des systèmes électriques comme ceux des appareils électroménagers. L'énergie ainsi produite peut servir à activer des zones particulières d'un espace. Ces remèdes servent principalement à générer de l'énergie ou à activer des surfaces spécifiques de l'octogone Feng Shui (voir chapitre 3).

Les feux d'artifice peuvent jouer un rôle analogue. Placés à titre symbolique au-dessus de la porte d'entrée principale (ou à l'intérieur de la maison), ils protègent la demeure et ses occupants. Si telle est votre intention au moment de leur mise en place, ils peuvent aussi activer de nouvelles sources de revenus, améliorer l'exercice d'une activité professionnelle, et vous aider à nouer de précieux contacts d'affaires.

Remèdes parfumés

L'odorat, l'un des sens les plus puissants et les plus évocateurs, stimule directement le système neurovégétatif et déclenche souvent le rappel immédiat de lointains souvenirs présumés disparus. Les odeurs agréables sont souvent associées à de bons sentiments, des états supérieurs de bien-être, et une conscience plus aiguë des réalités. En Orient, on pense couramment que les bons esprits préfèrent les environnements dont l'odeur est agréable, stimulante. Parmi les remèdes de cette catégorie figurent l'encens, les huiles essentielles et les fleurs.

L'encens

Si vous utilisez l'encens comme régulateur d'énergie, je vous recommande vivement de choisir un produit de grande qualité plutôt que des marques bon marché qui incorporent couramment des huiles et des parfums synthétiques. Ces produits synthétiques sont non seulement moins efficaces, mais ils sont aussi bien moins agréables et peuvent provoquer l'irritation des muqueuses.

Les huiles essentielles

Dans le cas des huiles essentielles, il faut prêter la plus grande attention à la qualité. Lors de leur traitement, la chaleur et l'exposition à la lumière dégradent rapidement leur délicate structure moléculaire et détruit leurs principes actifs. Le prix plus élevé des huiles de qualité est amplement justifié. Ces huiles parfumées peuvent améliorer votre santé et votre état d'esprit ainsi que votre environnement.

Remèdes tactiles

Les remèdes du toucher font appel à votre sens tactile pour éveiller ou ajuster votre énergie. Par exemple, vous pouvez placer une vigne vierge autour de la rampe de l'escalier, et chaque fois que vous montez ou descendez l'escalier, votre main frôle cette vigne vierge et se connecte symboliquement à son énergie vitale. Les remèdes tactiles vous aident à récupérer rapidement et vous maintiennent en bonne santé.

Chapitre 5

Faire agir la puissance des cinq éléments

Dans ce chapitre :

- Les cinq éléments et leurs énergies
- Application des cinq éléments à l'environnement
- Les cycles des cinq éléments
- Les vertus curatives des cinq éléments

J'ai présenté au premier chapitre deux systèmes d'énergie représentant la base conceptuelle de l'ordre naturel des choses, tel qu'il est perçu par les Chinois. Le premier de ces systèmes est le principe du yin et du yang – selon lequel toutes les choses se divisent en deux grandes catégories. Le second système, celui des trois domaines du ciel, de la terre et de l'humain, se réfère au cosmos, qui est au-dessus, en dessous, et dans tout un chacun. Le chapitre 3 a présenté l'octogone Feng Shui, en montrant la répartition des énergies entre neuf surfaces vitales.

Voici maintenant une autre méthode d'un grand intérêt pour mieux comprendre et manipuler l'énergie de l'environnement – les cinq éléments. Selon la théorie chinoise de l'énergie, tout ce qu'il y a dans l'univers est fait de diverses combinaisons de cinq *éléments* ou formes d'énergie. Ces cinq éléments sont le bois, le feu, la terre, le métal et l'eau. Le système des cinq éléments propose une façon de considérer les cycles naturels du monde et de se situer par rapport à eux. Sous l'angle de l'énergie, vous contenez un peu de chacun de ces cinq éléments, et il en va de même de votre environnement.

Les cinq éléments ont chacun une place sur l'octogone. S'ils sont situés aux endroits convenables dans votre demeure, l'énergie circule et vous aide à parvenir à l'harmonie et à l'abondance. Mais il existe aussi pour chaque élément un emplacement dans l'environnement où il peut entrer en conflit avec un autre élément dans la même surface. Lorsque les éléments sont placés dans ces emplacements néfastes, vous risquez notamment des conflits et des problèmes psychiques ou des maladies.

Dans ce chapitre, j'explique les énergies fondamentales de chacun des cinq éléments ainsi que les emplacements favorables ou néfastes. Je vous indique ensuite comment créer de puissants remèdes à partir des énergies des cinq éléments.

Les énergies des cinq éléments

Chaque élément est une forme d'énergie dotée de ses propres caractéristiques et sensations, ainsi que de ses *correspondances* particulières (des connexions importantes et significatives) avec le monde naturel. Ces correspondances sont des couleurs, des saisons et des formes géométriques (voir tableau 5.1). Les cinq éléments sont également reliés à des aspects psychologiques et sociaux de la vie humaine. Les sections suivantes indiquent les correspondances de chacun des cinq éléments, et décrivent leurs caractéristiques énergétiques.

L'énergie du bois : la croissance

Le chi du bois est l'énergie de l'expansion et de la nouvelle croissance. Représenté par la couleur verte, l'élément bois est lié au foie et au printemps. La forme géométrique qui lui correspond est une colonne ou un rectangle (placé debout) ; les gratte-ciel sont des exemples courants de bâtiments ayant la forme du bois. Sur l'octogone, le bois est situé dans la surface de la famille. Le bois est utile pour apporter l'énergie de la croissance, de l'expansion et de la vitalité. Les remèdes à base de bois vous apportent un peu de printemps, la saison où l'on se sent jeune, énergique et motivé.

L'énergie du feu : l'expansion

Le chi du feu est l'énergie qui s'élève, brûle, bouge et rayonne. Parmi les cinq énergies, celle du feu représente le plus haut degré d'expansion et d'activité, le summum de l'intensité énergétique. Le feu est associé à l'été, au rouge et au cœur. La forme géométrique correspondante est le triangle ou la pyramide. Sa position naturelle est la surface de la renommée dans l'octogone. Appliquez des remèdes de feu pour créer davantage d'expansion dans votre vie et pour que vos mérites soient mieux reconnus.

L'énergie de la terre : la stabilité

Le chi de la terre stabilise, vous assure l'équilibre et le contact avec la terre ferme. Dans les périodes de grand bouleversement, la terre vous aide à rester concentré sur les réalités. La terre est liée à la saison des récoltes, à la couleur jaune et à l'estomac. La forme géométrique correspondante est le carré, le rectangle (disposé horizontalement) ou le cube. L'emplacement naturel de la terre est le centre de l'octogone, c'est-à-dire la surface de la santé. Appliquez des remèdes de terre pour ralentir, vous concentrer, vous sentir connecté et stable.

L'énergie du métal : la contraction

Le chi du métal est une énergie froide, qui se contracte, est dense, associée à la communication, à la créativité, au détail, aux symboles, aux signaux et au bruit. Elle correspond à la couleur blanche, aux poumons et à l'automne. Ses formes géométriques sont le cercle, la sphère et le dôme. Le métal est situé dans l'octogone dans la surface des enfants. Appliquez des remèdes de métal pour améliorer les communications, donner plus de vitalité à vos enfants ou de réussite à vos projets.

L'énergie de l'eau : le calme

Le chi de l'eau est l'énergie de la concentration maximale et du calme. L'eau est l'énergie des choses qui se déplacent vers le bas et finissent par s'arrêter. L'eau est en relation avec l'hiver, le noir et le bleu foncé, et les reins. Les formes de l'eau sont des formes insaisissables, imprécises, ondulantes, difficiles à décrire. La place naturelle de l'eau dans l'octogone est la surface de la carrière. Faites des cures d'eau si vous voulez plus de paix dans votre âme et de clarté dans votre esprit ou si vous voulez qu'un plus grand nombre de gens se manifestent dans votre vie.

Placer les cinq éléments dans l'environnement

Si vous connaissez les positions de l'octogone Feng Shui (et sinon reportez-vous au chapitre 3), il vous est facile de trouver les positions naturelles des cinq éléments. Les voici :

- **Le feu** : surface au milieu et à l'arrière de l'environnement (surface de la renommée)
- **La terre** : surface du centre (surface de la santé)
- **Le métal** : surface au centre et à droite (surface des enfants)
- **L'eau** : surface au milieu et à l'avant (surface de la carrière)
- **Le bois** : surface au centre et à gauche (surface de la famille)

Les cycles des cinq éléments

Les cinq éléments sont reliés les uns aux autres et agissent les uns sur les autres selon deux cycles distincts : le cycle créatif (génération) et le cycle destructif (transformation). Vous pouvez utiliser comme remèdes Feng Shui non seulement les éléments eux-mêmes, mais aussi les cycles créatif et destructif.

Dans le cycle créatif, les éléments se créent les uns les autres selon un processus cyclique continuel. Dans le cycle destructif, les éléments se consomment les uns les autres selon un processus similaire, mais rien n'est réellement détruit. En fait, l'énergie est simplement transformée. Par exemple, quand vous appliquez de la chaleur à la glace, la glace se change en eau. La glace semble avoir été détruite, mais rien n'est réellement perdu. La matière change simplement de forme. Appliquez encore plus de chaleur, et l'eau se transforme en vapeur – encore un changement de forme sans réelle destruction.

Le cycle créatif et le cycle destructif peuvent l'un et l'autre servir comme remèdes efficaces. Dans le type de Feng Shui que je présente dans ce livre, aucun des deux cycles n'est préférable à l'autre. Malgré son nom, le cycle destructif n'est ni négatif ni néfaste. Rien n'est réellement détruit, et il ne se produit que des transformations en un autre état d'énergie. Plus loin dans ce chapitre, je donne cependant quelques conseils sur les relations entre les cinq éléments auxquels vous devez faire attention dans votre environnement. Les deux sections suivantes décrivent le fonctionnement des deux cycles.

Le cycle créatif des cinq éléments

Dans le cycle créatif, les éléments se génèrent les uns les autres et se succèdent en une chaîne continue d'énergie créatrice (voir figure 5.1). Le cycle créatif ressemble superficiellement au cycle destructif à une différence près – chaque élément passe d'une forme à une autre. Le cycle créatif est illustré par l'enchaînement suivant :

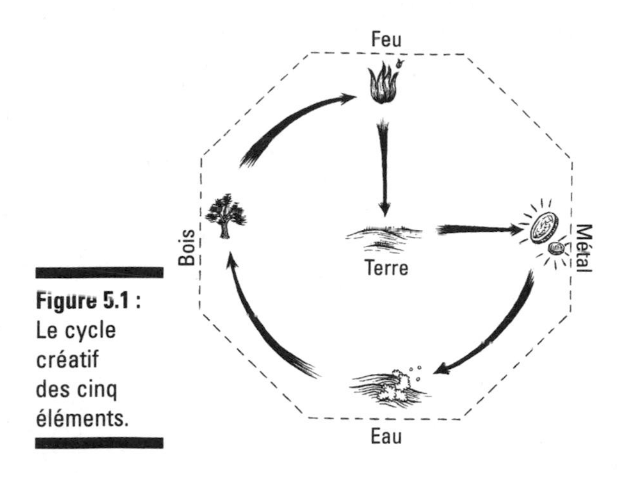

Figure 5.1 : Le cycle créatif des cinq éléments.

- Le bois, en brûlant, alimente le feu.
- Les cendres, qui sont le résultat du feu, retournent à la terre, qu'elles nourrissent.
- La terre donne naissance au métal.
- Le métal, chauffé suffisamment, devient liquide comme l'eau.
- L'eau nourrit le bois (l'arbre).

Et le cycle se poursuit indéfiniment…

Le cycle destructif des cinq éléments

Dans le cycle destructif, les éléments se détruisent symboliquement les uns les autres selon un schéma récurrent (voir figure 5.2).

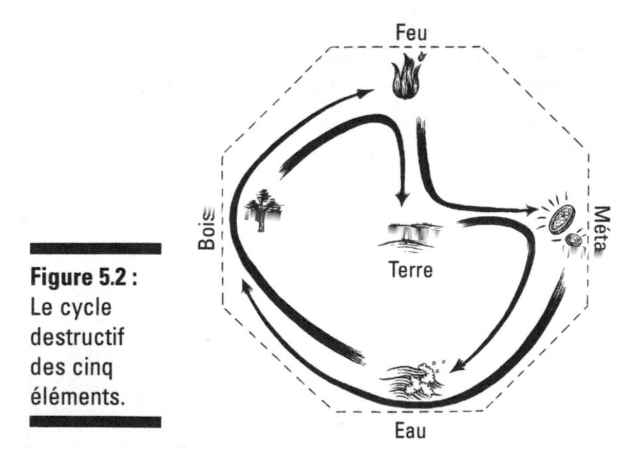

Figure 5.2 : Le cycle destructif des cinq éléments.

- Le bois est détruit par la hache (métal).
- Le métal est brûlé par le feu du forgeron.
- Le feu est éteint par l'eau.
- L'eau est absorbée, vaincue et évaporée par la terre.
- La terre est pénétrée par les arbres qui croissent (bois).

Le tableau 5.1 donne la correspondance entre chaque élément, sa représentation physique, les couleurs et les formes.

Tableau 5.1 Les représentations physiques, les couleurs et les formes associées à chaque élément

Élément	*Représentation physique*	*Couleur*	*Formes*
Feu	Bougie, feu de cheminée, lumière	Rouge	Triangle, pyramide
Terre	Poterie	Jaune, teintes terreuses	Carré, cube
Métal	Sculpture métallique ou table en métal	Blanc	Cercle, sphère, dôme
Eau	Fontaine, ruisseau, étang	Noir	Ondulations, sinusoïdes
Bois	Arbre vivånt, plante	Vert, bleu	Rectangle, colonne

Éléments créateurs et éléments rejetons

La section suivante vous montre comment activer un quelconque élément en le plaçant dans son emplacement naturel. Une autre approche consiste à créer des remèdes en utilisant l'élément qui crée l'élément que vous voulez activer ; je l'appelle élément créateur. Une troisième forme de remède consiste à utiliser l'élément créé par l'élément que vous voulez activer ; je l'appelle élément rejeton. Le tableau 5.2 vous indique l'élément créateur et l'élément rejeton pour chacun des cinq éléments.

Tableau 5.2 Éléments créateurs et rejetons des cinq éléments

Élément créateur	*Élément*	*Élément rejeton*
Eau	Bois	Feu
Bois	Feu	Terre
Feu	Terre	Métal
Terre	Métal	Eau
Métal	Eau	Bois

Utilisation des cinq éléments comme remèdes

La théorie des cinq éléments montre comment les forces naturelles se combinent et interagissent pour vous faciliter ou vous compliquer la vie. Quand les éléments sont en équilibre, votre vie quotidienne est empreinte de paix et d'harmonie, mais si votre demeure est le lieu de conflits entre éléments, il peut en résulter des discordes, et des schémas d'existence chaotiques. Dans les sections suivantes, je passe en revue quatre types de remèdes différents, pour provoquer d'importants déplacements d'énergie dans votre environnement et profiter de leurs répercussions bénéfiques sur votre vie.

L'équilibre est basé sur le principe suivant : lorsque les éléments sont placés dans leurs positions naturelles, et surtout, lorsqu'ils ne sont pas placés dans des positions de conflit avec d'autres éléments, l'équilibre est favorisé.

Lorsque vous appliquez les cinq éléments pour obtenir des effets particuliers sur votre vie, utilisez n'importe lesquelles des correspondances ci-après :

- La représentation physique de l'élément
- La couleur correspondant à l'élément
- La forme correspondant à l'élément

(Voir le tableau 5.1 pour un rappel des correspondances des cinq éléments.)

Méthode curative n° 1 : placer les éléments dans leurs emplacements naturels

Pour appliquer cette méthode, placez simplement la représentation de l'élément choisi dans son emplacement naturel. Si vous avez besoin de plus d'énergie du feu dans votre vie ou pour donner plus d'éclat à votre réputation, ajoutez l'élément feu à la surface de la renommée de votre maison, de votre chambre à coucher ou de votre jardin.

Par exemple, pour appliquer l'élément feu, vous pouvez placer à l'emplacement naturel du feu une bougie, la couleur rouge, ou un objet triangulaire ou en forme de pyramide.

Méthode curative n° 2 : supprimer ou neutraliser des éléments en conflit

Si vous observez dans votre environnement l'un quelconque des conflits énumérés ci-après, prenez garde ! Un élément existant dans l'emplacement naturel d'un élément avec lequel il est en conflit peut engendrer des problèmes. Remédiez à ces relations conflictuelles, surtout si elles correspondent à un aspect de votre vie que vous souhaitez améliorer par le Feng Shui.

- Le bois placé à l'emplacement naturel de la terre peut nuire à votre santé.
- Le feu placé à l'emplacement naturel du métal peut nuire à votre communication.
- La terre placée à l'emplacement naturel de l'eau peut nuire à votre carrière.
- Le métal placé à l'emplacement naturel du bois peut nuire à votre vie de famille.
- L'eau placée à l'emplacement naturel du feu peut nuire à votre réputation.

Vous obtiendrez les meilleurs résultats en enlevant un élément d'un emplacement où il est en conflit avec un autre (un élément qui le consomme et le détruit symboliquement), notamment si l'aspect de votre vie associé à la surface concernée vous cause quelques soucis. Par exemple, l'eau détruit le feu, et une fontaine (eau) placée dans l'emplacement du feu (surface de la renommée) crée un conflit d'élément ayant un effet négatif sur votre réputation. Le remède ? Enlevez simplement la fontaine. (Qui ose prétendre que le Feng Shui est nécessairement compliqué ?)

Si une relation conflictuelle entre éléments ne peut être éliminée, vous pouvez toujours résoudre le problème par l'une des deux approches suivantes :

- **Neutraliser l'élément qui provoque le conflit en ajoutant un élément opposé à la surface en question**. Par exemple, si une cheminée (feu) se trouve dans l'emplacement du métal de votre maison (enfants), et si vous avez des problèmes avec votre enfant, remédiez au problème en ajoutant de l'eau – qui détruit le feu – dans la surface des enfants. Essayez d'ajouter une fontaine à l'emplacement du métal pour atténuer l'effet négatif de la cheminée sur votre enfant. Au lieu d'ajouter effectivement de l'eau, vous pouvez aussi utiliser la couleur de l'eau en plaçant quelque chose de noir dans la surface, ou vous pouvez ajouter un objet d'une forme ondulante, rappelant le mouvement de l'eau. (Mais de grâce, n'utilisez pas de l'eau noire. Le remède serait excessif !)
- **Ajouter davantage de l'élément menacé à son emplacement naturel pour en augmenter la force et l'aider à résister à l'élément menaçant**. Toujours dans le cas d'une cheminée à l'emplacement naturel du métal, cette deuxième approche consiste à ajouter davantage de métal au même emplacement, pour en augmenter la puissance. Vous pouvez ainsi ajouter un objet métallique, du blanc, ou un objet rond ou sphérique à l'emplacement naturel du métal. (Vous pouvez combiner ces effets en utilisant un objet de métal sphérique et blanc, si vous en trouvez un.)

Méthode curative n° 3 : utiliser les éléments créateurs et rejetons

Une autre approche consiste à ajouter l'élément créateur, l'élément rejeton ou l'un et l'autre à l'emplacement naturel d'un élément (pour plus de détails, reportez-vous à la section « Éléments créateurs et éléments rejetons », plus haut dans ce chapitre). Par exemple, si votre but est d'étendre votre famille et de renforcer l'unité familiale, le bois est l'élément adapté à un tel objectif. L'eau crée le bois, et le feu est un rejeton du bois. C'est pourquoi, pour renforcer le bois, vous pouvez ajouter soit une fontaine, soit la couleur rouge à l'emplacement naturel du bois.

Méthode curative n° 4 : utiliser tous les éléments ensemble pour plus de force et de créativité

À la recherche de l'équilibre, de l'harmonie et de la puissance, vous pouvez ajouter les cinq éléments à l'emplacement naturel d'un élément ou à toute pièce dont vous voulez ajuster l'énergie. Ce remède convient pour une chambre à coucher, une pièce de séjour ou un environnement de bureau. Grâce à la présence des cinq éléments, vous créez une atmosphère de complétude, de paix et de créativité. Les éléments peuvent être placés individuellement dans la pièce ou la surface de l'octogone concernée, ou bien peuvent être contenus dans un seul objet, telle une peinture contenant les couleurs des cinq éléments ou un objet qui combine tous les éléments par sa forme, sa couleur et/ou la matière utilisée.

Lorsque vous combinez tous les éléments, il ne peut en résulter aucune relation négative ou destructrice. Quand tous les éléments sont ensemble, ils opèrent en harmonie pour aboutir à une situation de plénitude, à la manière de ce chapitre !

Chapitre 6

La magie de l'intention et du renforcement

Dans ce chapitre :

- Définition de l'intention
- Examen du renforcement par les trois secrets
- Exécution du renforcement
- Réponse à quelques-unes de vos questions sur le renforcement

Presque tout ce que font les humains dans leur vie requiert une *intention* – une combinaison de volonté, de motivation et de désir. Selon l'école du grand maître Lin Yun, l'intention joue un rôle déterminant ; en fait, l'intention est le point de départ de vos efforts en Feng Shui. Vous commencez par décider ce que vous voulez (vous avez l'intention d'obtenir un résultat). Vous focalisez ensuite votre intention en créant un changement (un remède) dans votre environnement, dans le but de faire apparaître le résultat. Si votre intention est claire, l'effet désiré a beaucoup plus de chance de se produire.

L'intention magnifie l'énergie des remèdes, augmentant leur efficacité et leur effet sur votre vie. Les remèdes du Feng Shui marchent, que vous les appliquiez ou non avec une ferme intention, mais si vous voulez des résultats maximaux, ne vous contentez pas des gestes requis par les remèdes. Accomplissez-les avec une intention sans réserve.

Le Feng Shui utilise une technique spéciale pour faire jouer pleinement l'intention dans l'application des remèdes – décuplant ainsi leur puissance – le *renforcement des trois secrets*. Le renforcement est une procédure brève, facile à exécuter (d'une durée de 1 à 2 minutes) que vous pouvez utiliser avec chaque remède. Il utilise des éléments du corps, du langage et de l'esprit.

Ce chapitre présente les éléments clés de l'intention ainsi que la méthode spécifique (le renforcement des trois secrets) applicable aux remèdes pour en augmenter fortement l'efficacité.

Les ingrédients de l'intention

Le Feng Shui marche parce que sa philosophie est basée sur les principes des flux d'énergie auxquels sont soumis tous les environnements. Toutefois, vous obtiendrez un effet supérieur en reliant chaque remède pratiqué à une intention particulière, qui lui infusera une énergie supplémentaire.

Trois éléments clés conditionnent l'efficacité de l'intention :

1. Savoir exactement ce que vous voulez.
2. Visualiser et sentir le résultat désiré avant qu'il ne se produise.
3. S'attendre à ce que le résultat se produise.

En l'absence de l'un quelconque de ces trois ingrédients, votre remède sera moins efficace. Mais s'ils sont présents tous les trois, vos remèdes seront beaucoup plus efficaces. Dans les sections suivantes, je décris ces ingrédients en détail.

Vous obtiendrez les meilleurs résultats en faisant très attention à chaque phase de l'intention.

Sachez exactement ce que vous voulez

Savoir ce que l'on veut est ce qu'il y a de plus important. Si votre objectif est confus, vous obtiendrez quand même des résultats positifs de votre remède, mais ils auront un caractère plutôt général. Des objectifs clairs permettent aux remèdes de produire des résultats spécifiques. (Mais vous pourrez appliquer des remèdes fructueux avec des intentions d'ordre général telles que l'amélioration de votre état de santé, l'augmentation de votre fortune ou l'harmonie dans votre foyer.) Ce qui importe, c'est que l'intention soit claire, focalisée.

Vous saurez d'autant mieux ce que vous voulez si vous le voulez avec force ; des intentions faibles ne renforceront pas beaucoup l'efficacité des remèdes (« ce serait bien si cela se produisait, mais ça ira quand même si je n'obtiens rien »). Plus vous mettez de passion dans votre désir d'aboutir, plus votre intention a d'énergie, et plus le remède est efficace.

Je vous recommande d'inscrire vos intentions quand vous pratiquez le Feng Shui. N'écrivez pas seulement ce que vous voulez, mais aussi pourquoi vous le voulez et avec quelle intensité vous le voulez. Cette simple démarche donne plus de réalité à votre objectif et de signification au remède. L'écriture contribue aussi à générer l'intention nécessaire à l'obtention des résultats. (Vous trouverez au premier chapitre un exercice consistant à noter les aspects de votre vie que vous voulez améliorer.)

Voyez et sentez le résultat avant qu'il ne se produise

Le cerveau humain et l'imagination sont les outils les plus puissants de tout l'univers. Ils nous permettent de voir un résultat souhaité comme s'il se produisait, et ensuite de le créer. Visualiser une intention est presque indispensable à sa matérialisation dans n'importe quel projet, qu'il s'agisse d'art, de science ou de business. En outre, la clarté avec laquelle vous visualisez une intention rend sa réalisation plus probable sous la forme voulue. Visualiser le résultat d'un remède – tout en l'appliquant – le rend plus efficace. En visualisant le résultat, efforcez-vous de rendre vos images intérieures si vivantes que vous puissiez sentir, physiquement et émotionnellement, combien votre nouvelle vie sera fascinante, merveilleuse, une fois le résultat atteint. (Je vous donne quelques conseils en matière de visualisation dans la section suivante.)

Attendez-vous à ce que le résultat se produise

Si vous savez ce que vous voulez et si vous pouvez visualiser sa réalisation, l'étape suivante consiste à continuer votre vie dans l'hypothèse confiante de l'efficacité instantanée des remèdes – faites comme si, en d'autres termes, vous marquiez leur application du sceau de la certitude. Conformez vos actes, vos pensées, vos attitudes et vos paroles à la nouvelle situation ou au résultat que vous espérez. Puis voyez le changement s'opérer sous vos yeux. Les remèdes Feng Shui, quand ils sont appliqués de cette manière, ouvrent de nouvelles perspectives et permettent à vos intentions de se matérialiser d'une manière dont vous n'auriez pas osé rêver.

S'attendre à un résultat ne veut pas dire croire à son étoile ou à la magie et se relaxer en attendant qu'une puissance supérieure vienne s'occuper de tout. Cela ne consiste pas non plus à se croiser les bras et à traîner les pieds en doutant du résultat et à attendre que le remède Feng Shui vous donne ce que vous voulez. Une intention claire n'est faite ni d'attente béate ni de scepticisme agressif.

Appliquez simplement les remèdes dont vous sentez que ce sont ceux qui vous conviennent, à vous et à votre maison, avec une forte intention, et supposez (voyez, entendez et sentez en vous) qu'ils sont efficaces. Pour obtenir les meilleurs résultats, appliquez les remèdes sans réticence (même inconsciente). Faites comme si vos remèdes marchaient et attendez-vous aux résultats. Non seulement les remèdes agiront plus vite, mais en outre vous prendrez plaisir à observer les résultats.

Une amie m'a parlé récemment des merveilleux résultats obtenus après avoir appliqué seulement deux remèdes dans un état d'esprit positif. Un an auparavant, elle avait peint en rouge la porte de sa propre maison ainsi que la porte d'une maison dans laquelle elle a des locataires, tout en visualisant une plus grande prospérité et en s'attendant à des résultats. Grâce à l'intention manifestée, elle réussit à acheter encore une autre maison et une portion d'une maison supplémentaire. Et sa transformation personnelle était évidente ; elle était plus vibrante d'énergie, et même paraissait plus jeune que lors de notre précédente rencontre. Elle paraissait aussi plus heureuse.

Un dernier point sur l'intention

Après avoir choisi le résultat voulu et appliqué les remèdes, vous ne pouvez déterminer le résultat final. Vous mettez simplement en mouvement un processus puissant qui possède sa propre énergie et se déroule à sa manière. Mais vous pouvez croire que vos intentions et vos actions, grâce aux méthodes du Feng Shui, peuvent générer les résultats souhaités, même si vous ne pouvez pas savoir exactement la façon dont ce processus agit. Les résultats finaux peuvent différer quelque peu de vos attentes particulières, mais répondre à ces attentes sous une forme tangible (et agréable).

Les secrets du renforcement des trois secrets

L'une des techniques les plus puissantes enseignées par le grand maître Lin Yun est le renforcement des trois secrets. Le renforcement des trois secrets intervient pour une moitié dans les effets d'un remède, et contribue ainsi de façon déterminante à son efficacité.

Le grand maître Lin Yun dit simplement : « Si vous appliquez vos remèdes sans utiliser le renforcement des trois secrets, vos résultats seront probablement médiocres. Si vous l'utilisez, ils seront très probants. » Fin de citation. Sans le renforcement, un remède est un peu comme une lampe de poche dont la pile est faible. Le faisceau lumineux ne peut avoir qu'un éclat et une portée limités, jusqu'au moment où il commence à disparaître. Mais avec le renforcement des trois secrets, la puissance d'un remède est décuplée – tel un faisceau laser coupant à travers tous les obstacles qui sont en vous et dans votre environnement personnel. Et il ne vous prend que deux minutes ! Avez-vous le temps ?

Dans l'école de Feng Shui du grand maître Lin Yun, tout remède comporte deux parties. La première est celle des *éléments visibles* (tangibles) – les changements que vous opérez dans votre environnement physique. La seconde est celle des *éléments invisibles* (spirituels) – votre énergie, vos intentions, vos désirs et vos objectifs.

La partie physique du remède s'applique à l'environnement : accrocher un carillon, déplacer le lit, etc. Elle n'est responsable que d'une fraction de l'efficacité. La partie invisible – étayée par le renforcement des trois secrets, utilise l'intention pour décupler l'énergie du changement physique.

Les deux éléments du remède se complètent et forment une combinaison gagnante.

Le Feng Shui a pour but d'améliorer la vie en modifiant l'environnement pour obtenir des effets bénéfiques au niveau du corps et de l'esprit. Les changements effectués dans l'environnement forment le Feng Shui extérieur, tandis que le renforcement représente le Feng Shui intérieur.

Définition du renforcement des trois secrets

Le renforcement des trois secrets ajoute aux ajustements physiques apportés à l'environnement la puissance de l'esprit, du corps et de la parole. Les trois éléments du renforcement sont le secret du corps, le secret de la parole et le secret de l'esprit. Chaque élément mobilise une partie différente de vous-même au service du renforcement. Dans les sections suivantes, je détaille chacun des trois secrets individuellement, puis je montre la puissance de leurs effets combinés.

Le secret du corps : votre moi physique

Le secret du corps utilise une *mudra*, un geste spirituel de la main, une position ou une action qui oriente l'énergie du corps en vue d'obtenir l'effet énergétique désiré. Les gestes de la main ont une valeur à la fois symbolique et énergétique. Pour en apprécier la puissance, pensez aux réactions que peuvent provoquer certains gestes insultants, aux deux mains levées qui peuvent sauver la vie en temps de guerre, ou même au fait qu'en joignant fermement vos deux mains devant vous, vous devenez plus détendu, calme et conscient.

En appliquant le secret du corps dans vos renforcements, n'hésitez pas à utiliser un geste de la main emprunté à votre propre tradition spirituelle ou tout autre geste qui vous semble confortable et efficace. (Aucun geste de la main n'est supérieur à un autre.) Je recommande l'une quelconque des mudras suivantes pour vos renforcements :

- **Mudra de l'expulsion** : cette mudra est la plus souvent recommandée pour le renforcement des trois secrets ; elle s'exécute en pointant l'index et l'auriculaire vers le haut tout en maintenant l'annulaire et le majeur repliés contre la paume de la main. Puis vous dépliez plusieurs fois rapidement l'annulaire et le majeur. Répétez ce mouvement neuf fois. (Voir figure 6.1a.) Vous créez ainsi de merveilleuses bénédictions qui éliminent les obstacles de votre vie. (Les femmes exécutent cette mudra avec la main droite, les hommes avec la main gauche.)
- **Mudra qui calme le cœur** : cette mudra suggère la paix, le calme et le contentement. Elle s'exécute en plaçant la main gauche au-dessus de la main droite, avec les paumes vers le haut tandis que les extrémités des pouces se touchent. (Voir figure 6.1b.)
- **Mudra de la bénédiction** : elle apporte la bénédiction, la sécurité et la chance, et c'est la plus difficile à exécuter de toutes les mudras. Mettez les mains dans la position représentée sur la figure 6.1c. Voici quelques repères : commencez avec les paumes vers le haut. Croisez les auriculaires. Les pouces maintiennent vers le bas les extrémités des auriculaires ; les annulaires sont tendus et côte à côte, tandis que les index sont repliés et maintiennent vers le bas les extrémités des majeurs qui se croisent. (Une autre vue de cette mudra figure sur la photo du grand maître Lin Yun, à la page « À propos de l'auteur ».)
- **Mudra de la prière (et autres options)** : d'autres gestes sacrés utiles à vos renforcements sont la mudra de la prière (paumes jointes) ou d'autres positions de mains qui vous paraissent propices à la méditation ou à la spiritualité ou qui simplement vous procurent du bien-être. (Voir figure 6.1d.) Si vous ne pratiquez pas une religion, vous pouvez créer votre propre geste ou votre propre position des mains jusqu'à ce que vous éprouviez une sensation de clarté et de calme. (Puis dressez-vous d'un bon et mettez-vous à pratiquer le kung fu. Je plaisante !)

N'ayez pas peur de choisir une mauvaise mudra. Vous ne pouvez pas rater l'exécution de ce processus ou obtenir accidentellement de mauvais résultats. (Il s'agit du Feng Shui, non d'Internet.) Choisissez simplement une mudra qui vous plaît pour chacun des renforcements que vous exécutez. Toute mudra qui vous semble bonne convient pour n'importe quel remède.

Pour exécuter l'étape du corps d'un renforcement, gardez simplement la position des mains (dans le cas de la mudra de l'expulsion, dépliez les doigts neuf fois) pendant l'exécution des deux secrets suivants.

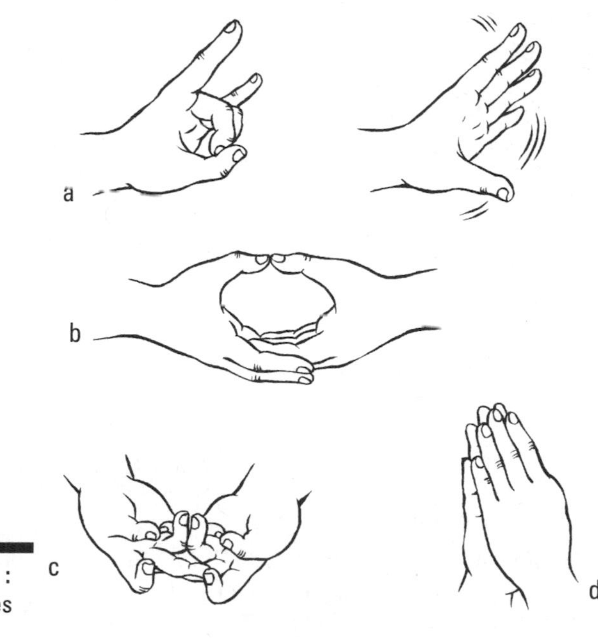

Figure 6.1 : Différentes mudras.

Le secret de la parole : le pouvoir des mots prononcés

Le secret de la parole renforce les remèdes par des mots et des sons sacrés. Tous les mots et tous les sons ont de la puissance, mais les *mots sacrés* sont ceux qui en ont le plus. Les mots sacrés sont comme des récipients anciens conservant des vibrations, des significations et des intentions spirituelles, et dont le pouvoir s'est affirmé par une utilisation répétée au cours du temps. Si vous vous demandez comment diable des paroles peuvent avoir un effet sur des remèdes, pensez à l'effet qu'un juron peut avoir sur votre esprit et sur vos émotions, et rappelez-vous que d'autres mots peuvent apaiser, rassurer, calmer des émotions turbulentes et atténuer la détresse. (Et bien sûr, l'intention claire avec laquelle vous prononcez ces mots en augmente le pouvoir.) Des histoires véridiques rapportent que plusieurs dresseurs de chevaux sont capables de calmer, d'apprivoiser et de dresser des chevaux sauvages simplement en leur murmurant certains mots et certains sons à l'oreille.

Les sons utilisés pour les renforcements des trois secrets sont appelés *mantras* (mots sacrés de la puissance). Pour exécuter l'étape de la parole du renforcement des trois secrets, répétez à haute voix votre mantra ou prière neuf fois.

La parole sacrée ne revient pas à des affirmations ou des phrases répétées décrivant ce que vous désirez. Les affirmations sont utiles, mais les mantras utilisées par la méthode décrite dans la section suivante peuvent être beaucoup plus efficaces. Correctement utilisée, une mantra (ou prière) utilise des sons ou des mots qui vous conduisent au-delà de l'esprit conscient et vous relient à votre esprit, où réside l'essentiel de votre pouvoir.

Je recommande le plus souvent à mes clients d'utiliser pour leurs remèdes les mantras suivantes :

- Les six mots vrais : les paroles sacrées qui accompagnent habituellement le renforcement des trois secrets sont les six mots vrais : Om Ma Ni Pad Me Hum. Les six mots vrais s'appellent aussi la mantra de la compassion. Cette mantra a le pouvoir d'améliorer la chance, d'élever l'esprit, de corriger les pensées négatives, d'augmenter la fortune et la prospérité, et de vous aider à mieux faire dans votre vie de tous les jours.
- La mantra qui calme le cœur : les effets bénéfiques de cette mantra sont le retour à la paix et au calme, l'apparition de sentiments d'aisance et de contentement, et la disparition des craintes et de l'anxiété. La mantra qui calme le cœur consiste à réciter les quatre lignes suivantes (énoncer une fois les quatre lignes revient à prononcer la mantra une fois) :

Mantra	Prononciation
Gate gate	**ga**-tè **ga**-tè
Para gate	**pa**-ra **ga**-tè
Para sum gate	**pa**-ra **seum** **ga**-tè
Bodhi swaha	**bo**-dî **soua**-ha

Note : les caractères gras indiquent des syllabes accentuées.

Vous pouvez utiliser au choix des mantras, des prières ou des chants provenant d'autres traditions spirituelles pour vos renforcements des trois secrets. Comme toujours, répétez les paroles choisies neuf fois lors de l'exécution du renforcement.

Le secret de l'esprit : voyez le résultat pour le recevoir

Le secret de l'esprit est la *visualisation*, qui consiste à voir les résultats de vos remèdes avant qu'ils ne se manifestent. Des milliers de livres soulignent la puissance de la visualisation – une méthode efficace pour provoquer des changements bénéfiques dans la vie.

La visualisation est utilisée de façon standard par toutes sortes de professionnels (y compris les hommes d'affaires, les athlètes de haut niveau, et même les astronautes) pour les aider à dépasser leurs limites, voir les résultats à l'avance pour faire qu'ils se produisent, et pour exceller dans les domaines qu'ils ont choisis.

Que vous en soyez conscient ou non, vous modelez en permanence votre avenir en le visualisant mentalement, et vous pouvez tout aussi bien commencer à le faire à votre avantage. (Beaucoup d'images mentales se forment indépendamment de la conscience, mais en les produisant volontairement, vous pourrez les faire influer sur le déroulement de votre vie dans un sens positif.)

La visualisation est la partie du renforcement par laquelle vous voyez mentalement votre souhait – qui motive l'application du remède – se réaliser. Dans cette étape, vous visualisez dans les détails les plus concrets et les plus réalistes les événements, les circonstances et les scènes dont vous souhaitez la réalisation. Plus vos images mentales sont fortes, intenses, plus les remèdes peuvent être efficaces. Mais que ceux d'entre vous qui ont du mal à produire des images mentales très claires ne s'inquiètent pas. Il suffit que vous puissiez imaginer et sentir (ou entendre mentalement) les résultats souhaités, et le résultat sera le même. Ce qui compte, c'est l'énergie que vous mettez, à l'instant présent, dans la représentation du futur.

Par exemple, si vous voulez plus de richesse, visualisez ou imaginez votre fortune future et la joie accompagnant tout ce qu'elle vous apportera dans la vie. Les images, les sensations ou les scènes imaginées doivent être émouvantes, vous impliquer fortement et vous enthousiasmer. Si vous souhaitez nouer une nouvelle relation, imaginez-vous vivant heureux avec votre nouveau partenaire. Imaginez avec une telle intensité qu'elle vous donne l'illusion de la réalité.

Les clés d'une visualisation efficace

Le grand maître Lin Yun enseigne deux autres grands principes pour augmenter l'effet des visualisations.

- **Le détail est la première clé d'une visualisation efficace**. Voyez votre objectif avec la plus grande précision. Les visualisations détaillées guident le subconscient, le chi, l'univers, et votre propre système de croyance vers le scénario désiré. Faites intervenir d'autres sens internes. Par exemple, si votre but est une nouvelle voiture, vous pouvez visualiser le modèle, la couleur, l'année, le design élégant, et les détails du tableau de bord. Vous pouvez sentir le grain du cuir du siège, entendre le ronronnement du moteur, tandis que vous conduisez jusqu'au bureau tout en respirant avec délice l'odeur de votre nouvelle voiture (l'un des plus grands parfums du monde).

- **Vivez dans votre imagination trois stades de développement de la situation désirée**. Dans la vie, les nouveautés ne tombent pas du ciel au moment où vous les demandez. La plupart des choses ont un commencement, un milieu et une fin. C'est pourquoi je vous recommande de voir les résultats que vous désirez de la même manière. Cette méthode de visualisation en trois stades imite la progression naturelle de la vie en établissant au sein du subconscient un chemin d'attente énergétique qui vous conduit vers la situation souhaitée. Par exemple, supposons que vous vouliez acheter une nouvelle voiture. Les trois démarches suivantes illustrent la façon dont vous pouvez provoquer la réalisation de chacun des trois stades d'obtention du résultat souhaité :

  1. **Voyez les circonstances initiales qui vous amènent à ce que vous voulez**. Vous êtes chez le concessionnaire en train d'examiner et d'essayer la voiture que vous voulez vraiment.
  2. **Visualisez la phase de développement du processus**. Vous vous procurez la somme nécessaire au versement initial et vous signez les papiers relatifs au crédit. Tout se passe bien et vous trouvez la chose agréable.
  3. **Goûtez la joie d'avoir satisfait votre envie**. La récompense, le rêve, la victoire. Vous foncez sur l'autoroute. La vie est belle !

Application de remèdes avec renforcement

Voici l'instant que vous attendiez ! Vous pouvez maintenant procéder à l'application complète du remède en adjoignant à sa réalité physique le renforcement des trois secrets.

Vous commencez d'abord par la modification physique de l'environnement (suspendre un cristal, déplacer le lit, ou faire tout autre changement). Passez ensuite aux trois étapes du renforcement des trois secrets pour décupler l'effet de la partie physique du remède.

1. **Exécutez le secret du corps**. Faites le geste ou prenez la position de la mudra choisie. (Si vous utilisez la mudra de l'expulsion, répétez neuf fois le mouvement de l'annulaire et du majeur.)
2. **Exécutez le secret de la parole**. Tout en maintenant la mudra, répétez neuf fois la mantra de votre choix.
3. **Exécutez le secret de l'esprit**. Visualisez avec le plus de détails possibles l'objet de votre désir.

Ça y est ! Félicitations, vous venez de réussir l'application d'un remède ! Passez maintenant à d'autres actions pratiques susceptibles de contribuer au résultat recherché ou relaxez-vous simplement. N'oubliez pas ceci :

l'angoisse n'est pas productive. Il est inutile de vous inquiéter au sujet du remède que vous venez d'appliquer. Passez outre et profitez dès maintenant de la vie !

Dites donc ! Je ne vois pas d'image dans ma tête !

Croyez-moi, tout le monde est capable de visualiser. Ce qui diffère, c'est que certaines personnes ne voient pas consciemment les images dans leur tête. Ne vous inquiétez pas si vous ne voyez rien. Si vous pouvez sentir fortement la joie et la satisfaction associées à la réussite souhaitée ou même entendre mentalement les sons correspondants, le renforcement gardera toute son efficacité. Dans la troisième étape du renforcement des trois secrets, substituez des sentiments ou des sons à la visualisation. Vous serez satisfait – et surpris – des résultats !

Foire aux questions sur le renforcement

Voici quelques réponses à des questions fréquentes sur le processus de renforcement.

Combien de temps doit prendre le renforcement ?

Vous n'avez pas besoin de passer beaucoup de temps sur le renforcement. La règle générale est de rechercher la qualité, non la durée. Une ou deux minutes suffisent si vous éprouvez une réelle émotion. l'intensité et le réalisme de ce que vous éprouvez sont plus importants que le temps passé à pratiquer le renforcement.

Mes pensées et mes sentiments au cours du renforcement ont-ils de l'importance ?

Vous devez être aussi concentré et sincère que possible et faire confiance au processus – et tout se passera bien. Faites chaque renforcement avec sincérité, énergie, intention, et une attitude positive. La sincérité est l'un des principaux facteurs d'efficacité. Mettez votre cœur dans ce que vous faites, et vous réussirez. Dans le meilleur des cas, vos visualisations ont une telle vivacité que votre système nerveux s'illumine comme un arbre de Noël. (Si les vôtres n'en sont pas encore à ce stade, ne vous inquiétez pas, vous visualiserez de mieux en mieux avec la pratique. Ce que vous arrivez à faire maintenant marche déjà très bien.)

Comment puis-je savoir si j'exécute le renforcement comme il convient ?

Ne vous mettez pas à avoir le trac au sujet de votre exécution du renforcement. Chaque personne a sa propre manière d'agir naturellement et efficacement. Faites le renforcement dès maintenant du mieux que vous pouvez. Écartez toute inquiétude et croyez à l'efficacité de votre renforcement, et il sera efficace. Comme pour tout talent, votre aptitude au renforcement se développera avec l'expérience.

La tradition de l'enveloppe rouge

La tradition de l'enveloppe rouge, pratiquée tout au long de l'histoire de la Chine, a son origine dans la culture et le folklore chinois. Les enveloppes rouges symbolisent la chance, la puissance et la protection contre le mal. En Feng Shui, les enveloppes rouges contiennent une somme d'argent symbolique – une pièce suffit – respectueusement offerte pour protéger celui qui applique les remèdes Feng Shui. En donnant une enveloppe rouge, vous protégez le consultant ou le professeur du mal qui pourrait résulter du partage de leurs connaissances secrètes, traditionnelles, transmises seulement par la parole. Le don d'enveloppes rouges augmente en outre la force et l'efficacité des remèdes qui vous sont appliqués.

Pour satisfaire à cette tradition, placez l'argent (un montant symbolique ou une pièce) dans une nouvelle enveloppe rouge, puis présentez l'enveloppe à la personne qui vous donne les informations sur le remède Feng Shui. Lorsque des praticiens professionnels du Feng Shui donnent des consultations, leurs honoraires sont inclus dans des enveloppes rouges en honneur à cette pratique. Si vous enseignez un remède Feng Shui à quelqu'un d'autre, je recommande qu'en échange cette personne vous remette une ou plusieurs enveloppes rouges contenant de l'argent. Ce don symbolique souligne l'importance de ce dont vous avez fait part au bénéficiaire et contribue au maintien de votre propre bonne fortune.

Si vous êtes tenté de participer (ceci est entièrement facultatif) à la tradition de l'enveloppe rouge en honneur à ce que vous a appris ce livre, vous pouvez envoyer toute somme d'argent de votre choix dans une enveloppe rouge (une somme symbolique ou une pièce convient parfaitement) à votre organisme de bienfaisance préféré.

Combien de fois dois-je faire le renforcement ?

Vous n'avez besoin de faire le renforcement qu'une seule fois par remède. (Plusieurs de mes clients renforçaient leurs remèdes tous les jours ! Inutile. Et bien qu'ils aient obtenu des résultats fabuleux, il en a été de même pour ceux qui n'ont effectué qu'un seul renforcement en suivant toutes les étapes décrites dans ce chapitre.) Le renforcement accompagnant le remède en décuple l'efficacité et suffit à maintenir son énergie curative indéfiniment. Si vous voulez effectuer le renforcement une seconde fois pour un remède (notamment dans un domaine de votre vie qui a besoin d'être fortement amélioré ou si vous voulez simplement vous entraîner) ne vous en privez pas. Un renforcement supplémentaire ne peut pas faire de mal, et il peut éventuellement améliorer la situation. Certaines personnes prennent plaisir à renforcer chacun de leurs remèdes chaque mois, chaque semaine ou même chaque jour. Mais une fois encore, bien que le renforcement soit amusant et utile, vous n'avez pas besoin de le répéter pour obtenir le résultat désiré.

Deuxième partie

Le Feng Shui de l'extérieur : dynamiser l'extérieur de l'habitation

Dans cette partie...

Maintenant, vous allez pouvoir vous salir les mains – dehors. Votre environnement extérieur (votre voisinage, le terrain de votre maison et l'extérieur de la maison) influence fortement votre vie. Cette deuxième partie vous livre les manières secrètes dont vous pouvez mettre en ordre les énergies de votre terrain sans avoir à soulever la moindre pelletée de terre. Je vous montre comment faire s'écouler d'incroyables flots d'énergie directement par votre porte d'entrée. En même temps, vous pourrez vous amuser à peindre la porte d'entrée, et même le chien du voisin, en rouge chinois. (Et vous pensiez que cette partie ne serait faite que de travaux exténuants...)

Chapitre 7

Améliorer l'énergie du terrain, du paysage et de l'extérieur de la maison

Dans ce chapitre :

- L'énergie du voisinage
- Remédier aux énergies néfastes du voisinage
- Pallier les effets malsains d'une mauvaise position de la maison
- Utiliser l'énergie positive des plantes, de la couleur et de l'eau pour donner de la vie à votre terrain
- Positionner efficacement les dépendances sur votre terrain

Pourquoi s'intéresser à l'extérieur de la maison ? Parce qu'avec le Feng Shui, vous pouvez déduire des conditions extérieures des indications précieuses sur la qualité de l'énergie (ou chi) dont vous dépendez.

Les choses que vous voyez en allant d'un endroit à un autre agissent sur votre psyché. Imaginez le scénario suivant : en vous rendant à votre travail, vous ressentez la secousse habituelle en roulant dans l'ornière au bout de votre allée. Vous passez devant cette horreur qu'est la maison du voisin avec sa peinture qui s'en va en lambeaux et son jardin à l'abandon. Puis, en maugréant, vous passez devant le terrain vague au bout de la rue, qui sert maintenant de décharge à des citoyens irresponsables. Enfin, vous êtes retardé par un embouteillage et vous manquez une réunion importante. À la fin de la journée, vous voulez seulement vous relaxer chez vous, mais d'abord vous devez subir la lenteur du trafic à l'heure de pointe, passer encore devant les horreurs du voisinage, et vous cogner de nouveau dans l'ornière qui vous irrite en arrivant dans votre allée. Une journée typique, non ? En se répétant régulièrement, ce scénario peut vous rendre irritable et vous donner une sensation de malaise.

Le même genre de choses – des influences continuelles exercées sur votre psyché et sur votre vie par l'environnement – se produit d'une manière plus subtile du fait de petits obstacles que vous rencontrez chaque jour en rejoignant ou en quittant votre environnement personnel – votre propre demeure. De quoi s'agit-il ? Chaque chose que vous voyez dans votre environnement extérieur, que vous en soyez conscient ou non, a une influence sur votre énergie. Dans ce chapitre, j'examine votre environnement extérieur, y compris votre voisinage et les rues avoisinantes. Laissez-moi vous guider dans la lecture des énergies de vos environnements extérieurs et dans l'application des remèdes aux problèmes rencontrés à l'extérieur de la maison et de la propriété. Les remèdes de ce chapitre augmentent le quota d'énergie de votre propriété et aplanissent le chemin qui vous conduit au succès et au bonheur.

Tour d'horizon

Le voisinage, c'est-à-dire ce qui entoure votre environnement personnel, l'espace qui contient votre demeure, exerce une influence déterminante sur son atmosphère, son humeur, et son énergie.

Déchiffrement du chi du voisinage

Tout le monde (y compris vous) peut déchiffrer l'énergie. Sentir l'énergie est une faculté humaine fondamentale ; son utilisation ne requiert en aucune manière des dispositions mystiques ni un entraînement phénoménal. Pour sentir l'énergie, laissez vos sensations venir à la surface pour pouvoir les identifier et percevoir votre état d'âme. Les observations suivantes vous en diront très long sur l'énergie d'un lieu, et notamment sur sa positivité ou négativité.

- **Observez la faune**. Voyez-vous des animaux sauvages ou domestiques resplendissants de santé ? Si par exemple vous apercevez une biche en arrivant quelque part, c'est un signe positif. Un chien errant, malingre et galeux est un signe négatif. (Un chat noir qui traverse une rue en fumant une cigarette est absolument de mauvais augure en Feng Shui !)
- **Observez les plantes et la végétation**. Les plantes sont-elles luxuriantes ? Ou sont-elles brunies et desséchées ? Des plantes saines sont un signe de vie, d'énergie florissante – dont justement vous souhaitez vous entourer. Des plantes qui se meurent sont un signe de pénurie de chi dans l'environnement, et vous pouvez alors vous demander s'il comporte assez d'énergie pour assurer votre vie et votre réussite.

- **Observez les gens**. L'observation des habitants d'un lieu vous dit beaucoup de choses sur l'énergie qu'il renferme. Les gens sont-ils conviviaux, gais et heureux ou ont-ils l'air soupçonneux, sévères et malheureux ? En général, les gens aimables sont le signe d'une énergie de bien meilleure qualité dans l'environnement que dans le cas de gens malheureux et de mauvaise humeur.
- **Observez les modes de vie du voisinage**. Renseignez-vous sur le niveau général d'harmonie et de bonheur à cet endroit. Observez la façon dont se répartit la richesse, demandez s'il y a souvent des procès. Essayez de savoir s'il y a des morts prématurées, des accidents de voiture, des divorces, etc. Vous apprendrez ainsi beaucoup de choses sur l'histoire du pays et sur son état actuel, et sur la manière dont l'énergie locale vous affectera si vous venez y vivre. La vie des familles des maisons voisines est à la fois une indication et un facteur de l'énergie qui circule dans le voisinage. Si beaucoup de maisons ont été vendues récemment, c'est un signe de bouleversements. Renseignez-vous sur les institutions du pays ; la présence d'un cimetière, d'une maison funéraire, d'un hôpital, peut symboliser l'énergie négative.

L'énergie de la rue et son influence sur votre demeure

La rue dans laquelle vous habitez est l'une des principales sources d'énergie de votre propriété, de votre maison et de votre vie. Les rues sont les artères d'une ville, elles en relient les énergies en conduisant le trafic automobile et le chi jusqu'aux zones résidentielles. Une grande partie de la population du monde occidental vit désormais dans de grandes villes et, de ce fait, une bonne partie du chi des demeures actuelles provient de la rue.

Bien sûr, la rue la plus importante est celle qui conduit directement à votre maison. La nature et la puissance de l'énergie (trafic) dans votre rue est un premier indicateur vous disant si votre maison est convenablement pourvue en énergie. La qualité globale de l'énergie de la rue qui mène à votre maison ne doit pas dénoter un excès de calme ou d'activité. Trop peu d'énergie arrivant à votre maison depuis la rue peut entraîner un déficit d'énergie, nocif pour les finances et pour la santé. Mais un excès peut amener le chaos et des bouleversements dont les conséquences priveraient votre propriété de son énergie vitale. Heureusement, vous pouvez contrebalancer les effets défavorables de telles conditions par les remèdes Feng Shui décrits dans les sections suivantes.

Remèdes aux problèmes de la rue

Si vous vivez près d'une intersection en T, près d'une rue sans issue, d'une rue en pente ou en sens unique ou d'une impasse, vous pouvez, ainsi que votre demeure, en ressentir les effets négatifs. Pour transformer l'énergie négative en énergie positive, appliquez l'un des remèdes décrits dans les sections suivantes.

Comment échapper aux effets redoutables d'une intersection en T

Si vous habitez sur une intersection en T, une rue se termine sur le devant de votre maison, de sorte que le trafic venant de cette rue arrive directement à votre maison (voir figure 7.1a). L'énergie qui bombarde votre maison est dangereuse, du fait de son abondance et de son caractère agressif. (Elle se précipite ainsi sur vous, et peut parfois prendre la forme de voitures qui ne s'arrêtent pas à temps et rentrent dans la maison !) Cette énergie arrive trop vite et avec trop de force pour le bien-être des occupants.

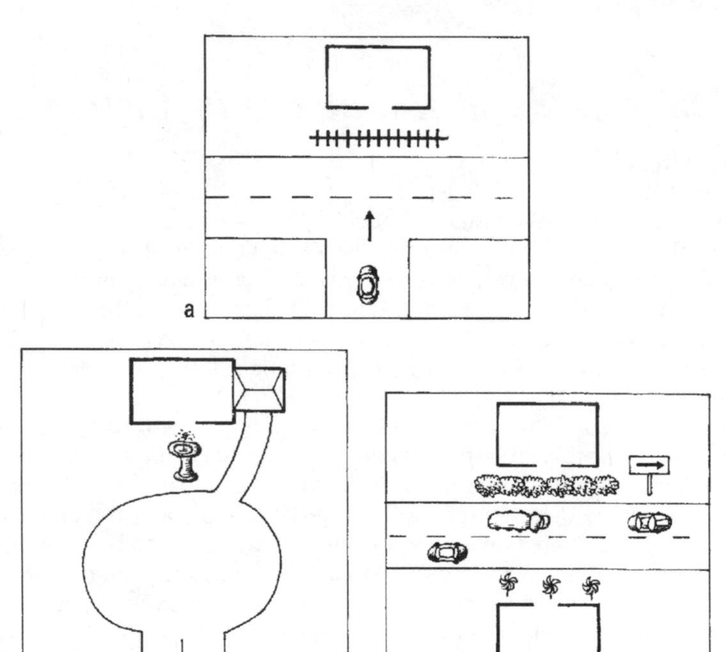

Figure 7.1 : Intersection en T, impasse, et rue en sens unique avec les remèdes appropriés.

Le chi de la rue, en heurtant continuellement la maison, peut avoir des effets désastreux sur la vie des résidents, allant de subtiles accès de dépression à la paranoïa, des troubles psychiques plus sérieux encore, et même des accidents, des maladies ou des décès. Avec le temps, la vie dans une maison située sur une intersection en T finit par se détériorer. Il peut en outre s'avérer plus difficile de maintenir la maison en bon état.

Vous pouvez remédier aux effets du chi agressif d'une intersection en T en plantant une haie suffisamment haute le long de la propriété pour protéger la maison ou vous pouvez installer une clôture au même endroit (voir figure 7.1a). D'autres solutions peuvent être de placer un carillon au-dessus de la porte d'entrée pour disperser le chi arrivant dans la maison, et de placer un miroir Ba-Gua sur la porte à titre de protection (voir l'encadré « Puissance du miroir Ba-Gua » plus loin dans ce chapitre). Les mêmes problèmes se posent et peuvent être résolus de manière semblable dans le cas d'une intersection en Y.

L'une de mes clientes avait déménagé dans une nouvelle maison donnant sur une intersection en T. Les effets néfastes de cette situation étaient aggravés par le fait que la route arrivait jusqu'à la maison par une forte pente renforçant la violence du flot d'énergie.

La circonstance salvatrice était un grand arbre placé sur le bas-côté entre la rue et la maison. Normalement, un arbre placé directement devant la porte est une aberration, mais, dans ce cas, l'arbre servait de tampon protecteur contre les assauts du chi de la rue. J'ai prescrit à ma cliente un remède supplémentaire, consistant à suspendre dans l'arbre un carillon, à un point situé exactement entre le centre de la rue et sa porte d'entrée. Le son du carillon contribuait à disperser le flot du chi, et apportait sécurité et protection. Placé dans la surface de la carrière de sa propriété (la surface au milieu et devant, comme nous le verrons plus loin dans ce chapitre), le carillon activait en outre l'énergie du ménage affectée à la carrière. Peu de temps après la mise en place du remède, le paysage financier s'est éclairci. Ma cliente s'est sentie plus forte, en meilleure santé, les affaires de son mari sont devenues plus prospères, et ils ont pu s'offrir la nouvelle voiture dont ils rêvaient depuis quelque temps.

Faire passer l'énergie à travers un cul-de-sac

Les rues en cul-de-sac entraînent la stagnation et la raréfaction de l'énergie. Le trafic passant le long des maisons ne pouvant aller au-delà (comme on peut le voir sur la figure 7.1b), les maisons construites le long du cul-de-sac reçoivent beaucoup moins d'énergie que les autres. Il peut en résulter un déficit d'énergie vitale, ou chi, entraînant une moindre vitalité et moins de chances de réussite. Les résidents peuvent trouver plus difficile d'avancer et de faire évoluer leur existence dans un sens positif.

Les remèdes énergétiques d'une demeure placée près d'un cul-de-sac agissent par l'activation ou la stimulation du chi. À cette fin, vous devez apporter du mouvement, de la couleur et de l'activité à la maison, qui susciteront de nouvelles chances d'évolution positive dans divers domaines de la vie.

Un remède aquatique mobile faisant jaillir l'eau en fines gouttelettes vers le haut est un excellent antidote pour la stagnation et la léthargie. Les remèdes à base de fontaine ont une action positive sur la fortune, les relations avec les anciens et les nouveaux amis, et en outre ils protègent la propriété. Le meilleur emplacement de la fontaine est à proximité de l'aboutissement de l'allée conduisant à la maison (voir figure 7.1b). Cette position incite le chi à pénétrer dans toute la propriété. Vous pouvez aussi placer la fontaine au centre du jardin près de la façade ou de la porte d'entrée principale.

Deux autres manières de compenser l'effet d'un cul-de-sac sont la couleur et le mouvement pour susciter l'apparition d'énergie à l'entrée de la propriété. Un mât supportant un drapeau ou une manche à air colorée peuvent s'avérer très efficaces.

L'un de mes clients, PDG d'une société de haute technologie, venait de s'installer dans une maison de rêve. La maison était remarquable à bien des égards, mais située dans une impasse. Pour assurer le mouvement du chi de sa famille et du sien, il a installé une fontaine à l'extérieur, près de la porte d'entrée de la maison. Je lui ai recommandé d'orienter la projection d'eau vers la porte d'entrée pour favoriser l'arrivée d'événements positifs. Ses affaires sont plus florissantes que jamais.

Ralentir l'énergie des rues en pente ou en sens unique

Le fait d'habiter dans une descente ou une rue en sens unique peut susciter des problèmes énergétiques. En général, l'énergie tend à se déplacer plus vite dans ce genre de rues, parfois trop vite pour un bon équilibre Feng Shui. En premier lieu, l'énergie peut passer trop vite pour pouvoir entrer dans la propriété et la nourrir, privant les résidents du chi dont ils ont absolument besoin. En outre, l'écoulement rapide du chi peut arracher et emporter une partie de l'énergie vitale du jardin et de votre vie. Ces facteurs peuvent se répercuter sur votre carrière, le nombre et l'intérêt des occasions qui s'offrent à vous, et même votre santé.

Comme la partie avant du terrain (la plus proche de la rue) correspond aux surfaces des gens qui vous aident, de la carrière et du savoir (voir chapitre 3), ce déplacement trop rapide d'énergie peut avoir une influence néfaste dans ces trois domaines. La solution consiste à ralentir l'énergie de la rue au niveau de la propriété et d'en absorber une partie à votre profit. Un remède simple est la plantation d'arbustes le long de la propriété (voir figure 7.1c).

Un autre remède dont les effets sont quasi miraculeux dans le cas d'une rue en sens unique ou en pente est la présence d'une puissante fontaine extérieure. Vous pouvez la placer dans la surface de la carrière de votre propriété ou près de l'entrée du garage. Elle pourra à la fois modérer le chi de la rue et en capter une partie. Une autre solution excellente utilise des remèdes mobiles, tels que des manches à air ou des moulinets. Placez ces remèdes sur une ligne parallèle à la rue devant la propriété. Ils agissent sur le chi excessif de la rue dont ils absorbent une partie au bénéfice de la propriété, tout en empêchant la rue d'entraîner l'énergie de la propriété (voir figure 7.1c).

Une société de vente en gros de vêtements se trouvait dans une situation embarrassante. Ses associés étaient partagés entre plusieurs possibilités : installer leur entreprise ailleurs et louer leurs bureaux et leur entrepôt ou vendre l'affaire et prendre leur retraite. Ils décidèrent de louer les locaux, mais ils ne réussissaient pas à trouver preneur.

Un examen de l'extérieur des locaux fit aussitôt apparaître la nature de leur problème de Feng Shui. Le bâtiment était placé le long d'une grande route très fréquentée juste à l'extérieur de la ville. Toute la journée, des camions passaient devant à vive allure. Ils ne pouvaient décider (manque de clarté – un problème de la surface du savoir) quelle orientation donner à leur affaire (une question liée à la surface de la carrière) et s'efforçaient en vain de trouver des locataires et de conserver leur personnel (corrélation directe avec la surface des gens qui vous aident). Le diagnostic était clair – le chi des camions passant à toute vitesse détachait l'énergie de la partie du bâtiment donnant sur la route, endommageant les trois surfaces des gens qui vous aident, de la carrière et du savoir.

Je leur ai recommandé d'utiliser des manches à air colorées. Plusieurs hauts lampadaires étaient placés devant le bâtiment, et il leur suffit d'y placer un nombre impair de manches à air de grande dimension. (Selon les préceptes du Feng Shui, des nombres impairs de remèdes ont un pouvoir curatif supérieur aux nombres pairs.) Peu de temps après, les associés reçurent un coup de téléphone d'une société qui plusieurs mois auparavant avait renoncé à louer le bâtiment. Ses responsables étaient désormais intéressés et souhaitaient emménager immédiatement. La route était libre, et les associés purent bientôt s'installer dans de nouveaux locaux, à leur grand soulagement. (Encore une victoire des manches à air !)

Habiter dans une rue en impasse

Une rue en impasse reçoit encore moins d'énergie qu'une rue en cul-de-sac. Comme le suggère ce terme, l'énergie ne peut absolument plus passer.

À défaut de trafic, l'énergie est faible, moins active, ce qui engendre la stagnation et la monotonie. La vie des résidents des maisons d'une rue en impasse est souvent privée d'énergie, de richesses et de chances de succès. Il peut leur être difficile de se lever le matin pour aller travailler, et de réussir dans la vie.

Pour transformer l'énergie d'une maison située le long d'une impasse, il est indispensable de stimuler l'énergie du terrain. Vous pouvez commencer par couper tous les buissons et toute la végétation qui envahissent le terrain. Enlevez du jardin tous les débris qui ont pu s'y accumuler au cours du temps.

Pour attirer et créer un nouveau flot d'énergie positive, faites de votre mieux pour réveiller votre propriété par le son, la couleur, le mouvement et la vie.

- Utilisez des activateurs d'énergie tels que des moulinets et des manches à air, qui apportent le mouvement et la couleur.
- Suspendez des carillons.
- Installez des mangeoires pour les oiseaux, dont les chants et les couleurs vous raviront. En Feng Shui, les oiseaux qui chantent et roucoulent apportent des messages, suscitent de nouvelles occasions de réussite et contribuent à l'activité, au mouvement et à l'harmonie.

Découvrir ce qu'il peut y avoir de néfaste dans le voisinage et y remédier

Une autre manière de déterminer le niveau d'énergie de votre environnement consiste à repérer certaines institutions, qui, lorsqu'elles sont situées près de chez vous, peuvent avoir des effets négatifs sur vous et sur votre famille. Méfiez-vous de ces bâtiments ou de ces organisations qui sont susceptibles d'émettre une énergie négative. Si vous habitez près d'un cimetière ou de l'une des institutions mentionnées dans les sections suivantes, il peut s'avérer plus difficile de maintenir votre santé, votre carrière, votre mariage, et votre famille dans un état optimal.

La présence d'un élément négatif en face, directement à côté ou derrière chez vous est plus particulièrement néfaste. L'incidence peut être tout aussi forte s'il est situé dans le même pâté de maisons. Ensuite vient le cas d'un bâtiment qui peut être fréquemment aperçu depuis la maison ou le jardin. Dans le doute (le doute est un sentiment qu'il faut écouter et auquel il faut réagir), appliquez un remède pour vous sentir plus sûr et mieux protégé.

Toutes les institutions mentionnées dans cette section ont leur importance et leur place dans la société. Elles n'ont rien de mauvais ou malsain ; mais ce ne sont tout simplement pas des lieux de gaîté, de joie et d'affirmation de la vie. Toute personne attentive aux enseignements du Feng Shui sait néanmoins que les événements et les bâtiments proches de chez elle ont inévitablement une influence sur sa demeure, en bien ou en mal. Le Feng

Shui, naturellement, propose des remèdes pour atténuer ces effets inopportuns. Vous pouvez parfaitement habiter à proximité de l'une de ces institutions et trouver le bonheur, la paix et la prospérité. Continuez votre lecture.

Les cimetières et les maisons funéraires

Les cimetières sont des lieux où l'on enterre les gens qui sont morts. En grand nombre. Le Feng Shui explique que des esprits désincarnés peuvent errer dans les cimetières, et parfois, hanter les maisons voisines et inquiéter leurs résidents. Si ces esprits sont malheureux, espiègles ou même malfaisants, ils peuvent être une véritable plaie pour les occupants de votre demeure. Des problèmes de santé ainsi que des angoisses peuvent assaillir les résidents des maisons proches des cimetières. Même s'il n'y a pas d'esprits qui hantent la maison, habiter près d'un cimetière peut provoquer une dépression.

L'énergie d'un cimetière est particulièrement yin (basse et déprimante), et son influence continuelle sur le subconscient a un effet cumulatif. Les maisons funéraires émettent des vibrations similaires, porteuses de l'énergie de la mort, du chagrin et de l'affliction.

Les hôpitaux et les centres de convalescence

Les hôpitaux, bien qu'il s'agisse d'institutions importantes, peuvent avoir un effet négatif sur la santé des gens qui habitent alentour, du fait des courants ininterrompus de maladie, de mort, d'urgence, de souffrance et de chagrin qui les pénètrent.

Postes de police et casernes de pompiers

Les postes de police et les casernes de pompiers peuvent sembler avantageux, et il y a des gens qui trouvent très excitant d'y vivre à proximité. Toutefois, ces deux institutions abritent l'énergie du danger, de l'alarme et de la peur. Surtout les postes de police qui peuvent irradier les vibrations négatives des criminels, du crime et de la suspicion. (Les casernes de pompiers tendent à émettre des énergies moins toxiques.) Vous pouvez vous sentir plus en sécurité – en surface – en habitant dans ce voisinage, mais il peut vous paraître plus difficile de vous reposer et de vous détendre chez vous, et vous risquez d'être toujours en attente de la prochaine alerte.

Écoles et églises

Une école peut influencer votre demeure de façon positive ou négative. L'influence qu'elle exerce varie selon le type particulier d'énergie de l'école et aussi selon que vous aimez ou non l'énergie active, heureuse – et aussi très forte – des enfants.

Une église ne possède une énergie semblable à celle d'une maison funéraire que si des messes d'enterrements y sont célébrées. Si ce n'est pas le cas, habiter près d'une église ne vous soumet pas à des influences négatives. Et si l'église célèbre de nombreux mariages, elle peut influencer positivement votre demeure.

La puissance du miroir Ba-Gua

L'octogone du Feng Shui n'est pas seulement un outil pour situer l'énergie de votre maison, c'est aussi un symbole de protection particulièrement puissant. Le miroir Ba-Gua est généralement un miroir en forme d'octogone, serti dans un cadre en bois, de 10 à 15 centimètres de large, entouré à la périphérie des trigrammes de l'octogone en rouge et en vert, avec un miroir au centre. (Voir l'illustration de l'encadré « La flèche empoisonnée », plus loin dans ce chapitre.) Le miroir Ba-Gua est une méthode de protection simple et peu coûteuse, que l'on accroche typiquement au-dessus de la porte d'entrée, à l'extérieur. Une variante encore plus puissante de ce miroir comporte un miroir convexe (incurvé vers l'extérieur) au lieu d'un miroir plat.

Si vous habitez près d'une influence négative, vous pouvez avoir intérêt à appliquer un remède pour protéger votre demeure et votre famille, notamment si vous avez été victime d'une série d'événements malchanceux depuis votre emménagement. Souvenez-vous que tout ce qui affecte votre terrain et votre maison (que vous le sachiez ou non) a simultanément un effet sur vous et sur votre famille. Ces effets s'exercent dans les domaines physique, mental, interpersonnel et financier. Cela vaut donc la peine d'observer ce qui se passe et d'intervenir s'il y a lieu pour modifier et améliorer votre environnement et votre vie.

Un excellent remède assurant une protection et une bénédiction d'ordre général consiste à placer un miroir Ba-Gua au-dessus de la porte d'entrée, à l'extérieur. (Voir « La puissance du miroir Ba-Gua », plus haut dans ce chapitre.) Ou encore vous pouvez suspendre un jeu de cinq feux d'artifice symboliques au-dessus de la porte d'entrée à l'intérieur de la maison. Les feux d'artifice protègent contre les gens, les énergies et les événements négatifs.

L'un des remèdes Feng Shui les plus puissants pour purifier l'énergie et protéger votre maison et votre famille est la *bénédiction du riz* (aussi appelée *ajustement du chi extérieur*). Cette bénédiction est conçue pour éliminer le chi négatif, inverser la malchance, et d'une manière générale permettre de prendre un nouveau départ dans la vie. Je détaille cette cérémonie de bénédiction au chapitre 17.

Élimination des problèmes affectant la maison et le terrain

Outre les influences négatives qui peuvent exister alentour, des particularités de la maison et du terrain peuvent avoir un caractère néfaste. Elles sont décrites dans les sections suivantes.

Trop proche pour ne pas gêner

Si votre maison est située trop près d'un autre bâtiment, surtout s'il est plus grand, vous risquez d'éprouver une sensation d'oppression. Je recommande de remédier à cette situation en accrochant un miroir Ba-Gua sur le mur de votre maison le plus proche du bâtiment plus grand, ou même sur la partie du toit la plus proche de l'autre structure (voir figure 7.2). Le miroir doit faire face au bâtiment. Un miroir Ba-Gua particulièrement bien adapté à cette situation est un modèle pourvu d'un miroir concave (incurvé vers l'intérieur). Cette solution peut vous débarrasser de la sensation d'oppression, et vous rendre votre liberté de mouvement. Pour plus d'efficacité, appliquez le renforcement des trois secrets, et visualisez le résultat désiré (voir chapitre 6).

Figure 7.2 : Maison oppressée avec un miroir sur le toit.

Trop d'agitation

Un élément particulièrement dérangeant à côté de la maison elle-même, comme une artère de circulation ou une rue sordide, peut engendrer des turbulences et une énergie chaotique. Le mouvement continuel des voitures et des gens qui passent crée des secousses, des vibrations plus ou moins fortes, du vacarme, des grondements sourds, qui irritent et provoquent une sensation de malaise. Ces bruits et l'énergie intense qui les accompagnent tendent à perturber le sommeil, l'humeur et l'équilibre psychique des résidents. Si l'élément perturbateur est une voie ferrée, un métro ou un segment d'autoroute, le problème peut être fortement aggravé lors des pointes de trafic. Les conséquences peuvent aller du manque de repos à des problèmes de santé ou des disputes, des accidents ou de fréquentes absences du domicile.

Vous pouvez remédier à cette situation en créant un blocage visuel, par la plantation d'un arbre (ou de plusieurs) ou d'une haie d'arbustes suffisamment haute, en vue de masquer l'élément perturbateur et de protéger ainsi votre demeure. Si le problème est un train ou une rue, un bon remède consiste à placer des moulinets de bonne dimension auprès de l'élément dérangeant (voir figure 7.3), pour disperser le chi chaotique, et créer un antidote au bruit et au désordre. Une autre solution consiste à placer à côté des sources de dérangement des mâts les plus hauts possibles, surmontés de drapeaux colorés.

Figure 7.3 : Train au voisinage d'une maison, avec remède-moulinet.

Voisins problématiques

Si vos voisins font du bruit, sont agressifs, dangereux ou vous dérangent de toute autre manière, le Feng Shui offre des solutions simples pour vous protéger.

Pour commencer, envisagez de planter des rangées de haies entre votre maison et celle de vos voisins. Ce remède crée un tampon absorbant l'énergie du voisin et peut même suffire à ramener la paix.

Une autre solution consiste à suspendre un carillon sur la ligne de séparation entre les deux propriétés. Le son du carillon contribue à disperser les sensations de conflit et d'agression, qu'il remplace par sa mélodie harmonieuse et équilibrée.

Dans une situation fortement compromise demandant une intervention énergique, on peut mettre en place des miroirs. Un miroir sur une clôture ou sur le côté de votre maison donnant sur celle du voisin peut créer une frontière énergétique de protection et de sécurité pour vous et votre famille. Si vous avez besoin d'encore plus d'efficacité, vous pouvez placer un miroir Ba-Gua en face de la maison du voisin.

Le miroir peut contribuer à vous protéger ainsi que votre maison de toute influence négative dirigée vers vous. Comme d'habitude en Feng Shui, vous devez employer cette solution dans un esprit de compassion et de recherche d'une harmonie mutuelle, jamais avec une intention malicieuse, ou l'idée de renvoyer une énergie négative vers votre voisin. Le but du miroir est d'apporter la sécurité et le confort à votre maison, et non de faire quoi que ce soit contre le voisin.

Emplacements favorables et moins favorables pour une maison

La position idéale pour une maison est dans le deuxième tiers d'un terrain de forme régulière et symétrique, en allant de l'avant à l'arrière ; au milieu du terrain en allant de gauche à droite ; au même niveau que la route ou au-dessus de la route ; et avec un terrain plat ou ascendant derrière la maison. Une maison dans cette position est à un emplacement équilibré et protégé, favorisant la bonne fortune (voir figure 7.4).

Figure 7.4 : Position idéale d'une maison à un emplacement équilibré et protégé.

Les trois tiers du terrain en allant de l'avant à l'arrière ont les connotations suivantes :

- **Le tiers avant symbolise la plantation ou le commencement**. Cette surface est le lieu où les occasions de succès et l'énergie commencent, germent et bourgeonnent.
- **Le tiers du milieu représente la croissance**. C'est le lieu où les situations se développent, progressent et commencent à mûrir.
- **Le tiers arrière du terrain symbolise la récolte**, la culture, l'aboutissement. La fortune est symboliquement logée dans cette surface de la propriété.

Identification d'éventuels problèmes posés par l'emplacement de votre maison

Les écarts suivants par rapport à l'emplacement idéal peuvent présenter des inconvénients.

- **Si la maison est dans le tiers avant du terrain, elle est trop près de la rue et peut être vulnérable**. Vous pouvez planter un grand arbre ou placer des lumières à l'arrière et sur le côté du jardin pour équilibrer l'énergie (voir figure 7.5).

Figure 7.5 : Maison trop proche du devant du terrain, avec des remèdes à base de lumières.

- **Si la maison est située dans le tiers arrière du terrain, elle est trop loin de la rue et, pour cette raison, manque d'énergie**. De plus, la surface à l'arrière de la maison est symboliquement le lieu où est conservé l'argent de la famille. Une maison dans cette position ne peut pas disposer de beaucoup de place entre elle et la limite arrière de la propriété ; la faible dimension ou l'absence de cette surface réservée à la fortune peut se répercuter négativement sur la richesse du ménage. Un arbre ou une lumière placés devant la propriété fournit un remède de rééquilibrage. Le même remède peut s'appliquer si la maison est trop proche de l'une des extrémités latérales du terrain. Placez simplement une lumière sur le côté opposé de la maison.

Emplacement de la maison et topographie

Un autre facteur important est la topographie du terrain sur lequel est construite la maison. Le premier principe général est qu'une maison ne doit pas être placée trop haut ou trop bas. Si elle est placée au sommet d'une colline, cette position s'appelle le roi de la montagne. Malheureusement, à cette position, la seule manière de s'en aller est vers le bas, ce qui peut inciter des esprits malveillants à faire tomber les résidents de leur perchoir.

Vous pouvez aussi observer des effets énergétiques négatifs si vous habitez dans une région très basse, au fond d'une vallée ou au pied d'une colline abrupte. Ces effets peuvent être la dépression, le manque d'énergie et le manque de détermination dans la poursuite de vos objectifs. Des esprits malsains tendent à hanter ce genre d'endroit et il peut être difficile d'y prospérer.

Le second principe général souligne l'importance d'une protection à l'arrière de la maison. Le bouclier représente une protection pour les occupants. L'idéal est une colline à l'arrière de la maison, ce qui empêche les envahisseurs d'arriver sans qu'on s'en aperçoive. Un terrain qui monte à l'arrière de la maison peut aussi aider à conserver la fortune des occupants. L'espace entre la maison et la colline est la poche de richesse, où l'énergie peut s'accumuler et demeurer. Le tableau 7.1 évalue quatre positions de maison assez courantes.

Tableau 7.1 Influence de la position de la maison sur ses occupants

Position de la maison	*Influence sur la vie*
Sur un terrain plat	Neutre ou bonne
Sur un terrain s'élevant doucement	Bonne, offre une protection
Sur une surface plate avec un terrain qui se relève ou une colline à l'arrière	Excellent, augmente la protection et la fortune
Terrain descendant à l'arrière de la maison	Négatif, diminue l'énergie et la richesse

Le meilleur remède pour un terrain qui descend à l'arrière de la maison est une lumière brillante (le plus haut possible, le mieux est jusqu'au niveau du toit) sur un mât élevé ou sur un arbre derrière la maison. La lumière doit éclairer le toit de la maison (voir figure 7.6a). L'énergie de ce remède empêche le chi de s'échapper en roulant dans la pente. En outre, il relève le chi à l'arrière de la propriété et remplit d'énergie la portion de terrain manquante. Il en résulte une fortune plus importante et une meilleure santé pour les habitants de la maison.

Habiter trop haut ou trop bas

Votre position par rapport à la rue est également importante. La règle générale en Feng Shui est qu'il vaut mieux une maison placée au-dessus de la rue qu'en contrebas. Si vous habitez une maison située en contrebas de la rue, vous pouvez voir votre carrière et d'autres aspects de votre vie bloqués par divers obstacles. Si vous habitez au-dessous de la rue, vous lever chaque jour pour aller travailler demande un effort supplémentaire. En outre, vous risquez de vous sentir confusément en retrait par rapport à l'action – vous rendant compte que d'autres opèrent à un niveau plus élevé que vous – ce qui vous complique inutilement la vie.

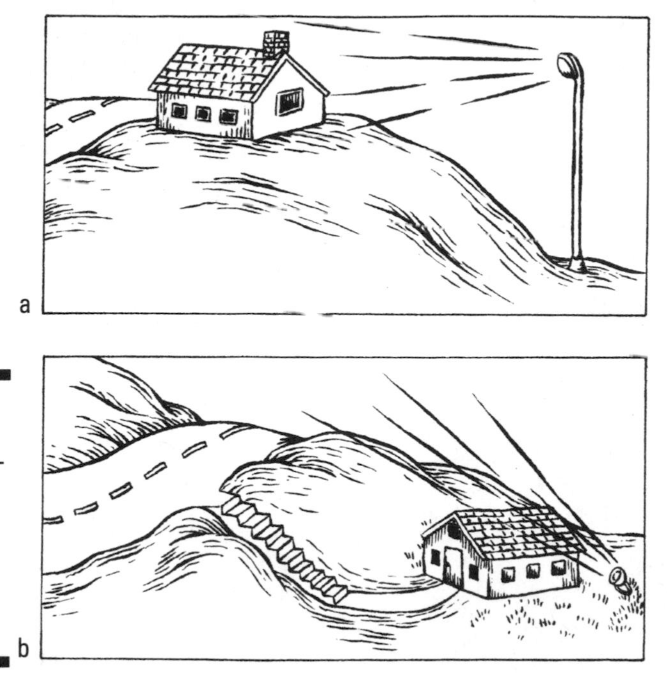

Figure 7.6 : Terrain descendant derrière la maison, maison au-dessous de la route, avec remède.

Le remède du syndrome de la maison en contrebas consiste à placer une lumière brillante derrière la maison, éclairant le toit (voir figure 7.6b). Vous pouvez aussi redonner de la vigueur à la maison en plaçant un mât et un drapeau, une antenne, ou une girouette sur le toit pour augmenter la hauteur de la maison par rapport à la rue. Ou vous pouvez installer au sommet de la maison des lumières brillantes dirigées vers le haut pour relever son niveau d'énergie et améliorer la situation générale. Ce remède est plus efficace si vous placez une lumière dirigée vers le haut à chaque angle du toit. Les lumières n'ont pas besoin d'être allumées tout le temps, mais elles doivent être en bon état de fonctionnement pour être efficaces.

En outre, vous pouvez aussi mettre de l'énergie sur le chemin du garage pour atteindre symboliquement la rue plus facilement. L'énergie apportée par la lumière et le mouvement vous permettent d'accéder plus facilement à la rue, un facteur important pour la réussite professionnelle.

Atténuer l'effet agressif du faîte d'un toit

Le faîte du toit d'un voisin pointant vers la façade de votre maison, et en particulier vers votre porte d'entrée, peut projeter une énergie acérée. Une telle situation fait planer une menace sur votre avenir (voir figure 7.7).

Figure 7.7 : Toit pointu d'un voisin et miroir Ba-Gua comme remède au-dessus de la porte.

Une solution pratique consiste à suspendre un carillon entre votre porte d'entrée et le sommet du toit du voisin. Utilisez un ruban ou une ficelle rouge d'une longueur multiple de 9 centimètres pour suspendre le carillon. Assurez-vous que le carillon est en métal et produit un son agréable, qui résonne.

La puissance du son disperse les flèches invisibles d'énergie empoisonnée. (Voir l'encadré « La flèche empoisonnée » plus loin dans ce chapitre.)

Dans le cas d'une situation particulièrement menaçante, placez un miroir Ba-Gua avec un miroir convexe (plutôt qu'un miroir plat) au centre, au-dessus de la porte d'entrée, à l'extérieur de la maison (voir figure 7.7). Le miroir vous protège non seulement contre le rebord du toit mais aussi contre les personnes ou les événements négatifs, et les menaces, et ne permet qu'à des énergies positives et bienfaisantes d'entrer dans la maison.

La flèche empoisonnée

La flèche empoisonnée s'appelle aussi flèche secrète, flèche perçante ou chi perçant le cœur, et il faut y remédier au plus vite. Cette flèche énergétique est générée par des objets pointus ou des rebords dirigés vers la maison, la porte d'entrée, le lit, les gens, etc. Les pointes peuvent être le sommet d'un toit, les angles des maisons voisines ou d'autres objets. Il n'est pas surprenant que l'énergie provenant d'une flèche soit pénétrante, et que, dans la logique du Feng Shui, elle puisse avoir des effets très négatifs. Le remède consiste à bloquer la pointe de la flèche. Vous pouvez planter un arbre en face du coin de la maison menaçante ou placer une plante en pot à l'intérieur de la maison pour masquer une pointe qui vous menace à l'intérieur. Vous pouvez aussi placer un rideau décoratif devant un angle qui dépasse.

Un remède très efficace est l'utilisation d'un miroir Ba-Gua (représenté ci-contre). Mettez un miroir Ba-Gua au-dessus de la porte d'entrée, et il vous protégera contre la flèche empoisonnée et chassera de chez vous toutes les autres formes de malchance. Un autre procédé consiste à suspendre un carillon dans le prolongement de la flèche pour en disperser l'énergie négative.

D'autres outils peuvent également vous protéger contre les flèches secrètes. Par exemple, une girouette dont la flèche pointerait dans la direction de la flèche empoisonnée pour la neutraliser. Vous pouvez aussi utiliser une sphère réfléchissante d'un diamètre d'environ 30 centimètres.

Mettez la vie dans votre terrain par des arbres et des plantes

Les arbres et la végétation apportent la couleur verte, l'oxygène et la vitalité aussi bien à l'extérieur qu'à l'intérieur d'une maison. Le vert exerce une influence bénéfique sur la psyché, l'orientant vers l'espoir, la croissance et la nouveauté. Mettre des plantes vigoureuses dans votre maison et votre jardin est l'une des façons les plus simples d'en augmenter l'énergie. Ce remède agit aussitôt sur votre santé, votre humeur et vos actions.

Un jardin désert est le signe d'un manque de croissance, d'attention et de stabilité. L'une de mes clientes californiennes avait appliqué ses propres remèdes à sa maison et observé des améliorations substantielles dans sa vie. Toutefois, son mari avait été obligé de travailler dans une équipe de nuit pendant plusieurs années. Lorsqu'elle vint me voir pour me demander conseil, je lui fis remarquer qu'elle avait enlevé toutes les fleurs qui étaient dans la surface de la carrière du jardin devant la maison, et elle s'empressa d'y planter à nouveau des fleurs. Peu de temps après, son mari se vit offrir de travailler dans une équipe de jour, et ils purent alors passer plus de temps ensemble.

Les arbres apportent la beauté, masquent la circulation automobile et vous mettent à l'abri des regards. Ils produisent en outre de l'oxygène, contribuant à réduire la pollution. Mais faites attention de ne pas complètement masquer la façade par les arbres, car ils empêcheraient l'énergie vitale de la rue d'entrer chez vous, ce qui pourrait entraîner la stagnation et des frustrations.

Utilisation de l'énergie positive des arbres

Le tableau 7.2 liste les effets énergétiques de certaines espèces d'arbres particulièrement bénéfiques, que je vous recommande de planter.

Tableau 7.2 — Arbres et leurs effets énergétiques

Type d'arbre	*Effets positifs*
Pin	Résistance, intégrité, dignité, longévité
Saule (seulement devant la maison)	Grâce, atmosphère studieuse
Bananier	Ambitions scientifiques
Ébène	Joie, chance dans les affaires, bon départ d'une nouvelle entreprise
Pommier	Sécurité
Oranger	Chance
Grenadier	Fécondité, fertilité
Poirier	Douceur
Olivier	Paix
Pêcher	Compassion

Conseils pour la sélection des arbres

Voici quelques points à considérer en choisissant des arbres :

- Les arbres positifs ont des couronnes en forme d'ombrelle. Ils apportent une protection et une sécurité symboliques.
- Les arbres à feuillage persistant sont préférables aux arbres à feuilles caduques, dénudés en hiver. (Mais il vaut mieux avoir des arbres à feuilles caduques que pas d'arbre du tout.)
- Les arbres qui s'élancent vers le ciel sont préférables aux arbres qui se penchent vers le sol, comme les saules pleureurs.
- Les arbres qui portent des fleurs et des fruits sont plus bénéfiques que ceux qui n'en ont pas.

Ce qu'il ne faut pas faire avec les arbres

Les arbres soulèvent l'énergie de la terre, apportant la vitalité et la vie. Ils fournissent aussi une protection symbolique et énergétique contre l'énergie et les influences malsaines (à la fois physiques et immatérielles) du voisinage. Mais s'ils ne poussent pas aux bons endroits, ils peuvent avoir des effets néfastes. Vous obtiendrez les meilleurs résultats en suivant les règles suivantes :

- **Ne placez pas un mûrier dans le jardin devant la maison**. Les Chinois pensent qu'un décès peut survenir dans votre maison. Comme en outre les feuilles du mûrier sont censées nourrir les vers à soie affamés, votre propriété et votre carrière pourraient être rongées !
- **Ne plantez pas un saule pleureur dans le jardin derrière la maison**. Cet arbre symbolise les pleurs, ce qui s'en va doucement, et l'écoulement de l'énergie vers le bas. Par suite, les habitants de la maison peuvent s'en aller, perdre de l'argent ou pis encore. (Je vous laisse l'imaginer.)
- **Ne plantez pas des arbres ou des buissons qui contiennent des épines près d'une entrée ou sur le chemin conduisant à votre porte**. Évitez notamment les rosiers et les cactus.
- **Évitez de planter des arbres directement devant la porte d'entrée**. Un arbre à cet endroit bloque la porte, ce qui peut nuire à l'énergie de toutes les surfaces vitales.
- **Prenez soin des arbres desséchés ou dénudés, en les guérissant s'ils sont malades ou en les enlevant**. L'influence subconsciente de ces arbres sur la psyché peut entraîner la maladie ou la détérioration de l'état de santé général.

Remèdes contre les arbres morts ou mourants

Un arbre mort près de la façade symbolise la mort ou la décomposition pour toute la maisonnée. Remplacez l'arbre mort par un nouvel arbre. S'il n'est pas possible de le déraciner, entortillez une vigne vierge artificielle verte autour du tronc, depuis le bas jusqu'à une hauteur au moins égale à la taille du plus grand membre de la famille. Une sage mesure complémentaire consiste à planter à côté un nouvel arbre ou arbuste en bonne santé.

Si un arbre est vivant mais en train de mourir, le remède suivant peut désamorcer l'énergie négative :

1. Mélangez un bol de riz avec 99 gouttes d'alcool fort et un paquet (environ 1/4 de cuillerée à café) de poudre de cinabre. (Vous trouverez la poudre de cinabre dans un magasin de produits asiatiques.)
2. En mélangeant ces ingrédients, répétez une prière ou une mantra de votre choix, neuf fois.
3. Éparpillez une partie de ce mélange sur le sol tout autour de l'arbre.
4. Éparpillez le reste du mélange sur le sol depuis l'arbre jusqu'à votre porte d'entrée.
5. Effectuez le renforcement des trois secrets (décrit en détail au chapitre 6) et visualisez le nouvel état de santé et la nouvelle vie de toutes les personnes de la maison.

Utilisation de la couleur pour revigorer les surfaces vitales de votre propriété

Une manière efficace et plaisante de donner de la vigueur aux surfaces extérieures de votre propriété consiste à utiliser la couleur dans le jardin. Commencez par appliquer l'octogone à la propriété. (Voir le chapitre 3 pour des informations sur l'octogone.) Puis placez des plantes ou des buissons ayant les couleurs appropriées dans les surfaces de l'octogone que vous voulez revigorer. Le tableau 7.3 montre les couleurs à utiliser dans chaque surface vitale.

Tableau 7.3 Utilisation de la couleur pour revigorer le jardin

Position sur le terrain	*Surface de vie de l'octogone*	*Couleurs possibles*	*Effets bénéfiques*
Avant milieu	Carrière	Noir, bleu foncé	Relations, carrière
Avant gauche	Savoir	Noir, bleu, vert	Pensées, réflexion, croissance personnelle et spirituelle
Centre gauche	Famille	Vert, bleu, bleu-vert	Relations avec la proche famille, communauté
Arrière gauche	Fortune	Vert, bleu, pourpre, rouge	Argent, prospérité, abondance
Arrière milieu	Renommée	Rouge	Réputation, vision d'avenir
Arrière droit	Mariage	Rose, rouge, blanc	Mariage, partenaire principal à la maison ou au travail
Centre droit	Enfants	Blanc	Enfants, communication, créativité, projets créatifs
Avant droit	Gens qui vous aident	Blanc, gris, noir	Bienfaiteurs, voyages, auxiliaires, réseau de relations
Centre	Santé	Jaune, orange, couleurs de terre	Santé physique, mentale, émotionnelle, tous les aspects de la vie

Le pouvoir de l'eau

On distingue en Feng Shui deux manières d'être de l'eau : l'eau qui court, et l'eau immobile. Chacun de ces deux états a son énergie, sa fonction et sa signification propres.

L'eau qui court favorise le mouvement

L'eau qui court représente le mouvement de la richesse, et donc les remèdes aquatiques améliorent la santé financière. L'eau qui bouge représente aussi les rapports sociaux. C'est pourquoi l'adjonction d'eau en mouvement à un environnement peut contribuer à l'épanouissement des amitiés personnelles, ainsi qu'à l'établissement de fructueux contacts professionnels. Tels sont les effets des ruisseaux, des rivières, des fontaines et des cascades.

Bons emplacements pour les fontaines

Les fontaines et les cascades humidifient l'air et par l'émission d'ions négatifs ont une action bénéfique sur le psychisme, complémentaire de l'effet apaisant du bruit blanc. Elles contribuent à l'esthétique du paysage et présentent les autres avantages suivants :

- **Près de l'entrée du chemin conduisant au garage** : une fontaine peut provoquer un influx plus important de richesse et d'énergie.
- **Près de l'entrée principale** : cette position est l'une des plus favorables, apportant de très nombreux avantages.

Vous pouvez aussi choisir un emplacement basé sur l'octogone appliqué à la propriété (précisé par le tableau 7.3, plus haut dans ce chapitre).

- **La surface de la carrière** : (secteur milieu avant de la propriété) selon la théorie des cinq éléments (voir chapitre 5), l'emplacement naturel de l'eau est dans la surface de la carrière de l'octogone, de sorte que l'eau en mouvement à cet endroit constitue un remède particulièrement puissant.
- **La surface du savoir** : (secteur avant gauche) aide à faire surgir des pensées fraîches et claires.
- **La surface de la famille** : (secteur centre gauche) augmente l'harmonie familiale.
- **La surface de la fortune** : (secteur arrière gauche) attire davantage d'argent.
- **La surface des enfants** : (secteur centre droit) stimule la créativité.
- **La surface des gens qui vous aident** : (secteur avant droit) fait venir davantage de gens à votre aide.

L'une de mes consultations concernait les propriétaires d'une firme spécialisée dans le mobilier de bureau. Ils ont appliqué la puissance de l'eau en mouvement à leur entreprise et ont obtenu des résultats extraordinaires. Leur remède a consisté à placer une grande fontaine à l'extérieur de la porte principale de l'entreprise. Peu de temps après, le développement de leurs affaires s'est accéléré. Les nouvelles ventes ont augmenté à un rythme tel qu'ils furent bientôt obligés d'embaucher du personnel supplémentaire pour faire face à la demande.

Évitez les fontaines dans ces surfaces

Il y a deux surfaces dans lesquelles il faut s'abstenir de placer de l'eau, qu'elle soit en mouvement ou immobile :

- **La surface de la renommée** : (secteur arrière milieu) à cet endroit, l'eau peut nuire à votre réputation et à votre nom.
- **La surface du mariage** : (secteur arrière droit) les fontaines placées à cet endroit peuvent engendrer des émotions trop intenses dans la relation principale de votre vie. S'il y a dans cette surface une fontaine ou une autre source d'eau, vous pouvez placer à côté une plante en pot en bonne santé à titre de remède.

Les effets apaisants et clarifiants de l'eau immobile

L'eau immobile a deux connotations – la première est l'augmentation de la sagesse et de la connaissance, et l'autre est l'accumulation ou le maintien de la richesse. L'eau immobile apporte la paix et la sérénité, si elle est claire, elle apporte la profondeur et la clarté de l'esprit. L'eau immobile peut prendre la forme d'étangs, de lacs et de bassins artificiels ou naturels (y compris les piscines).

Les masses d'eau en question doivent être maintenues dans le meilleur état possible de clarté et de propreté. L'eau stagnante, boueuse ou remplie de débris crée de l'énergie négative dans n'importe quelle surface de l'octogone (et dans les surfaces vitales correspondantes) de la propriété, ce qui entraîne la confusion, des complications inutiles dans la vie, et des transactions douteuses. Si votre propriété contient de l'eau boueuse, faites-la nettoyer le plus vite possible.

L'eau immobile est bienfaisante dans toutes les parties de la propriété, sauf dans les surfaces de la renommée et du mariage de l'octogone.

Placement des dépendances

La position des dépendances d'une propriété a également son importance en Feng Shui. J'appelle dépendance une structure placée dans la propriété, comme un abri pour ranger les outils de jardinage, un garage non accolé à la maison, une maison pour les invités ou tout autre bâtiment. Les dépendances contribuent à l'importance, la signification et la valeur d'une propriété.

Les dépendances signalent l'expansion d'une propriété en même temps que celle des surfaces vitales où elles sont implantées. D'ailleurs, dans le langage des agents immobiliers, les bâtiments supplémentaires d'une propriété sont appelés des améliorations. (Pour voir exactement quelles parties d'une propriété influencent les divers aspects de votre vie, reportez-vous à la section traitant de l'octogone du Feng Shui, au chapitre 3. Un résumé figure sur le tableau 7.3 du présent chapitre.)

Un bâtiment de stockage dans la surface de la fortune symbolise un afflux d'argent dans le futur. Une autre construction significative est un garage, détaché de la maison, dans la surface des enfants, pour autant qu'il soit construit près d'une extrémité de la propriété et non tout près de la maison. Cette dépendance peut signifier qu'un autre enfant va rejoindre le reste de la famille.

Les sections suivantes mentionnent des dépendances dont la situation peut présenter des inconvénients, et indique les remèdes appropriés.

Qui entre chez moi par une porte dérobée ?

Une dépendance peut avoir un effet négatif si elle est placée dans la surface du mariage du jardin. Cette position veut dire que l'un des époux (ou les deux) peut commencer une relation séparée ou même avoir un ménage distinct en parallèle. Le remède contre un tel développement consiste à installer un spot lumineux sur le bâtiment en question. Faites en sorte qu'il éclaire la maison principale, de préférence vers le toit, pour établir une connexion énergétique entre les deux bâtiments. Il n'est pas nécessaire que la lampe soit allumée en permanence, mais il faut qu'elle soit en état de marche. L'installation de cette lampe peut transformer une situation négative en une image positive de deux structures indépendantes mais reliées sur le plan de l'énergie, et le mariage peut désormais devenir florissant.

Mes clients avaient fait construire une maison de jeux dans la surface de la famille de la propriété, puis placé un garage à outils dans la surface des enfants de leur terrain. Ils se trouvèrent bientôt dans la position inhabituelle (et agréable) de posséder une seconde résidence à 30 minutes de chez eux. Cette autre maison est plus proche de la plage, et ils ont le plaisir d'y accueillir des membres de leur famille (influence de la surface de la famille) et de jouer avec leurs enfants (influence de la surface des enfants) dans la nouvelle maison.

Syndrome du hangar encombré

Les bâtiments de votre terrain qui sont en mauvais état (ou pleins à craquer d'objets superflus) peuvent rapidement devenir une force négative pour votre terrain. Veillez à ce que vos dépendances soient en parfait état, bien rangées et bien tenues.

Chéri, je ne vois pas ce qu'il y a là-bas

Si un bâtiment empêche de voir la rue ou une bonne portion du paysage depuis la chambre à coucher, la salle de séjour ou la fenêtre de la cuisine, son déplacement à un autre endroit de la propriété peut dégager votre vision de l'avenir. Si son déplacement n'est pas praticable, vous pouvez suspendre un carillon entre le bâtiment et la fenêtre pour diluer l'influence bloquante du bâtiment.

Aménager les conduits d'évacuation extérieurs

Les conduits d'évacuation sont importants ; mal situés, ils risquent tout simplement d'évacuer ! Ils peuvent faire partir l'énergie et l'eau, qui symbolisent l'argent, et le faire disparaître Dieu sait où. Pour cette raison, un conduit d'évacuation visible peut représenter une perte de richesse. Sur beaucoup de terrains, les conduits d'évacuation ne sont pas visibles. Si votre terrain comporte un conduit d'évacuation extérieur visible, vous pouvez le surmonter d'une belle plante bien vivante.

Si le conduit est proche de la porte d'entrée (ou aligné sur elle), le problème est encore plus grave. Une solution avancée consiste à appliquer le remède spécial à base de cinabre et d'alcool fort décrit précédemment sous la section « Remèdes contre les arbres morts ou mourants », plus haut dans ce chapitre.

Chapitre 8

Tirer le meilleur parti de la forme du terrain et de la maison

Dans ce chapitre :

- Des résidences de formes intéressantes
- Équilibrage de forme de maisons irrégulières
- Identification des surfaces manquantes, des projections et remèdes

De temps immémorial, les gens ont été fascinés par les formes géométriques : leur création, leur texture et leur signification. Le Feng Shui s'intéresse aussi à tous ces aspects des différentes formes ainsi qu'aux influences qu'elles exercent sur nous. En fait, la forme est l'un des facteurs qui a le plus d'influence en Feng Shui. Les formes de notre environnement personnel nous affectent sur le plan de l'énergie et de la psychologie, consciemment et inconsciemment. Les formes à prendre en compte sont la forme du terrain et de la maison (vue d'en haut), la vue en élévation de la maison (vue de côté), et la topographie du terrain. Ces trois aspects déterminent pour l'essentiel la façon dont les énergies circulent dans l'environnement.

Que les formes aient une influence positive ou négative, cette influence agit sur ce qui se passe quotidiennement dans la vie et sur le destin à long terme. Vous pouvez avoir une maison d'une forme parfaite et un terrain de forme irrégulière ou vice versa. Une telle situation peut être profitable à certains aspects de la vie et nuire à d'autres. L'art du Feng Shui consiste à déterminer quelles surfaces vitales exercent sur la vie une influence énergétique néfaste, afin d'y remédier.

Ce chapitre examine la nature et les effets de différentes formes, et les manières dont elles influencent votre carrière, vos relations, votre prospérité, et d'autres domaines essentiels de votre vie. Vous apprendrez comment reconnaître les formes positives et négatives, et comment appliquer des remèdes efficaces à votre situation particulière. Si vous avez lu les chapitres précédents, vous êtes déjà familiarisé avec ces remèdes. Sinon, vous pouvez vous y référer tout en explorant la question des formes, d'importance fondamentale. Vous pourrez alors intervenir directement et faire vous-même tous les changements appropriés.

La signification des formes

Deux des facteurs Feng Shui les plus importants de votre environnement sont les formes et les dimensions du terrain et de la maison. Ces facteurs définissent les limites de votre espace et déterminent plusieurs caractéristiques Feng Shui fondamentales, telles que le placement et l'orientation. (La forme et la dimension des pièces ont aussi une incidence sur la circulation du chi dans la maison, toutefois, les espaces intérieurs tendent à être plus uniformes et standardisés.)

Les formes du terrain et de la maison jouent sur des aspects généraux de la vie tels que la facilité ou la difficulté, la présence ou l'absence d'obstacles, la chance ou la malchance, la santé ou la maladie. Les mêmes principes généraux s'appliquent aux formes de la maison et du terrain ; les différences interviennent au niveau des remèdes applicables dans les deux cas.

Les formes dans lesquelles vous habitez modèlent vos actes, vos sentiments et le chemin que vous suivez. Elles agissent directement sur la circulation de l'énergie, et en tant que symboles, elles agissent en permanence sur le subconscient.

Selon la théorie du positionnement relatif (voir chapitre 2), des anomalies dans la forme de votre maison ont plus d'effet sur vous que des anomalies dans la forme du terrain. Ceci vient de ce que la maison est plus proche de vous que le périmètre du terrain, et donc vous influence plus directement et plus profondément (mais les deux ont de l'importance).

Le même principe s'applique aux gens qui vivent en appartement. Selon la théorie du positionnement relatif, la forme de l'appartement a plus d'importance que celle du terrain sur lequel est construit le bâtiment ou que la forme du bâtiment lui-même. (Toutefois, ces facteurs ont une influence sur la vie des locataires du bâtiment.) En outre, la forme de l'appartement peut être modifiée sous l'aspect énergétique grâce au Feng Shui, tandis que vous ne pouvez pas agir sur la forme du terrain et du bâtiment – à moins que vous n'en soyez propriétaire.

Bienfaits de l'équilibre : les effets positifs des formes régulières

En Feng Shui, les formes régulières sont les plus favorables pour les maisons comme pour les terrains. Les formes régulières sont les carrés, les rectangles, les cercles et les octogones. Ces formes favorisent toutes une vie régulière, équilibrée et harmonieuse. Chaque aspect de l'environnement correspondant à une partie de votre corps et de votre esprit, les qualités positives de ces quatre formes se répercutent sur vous. Les maisons et les terrains de forme circulaire ou octogonale sont rares (il est difficile d'en trouver ou d'en construire), de sorte que les formes carrées et rectangulaires de terrain et de maison sont les plus courantes, les plus favorables et les plus pratiques.

Je reconnais volontiers que certaines formes irrégulières ou asymétriques sont intéressantes à regarder, à visiter ou à concevoir. Une forme asymétrique attire les regards davantage qu'une forme régulière, équilibrée. Les formes déséquilibrées posent un problème non quand on les regarde, mais quand on vit dedans. Avec le temps, le déséquilibre de la forme tend à produire un déséquilibre dans le bien-être physique et mental des résidents. (Je n'irai pas cependant jusqu'à prétendre que si vous habitez sur un terrain triangulaire, vous finirez par prendre la forme d'une pyramide.)

En ce qui concerne la forme, le précepte du Feng Shui est que ce qui est intéressant n'est pas nécessairement meilleur, et qu'en fait, c'est souvent pire. L'ancienne malédiction chinoise « Puisses-tu vivre des temps intéressants » pourrait être paraphrasée en Feng Shui comme « Puisses-tu habiter des formes intéressantes. » Malheureusement, les formes irrégulières entraînent le plus souvent des vies déséquilibrées et problématiques.

Une existence carrée : les carrés et les rectangles

Un carré représente une existence solide, régulière et stable. Un rectangle a la même énergie de base, toutefois, si le rectangle est très allongé, il vaut mieux que l'entrée de la maison ou du terrain (la porte d'entrée de la maison ou le portail d'accès au terrain) soit située sur un petit côté du rectangle. Si l'entrée se trouve sur l'un des longs côtés, l'énergie peut rapidement quitter la propriété sans la nourrir, entraînant une perte de bonne fortune pour les résidents.

Avant de vous réjouir de la chance que vous avez d'avoir une maison ou un terrain carré ou rectangulaire, assurez-vous qu'il s'agit d'un véritable carré ou rectangle – non d'un imposteur ! Tenez-vous à la règle suivante : un vrai carré ou rectangle a seulement quatre côtés et quatre angles de 90 degrés sans indentation, débordement, ni déviation. Si votre terrain ou votre maison n'est pas un carré ou un rectangle parfait (dans le cas des maisons, ces formes sont plus rares que vous ne pourriez le penser), les irrégularités peuvent être soit un avantage, soit un inconvénient. Lisez la suite du chapitre pour déterminer si votre forme comporte des *projections* (généralement favorables) ou des *surfaces manquantes* (pas trop favorables). Et bien sûr, le Feng Shui vous propose toujours un remède pour accentuer un avantage ou contrebalancer un inconvénient.

Formes et octogones

Les formes rondes dénotent l'unité, la plénitude et l'équilibre. Un cercle a une symétrie agréable, bonne pour la vie d'une manière générale. Les formes octogonales sont puissantes, fortes, heureuses, et elles ont une association particulière avec l'octogone du Feng Shui. Les maisons rondes et octogonales bénéficient de la force et de la plénitude associées à leur forme, mais souvent elles ont à l'intérieur des pièces de formes inhabituelles. Les maisons et les terrains de forme ronde ou octogonale sont rares, mais si d'aventure vous habitez dans un tel lieu, je vous suggère de contacter un professionnel du Feng Shui pour vous aider à appliquer les remèdes appropriés.

Diagnostiquer les projections et les surfaces manquantes

Quand vous placez l'octogone du Feng Shui sur n'importe quelle forme régulière (voir chapitre 3), toutes les surfaces de vie sont assez régulièrement représentées, signe d'équilibre et d'harmonie. Mais si un ou plusieurs côtés de la maison ou du terrain ne sont pas conformes (disons que la forme n'est pas exactement à quatre côtés avec quatre angles de 90 degrés), il peut y avoir une projection ou une surface manquante dans une ou plusieurs surfaces vitales. (Bien sûr, les éléments situés à l'intérieur de la maison peuvent aussi affecter ces surfaces ; consultez les chapitres de la troisième partie.)

Projetez-vous

Une formulation simplifiée du sujet est que les projections étendent la surface considérée dans la maison ou sur le terrain, permettant une circulation accrue de chi, avec des conséquences bénéfiques pour la surface de vie en question. Par exemple, une projection dans la surface de la fortune influence positivement votre situation financière. Mais une surface manquante dans la maison ou sur le terrain (comme nous le verrons de plus près dans la section suivante) produit l'effet opposé.

Mais où donc est cette surface ?

Dans le cas d'une surface manquante, il y aura d'autant moins de chi (énergie vitale) en circulation dans la partie de la maison concernée que la surface en question sera plus réduite par la configuration du lieu. Il en résulte une influence négative sur la surface de vie correspondante. Ainsi, une surface manquante dans la surface des gens qui vous aident peut être la raison pour laquelle votre réseau de relations professionnelles et de bons amis s'est étiolé depuis que vous avez déménagé dans votre résidence actuelle. De même, une surface manquante dans la surface du mariage peut entraîner des ennuis conjugaux ou vous rendre plus difficile la recherche du bon partenaire de votre vie.

Les sections suivantes analysent les deux situations opposées de la projection et de la surface manquante et vous montrent ce que vous pouvez faire pour renforcer les effets positifs de la première et remédier aux effets négatifs de la seconde. (Avant de plonger dans cette discussion, vous pouvez avoir intérêt à revoir la section sur l'octogone Feng Shui du chapitre 3, car vous allez mettre en pratique les théories correspondantes.)

Détermination des projections et des surfaces manquantes

Vous pouvez arriver à déterminer si les côtés de la maison ou du terrain contiennent des projections ou des surfaces manquantes en comparant vos plans avec les illustrations figurant dans ce chapitre. Mais si vous préférez utiliser une méthode pas à pas, continuez à lire.

Ne perdez pas de vue que bien d'autres facteurs Feng Shui que la forme influencent votre vie – s'il en était autrement, ce livre n'aurait qu'un seul chapitre. Mais appliquez les étapes suivantes pour analyser la forme de votre terrain et de votre maison et voir dans quelle mesure elle vous aide ou vous nuit.

1. **Procurez-vous ou réalisez des plans à l'échelle de la maison et du terrain**. Vous pouvez prendre les mesures vous-même et faire les plans sur du papier millimétré ou utiliser des plans d'architecte, ou des relevés de géomètre rangés quelque part dans une boîte au fond du garage, dans un placard ou, si vous êtes particulièrement soigneux, dans un tiroir de rangement. Si les mesures sont indiquées sur les plans, le processus sera plus rapide. (Une version approchée du processus suivant consiste à mesurer les distances en comptant les enjambées nécessaires pour couvrir chacune d'elles, après avoir mesuré votre pas.)
2. **Si un côté quelconque de la maison ou du terrain est complètement droit et régulier, sans aucune variation, ce côté ne pose pas de problème**. N'en tenez pas compte.

3. **Appliquez soit la règle de 50 %, soit la règle de 33 % (expliquées plus loin) à tout côté qui n'est pas complètement rectiligne**. Comment choisir entre ces deux règles ? S'il vous semble y avoir une surface manquante vers le milieu du mur – le côté en question est en forme de U –, appliquez la règle des 33 %. Sinon, appliquez la règle des 50 %.

La règle des 50 %

Mesurez sur le plan la longueur du côté, avec une règle, et faites les conversions impliquées par l'échelle. Par exemple, la distance entre les deux parois qui délimitent ce côté est de 16 centimètres, à l'échelle de 2 centimètres par mètre. La longueur du côté est par conséquent de 8 mètres. Voici comment appliquer la règle des 50 % (voir figure 8.1) :

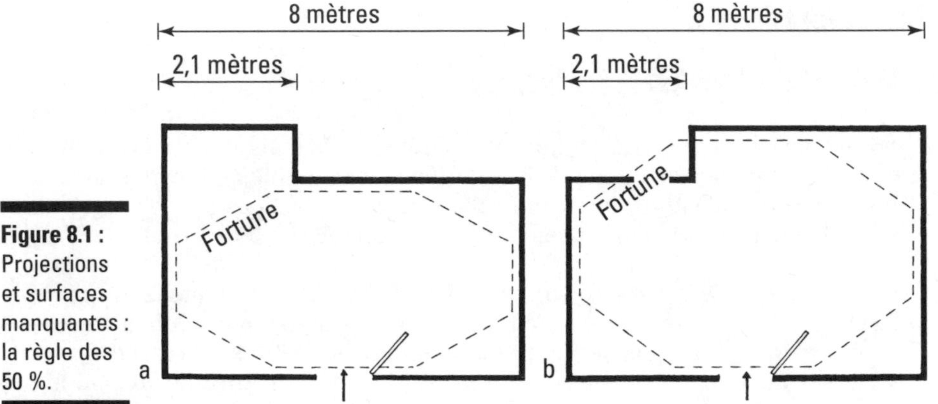

Figure 8.1 : Projections et surfaces manquantes : la règle des 50 %.

- Si la partie de la maison ou du terrain qui dépasse a une longueur inférieure à la moitié de la longueur totale (une longueur inférieure à 4 mètres dans notre exemple), vous avez affaire à une projection (voir figure 8.1a). Et une projection renforce la surface de vie de l'octogone dont elle fait partie. Une excellente nouvelle !
- Si la partie de la maison ou du terrain qui est en retrait a une longueur inférieure à la moitié de la longueur totale (une longueur inférieure à 4 mètres dans notre exemple), vous avez affaire à une surface manquante (voir figure 8.1b). C'est nettement moins bon, mais pas de panique. Vous trouverez des remèdes dans la section « Remèdes aux surfaces manquantes ».

Si cette description de la règle des 50 % vous semble être du chinois, en voici une autre :

- Si la partie du côté qui semble indentée ou manquante a une longueur supérieure à la moitié de la longueur totale (une longueur supérieure à 4 mètres dans notre exemple), vous avez affaire, non à une surface manquante, mais à une projection. La partie de la pièce qui dépasse est cette projection (voir figure 8.1a).
- Si la partie du côté qui semble indentée ou manquante est inférieure à la moitié de la longueur totale (une longueur inférieure à 4 mètres dans notre exemple), alors il s'agit effectivement d'une surface manquante (voir figurc 8.1b).

La règle des 33 %

Si le côté en question de la maison ou du terrain est en forme de U, avec deux parties qui dépassent entre lesquelles une partie semble manquer, appliquez la règle des 33 %.

Vous devez mesurer la longueur totale du côté (la distance entre les deux parois qui le délimitent). Dans le cas de la figure 8.2, supposons qu'il s'agit de l'arrière de la maison ou du terrain, comportant les surfaces fortune, réputation, et mariage/partenariat. Supposons que la longueur du côté soit de 16 centimètres sur le papier, soit 8 mètres en réalité. Vous apercevez une surface indentée vers le milieu du côté (autour de la surface de la renommée), qui vous paraît manquer. Vous devez maintenant examiner les dimensions de la surface indentée par rapport à la longueur totale. De deux choses l'une :

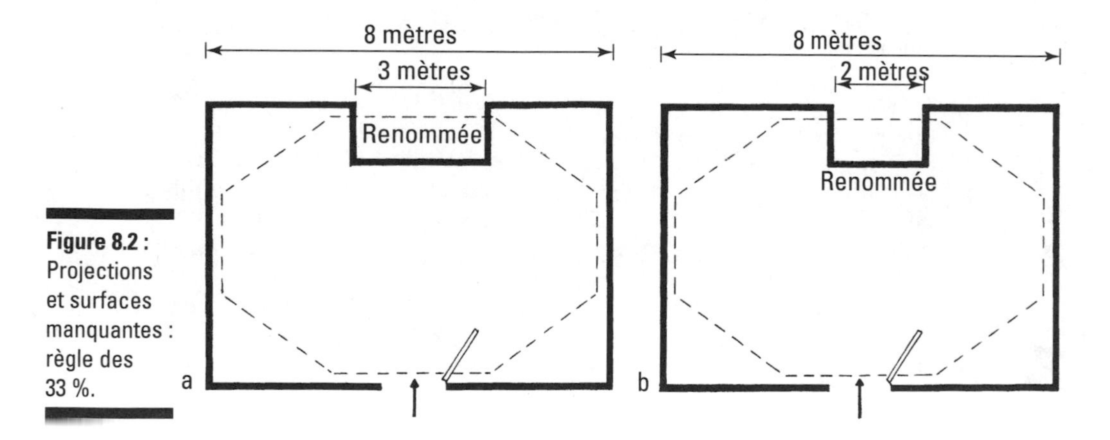

Figure 8.2 : Projections et surfaces manquantes : règle des 33 %.

- **La longueur de l'indentation est de plus de 33 % de la longueur totale du côté**. Voir figure 8.2a. Dans ce cas, vous n'avez pas affaire à une surface manquante, mais à deux projections, une de chaque côté, au profit des surfaces vitales correspondantes. Pratiquez le renforcement des trois secrets pour que ces projections soient encore plus bénéfiques (voir chapitre 6).
- **La longueur de l'indentation est de moins de 33 % de la longueur totale du côté**. Voir figure 8.2b. Vous avez alors effectivement une surface manquante dans la surface vitale correspondante de l'octogone Feng Shui, et vous avez intérêt à appliquer un remède. (Les remèdes sont décrits dans la section suivante.)

Accentuer les avantages des projections

Puisqu'une projection a une influence positive sur la surface vitale correspondante, il n'y a pas besoin de remède, n'est-ce pas ? C'est vrai, mais attendez – vous pouvez faire au moins une chose pour que cette influence soit encore plus bénéfique. Vous verrez comment dans les sections suivantes.

Supposons que vous ayez une projection dans la surface de la famille de la maison. Disons que les choses se passent plutôt bien en ce moment dans votre famille. Pourquoi se mêler de ce qui marche bien ? Permettez-moi de vous demander s'il peut y avoir trop d'une bonne chose ? Je n'en dirai pas plus. Voici la technique à employer, si comme moi, vous ne pensez pas que le mieux soit ennemi du bien. Pour augmenter l'influence bénéfique d'une projection dans la surface de la famille, vous pouvez appliquer à cette surface le renforcement des trois secrets.

Typiquement, le renforcement des trois secrets s'utilise juste après avoir appliqué la partie physique d'un remède Feng Shui, pour décupler le pouvoir du remède. Dans la situation envisagée, l'élément physique positif (la projection d'une surface) est déjà en place. Vous pouvez amplifier les effets positifs de cette projection, dès lors que vous l'avez identifiée, au moyen du renforcement des trois secrets. (Voir sa description au chapitre 6.)

Remédier aux surfaces manquantes

S'il y a une surface manquante sur votre terrain ou dans votre maison, cela peut entraîner des problèmes dans la surface de vie correspondante de l'octogone Feng Shui. Par exemple, une surface manquante dans la surface des enfants de la maison ou du terrain peut avoir l'un des effets suivants selon les circonstances particulières de votre vie :

- Des problèmes au niveau de la conception des enfants ou pendant la grossesse.
- Des problèmes de santé pour les enfants.
- Des difficultés de communication, un manque d'énergie créatrice ou une absence d'inspiration.

Des problèmes comparables peuvent surgir dans n'importe quelle surface de vie affectée par une surface manquante, et vous empêcher de réaliser pleinement votre potentiel dans le domaine concerné. D'où l'importance des remèdes, qui peuvent effectivement minimiser ces effets négatifs et avoir une influence positive sur votre situation dans la surface de vie affectée.

Je recommande deux options pour remédier aux surfaces manquantes d'une maison : les remèdes intérieurs (à l'intérieur de la maison), et les remèdes extérieurs (à l'extérieur de la maison). En général, les remèdes extérieurs sont un peu plus forts que les remèdes intérieurs. Mais utilisez ceux qui marchent le mieux pour votre situation d'ensemble. Il est rare que vous ayez besoin d'appliquer à la fois un remède intérieur et un remède extérieur pour la même surface manquante (sauf si vous voulez vraiment que l'effet soit le plus fort possible).

Solutions extérieures aux surfaces manquantes de la maison

Les solutions extérieures complètent la surface manquante de manière symbolique. Comme sur la figure 8.3, déterminez l'endroit où se trouverait la surface s'il n'y avait pas de lacune. C'est le point que vous voulez influencer par le remède qui, placé à cet endroit, remplit symboliquement toute la surface, faute de pouvoir la compléter physiquement. Vous activez alors cet endroit spécial par l'un des remèdes suivants.

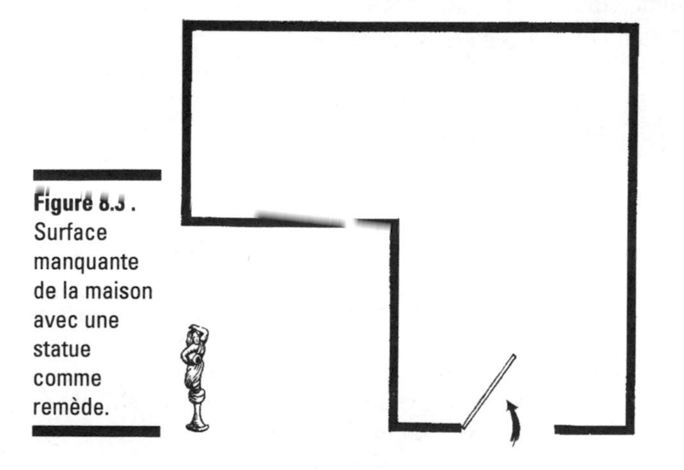

Figure 8.3 . Surface manquante de la maison avec une statue comme remède.

- **Placez une forte lumière sur un mât élevé dans le coin en question**. La lumière doit être dirigée vers la maison (généralement selon un angle de 45 degrés) et si possible éclairer le toit. Plus la lumière est haute, mieux cela vaut, mais une lumière à une hauteur quelconque est préférable à pas de lumière du tout. Le chi de la lumière remplit la surface manquante, créant de l'énergie là où régnait auparavant le vide.

  La lumière n'a pas besoin d'être allumée tout le temps, surtout si elle risque de gêner vos voisins. (Déranger les voisins est contraire aux principes du Feng Shui !) Mais la lumière doit être en bon état de marche pour que le remède soit efficace.

- **Placez un mât avec un drapeau dans le coin en question**. Ce remède sert à relever le chi pour compléter la surface. Si vous le souhaitez, vous pouvez choisir un drapeau dont les couleurs sont celles associées à la surface de l'octogone concernée, ce qui donnera au remède encore plus de puissance. (Voir les précisions sur les couleurs au chapitre 3.) Sinon, un drapeau vert est généralement efficace, parce que le vert symbolise la vie, la guérison et l'énergie.

- **Placez une lourde pierre, un gros rocher lisse ou une grande statue dans le coin concerné**. Le poids et la solidité ajoutent à l'énergie du lieu, et permettent de combler le vide. La taille est importante en pareil cas, et un objet volumineux est préférable. Une pierre de 3 kilos ou une statue de 20 centimètres ne pourront pas faire beaucoup d'effet, mais vous n'êtes pas non plus obligé d'installer un menhir dans votre jardin. Voir la figure 8.3.
- **Plantez un arbre vigoureux, une autre plante ou un buisson de bonne taille à l'endroit en question**. Vous pouvez aussi remplir la surface de fleurs aux couleurs de la surface manquante de l'octogone. Par exemple, plantez des fleurs blanches dans la surface des enfants.

Vous pouvez utiliser simultanément plusieurs des remèdes précédents au même endroit pour produire un effet plus marqué. Si vous combinez l'installation d'une grande statue avec une plate-bande de fleurs aux couleurs de la surface manquante, je n'y vois aucun inconvénient.

Solutions intérieures aux surfaces manquantes de la maison

Vous pouvez choisir entre deux options principales pour remédier à une surface manquante à l'intérieur de la maison. Une option consiste à remodeler la maison pour qu'il n'y ait plus de surface manquante. Ce remède peut s'avérer le plus efficace. Mais si vous n'êtes ni un professionnel du bâtiment, ni très à l'aise financièrement, cette option risque de ne pas être praticable. De plus, les travaux entraînent des perturbations et risquent de demander plus de temps et d'argent que vous ne l'aviez imaginé.

L'autre solution – plus simple, plus rapide et meilleur marché – consiste à compléter la surface manquante en appliquant un remède énergique choisi dans la liste ci-après. Les solutions énergétiques indiquées sont très efficaces, sans avoir à déplacer les murs.

Si vous habitez un appartement, vous n'aurez probablement pas l'autorisation d'appliquer un remède externe pour la surface manquante à l'intérieur de votre appartement. De plus, si l'appartement est plus haut que le rez-de-chaussée, la surface manquante flotte quelque part dans l'espace. En pareil cas, un remède intérieur est exactement ce qui vous convient.

Vous avez la chance de pouvoir choisir entre plusieurs remèdes intérieurs efficaces (voir figure 8.4), tels que les suivants :

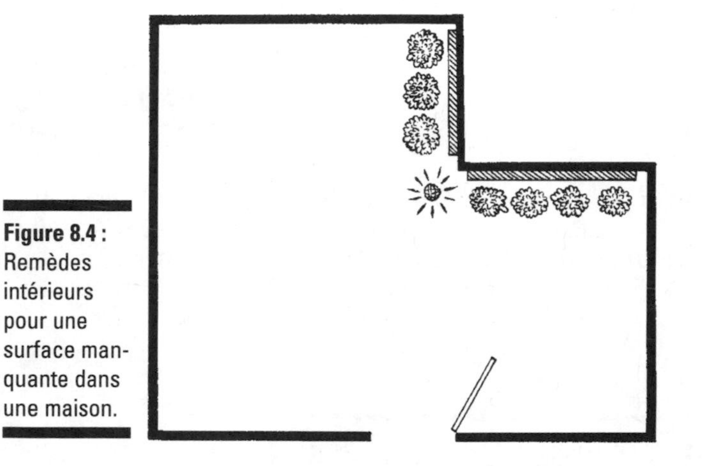

Figure 8.4 : Remèdes intérieurs pour une surface manquante dans une maison.

- **Garnissez un mur (bien) ou deux murs (mieux) de miroirs de bonne taille pour étendre la surface du point de vue de son énergie et compenser le manque**. (Voir l'utilisation des miroirs comme remèdes au chapitre 4.)
- **Suspendez un carillon ou une grande sphère à facettes en cristal (au moins 5 centimètres de diamètre) à l'angle intérieur en question**. Comme dans le cas de beaucoup de remèdes Feng Shui, utilisez un ruban rouge d'une longueur multiple de 9 centimètres pour obtenir des résultats encore meilleurs.
- **Placez un nombre impair (un peu plus fort qu'un nombre pair) de plantes vigoureuses le long des murs de la surface manquante**. Le chi vivant des plantes attire l'énergie vers l'espace en question, contrebalançant le déficit dû à la surface manquante.

Remèdes pour surfaces manquantes du terrain

Une surface manquante sur un terrain est un peu plus difficile à corriger parce qu'il n'est pas possible d'aller à l'extérieur du terrain pour placer quelque chose à l'endroit correspondant. (Puisque cet endroit fait partie du terrain d'un voisin !) Mais heureusement, il est possible de régler le problème de plusieurs autres façons.

- **Placez un puissant spot lumineux sur un mât élevé au coin correspondant à la surface manquante**. L'idéal est que le spot éclaire le toit de la maison. Une autre version du remède consiste à placer au même endroit un mât avec un drapeau coloré. Le vert est toujours un bon choix de couleur, mais vous pouvez utiliser aussi la couleur de la surface vitale à renforcer (voir chapitre 3). Plus le mât du drapeau est haut, plus le remède est fort. La lampe supplémentaire ou la couleur et le mouvement du drapeau compensent sous l'angle énergétique l'espace manquant du terrain.
- **Installez trois lampes ou mâts surmontés d'un drapeau, un à chacun des trois coins**. Ce remède est une version plus énergique du précédent (voir figure 8.5). Orientez les lampes vers la maison. Ce remède contribuera à compenser l'effet de la partie manquante du terrain.

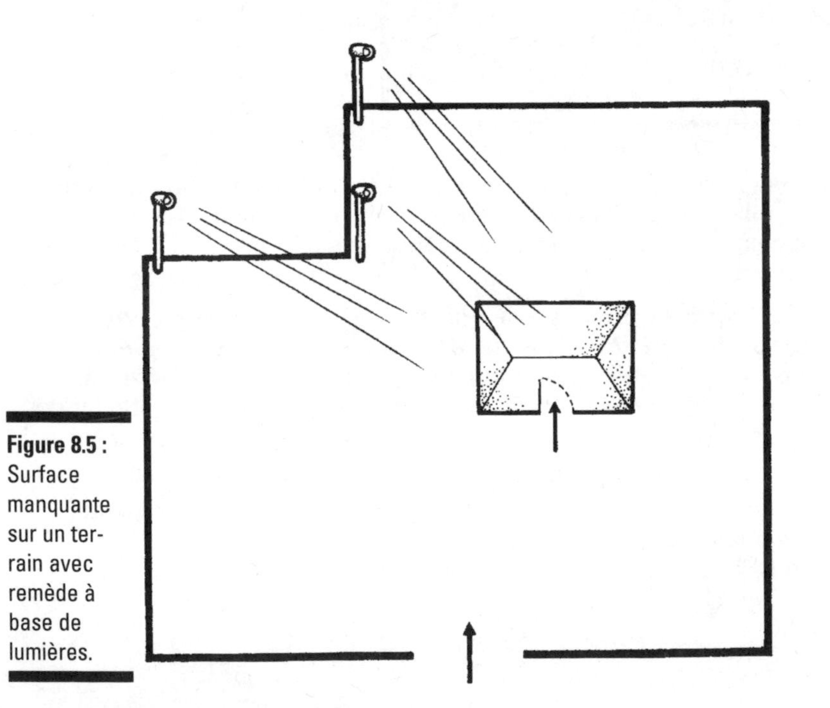

Figure 8.5 : Surface manquante sur un terrain avec remède à base de lumières.

- **Plantez de vigoureuses plantes vertes ou une haie fournie le long du périmètre de la surface manquante pour raviver le chi de la surface.** Ce remède utilise la puissance de l'énergie vivante pour compenser le manque en question, au bénéfice de la surface de vie correspondante. Pour plus d'efficacité, plantez des fleurs de la couleur associée à cette surface de l'octogone. Souvenez-vous : les plantes qui portent des fruits sont des remèdes Feng Shui encore plus forts ! L'énergie vivante des plantes est autant d'énergie supplémentaire dans la surface de vie.

Remèdes pour formes de maison irrégulières

En réalité, la plupart des gens n'habitent pas des maisons de formes parfaitement régulières. Si votre demeure a l'une des formes décrites ci-après, vous pouvez rétablir l'équilibre au moyen du remède indiqué.

Formes en L et formes en botte

Une forme en L prive la maison ou le terrain considéré du quart de sa surface. Dans le cas d'une maison, cette forme affecte fortement et de façon négative une surface vitale, et à un moindre degré, trois autres surfaces vitales. Le remède extérieur suggéré pour une maison en forme de L consiste à placer un spot ou un drapeau en haut d'un mât (dans un cas comme dans l'autre, le plus haut sera le mieux) à l'endroit où devrait se trouver théoriquement le coin de la maison dans le cas d'une forme complète. Le spot lumineux doit éclairer le toit de la maison. Ce remède équilibre et complète la forme de la maison, apportant à la surface une énergie supplémentaire. Vous pouvez aussi placer un dispositif aquatique à l'endroit où se trouverait le coin si la maison était complète.

Si vous habitez un appartement en forme de L ou si pour une quelconque raison vous ne pouvez pas appliquer un remède extérieur à votre maison en forme de L, vous pouvez utiliser des remèdes internes. Placez des miroirs à différents points le long des murs de la surface manquante pour la compléter du point de vue de l'énergie. En outre, vous pouvez placer une lumière puissante ou une sphère à facettes en cristal au coin intérieur de la partie manquante pour renforcer la surface correspondante. (Reportez-vous à la figure 8.4.)

La forme en botte, voisine de la forme en L, est elle aussi problématique. Une porte, un lit ou un fourneau situés au niveau du talon ou de la pointe de la botte peuvent vous créer de sérieux ennuis au niveau de la santé, des relations et des finances. Le remède en pareil cas consiste à retirer la porte, le lit ou le fourneau de la zone dangereuse. (Déplacer la porte peut consister à créer une nouvelle porte d'entrée dans une position meilleure. Je sais, c'est très difficile.) Si cette option s'avère impraticable, je recommande la solution du miroir décrite dans la section suivante. Le miroir extrait la porte, le lit ou le fourneau du talon de la botte et diminue la pression (comme on peut le voir sur la figure 8.6a). Un bon remède extérieur pour rééquilibrer une forme en botte consiste à placer un bassin rempli d'eau au point où le coin serait complet (voir figure 8.6a).

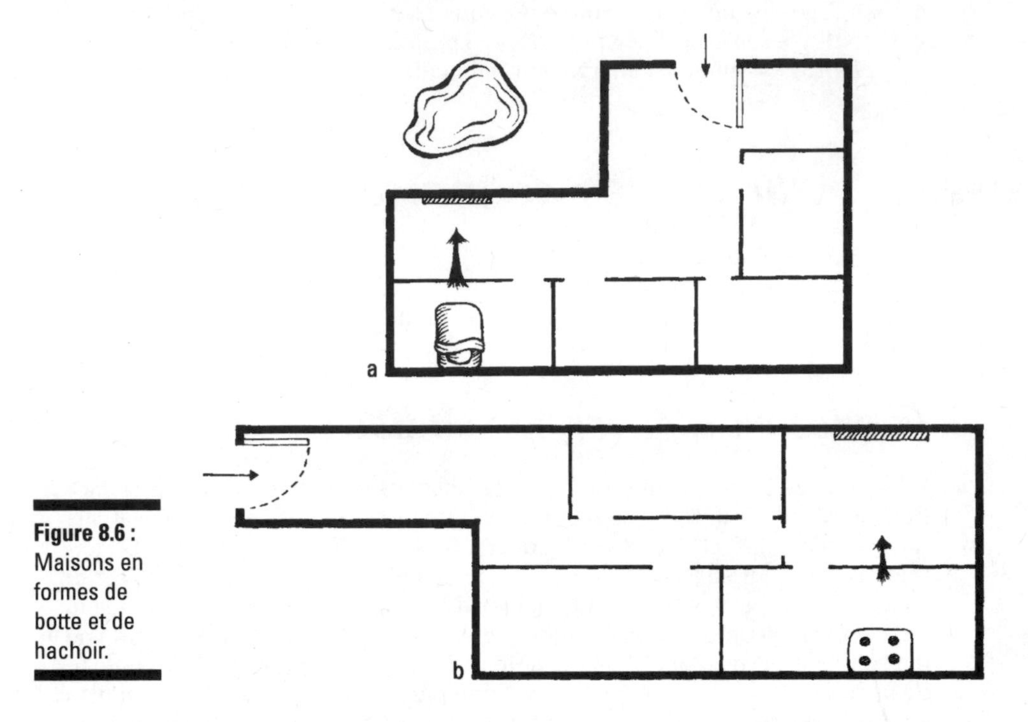

Figure 8.6 : Maisons en formes de botte et de hachoir.

Forme du hachoir

Cette forme de maison peut avoir des effets malheureux si le fourneau, la porte d'entrée ou le lit est placé le long du bord coupant. Cette position peut entraîner un sectionnement de la fortune ou des lacérations du corps. Il peut se produire des accidents où le sang coule. Pour remédier à cette situation, vous pouvez :

- **Déplacer le fourneau, le lit ou la porte d'entrée pour qu'ils ne soient plus sur le bord tranchant**. Par exemple, le lit peut être mis le long d'un mur de la chambre qui n'est pas sur le bord tranchant.
- **Placer un miroir aligné sur le fourneau, la porte ou le lit**. Le miroir attire l'élément à l'écart de la partie coupante du hachoir. Cette solution peut faire disparaître de façon radicale les effets négatifs de cette disposition malheureuse (voir figure 8.6b).

Une solution astucieuse du problème de la maison en hachoir consiste à placer l'entrée principale à l'extrémité du manche du hachoir. (À l'évidence, c'est plus facile avant qu'après la construction de la maison.) Vous vous assurez ainsi le contrôle d'une grande quantité d'énergie active, et vous tirez profit de la forme en hachoir.

Terrain en forme de pelle à poussière et de bourse

Quel que soit votre sens de l'hygiène, vous pouvez habiter une pelle à poussière si votre maison ou votre terrain ont la forme dessinée sur la figure 8.7a. Cette forme peut attirer des énergies chaotiques ou négatives. De même, la forme de bourse, représentée sur la figure 8.7b, n'est pas vraiment idéale, bien qu'elle ait l'avantage d'attirer de l'argent sur le site, et c'est pourquoi cette seconde forme est préférable. Cependant, les deux formes souffrent d'un déséquilibre, parce qu'elles ont l'une et l'autre deux côtés obliques.

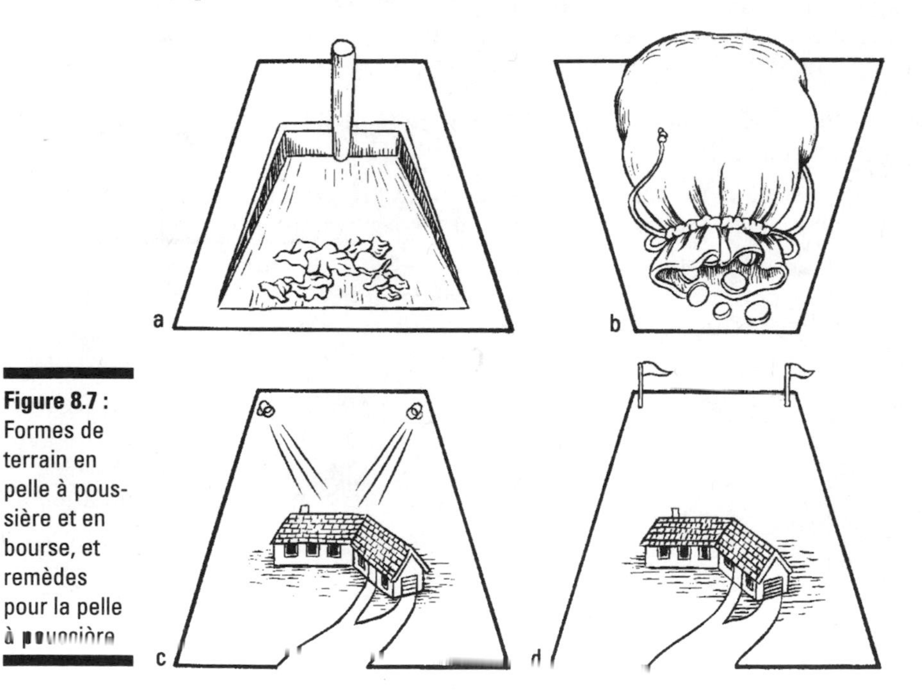

Figure 8.7 : Formes de terrain en pelle à poussière et en bourse, et remèdes pour la pelle à poussière

Un remède applicable au terrain en forme de pelle à poussière consiste à faire passer l'entrée de l'autre côté pour que la forme devienne celle d'une bourse. Ainsi, bien que la partie avant du terrain soit rétrécie, la forme s'évase vers l'arrière et retient symboliquement l'énergie de la richesse. Si vous ne pouvez pas déplacer l'entrée, vous pouvez placer des spots lumineux ou des mâts surmontés de drapeaux verts (dans un cas comme dans l'autre, le plus haut possible) dans les coins, comme sur les figures 8.7c et 8.7d.

Pour profiter encore davantage des bienfaits de la forme en bourse, placez des lumières dirigées vers la maison dans les coins avant.

Formes triangulaires

Les formes triangulaires, parfaites pour les pyramides, sont détestables dans le cas de maisons et de terrains. Les coins en angles aigus et les côtés obliques provoquent des conflits entre les habitants, ainsi que des accidents. L'orientation de la maison de la figure 8.8a est néfaste, parce que le chemin qui part de la porte d'entrée de la maison amène à un point de fuite du terrain, présageant un avenir évanescent. Si votre terrain est triangulaire, appliquez-lui l'un des remèdes suivants :

- **Placez des remèdes à chaque coin du triangle**. Ces remèdes peuvent être des plantes, des arbustes ou des arbres.
- **Placez une lumière vive éclairant vers l'intérieur ou un drapeau sur un mât élevé au point de fuite du terrain** (voir figure 8.8a).
- **Placez des mâts surmontés d'un drapeau à chacun des trois coins**. Les mâts doivent être le plus haut possible, et la couleur de drapeau la plus favorable est le vert.

Figure 8.8 : Formes de terrain néfastes et remèdes.

Renforcez ces solutions en pratiquant le renforcement des trois secrets (voir chapitre 6).

Côté du terrain oblique

Si l'un des côtés de votre terrain est oblique, il peut en résulter une existence déséquilibrée. Vous pouvez y remédier en faisant pousser des plantes ou des arbustes vigoureux le long du côté oblique, ce qui injectera dans la surface un chi sain et tonifiant (voir figure 8.8b).

Terrains comportant un nombre impair de coins ou bizarrement configurés

Sauf rares exceptions, un nombre impair de coins (ou tout nombre supérieur à quatre) et des côtés obliques sont des conditions négatives pour un terrain ou une maison, entraînant confusion et déséquilibres. Ces formes sont fréquentes dans le cas d'habitations construites autour d'un rond-point, mais on en trouve aussi ailleurs. Un remède recommandé consiste à placer des spots lumineux ou des drapeaux verts à chacun des coins du terrain ou de l'extérieur de la maison. Ce remède équilibre l'énergie du terrain, assurant l'harmonie et la cohésion entre les résidents, dont l'avenir est ainsi dégagé.

Chapitre 9

Sésame ouvre-toi ! La porte d'entrée et l'entrée

Dans ce chapitre :

- Importance des entrées
- La vue depuis la rue et depuis la porte d'entrée
- Maximiser le chi du chemin conduisant à la maison
- Attirer l'énergie vers la porte d'entrée – la bouche du *chi*

L'entrée est la première impression énergétique que la maison fait sur vous ou sur tout visiteur. Et la première impression est importante. Ce chapitre vous aide à créer une première impression qui soit la meilleure possible et à inciter le plus d'énergie possible et de bons sentiments à entrer chez vous. Vous en retirerez des améliorations sensibles dans les domaines de votre vie qui vous tiennent à cœur.

La porte d'entrée et le hall d'entrée

Le Feng Shui considère la porte d'entrée et l'entrée elle-même comme les points les plus importants de votre environnement. Elles déterminent la quantité d'énergie entrant dans la maison, et sa qualité, et si cette énergie nourrit ou appauvrit la maison, est favorable ou nuisible aux aspirations de ses habitants. Une entrée et des abords simples, spacieux et ouverts laissent pénétrer librement la prospérité et la vitalité. Inversement, des abords compliqués ou difficiles peuvent avoir des effets déplaisants sur différents aspects de votre vie.

La porte d'entrée est le premier et le plus important des trois piliers de la vie, un concept présenté au chapitre 2. Les piliers de la vie apportent les énergies fondamentales nécessaires à la maison et à ses résidents, et donc il importe d'accorder la plus grande attention à la porte d'entrée. Pour mieux percevoir les conséquences d'une porte principale bloquée, imaginez un instant que vous soyez toute votre vie condamné à garder les mâchoires verrouillées.

L'énergie de l'entrée passe par les abords de la porte, le passage ou l'escalier conduisant à la porte, le palier, la porte physique et le seuil, et la première pièce ou le premier objet que vous apercevez en entrant. La porte principale, point de contrôle de l'énergie de la maison, est un point d'appui essentiel. Des défauts d'apparence mineure au niveau de la porte d'entrée peuvent avoir sur vous une influence nocive, tandis que des améliorations faites à cette porte peuvent avoir une incidence positive sur votre vie.

Votre entrée doit être ouverte, accueillante, agréable, avoir un look positif. Après avoir dégagé votre entrée de ce qui l'encombre et activé son chi, vous disposerez d'un afflux d'énergie, les obstacles s'évanouiront, et les bonnes occasions viendront frapper à votre porte (de bien des façons). Une entrée austère, sombre, encombrée ou d'abord difficile a des effets insidieux, négatifs sur votre vie, tels que de moindres opportunités, des difficultés à établir certains contacts importants.

Si vous comparez la maison à un corps, la porte principale peut être considérée comme la bouche, par laquelle l'énergie pénètre pour nourrir le corps. Bien sûr, l'énergie arrive aussi par les autres portes et par les fenêtres, et une certaine énergie naturelle passe également à travers les murs, le sol et le toit. Mais la principale source d'énergie de la maison est la *bouche du chi*, votre porte principale. Si une porte est bloquée du point de vue énergétique ou bloquée physiquement, la maison est métaphoriquement privée de nourriture, asphyxiée, et des problèmes surviennent dans votre vie.

Si vous vous contentez d'améliorer seulement l'entrée de votre demeure, vous aurez fait d'un seul coup une grande partie du chemin. De bonnes choses, peut-être d'excellentes choses, résulteront de cette amélioration. Essayez et vous verrez. Même si l'intérieur de la maison est absolument fabuleux, si l'abord de la maison, l'entrée et/ou la porte d'entrée laissent à désirer, votre vie en pâtira. Les remèdes ne sont rien comparés aux inconvénients que peut entraîner une entrée défectueuse.

Votre maison vue de la rue

Pour vous entraîner à cette technique, visitez un nouveau quartier, arrêtez-vous au hasard devant une maison que vous n'aviez jamais vue auparavant, et regardez-la. Mais ne pensez pas ; contentez-vous de sentir. Notez votre impression première, ce que vous ressentez à la première seconde. Ce simple exercice peut vous rendre capable de jauger l'énergie de n'importe quelle résidence et des sortes d'influences qu'elle peut exercer sur ses occupants.

L'impression que fait une maison depuis la rue est un indicateur clé de son énergie. Par exemple, supposons que vous regardiez la façade d'une grande maison, sombre, et que vous éprouviez soudain une sensation de tristesse et d'angoisse. La tristesse est probablement l'effet dominant que vous ferait cette maison si vous y habitiez, et l'effet qu'elle doit faire sur ses occupants actuels. Les conséquences énergétiques à long terme de la vie dans cette maison peuvent comporter la léthargie, la lenteur, des sensations d'oppression, de dépression ou de tristesse.

Essayez cette technique sur votre propre maison. Commencez par dégager votre esprit de toute notion préconçue. Laissez vos pensées s'arrêter un instant et contentez-vous d'enregistrer vos sensations tout en regardant la façade de votre demeure. Si ce que vous ressentez est « chez moi », « fier » ou une autre émotion familière, vous êtes à côté de la plaque, vous restez branché sur la maison telle que vous la connaissez déjà. Faites comme si vous n'y habitiez pas. Accordez-lui un regard neuf, sans laisser surgir des associations antérieures ou des souvenirs. Que ressentez-vous au fond de vous-même ?

En faisant le vide dans votre esprit et en laissant vos sens prendre le dessus, vous éprouverez peut-être des impressions sensorielles. Peut-être sentirez-vous le jasmin, l'herbe ou le caoutchouc brûlé, peut-être entendrez-vous le bruissement du vent dans les arbres ou sentirez-vous la chaussée sous vos pieds. Mais c'est avec vos yeux que vous obtiendrez le plus d'informations. Faites attention à votre impression instantanée. Vous sentez-vous calme, excité, confus, de glace, plein d'entrain, apeuré, mal à l'aise ? Comme je l'explique au chapitre 2, la maison est comme un second corps enveloppant le premier. Cet exercice revient à regarder dans un miroir spécial pour voir à quoi ressemble ce deuxième corps et quelle impression il vous fait.

Cet exercice vous fournit une indication sur les influences que votre maison exerce sur vous jour après jour, sans que vous en soyez conscient. Faites-le de préférence en arrivant chez vous après une absence de plusieurs jours.

Mon métier de consultant Feng Shui me donne de nombreuses occasions de voir des habitations pour la première fois. Et la lecture de mes sensations spontanées, basées ou non sur des perceptions conscientes, m'informe sur le mode de fonctionnement de l'énergie du site concerné. Je me souviens par exemple de mon approche d'une maison dont un client envisageait l'achat. En voyant la maison, j'ai éprouvé sans savoir pourquoi une sensation de malaise. Cette sensation a été confirmée par la vue d'un oiseau mort dans l'allée conduisant à la maison. En entrant, nous avons été pris de stupeur. La maison était dans un état lamentable et sentait mauvais. Nous sommes partis aussitôt.

Vue sur l'extérieur depuis l'intérieur

Un autre facteur important d'évaluation du Feng Shui d'une maison est ce que vous apercevez en la quittant depuis la porte d'entrée. Que voyez-vous ? Un terrain vague de l'autre côté de la rue ? Une usine ? Un bâtiment condamné ? (La décharge municipale ? Déménagez !) Une belle demeure de l'autre côté de la rue ? Une porte de l'autre côté du palier de votre appartement ? Avez-vous la chance d'apercevoir un champ verdoyant qui s'étend loin devant vous jusqu'à un magnifique plan d'eau ? Ce dernier exemple illustre le concept de la vue Feng Shui idéale.

Un regard vers l'extérieur depuis l'intérieur contribue à définir votre relation au monde extérieur. Vous n'y aviez peut-être pas pensé, mais ce que vous voyez en ouvrant votre porte est au fond la façon dont vous voyez le monde. Il va sans dire que cette vision vous affecte profondément. Si votre première perception quotidienne du monde extérieur est un groupe de vautours perchés sur les rameaux tordus d'un arbre mort de votre jardin, ce n'est pas du bon Feng Shui ! Connaissant l'importance de votre première impression du monde extérieur, vous serez incité à créer une vision de beauté, de sérénité et de charme. Si vous êtes salué chaque matin par une vision de charme en quittant votre maison, le monde vous paraîtra plus lumineux ; vos attitudes et vos actes tendront à refléter cette perception. Vous recueillerez les fruits d'une plus grande énergie et d'une participation plus harmonieuse dans votre vie professionnelle.

Traitement des questions relatives à l'allée conduisant chez vous

Cette allée carrossable allant du portail jusqu'à la maison est la principale source d'énergie sociale – les relations, l'argent et les gens qui vous aident – pour votre propriété et votre maison et, par extension, pour vous-même. L'énergie est également communiquée à votre maison par le chemin par lequel on rejoint la porte d'entrée à pied. (Si votre maison n'a pas d'allée carrossable, la principale source d'énergie alimentant la maison est ce chemin d'entrée.) Si vous habitez un appartement, ce qui compte, c'est la commodité et l'accessibilité du chemin que vous empruntez pour arriver à la porte d'entrée de l'appartement. Les sections suivantes décrivent les conditions idéales pour une allée carrossable, puis les remèdes aux problèmes éventuels. Si l'énergie s'écoule librement dans votre propriété et pénètre facilement dans votre demeure, votre vie s'en trouvera facilitée.

Une allée idéale

Le meilleur type d'allée arrivant jusqu'à la maison est plat ou en pente douce vers la maison, avec de légères courbes plutôt qu'un profil rectiligne ou compliqué. (Mais une allée droite et courte conduisant jusqu'à un garage, comme c'est souvent le cas, convient parfaitement.) L'allée doit avoir une surface lisse et ne pas comporter de creux ou de bosses et il doit être facile d'y rouler. La maison et la porte d'entrée doivent être clairement visibles depuis le portail de la propriété. Et ce que vous apercevez en roulant jusqu'à la maison doit être réconfortant ou vous inspirer des sentiments positifs.

Les problèmes posés par certaines allées et les solutions

Parmi les allées problématiques, je citerais celles qui sont très en pente, aveugles, partagées, craquelées ou cassées, et celles qui font face à une allée d'un voisin, plus large ou plongeante. (Hélas, toutes les entreprises de construction et tous les architectes ne sont pas – encore – compétents en Feng Shui.)

Allée très en pente dans un sens ou un autre

Si votre allée descend fortement, votre maison est probablement au-dessous de la route. Ce qui veut dire qu'en quittant la maison – pour un motif occasionnel ou pour aller travailler chaque jour – vous devez faire un effort pour sortir de la propriété. Bien qu'au-dessous du seuil de perception, cet effet n'en est pas moins réel. Il peut en résulter des difficultés dans votre carrière, indépendamment de la difficulté de franchissement de l'allée. Un remède consiste à placer le long de l'allée vos fidèles générateurs d'énergie (lumières, manches à air, carillons – voir chapitre 4). Ils protégeront la maison contre les excès d'énergie qui peuvent la percuter en descendant la pente (voir figure 9.1).

Il vaut généralement mieux être au-dessus de la route qu'au-dessous. Cependant, une maison située très au-dessus de la route lui est typiquement reliée par une allée très pentue, ce qui engendre deux sortes de problèmes. Le premier est que l'énergie peine à remonter la pente pour atteindre la maison, et donc non seulement les gens, mais aussi l'argent, auront du mal à venir jusqu'à vous. Le second problème est que toute énergie qui parvient quand même jusqu'à la maison peut facilement dégringoler à nouveau dans la pente et se perdre.

Figure 9.1 : Allée très en pente conduisant à une maison en contre-bas, et lumières servant de remède.

Un bon remède pour une allée qui descend abruptement sur la route consiste à placer de fortes lumières de chaque côté de l'allée au point où elle rejoint la route. Un autre remède, identique à celui applicable à une allée qui descend fortement vers la maison, consiste à activer l'allée au moyen de manches à air ou autres stimulateurs de mouvement. Souvenez-vous qu'une maison placée au-dessus de la route est en général dans une position favorable, mais que les problèmes surviennent si elle est trop surélevée, avec une allée dont la pente est trop importante. Les solutions indiquées ne portent que sur les problèmes d'allée. Celles relatives aux maisons situées au-dessous de la route sont décrites au chapitre 7, sous le titre « Habiter trop haut ou trop bas ».

Allée aveugle

L'un des préceptes du Feng Shui est qu'il faut être en mesure d'apercevoir ce qui vous attend dans la vie. Une allée aveugle vous empêche de voir ce qui vient en arrivant sur le site ou en le quittant. Cette incertitude porte atteinte à votre sécurité physique et a des répercussions négatives sur votre psychisme.

Un bon remède consiste à placer un grand miroir convexe près de la fin de l'allée pour vous permettre de voir les voitures approchant sur la route quand vous partez. (Ne lésinez pas sur la taille du miroir.) Vous pouvez avoir besoin de deux miroirs, un de chaque côté, pour voir le trafic dans les deux sens.

Problèmes posés par les allées des voisins

Une allée d'un voisin située directement dans le prolongement de la vôtre peut avoir une influence négative si elle est plus grande que la vôtre ou si elle descend et disparaît. Si elle est plus grande, elle peut dévorer une portion de l'énergie de votre maison. Si elle descend et disparaît, l'effet est le même. L'allée en opposition absorbe une partie du chi de votre propriété.

La solution consiste à installer un grand miroir convexe (de 60 à 90 centimètres de diamètre) au-dessus de la porte du garage ou dans une autre position alignée sur l'allée d'en face. Le miroir contrebalance l'effet de l'allée problématique en attirant vers votre propriété l'énergie dont elle a besoin. Ce remède convient pour les deux types de problèmes.

Une allée commune

Une allée partagée entre plusieurs résidences peut affecter votre site en réduisant ses apports d'énergie. L'allée peut desservir plus de deux résidences ou comporter un embranchement qui va vers une autre maison. Si vous partagez une allée avec un voisin, vous pouvez installer une lumière vive (sur un mât le plus élevé possible) à l'endroit où l'allée du voisin quitte la vôtre. La lumière crée une claire distinction entre les deux allées. Elle prévient une perte de chi (qui se traduit en perte d'occasions favorables, de santé, et d'autres choses encore) affectant votre maison et votre vie. Si vous placez des lumières des deux côtés de l'allée au niveau de l'embranchement, le remède sera encore plus probant.

Laisser le champ libre au chi naturel

La nature (les arbres, l'herbe, l'air, le soleil, l'eau, etc.) nous nourrit de son chi abondant. Des paysages luxuriants, vastes ou verdoyants – les océans, les forêts et les jungles – sont d'immenses réservoirs de chi.

Malgré cela, la plupart des gens passent le plus clair de leur temps chez eux et tendent à souffrir d'un chi déficient. Cette sensation d'être renouvelé, rajeuni, regonflé, après avoir passé quelques heures (ou quelques jours) dans la nature était éprouvée autrefois par tous les humains.

Comme je l'ai expliqué au chapitre 2, la maison est un réservoir de chi. La porte d'entrée (celle placée devant la maison, ou bouche du chi) est le principal point d'entrée du chi. L'un des maître du Feng Shui assure que 80 % de notre accès au chi naturel sont supprimés une fois que nous sommes à l'intérieur d'une maison. C'est pourquoi l'un des buts des remèdes du Feng Shui est de compenser cette suppression en introduisant dans la maison une plus grande quantité de cette énergie vitale naturelle.

Tout au long du livre, j'utilise les termes *porte d'entrée* et *bouche du chi* pour désigner la même entité, l'entrée principale de la maison.

Posez-vous les trois questions suivantes sur l'énergie qui arrive à votre maison par la porte d'entrée :

- **Arrive-t-il suffisamment d'énergie (chi) ?** La quantité d'énergie et sa qualité sont largement déterminées par l'état de votre porte d'entrée et du chemin qui y mène. Si l'accès est clair, ouvert et facile, le chi peut entrer en grande quantité et être d'une bonne qualité. Si la porte d'entrée est masquée, sombre ou encombrée (autant de facteurs négatifs), le flux du chi peut être réduit de manière drastique, ce qui prive symboliquement les résidents de l'énergie dont ils ont tant besoin.
- **Est-ce de l'énergie positive ?** La réponse dépend de la qualité et de l'état du chi lorsqu'il arrive à la maison et y circule. S'il est positif (sain et bénéfique), l'énergie est douce, harmonieuse, équilibrée, forte et vivifiante. Le chi négatif est congestionné, bloqué, conflictuel, perçant, déprimant, etc.
- **L'énergie circule-t-elle complètement à travers la maison ?** La circulation dépend de l'agencement du plan, de la forme des pièces et des couloirs ou escaliers qui les relient. Si les pièces sont dans des emplacements positifs, si les couloirs et les escaliers facilitent la circulation du chi, et si la disposition des pièces est équilibrée sous l'angle de l'énergie, la circulation du chi est favorable aux résidents. Dans le cas contraire, vous vivrez dans les tourments et les frustrations. Les chapitres 8 et 10 vous aideront à appliquer ce principe fondamental.

Ces trois questions soulignent l'importance primordiale accordée par le Feng Shui à la porte d'entrée et à la manière dont elle permet l'entrée du chi dans la maison. La porte d'entrée est vitale pour toute maison.

Nous avons vu plus haut dans ce chapitre la profonde influence que vous subissez en voyant la façade de la maison ou ce qui se présente à vous en passant par la porte d'entrée. Mais le chemin qui conduit à votre porte d'entrée a tout autant d'importance. Il symbolise votre chemin dans la vie, vos allées et venues dans le monde. La facilité ou la difficulté avec lesquelles vous entrez dans la maison a un effet sur la manière dont l'énergie entre dans votre vie. Si le chemin qui conduit chez vous est encombré ou malcommode, l'énergie arrivant dans la maison est freinée, avec des conséquences négatives pour votre vitalité et votre carrière.

Si vous avez un tant soit peu l'impression qu'un objet proche de votre porte peut bloquer votre entrée, c'est probablement le cas. (Faites confiance à vos impressions !) Vérifiez la chose en enlevant cet objet. Comment vous sentez-vous ensuite ? Moins oppressé ou contracté ? Respirez-vous plus librement ? S'il en est ainsi, le déplacement de l'objet était une bonne démarche Feng

Shui. Et si vous ressentez une amélioration immédiate, c'est que l'effet énergétique est incontestablement positif et continuera d'être bénéfique. Cette simple méthode peut vous aider à tester la validité de pratiquement n'importe quelle solution Feng Shui que vous appliquez.

Chaque résidence n'a qu'une seule entrée principale ; toutes les autres sont secondaires – entrée latérale, porte de derrière, porte du garage, porte du patio, etc. La porte principale est toujours le point d'entrée d'énergie principal de la maison, même si vous entrez plus souvent par une autre porte. Même si la porte du devant de la maison est inutilisée, cette porte est quand même considérée comme la porte principale. Elle ne cesse d'être la porte principale que si vous la supprimez complètement en murant. (Ce n'est généralement pas recommandé !) Une autre porte devient alors l'entrée principale. Je vous recommande néanmoins fortement de consulter un spécialiste du Feng Shui avant de déplacer la porte d'entrée.

Comment résoudre le dilemme de la porte principale masquée

En général, la porte d'entrée doit être visible de la rue pour permettre un flux d'énergie maximal. En langage Feng Shui, on appelle *porte principale masquée* une porte d'entrée qu'on ne peut voir depuis la rue, qui est en retrait, sombre ou placée dans l'ombre, qui fait face directement à une colline, ou qui est cachée pour toute autre raison.

Si vous avez une porte principale masquée, vous pouvez constater qu'il vous est très difficile d'aller de l'avant, de bénéficier d'occasions de réussite, ou même de revendre la maison. De même, si vous ne pouvez pas voir la rue depuis la porte principale, votre carrière peut en souffrir, que vous travailliez depuis chez vous ou à l'extérieur. (Cet effet est réduit ou annulé si vous habitez sur un vaste terrain, où la maison est à une grande distance de la rue principale. Dans ce cas, il est souhaitable que le chemin d'accès menant à cette rue soit visible depuis la porte principale.)

Voici deux remèdes aux portes principales masquées :

- **Si possible, installez un miroir convexe de sécurité (du même type que ceux des rampes de parking pour voir dans les virages) pour voir la porte en approchant de la maison et pour voir la rue depuis la porte principale (voir figure 9.2a)**. Plus le miroir est grand, plus le remède est efficace. Si le miroir est trop petit ou si son angle ne permet pas de bien voir, le remède manquera d'efficacité. Je recommande l'utilisation d'un miroir d'au moins 50 centimètres de diamètre.
- **Placez tout le long du chemin des lumières ou des plantes (voir figure 9.2b)**. Ce remède guide le chi jusqu'à la porte.

Figure 9.2 : Portes principales masquées avec comme remèdes un miroir ou des lumières.

Remédier à un arbre ou un poteau devant la porte d'entrée

Un arbre qui pousse directement devant la porte d'entrée peut porter malheur parce qu'il est un obstacle sur le chemin conduisant à la porte. Pareille obstruction peut bloquer les revenus et s'opposer au succès professionnel. La solution suivante, empruntée au folklore chinois, vous permet de transformer cet arbre porte-malheur en arbre porte-bonheur, sans avoir à l'abattre.

1. Achetez un stylo à encre n'ayant jamais servi et du papier à lettre de couleur rouge. Découpez un disque dans l'une des feuilles de ce papier rouge.
2. Au moyen du stylo, écrivez les quatre mots suivants sur le disque, sans interruption : « Lever tête, voir bonheur. »
3. Fixez le papier sur le tronc de l'arbre ou sur le poteau à une hauteur au moins égale à l'œil de la plus grande personne habitant la maison.
4. Renforcez ce remède par le renforcement des trois secrets (voir chapitre 6).

Tandis que vous écrivez les mots et que vous pratiquez le renforcement des trois secrets, imaginez le Dieu de votre religion en train d'éclairer les mots que vous avez écrits. (Si vous êtes athée, imaginez qu'ils sont éclairés par la lumière du soleil ou par l'énergie lumineuse universelle de la physique moderne.) Ce remède écarte la malchance associée à l'arbre ou au poteau malencontreux. Une autre solution consiste à placer un carillon mélodieux au-dessus de la porte d'entrée pour contrecarrer les influences néfastes émanant de l'arbre, comme sur la figure.

Dilemmes fréquents des escaliers extérieurs

Les escaliers conduisant à la porte d'entrée, qu'ils soient courts ou longs, sont un élément important de l'accès à la maison. Avec le mode de pensée Feng Shui, il est facile de lire l'énergie d'un escalier d'accès. Si les personnes peuvent monter les marches facilement et librement, l'énergie pourra faire de même. L'escalier d'accès idéal est vaste et facile à gravir, pas trop long ni trop raide, et ne comporte pas de tournants abrupts. L'escalier est stable, ses marches sont pleines, et il est pourvu d'une rampe solide.

Voici quelques problèmes courants d'escaliers extérieurs et leurs solutions Feng Shui. (Vous trouverez au chapitre 14 des indications sur les escaliers intérieurs.)

Long escalier

Un escalier d'accès trop long présente des inconvénients du point de vue énergétique. Ce type d'escalier extérieur conduit le plus souvent à des appartements situés au premier étage ou à des duplex. Et il rend plus difficile l'accès à la porte d'entrée pour l'énergie, pour l'argent et pour vous-même. (Il faut lutter tel un saumon remontant le courant.) Les effets énergétiques peuvent être une difficulté à se reposer ou à arriver chez soi. De tels escaliers peuvent aussi entraîner la raréfaction des opportunités.

Si les personnes qui vous rendent visite sont un peu essoufflées en grimpant jusqu'à votre porte, votre escalier est probablement trop long. L'application de remèdes peut éliminer ces effets négatifs, sans pour autant priver vos visiteurs d'exercice aérobic. Le remède que je vous suggère consiste à enrouler la rampe d'escalier d'une vigne vierge artificielle de couleur verte depuis le bas jusqu'en haut de l'escalier. (Si l'escalier n'a pas de rampe, je vous recommande d'en installer une.) Pour plus de détails, voir la section « Rampe inexistante ou rachitique », plus loin dans ce chapitre. Dans le meilleur des cas, la vigne vierge arrivera jusqu'à l'embrasure de la porte. L'énergie vivifiante de la vigne vierge procure aux grimpeurs la santé et la vigueur dont ils ont besoin pour parvenir au sommet.

Une autre solution consiste à mettre à la place de la vigne vierge une guirlande de petites lumières (comme celles utilisées pour décorer les arbres de Noël – le blanc convient, mais si elles sont multicolores, c'est encore mieux). Les lumières guident l'énergie le long de l'escalier conduisant à la porte d'entrée. (La lumière représente l'énergie d'attraction tout en irradiant elle-même de l'énergie.)

Marches avec parois verticales manquantes

Les escaliers dont certaines marches ont des parois verticales manquantes ou endommagées entraînent des pertes d'énergie vitale (chi) pour la maison et ses résidents. En montant les marches, l'énergie s'échappe à travers les espaces béants, comme l'eau s'échappant d'un seau percé. Comme vos pieds sont reliés symboliquement à votre carrière, l'absence de paroi verticale au niveau d'une marche peut vous faire trébucher, physiquement aussi bien que dans votre travail. On peut aussi regarder ce problème sous l'angle de la sécurité. Les foulures, les entorses ou les fractures du pied ou de la cheville sont du mauvais Feng Shui et, en plus, elles font mal.

Le remède aux parois verticales manquantes est simple et implique habituellement l'intervention d'un artisan pour combler les vides ou remplacer les parois manquantes. Quand ce sera fait, vous vous sentirez plus solide aussi bien dans la vie courante que quand vous gravirez ou descendrez les marches. Ces sensations induiront des effets magnétiques qui se répercuteront sur votre vie pratique. (Et qu'est-ce que le Feng Shui, si ce n'est le côté pratique des choses ?)

Escaliers avec un coude

Un coude à angle droit dans un escalier crée un embouteillage au niveau de l'énergie, vous privant, vous et votre maison, du chi indispensable. (Si un véritable voleur se tenait près de votre porte et volait votre portefeuille à chaque fois que vous passiez devant, vous feriez vite quelque chose pour qu'il ne recommence plus ! Pourtant, la plupart des gens permettent aux voleurs de Feng Shui de dérober leur chi jour après jour, et font rarement quoi que ce soit pour y mettre fin.) Un excellent remède pour un escalier coudé consiste à placer une vigoureuse plante en pot sur le palier au niveau du coude. Le chi vital de la plante annule l'effet négatif du coude, attire le chi et accélère l'énergie sur son trajet jusqu'à la porte. Veillez à ce que la plante ne bloque pas le passage, car vous ne feriez que remplacer un problème par un autre.

Mes clients Samuel et Mauricette avaient un escalier extérieur étroit conduisant à leur porte d'entrée avec un tournant à 90 degrés. L'un et l'autre étaient insatisfaits dans leurs vies professionnelles. Ils ont remplacé l'escalier existant par un escalier beaucoup plus large, plus ouvert et rectiligne. Comme par hasard – mais non ! – Samuel a démarré avec bonheur une nouvelle carrière comme designer et consultant et, peu de temps après, Mauricette remarquait à quel point le nouvel escalier les rendait plus libres et plus entreprenants. Elle aussi s'est maintenant engagée dans la carrière de ses rêves. Bien que ce remède soit la seule modification susceptible d'être remarquée, leurs amis ne tarissent pas d'éloges sur leur maison désormais plus ouverte, agréable et accueillante. En outre, Samuel et Mauricette se sentent désormais, pour la première fois, véritablement reliés à leur jardin.

Rampe inexistante ou rachitique

Une rampe à problème (une rampe qui bouge un tant soit peu quand vous la saisissez) crée un sentiment d'insécurité et d'absence de contrôle dans la vie. En outre, des incertitudes subconscientes peuvent s'insinuer dans votre esprit sans motif apparent. Le remède est simple : réparez la rampe défectueuse ou remplacez-la par une bonne rampe bien solide qui vous supportera vraiment quand vous la tiendrez.

Traitement des problèmes d'accès compliqués

Les obstacles physiques suivants au libre accès à votre domicile sont autant de pierres d'achoppement sur le chemin de la vie. Plus il y en a, plus vous éprouvez de difficultés. Réglez la question, et vous avancerez plus librement, vous n'aurez plus de frustrations, et vous pratiquerez avec plus d'aisance tous les jeux de la vie.

- **Multiples portails, barrières, porches et portes** : le fait d'avoir à surmonter tous ces obstacles peut engendrer la frustration, des blocages mentaux, des accès de faiblesse et la sensation de ne pas avancer dans la vie. Les remèdes consistent à éliminer les barrières qui peuvent l'être, et à placer des carillons ou des sphères à facettes cristallines (voir chapitre 4) entre les portes et barrières successives. Tout en appliquant ces remèdes, visualisez un flot abondant d'énergie déferlant dans votre vie, tout en procédant au renforcement des trois secrets. Vous trouverez au chapitre 6 tous les détails de cette opération.
- **Pas de chemin entre votre porte d'entrée et la rue** : cette situation assez courante est liée à la présence d'un garage qui part de la maison et bloque la porte d'entrée. Dans beaucoup de demeures actuelles, le chemin conduisant à la maison est relié à l'allée du garage plutôt qu'à la rue ou au trottoir. Le problème de Feng Shui qui en résulte est que vous risquez d'avoir moins d'amis qui vous aident que vous ne le méritez, tout simplement parce que votre porte d'entrée s'alimente à l'allée du garage au lieu de la rue. L'allée du garage n'est qu'une source d'énergie secondaire, apportant moins de chi que la rue.

La solution chère consiste à construire un chemin allant de la porte d'entrée jusqu'à la rue. Si vous pouvez vous le permettre, allez-y. Plusieurs de mes clients ont aujourd'hui le bonheur de profiter de carrières plus intéressantes après avoir recouru au remède du nouveau chemin d'accès. Sinon, vous pouvez utiliser les remèdes proposés ci-après.

- **Garage en avancée masquant la porte d'entrée** : cette situation, également assez courante, crée au moins deux problèmes. En premier lieu, la structure de la maison est déséquilibrée, le plus souvent en forme de L. En second lieu, le garage masque la porte d'entrée sur au moins un côté de la maison. Je recommande les deux remèdes suivants :
  - Construire un second chemin empierré allant jusqu'à la rue en s'écartant du garage, comme sur la figure 9.3. Si le garage est en avancée, ce remède a l'avantage d'équilibrer la forme de la maison. Dans tous les cas, un autre effet bénéfique du chemin est d'amener un chi nouveau (et supplémentaire) à votre porte d'entrée.

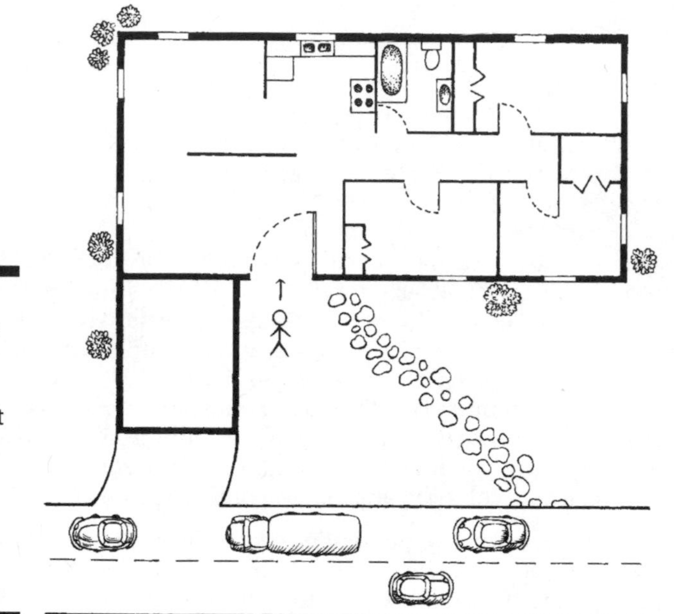

Figure 9.3 : Remède du chemin d'accès quand il fait défaut ou quand le garage masque la porte d'entrée.

  - Une solution plus praticable mais légèrement moins efficace consiste à placer un carillon le long du côté du garage ou près de la porte d'entrée, pour attirer davantage de chi dans la maison. (Vous trouverez au chapitre 4 divers conseils sur les carillons.)
- **Accès à la porte d'entrée étroit, en forme de tunnel ou envahi par la végétation** : dans ce scénario, votre énergie est restreinte, et la maison, tout comme vous-même, a du mal à respirer. Il faudrait que le chemin d'accès soit au moins aussi large que la porte d'entrée. Mieux encore, faites-le assez large pour que deux personnes puissent y marcher côte à côte. Les remèdes consistent à élargir le chemin et à tailler les buissons et les haies pour le dégager. Veillez aussi à ce que le chemin soit bien éclairé, propre et acceuillant.

- **Porte d'entrée en retrait par rapport à la façade** : cette disposition se traduit par un moins grand nombre d'opportunités d'évolution professionnelle. La solution recommandée consiste à éclairer l'extérieur de la porte par de fortes lumières ou à y placer un carillon en cuivre. Ces précautions activeront l'énergie aux abords de la porte et attireront plus fortement les avantages que vous pensez mériter.
- **Obstacles sur le chemin allant jusqu'à l'entrée, près de la porte ou au niveau d'un porche à proximité de la porte** : de tels obstacles peuvent être des vélos, des caisses, des poubelles, des planches à roulettes, des seaux, etc. Les conséquences en sont la frustration, la désorientation et le sentiment de trébucher sur les obstacles de l'existence, tout comme vous pouvez trébucher sur ceux de votre entrée. Le remède est simple : enlevez et nettoyez !
- **Vétusté et dégradations** : la décrépitude et les dégradations à l'intérieur et autour de la maison symbolisent la mort ou la stagnation. Elles peuvent abattre votre moral, après quoi il vous sera bien plus difficile de réussir dans la vie. Elles sont particulièrement nocives aux abords de la porte d'entrée. Il peut s'agir d'ampoules électriques grillées ou manquantes, d'appliques lumineuses cassées, d'une sonnette qui ne marche plus ou qui a été enlevée, de toiles d'araignées près de l'entrée ou d'oiseaux qui nichent près de la porte. Le remède : arrangez, nettoyez, remplacez et réparez.

En entrant dans la maison : problèmes et solutions

Si l'énergie pénètre dans la maison par la porte d'entrée sans rencontrer d'obstacles ni de blocages, le chi de toute la maison est alors plus nourri, pour le plus grand bien de ses habitants. Mais si cette énergie butte sur des obstacles, des problèmes peuvent survenir au niveau de la carrière, ainsi que de la santé physique et mentale. Certains obstacles peuvent surgir aussitôt après avoir passé le seuil. Voyons-les en détail, ainsi que les solutions appropriées.

Escalier intérieur faisant face à la porte

Un escalier intérieur face à la porte d'entrée représente de l'argent qui dégringole et s'échappe de la maison. La force de gravité descend les marches et repousse le chi entrant à travers la porte d'entrée : pareille disposition symbolise une perte d'argent et un amenuisement de la fortune. Comme il est le plus souvent très difficile de changer l'emplacement d'un escalier, il vaut mieux jouer sur les phénomènes énergétiques. Le remède consiste à placer une boule à facettes de cristal ou un carillon agréable à mi-chemin entre la porte d'entrée et le pied de l'escalier. Ce remède diffuse le chi descendant de l'étage au-dessus et l'éparpille dans la pièce du bas au lieu de le laisser s'échapper ou s'opposer au chi venant de la porte d'entrée (voir figure 9.4).

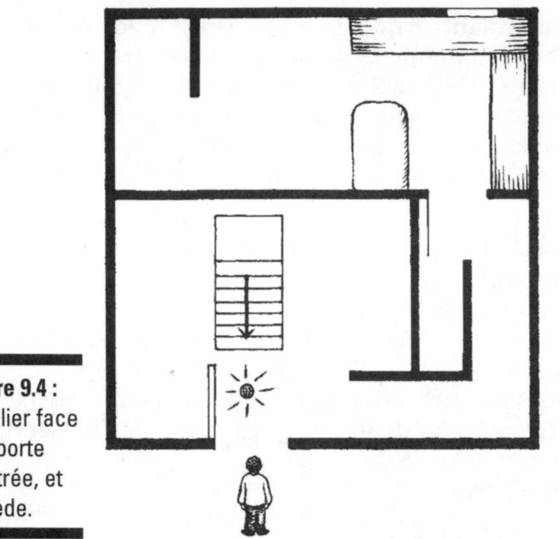

Figure 9.4 : Escalier face à la porte d'entrée, et remède.

Le problème d'un escalier intérieur face à la porte d'entrée est moins grave si la distance de la porte à l'escalier est supérieure à deux fois la hauteur de la plus grande personne de la maison.

Palier en canard mandarin

Canard mandarin est l'appellation contrôlée Feng Shui d'une entrée principale ouvrant directement sur un palier, et vous obligeant à monter ou descendre un autre escalier pour atteindre la maison. Sous son influence, l'un des époux peut monter dans la vie tandis que l'autre descend ; l'un peut réussir sa carrière tandis que l'autre se débat dans les pires difficultés ; ou les chemins de leurs vies peuvent diverger, et conduire à la séparation ou au divorce. Ce nom surprenant vient de la coutume chinoise qui consiste à servir un plat spécial – le canard mandarin – au repas de noce. Apparemment, la cage d'escalier ressemble au canard rôti servi à cette occasion. Pour remédier à cette situation, placez une plante à l'endroit où se rejoignent les deux escaliers. Vous pouvez aussi, à la place ou en supplément, enrouler une guirlande artificielle de lierre ou de vigne vierge (en soie de préférence) autour de la rampe depuis le bas jusqu'en haut (voir figure 9.5) pour donner de la vie à votre escalier, et faire disparaître son influence maléfique.

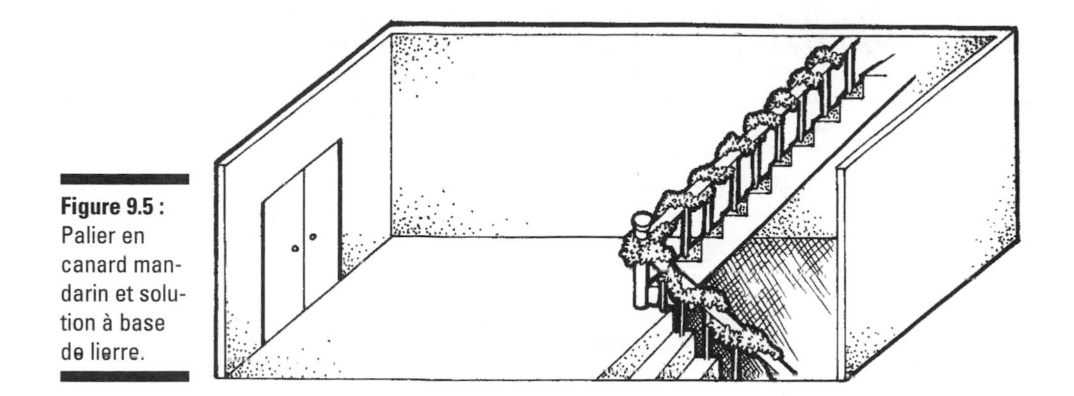

Figure 9.5 : Palier en canard mandarin et solution à base de lierre.

Vue partagée en entrant

Il s'agit (voir figure 9.6) d'une situation où la moitié du champ de vision, en entrant dans la maison, est bloquée par un mur proche de l'entrée, alors que sur l'autre moitié, les regards pénètrent plus profondément dans la maison. Il en résulte une dissociation physique entre l'œil gauche et l'œil droit, et entre les lobes droit et gauche du cerveau. Une cassure psychologique se produit si cette vision vous accueille systématiquement à votre entrée dans la maison. À la longue, cela peut engendrer de l'anxiété, du stress, des tendances schizophréniques ou d'autres problèmes psychologiques provoquant de mauvaises décisions, voire des accidents. Le remède consiste à placer un miroir sur la cloison qui bloque la vue, pour rééquilibrer l'impression initiale et rétablir l'harmonie dans la pièce sur laquelle s'ouvre la porte d'entrée. (Voir sur la figure 9.6 la représentation de cette solution.)

Figure 9.6 : Vue partagée et remède sous forme de miroir

Tirer le meilleur parti de la bouche du chi

La porte d'entrée sert de bouche à la maison. Tout comme votre bouche à vous, elle absorbe les nutriments qui nourrissent la maison – c'est-à-dire le chi ou l'énergie. Si la bouche a des problèmes, vous avez des problèmes. « La santé commence avec la bouche », dit un vieux proverbe chinois. Il en va de même en Feng Shui. La santé de la maison (et les fortunes de ses habitants) commence avec la porte d'entrée et la pièce sur laquelle elle s'ouvre.

Principes d'une porte d'entrée idéale

Une porte d'entrée idéale doit être conforme à trois principes essentiels, que voici :

- **Bon éclairage**. La porte d'entrée doit être bien éclairée, sans zone d'ombre.
- **Clarté**. La porte, l'escalier ou le chemin qui y conduit, et l'entrée doivent être accueillants, agréables, inspirer des sentiments de bien-être. Aucun obstacle ne doit s'opposer au chi et aux personnes qui entrent dans la maison.
- **Proportionnée à la maison**. La porte d'entrée ne doit être ni trop grande ni trop petite, par comparaison aux dimensions de la façade. Une porte trop petite ne peut attirer suffisamment de chi pour les résidents et risque d'avoir une influence néfaste sur leur statut social. Une porte trop grande pour la maison suggère la vantardise et peut provoquer l'inimitié inconsciente des voisins.

Résolution des problèmes de porte d'entrée

Dans la pratique, les portes d'entrée sont souvent loin d'être conformes au modèle Feng Shui idéal. Voyons les principales différences, et les remèdes appropriés.

- **Charnières grinçantes. Les Chinois disent** : « Les portes grinçantes attirent les fantômes affamés. » En d'autres termes, elles attirent les mauvais esprits. En tout cas, elles inspirent un sentiment de crainte plus ou moins conscient. (C'est pourquoi le grincement de porte est l'effet sonore le plus fréquemment utilisé dans les films d'épouvante !) Le remède ? Une application généreuse d'un lubrifiant approprié. Je suis surpris du nombre de mes clients qui ne remarquent pas les grincements de porte tant que je ne leur ai pas fait remarquer. (C'est alors qu'ils se souviennent que « c'est comme ça depuis des années ».) Ce remède apparemment insignifiant, lubrifier une charnière qui grince, peut faire une grande différence. Le même principe s'applique d'ailleurs à toutes les portes, porte du devant ou latérales, portes des différentes pièces, des placards, etc.

- **Fenêtre sur la porte d'entrée**. La porte d'entrée protège votre maison. La porte d'entrée idéale est pleine, sans fenêtre. Les portes d'entrée qui ont une fenêtre sont plus faibles sous l'angle de l'énergie, sans parler de la sécurité. On peut facilement les briser pour entrer dans la maison, ce qui la rend vulnérable aussi sur le plan de l'énergie. Le meilleur remède consiste à installer une porte pleine en bois. Dans certains cas, il est possible de faire poser par un artisan un solide panneau de bois pour couvrir la fenêtre. Une autre solution consiste à couvrir la fenêtre de tissus, ou d'un store ou rideau de même couleur que la porte, qui peut ainsi sembler, depuis la rue, être une porte pleine. (À défaut, vous pouvez utiliser la couleur forte du Feng Shui : le rouge.) Même si vous avez besoin de cette fenêtre pour laisser entrer la lumière, une porte pleine est préférable sous l'angle énergétique, tant pour la maison que pour vous. En appliquant ce remède, pensez à la solidité et à la protection qu'elle vous apporte, et renforcez-le par le renforcement des trois secrets.
- **La porte s'ouvre ou se ferme d'elle-même**. Une porte d'entrée qui se ferme automatiquement empêche le chi et les gens de venir vers vous. Une porte qui s'ouvre d'elle-même provoque des fuites de l'énergie domestique et représente une invitation pour les intrus. Le remède est le même dans les deux cas. Faites venir un menuisier pour qu'il rééquilibre la porte, de façon qu'elle ne bouge plus, quelle que soit la position dans laquelle vous la mettez.
- **La porte n'est pas parfaitement cadrée dans son embrasure ou a du jeu dans ses charnières**. Cette situation malsaine engendre la confusion, des blocages mentaux et l'irritation. Ici encore, il faut faire appel à un artisan compétent pour recadrer la porte ou la remplacer.

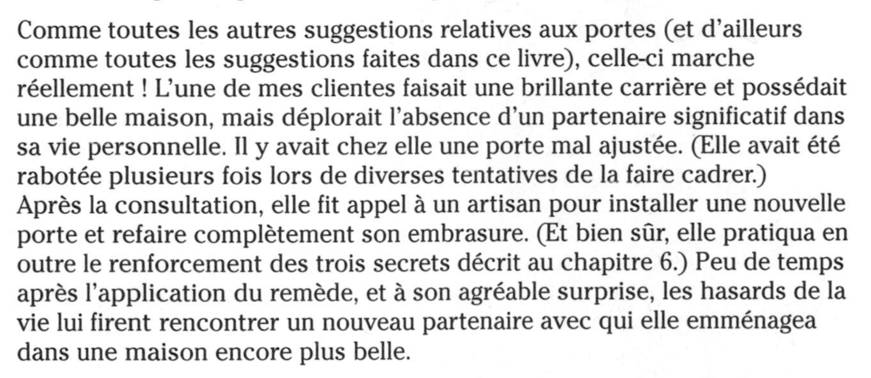
Comme toutes les autres suggestions relatives aux portes (et d'ailleurs comme toutes les suggestions faites dans ce livre), celle-ci marche réellement ! L'une de mes clientes faisait une brillante carrière et possédait une belle maison, mais déplorait l'absence d'un partenaire significatif dans sa vie personnelle. Il y avait chez elle une porte mal ajustée. (Elle avait été rabotée plusieurs fois lors de diverses tentatives de la faire cadrer.) Après la consultation, elle fit appel à un artisan pour installer une nouvelle porte et refaire complètement son embrasure. (Et bien sûr, elle pratiqua en outre le renforcement des trois secrets décrit au chapitre 6.) Peu de temps après l'application du remède, et à son agréable surprise, les hasards de la vie lui firent rencontrer un nouveau partenaire avec qui elle emménagea dans une maison encore plus belle.

- **La porte ne se ferme pas ou ne reste pas fermée dès la première tentative, le pêne se coince dans la gâche, et autres anomalies du même genre**. Ces problèmes créent de subtiles blocages dans la vie, de sorte qu'il est difficile de mener les projets à bien. De même, des opérations qui avaient abouti tendent à échouer au dernier moment ou à se défaire. Pour y remédier, remplacez ou réparez la serrure ou ses éléments défectueux.

- **Des verrous vétustes ou inutilisés sont encore sur la porte ou la poignée de la porte se détache**. Ces problèmes symbolisent une difficulté à prendre sa vie en main, un manque d'énergie ou une tendance à se cramponner à des choses anciennes inutiles à la vie actuelle. Le remède consiste à faire réparer la poignée, à enlever ou remplacer les verrous qui ne servent plus.
- **La porte frotte contre le sol**. Une porte qui gratte le sol est une obstruction, un frein à votre liberté. La porte idéale s'ouvre et se ferme d'au moins 90 degrés sans la moindre résistance. Ce principe s'applique aussi à une bande de caoutchouc en bas de la porte pour arrêter l'air froid de l'extérieur. La plupart des seuils sont surélevés de quelques centimètres par rapport au sol de la pièce située derrière la porte, et il n'y a pas de raison que la bande d'isolement frotte contre le parquet ou la moquette de cette pièce. Rabotez ou limez le bas de la porte pour qu'il ne frotte plus, ce qui règlera le problème.
- **La porte est cassée, abîmée, gauchie, la peinture s'écaille, etc**. Son remplacement peut remédier au problème. Sachez que les portes en piètre état symbolisent des vies en piètre état. La porte d'entrée représente la maison, et la maison représente votre vie. Donc, une porte d'entrée dégradée peut vous amener inconsciemment à vous sentir (et peut-être à devenir) dégradé vous aussi. Régler cette question peut vous remettre d'aplomb aussitôt.

La chance selon la couleur de la porte d'entrée

Les portes de la plupart des maisons sont de couleur neutre ou de la même couleur que la façade. Ces choix de couleur conviennent le plus souvent. Cependant, vous pouvez augmenter considérablement le chi de votre porte d'entrée en la peignant d'une couleur spéciale. Voici les couleurs qui ont le plus d'effet sur l'énergie :

- **Rouge vif** : cette couleur Feng Shui classique est censée apporter la puissance, le protection, la chance et une aura de royauté à la maison ainsi qu'à ses occupants. Dans les milieux Feng Shui, on entend l'expression « porte rouge porte-chance ». Une excellente façon d'améliorer d'un seul coup l'énergie de la maison.
- **Vert** : cette couleur est un autre choix excellent, symbolisant la vie et la santé.
- **Noir** : le noir est une bonne couleur de porte d'entrée, notamment si la porte est au centre de la façade, qui représente la carrière. Le noir symbolise l'eau, c'est-à-dire l'argent. Je n'en dirai pas plus.

Soyez conscient de l'influence continuelle des premières impressions

Les théories du Feng Shui mettent l'accent sur l'importance des premières impressions, surtout la vue de la maison depuis la rue ou la vue de la rue depuis la maison. En fait, ces premières impressions se répètent constamment. La chose initiale que vous voyez en entrant dans la maison est une première impression qui donne le ton pour tout ce que vous allez éprouver une fois à l'intérieur, et contrairement à ce que vous pourriez penser, pour tout ce que vous faites et tout ce qui vous arrive dans la vie. Une première impression positive engendre la bonne humeur, l'espoir et des attentes positives. Une première impression négative, à la manière d'une odeur désagréable en entrant dans un restaurant, fait tomber bien bas le niveau de vos attentes. À la longue, une première impression négative peut vous rendre vraiment malheureux. Voici comment sortir de cet engrenage et retrouver l'optimisme.

Deux niveaux de premières impressions

On peut décomposer la première impression en deux éléments. Le premier est la première pièce dans laquelle vous entrez (ou si vous entrez en passant par un hall d'entrée, la première pièce que vous apercevez en pénétrant dans la maison). D'une façon générale, la première pièce dans laquelle vous entrez a une incidence sur votre psychisme et sur votre santé physique.

Le second élément est le premier article ou objet vers lequel votre œil est attiré au moment où vous entrez chez vous. La première chose que vous voyez agit également sur votre psyché, et vous devez aussi en tenir le plus grand compte. Voyons ce qu'impliquent chacun de ces deux aspects.

L'entrée idéale

L'entrée idéale vous souhaite la bienvenue, vous salue en vous offrant des vues, des sons ou des odeurs agréables, et fait que vous vous sentez à l'aise, en paix, bien chez vous. Un hall d'entrée spacieux, lumineux, vous laisse le champ libre pour avancer et même vous y incite. Vous apercevez un endroit où vous asseoir, vous reposer ou au moins contempler une chose agréable et attirante. Une entrée idéale favorise la réussite professionnelle et l'harmonie chez soi – une attitude positive et un esprit clair. Une entrée non conforme à l'idéal a moins de répercussions positives sur la vie professionnelle et sur la vie personnelle, et peut même avoir des effets très négatifs. Si la première impression est celle d'un espace sombre, étroit, encombré ou déplaisant, le choc que vous ressentez finira par vous ébranler. Dans cette section, je détaille ce que peuvent être ces choses positives ou négatives qui déterminent vos premières impressions. Vous verrez ainsi comment se situe à cet égard l'entrée de votre maison, comment vous pouvez l'améliorer.

Les pièces dans lesquelles il est bon d'entrer en premier

Une porte d'entrée idéale conduit dans un hall d'entrée, un living-room, un salon, une bibliothèque ou un bureau. Toutes ces pièces ont une énergie neutre ou positive. À moins bien sûr qu'elles n'aient une apparence désastreuse ! (En effet, d'autres paramètres de ces pièces, tels qu'un désordre extrême ou une disposition négative de l'ameublement, peuvent contrecarrer les effets positifs de leur emplacement. Voir les chapitres 13 et 16.) Voici les qualités et les effets positifs de ces différentes pièces :

- **Hall d'entrée** : cette pièce convient en général très bien comme première pièce après avoir franchi la porte.
- **Living-room** : quand la première chose que vous voyez est un endroit confortable où vous pouvez vous asseoir, vous éprouvez une sensation de repos et de détente.
- **Salon** : comme le living-room, et malgré son apparence parfois plus formelle, le salon invite au repos et à la détente.
- **Bibliothèque** : une bibliothèque a des effets positifs, elle suggère que votre famille tend à être cultivée, studieuse, et que vos enfants ont de bonnes chances de réussite scolaire.
- **Bureau** : si la première chose que vous voyez en entrant est votre bureau, il peut vous être plus facile de réussir dans la vie professionnelle.

Pièces par lesquelles il n'est pas bon d'entrer dans une maison

Selon les préceptes du Feng Shui, les pièces par lesquelles il vaut mieux ne pas entrer dans une maison sont la cuisine, la salle de bains, une salle de jeux, une chambre ou une salle à manger. La liste ci-après en précise les raisons, et indique les remèdes adaptés à chaque situation. (***Note*** : les effets négatifs continuent néanmoins de s'exercer – bien qu'avec moins d'acuité – si vous voyez ces pièces clairement devant vous en entrant, au lieu d'y pénétrer aussitôt après avoir franchi le seuil.)

- **Cuisine** : entrer par la cuisine vous fait déboucher directement sur les questions de santé, y compris les problèmes de la digestion et ceux associés aux excès de nourriture. Vos finances peuvent également en souffrir. Pour remédier à cette situation, placez un carillon au-dessus de la position du cuisinier devant le fourneau.

- **Chambre à coucher** : si la porte d'entrée donne sur votre chambre, vous pouvez vous sentir paresseux, constamment fatigué, sans envie de travailler. Pour y remédier, installez un carillon à mi-chemin entre la porte et votre lit.
- **Salle à manger** : les effets sont voisins de ceux d'une entrée par la cuisine, mais d'une moindre gravité. Entrer par la salle à manger peut avoir une incidence sur vos habitudes alimentaires et votre énergie personnelle. Le remède consiste à suspendre une boule à facettes de cristal au-dessus de la table de la salle à manger.
- **Salle de bains** : rares sont les demeures récentes dont la porte d'entrée donne directement sur la salle de bains, mais il est assez courant d'apercevoir une salle de bains en entrant dans la maison. Une telle vue peut avoir des effets psychologiques, physiologiques et financiers débilitants, surtout s'il est possible d'apercevoir aussi les toilettes en entrant. Le remède consiste à garder la porte de la salle de bains fermée à tout moment, pour conserver l'énergie. Un remède supplémentaire pour renforcer le premier consiste à installer un miroir de grande hauteur couvrant la face extérieure de la porte de la salle de bains, ce qui contribue à faire oublier sa présence. Bien entendu, ce deuxième remède n'est efficace que si la porte reste fermée. (Consultez les chapitres 10 et 13 pour plus d'informations sur les salles de bains.)
- **Salle de jeux** : cette disposition peut entraîner des mouvements erratiques dans votre situation financière. Pour y remédier, suspendez une boule à facettes de cristal à un mètre de la porte d'entrée.

Objets qu'il est bon de voir en entrant

Qu'arrive-t-il si les premières choses que vous apercevez en entrant sont des livres ? Cette perception favorise la réussite scolaire et le développement de l'intelligence. D'autres images positives sont les représentations de scènes de la nature, de paysages terrestres ou marins, de tout ce qui suggère le bonheur et la sérénité, qu'il s'agisse de peintures, de gravures ou de photos. Citons aussi les fleurs, les plantes vertes et les aquariums.

Objets qu'il n'est pas bon de voir en entrant

Voici les vues à éviter en franchissant la porte d'entrée :

- Tout désordre ou saleté
- Des piles de travaux en retard
- Des toilettes, le fourneau ou le lit

Le remède aux deux premières situations est simple et d'application aisée : mettez ces choses ailleurs. Les remèdes relatifs aux toilettes, au lit et au fourneau sont décrits aux chapitres 10 à 13.

Entrée régulière par une autre porte que la porte d'entrée

L'utilisation systématique de la porte du garage peut avoir une influence négative sur votre vie, en fonction de l'état dans lequel se trouve le garage. S'il est froid, a une odeur déplaisante ou est mal rangé, il peut provoquer des manifestations du même genre dans votre vie. Si vous sortez du garage par une porte donnant directement sur la cuisine, vous subissez deux désagréments. Les fumées et le chi nocif du garage vous suivent dans la cuisine et peuvent avoir un effet néfaste sur l'énergie de la cuisine et, par suite, sur la nourriture et sur votre santé. Pour y remédier, vous devez vous astreindre à garer la voiture dehors et à utiliser la porte d'entrée.

Si cela n'est guère praticable pour une raison quelconque, vous pouvez suspendre dans le garage (avec un ruban rouge) un carillon au son agréable à proximité immédiate de la porte d'accès à la cuisine depuis le garage. La musique du carillon peut agir comme filtre énergétique, servant à disperser le chi négatif émanant du garage.

Entrer depuis le garage dans une buanderie peut aussi avoir un effet négatif sur votre santé. Pour remédier à cette situation, je recommande de garder la buanderie aussi propre que possible ou d'entrer par une autre porte.

Deux portes séparées sur la façade

Deux portes distinctes sur une façade sont une source majeure de confusion. Une seconde porte soustrait une partie de l'énergie de la porte principale et peut provoquer des blocages dans une carrière, la désorientation et d'autres difficultés. Pour y remédier, entrez et sortez systématiquement par la porte qui était initialement prévue comme porte d'entrée principale. Mettez le numéro de la maison sur cette porte et placez des plantes de part et d'autre pour attirer l'énergie. Masquez la seconde porte par une grande plante en pot et ne l'utilisez plus.

Troisième partie

Le Feng Shui de l'intérieur : décupler l'énergie de votre habitation et de votre lieu de travail

Dans cette partie...

Cette partie regorge de procédures incroyablement faciles à appliquer, mais furieusement efficaces, aussi bien pour détecter les problèmes dans les différentes pièces d'une maison que pour les résoudre. Dans chaque cas, je vous propose une ou plusieurs solutions pratiques pour augmenter l'énergie de l'espace dans lequel vous vivez, et vous apporter un surcroît de paix, de satisfaction et d'harmonie.

Cette partie aborde également la question de la carrière sous l'angle du Feng Shui. Au bureau, le Feng Shui peut équilibrer votre chi (l'énergie) et vous aider à équilibrer votre charge de travail.

Chapitre 10

Interpréter la disposition de votre demeure

Dans ce chapitre :

- Division de la maison en ses deux moitiés antérieure et postérieure
- Importance du centre de la maison
- Parties de la maison incompatibles entre elles
- Les remèdes applicables aux différents problèmes

Dans ce chapitre, je vous aide à examiner chaque partie de votre maison sous l'angle du Feng Shui. Chaque partie de la maison a son énergie bien particulière. Mais pour en optimiser le Feng Shui, vous devez d'abord voir ce qu'elle représente, et les rapports qui existent entre les différentes parties. Je décris la structure de base de l'intérieur d'une maison en expliquant l'influence qu'exerce sur vous chacune de ses surfaces.

Je vous montre aussi comment analyser le plan de la maison et effectuer les changements nécessaires. Vous verrez d'abord ce qui distingue le devant de l'arrière de la maison et ce qu'il est préférable de placer dans chacune de ces deux moitiés. Vous pourrez ensuite analyser le centre de la maison et voir pourquoi il représente la surface la plus importante, le noyau qui assure la cohésion de tout le reste sous l'angle de l'énergie. Le chi du centre influence notamment votre santé et est lié à tous les autres aspects de votre vie. Vous verrez aussi que certaines surfaces sont compatibles et ont des relations de voisinage très amicales, tandis que d'autres ne peuvent pas se sentir.

Le devant et l'arrière de votre demeure

Une excellente façon de conduire l'analyse Feng Shui de votre maison consiste à examiner séparément les deux parties avant et arrière. Vous devez pour cela disposer d'un plan à l'échelle. Mesurez la profondeur de la maison de l'avant à l'arrière, puis tracez une ligne droite équidistante des bords avant et arrière de la maison (voir figure 10.1)

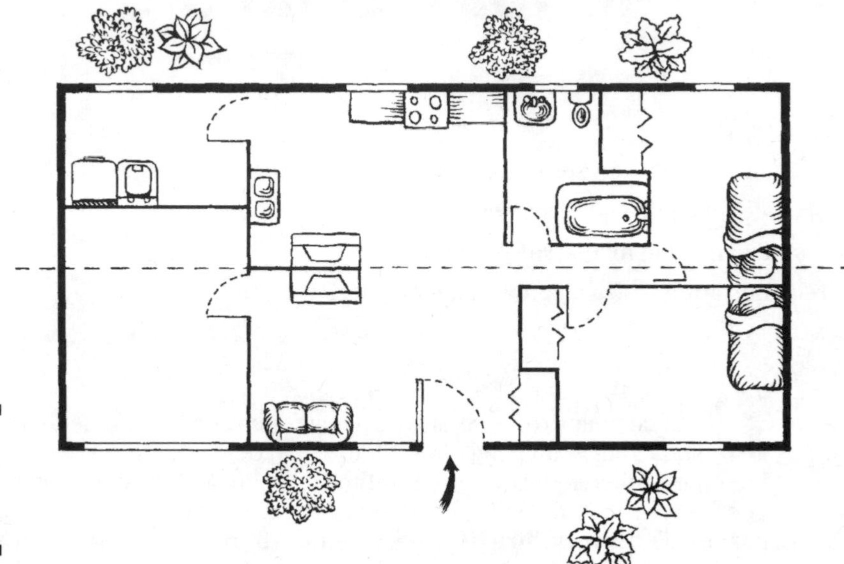

Figure 10.1 : Division de la maison en deux moitiés.

C'est la porte d'entrée qui sert de repère principal d'orientation. Le devant de la maison est toujours la moitié comportant la porte d'entrée – même si ce côté de la maison ne fait pas face à la rue. Tout ce qui se trouve en avant de la ligne médiane est dans la moitié avant de la maison, et tout ce qui se trouve en arrière est dans la moitié arrière.

Dans les sections suivantes, je vous indique les pièces qu'il est préférable de situer dans la moitié antérieure, et celles qu'il vaut mieux placer dans la partie arrière.

Pièces convenant bien pour le devant

L'énergie de la maison entre par la moitié antérieure par la porte d'entrée. Cette partie de la maison est concernée par le mouvement, la carrière, la vie sociale et tout ce qui vous relie au monde extérieur. Le devant de la maison est le yang, sa partie active. La salle de séjour, le living-room et le salon sont les pièces qu'il est le plus profitable de placer dans cette partie ; leur proximité de la porte d'entrée favorise la vie sociale et les réunions de famille. Toutefois, ces pièces peuvent aussi bien être placées à l'arrière de la maison. Voici quelques autres pièces qui peuvent se situer à l'avant :

- **Bureau** : un bureau proche du monde extérieur et de la rue peut favoriser le développement de votre carrière et de vos affaires tout en contribuant à séparer cet aspect de votre vie de ce qui touche à votre vie privée.
- **Chambre d'amis** : si la chambre d'amis est située sur le devant, vos invités ne risquent pas de profiter trop longtemps de votre hospitalité. (Mais si la chambre d'amis est à l'arrière, ils y sont probablement encore !)
- **Chambre d'enfants** : placer la chambre des enfants sur le devant peut les aider à devenir plus indépendants. Cette disposition est particulièrement bénéfique dans le cas des enfants plus âgés.

Pièces convenant bien pour l'arrière

La moitié arrière de la maison correspond au yin, c'est l'environnement réceptif, particulièrement bien adapté à l'intimité, au repos, à la sérénité et aux liens familiaux. Les activités servant à se ressourcer, telles que la relaxation, les activités familiales, la préparation et la consommation des repas doivent normalement s'y dérouler.

Faites bien attention à l'emplacement des pièces clés de la maison : la chambre à coucher principale et la cuisine. Dans le meilleur des cas, la chambre à coucher principale, la cuisine et la salle à manger sont situées dans la moitié arrière de la maison. Plus la chambre à coucher principale et la cuisine sont proches de la porte d'entrée, plus vous risquez de rencontrer des problèmes dans la vie. Une chambre à coucher proche de la porte d'entrée peut entraîner la séparation ou le divorce. Et une cuisine proche de la porte d'entrée est une menace pour votre santé et pour vos finances et peut faire que l'argent s'échappe de la maison. Les sections qui suivent vous fournissent quelques remèdes simples pour contrecarrer les effets néfastes de la position de ces pièces à l'avant de la maison.

Au chapitre 3, je vous ai indiqué comment placer sur votre plan la ligne de la porte principale. Tout ce qui se trouve en avant de cette ligne est considéré (en termes de Feng Shui) comme situé en dehors de la maison. S'il s'agit de la chambre à coucher, les inconvénients mentionnés dans les sections précédentes s'en trouvent aggravés, et l'utilisation des remèdes ci-après est encore plus cruciale.

Chambre principale

L'emplacement idéal de la chambre principale est une position aussi éloignée que possible de la porte d'entrée. Si le lit se trouve dans la moitié antérieure de la maison, le mariage peut en souffrir et le sommeil peut être troublé. Vous pouvez remédier à ces effets négatifs en plaçant un miroir de bonne taille (d'au moins 1 mètre sur 1,5 mètre) à l'arrière de la maison, en ligne directe avec le lit. Le miroir sert à tirer symboliquement le lit vers une position plus favorable au plan de l'énergie – l'arrière de la maison (voir figure 10.2). Le bord supérieur du miroir doit être plus haut que la tête du résidant le plus grand de la maison.

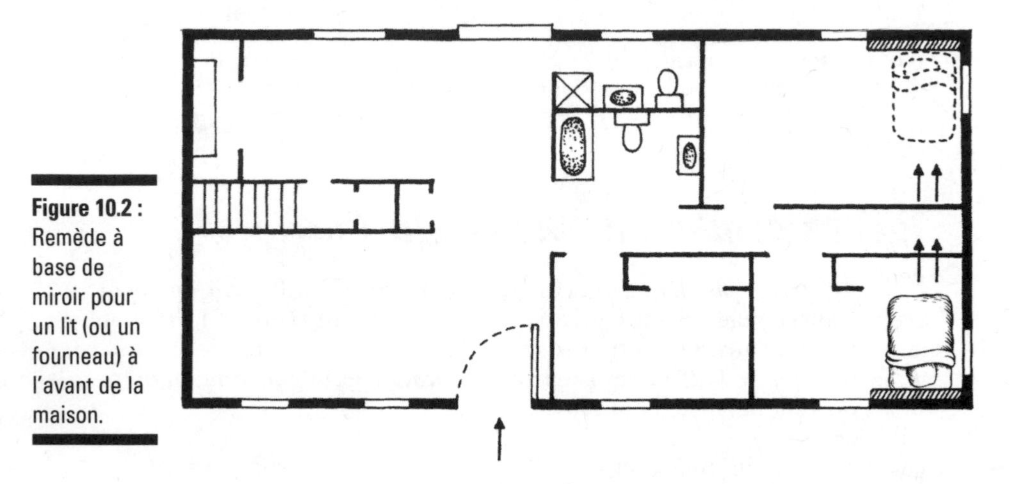

Figure 10.2 : Remède à base de miroir pour un lit (ou un fourneau) à l'avant de la maison.

Cuisine

Une cuisine dans la moitié antérieure de la maison peut mettre en péril la santé des occupants parce que l'énergie du fourneau peut se trouver perturbée par les énergies actives de la moitié avant. Une cuisine que l'on voit facilement ou à laquelle on accède aisément depuis la porte d'entrée représente la pire des situations : les énergies actives et stimulantes de la moitié antérieure de la maison s'attaquent symboliquement au fourneau, avec des résultats désastreux. Vous allez rapidement prendre du poids, souffrir de problèmes d'estomac et d'intestin, avoir tendance à la boulimie, notamment aussitôt après être rentré chez vous. Les problèmes d'argent sont aussi associés à une cuisine trop proche de l'avant de la maison. Pour remédier à cette situation, appliquez la solution du miroir mentionnée à la section précédente (voir figure 10.2), ou suspendez une grande boule à facettes de cristal au-dessus du fourneau.

Salle à manger

Une salle à manger dans la moitié avant de la maison peut elle aussi engendrer des problèmes, mais ils sont d'une moindre gravité que dans le cas d'une cuisine. Le risque est que les visiteurs viennent fréquemment, mangent beaucoup et s'en aillent rapidement. Ou pis encore, ils peuvent rester trop longtemps et vous importuner par leurs bavardages. Pour remédier au problème de la salle à manger dans la partie avant, suspendez une grande boule à facettes de cristal (d'au moins 10 centimètres de diamètre) au-dessus de la table de la salle à manger.

Le centre de la maison

Toutes les surfaces de la maison ont leur importance, mais à part la porte d'entrée, le centre est l'endroit qui compte le plus. Le centre de la maison est absolument vital. L'énergie de cet endroit influence de manière spectaculaire votre santé, et elle a une incidence sur tous les aspects de la vie. C'est un peu comme le moyeu d'une roue. Toute l'action et toute l'énergie passent par le moyeu. Ce principe s'applique même si vous passez peu de temps au centre de la maison – même si c'est un placard.

L'importance du centre de la maison

Les quatre caractéristiques suivantes distinguent le centre de toutes les autres parties de la maison.

- **L'énergie du centre est reliée et interagit avec toutes les autres surfaces de la maison**. Le centre est ainsi influencé par chacune des autres surfaces, et les influence à son tour.
- **Le centre a une incidence sur la santé et le bien-être**. La santé et la vitalité physique sont indispensables à la pleine réalisation de votre potentiel. Sans la santé, rien ne va plus. Si vous vous posez des questions à cet égard, allez voir de plus près le centre de votre maison ou celui de votre lieu de travail.
- **Le centre affecte tous les aspects de la vie**. Pour obtenir une amélioration d'ensemble, commencez par le centre. Les remèdes appliqués au centre font rayonner l'énergie vers les autres surfaces de la maison. De même, si votre demeure demande beaucoup de travail en matière de Feng Shui, mais si l'application de multiples remèdes dépasse les limites de votre budget, un seul remède appliqué au centre peut contribuer à rétablir la situation.
- **Le centre de la maison peut même contribuer à vous recentrer**. Vous ne savez plus à quel saint vous vouer ? Un remède appliqué au centre peut vous aider à remettre les choses en place en vous recentrant.

Conditions optimales pour l'énergie du centre

Dans le meilleur des cas, le centre de la maison est ouvert, aéré et libre. Il ne doit pas être renfermé, sombre ni encombré. Il doit être lumineux, accueillant, sain et agréable. La meilleure place pour le centre est une salle de séjour, un living-room ou un bureau.

Ce qu'il est bon de placer au centre

Le centre de la maison étant connecté à tous les aspects de la vie, les remèdes ci-après, appliqués au centre, ont des effets bénéfiques dans tous les domaines.

Les plantes attirent l'énergie vitale

En plaçant des plantes fraîches, saines au centre de la maison, vous vivifiez l'ensemble de ses pièces. Une plante fait du bien, mais c'est encore mieux d'en mettre plusieurs. Les nombres impairs, ou yang, sont plus effectifs que les nombres pairs. C'est pourquoi un nombre impair de plantes (3, 5, 7, etc.) peut engendrer plus d'activité et de changements qu'un nombre pair.

La couleur de la santé

Le jaune est la couleur de la santé. Un excellent remède consiste à placer des objets jaunes au centre ou à en peindre les murs en jaune ou en teintes dorées. (Consultez le chapitre 15 pour plus de détails sur les couleurs.)

Un remède de vie spécial

Si vous avez de sérieux problèmes et si vous voulez vraiment être soulagé, vous pouvez appliquer le remède spécial « au secours ». Suspendez au centre de la maison – par un ruban rouge de longueur multiple de 9 centimètres – une grande boule à facettes de cristal.

Remèdes pour surfaces centrales à problèmes

Trois pièces suscitent des problèmes quand elles sont au centre de la maison : les toilettes, la chambre à coucher et la cuisine. Les toilettes drainent l'énergie vitale du centre, au détriment de tout le reste. Il n'est pas bon non plus que la chambre à coucher soit au centre, parce que les puissantes énergies du centre sont une menace pour la paix et la sécurité du lit. Quant à la cuisine, le chi fort et brûlant de son fourneau ajoute une trop grande intensité à l'activité déjà très élevée de la surface centrale, et la santé peut en souffrir gravement. Naturellement, vous n'avez peut-être pas les moyens de construire une maison de rêve, totalement conforme aux règles du Feng Shui. C'est pourquoi je vous propose dans les sections suivantes une série de remèdes pour neutraliser les énergies néfastes.

Remède pour salle de bains ou toilettes placées au centre

Les effets négatifs induits par la présence de salle de bains ou toilettes au centre sont multiples. Ces pièces symbolisent l'évacuation et la perte de l'énergie qui s'en va par le tout à l'égout, ce qui peut se traduire par une mauvaise santé et des ennuis en tout genre.

En pareil cas, je vous suggère d'utiliser deux remèdes, l'un à l'intérieur, l'autre à l'extérieur de la pièce. Placez tout d'abord un miroir couvrant l'extérieur de la porte et maintenez-la fermée (voir chapitre 13).

Le second remède consiste à couvrir de miroirs les quatre murs de la pièce. La solution des quatre miroirs est un remède radical. (Par-dessus le marché, vous n'y souffrirez plus jamais de solitude !) Comme pour tous les remèdes, appliquez-le en visualisant les résultats que vous en attendez dans la vie.

S'il ne vous est pas possible de couvrir les murs de miroirs, une autre solution consiste à suspendre une tige de bambou dans chacun des coins de la pièce.

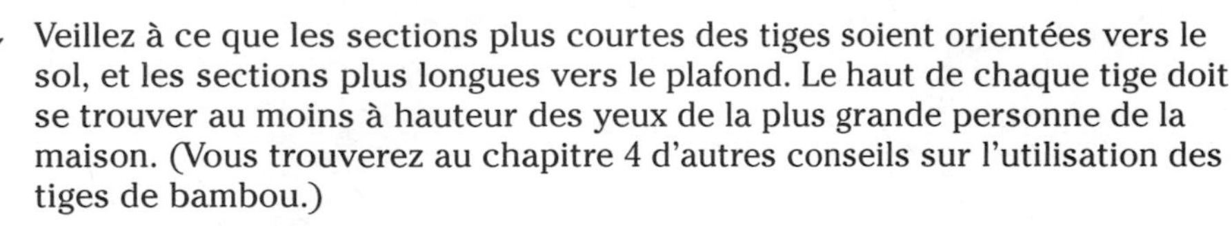

Veillez à ce que les sections plus courtes des tiges soient orientées vers le sol, et les sections plus longues vers le plafond. Le haut de chaque tige doit se trouver au moins à hauteur des yeux de la plus grande personne de la maison. (Vous trouverez au chapitre 4 d'autres conseils sur l'utilisation des tiges de bambou.)

La chambre à coucher principale

Une chambre à coucher principale au centre de la maison peut engendrer le chaos et la confusion. Les énergies actives et vitales du centre peuvent déranger votre sommeil, aliéner votre tranquillité d'esprit, défaire votre mariage et vous ruiner. C'est embêtant, dites-vous ? Pas de problème. La solution du miroir, présentée sur la figure 10.2, marche à merveille. Placez simplement le miroir à l'arrière de la maison directement en ligne avec le lit. Représentez-vous le lit tiré en arrière par le miroir dans une position sans danger.

Faute de pouvoir appliquer ce remède, suspendez un carillon au centre de la chambre à coucher pour calmer et harmoniser l'énergie de la pièce. Ce remède est un peu moins puissant que le miroir, mais il apporte néanmoins une amélioration substantielle.

La cuisine

Une cuisine située au centre de la maison peut donner lieu à des accidents, entraîner de graves problèmes de santé ou même provoquer un incendie dans la maison. Le remède consistant à tirer les objets au moyen d'un miroir est d'une totale efficacité dans pareille situation (voir figure 10.2). Une autre solution consiste à suspendre au-dessus de la position du cuisinier devant le fourneau, ou au centre de la cuisine, une grande sphère à facettes de cristal (d'au moins 5 centimètres de diamètre). Cette sphère harmonise et équilibre le chi du fourneau et celui du centre, ce qui favorise la santé et la chance. Assurez-vous également que le reste de la cuisine est conforme aux principes du Feng Shui (chapitre 12).

Escalier en colimaçon

Un escalier en colimaçon agit à la manière d'un tire-bouchon s'enfonçant dans la terre. Une énergie descendant en spirale peut provoquer une tendance à la baisse de votre santé et de vos chances de réussite dans la vie. L'antidote consiste à créer un chi ascendant, par l'une des deux solutions suivantes. Vous pouvez enrouler une vigne vierge artificielle verte en soie autour de la rampe, depuis le bas jusqu'en haut. Vous pouvez aussi attirer l'énergie vers le haut en suspendant une sphère à facettes de cristal au-dessus du centre de l'escalier. Encore mieux : utilisez les deux remèdes en même temps. (Vous trouverez au chapitre 14 d'autres principes et d'autres remèdes applicables aux escaliers.)

Les pièces adjacentes

Les deux pièces les plus importantes d'une maison sont la chambre à coucher principale et la cuisine. Je ne voudrais pas minimiser l'importance de la chambre d'enfant, mais la chambre principale est le siège du pouvoir des parents, qui au sens littéral et au sens symbolique de l'énergie pourvoient à la nourriture des enfants. C'est pourquoi la position de ces deux pièces a une incidence sur la vie et la fortune de tous les occupants de la maison.

La chambre à coucher et la cuisine contiennent respectivement le lit et le fourneau, deux éléments d'importance primordiale, associés à la création et à la continuation de la vie de toute la maisonnée. Dans le meilleur des cas, ces deux pièces ne doivent pas être placées l'une à côté de l'autre, car les énergies du lit et du fourneau peuvent entrer en conflit s'ils sont trop proches l'un de l'autre. Si le lit et le fourneau sont placés dos-à-dos de part et d'autre d'une cloison ou si les portes de ces deux pièces se font face directement, votre mariage et votre santé peuvent en souffrir. En outre, ni le lit ni le fourneau ne doivent se trouver à proximité des toilettes.

Les conflits mettant en jeu une combinaison de ces trois éléments – le lit, le fourneau et les toilettes – peuvent entraîner de sérieux problèmes dans les surfaces de vie correspondantes (vous trouverez des précisions sur les surfaces de vie au chapitre 3). Si de tels scénarios se retrouvent dans votre demeure, appliquez les remèdes décrits dans les sections suivantes. Consultez aussi les chapitres 11 à 13 pour vous assurer que les pièces concernées sont totalement conformes aux principes du Feng Shui.

Toilettes et fourneau ou toilettes et lit de part et d'autre d'une même cloison

Des toilettes ne doivent pas être placées dos-à-dos avec un fourneau ou un lit situé de l'autre côté d'une cloison, parce que l'action répétée de la chasse d'eau aspire l'énergie vitale de l'élément placé de l'autre côté. S'il s'agit du fourneau, les conséquences peuvent aller de problèmes digestifs à des maladies ou des accidents graves. Dans le cas du lit, en plus de ces mêmes problèmes, les conséquences peuvent aussi inclure le divorce et même la mort. Des problèmes similaires peuvent résulter de la présence d'un évier derrière le lit, mais avec une moindre acuité.

Le remède préconisé dans le cas du fourneau consiste à installer un miroir sur le mur de la cuisine derrière le fourneau. Assurez-vous que le miroir est de la même largeur que le fourneau et va du sol jusqu'au moins le haut du fourneau ou jusqu'à la base d'un placard situé au-dessus du fourneau. La surface réfléchissante du miroir doit être du côté du fourneau.

Dans le cas du lit, placez un miroir sur le mur derrière le lit, allant du sol jusqu'au moins le sommet de la tête du lit. La largeur du miroir doit être égale à celle du lit, et la face réfléchissante doit être contre le lit. S'il n'y a pas de tête de lit, le miroir peut aller jusqu'en haut du matelas. En appliquant ce remède, représentez-vous la paix, la sécurité et la bonne santé pour en obtenir des effets complets (voir figure 10.3).

Des toilettes situées à l'étage directement au-dessus d'un lit ou d'un fourneau peuvent aussi conduire au désastre. Pour y remédier, fixez un petit miroir circulaire sur le plafond au-dessus des têtes des dormeurs ou au-dessus du fourneau, face réfléchissante vers le bas. Une autre solution, ou solution supplémentaire, consiste à suspendre, directement au-dessus de la tête des dormeurs ou au-dessus de la surface de cuisson, une sphère à facettes de cristal ou un carillon métallique au bout d'un ruban rouge (d'une longueur multiple de 9 centimètres).

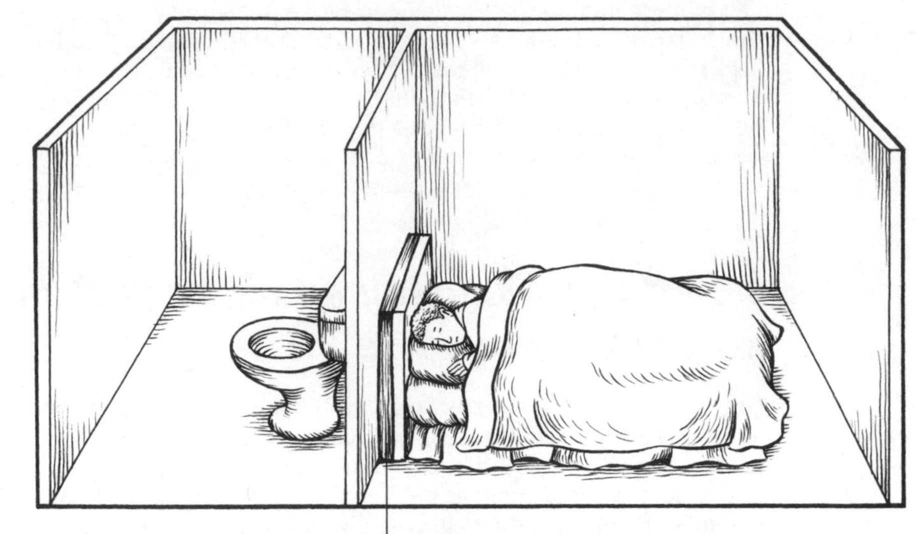

Figure 10.3 : Remède pour un lit et des toilettes disposés contre une même cloison.

Dans un appartement, des toilettes situées à l'étage directement au-dessus de votre lit ou de votre fourneau ont les mêmes effets négatifs, même si elles font partie d'un autre appartement que le vôtre. Je vous recommande en pareil cas d'appliquer les remèdes décrits ci-dessus.

Lit et fourneau de part et d'autre d'une même cloison

Si le fourneau et le lit sont de part et d'autre d'une même cloison, les problèmes sont du même ordre que ceux décrits dans la section précédente, et la solution est pratiquement la même. Installez un miroir derrière le lit qui est en opposition avec le fourneau.

Remèdes aux portes opposées

Les portes de deux de ces pièces – la cuisine, la chambre principale et la salle de bains – ne doivent pas se faire face. Les sections suivantes décrivent les risques encourus et les remèdes correspondants.

Salle de bains en face de la chambre principale ou de la cuisine

Une porte de salle de bains de l'autre côté de la porte de la chambre ou de l'entrée de la cuisine peut provoquer des maladies de l'estomac et de l'intestin ou entraîner un état dépressif. C'est encore pire si la porte de la salle de bains est à l'intérieur de la cuisine ou de la chambre. Et si vous pouvez apercevoir les toilettes depuis la position du cuisinier debout ou depuis le lit, prenez garde ! Dans l'une quelconque de ces situations, vous pouvez appliquer les remèdes suivants.

- **Gardez toujours la porte de la salle de bains fermée**. C'est simple, basique et facile à comprendre.
- **Installez un miroir couvrant le côté extérieur de la porte de la salle de bains**. Ce remède ne marche que si vous gardez la porte de la salle de bains fermée.
- **Suspendez une sphère à facettes de cristal à mi-chemin entre les portes opposées.**

Les salles de bains à l'intérieur de chambres à coucher soulèvent des problèmes Feng Shui particuliers, traités au chapitre 11.

Cuisine en face d'une chambre

De nombreux problèmes peuvent se manifester si la porte de la cuisine est directement en face de celle de la chambre. Comme vous êtes sur le chemin de la cuisine à chaque fois que vous quittez votre chambre, vous êtes porté à manger plus que de raison. Les conséquences peuvent être un gain de poids et des problèmes digestifs. En outre, le chi brûlant du fourneau peut surchauffer votre mariage ou votre relation et entraîner des disputes et des désaccords. Si vous pouvez voir le fourneau depuis la chambre, les problèmes sont encore plus aigus.

Vous pouvez disperser les énergies conflictuelles en suspendant un carillons à mi-chemin entre le lit et le fourneau. Les sons bienfaisants et l'énergie du carillon diffusent et harmonisent les énergies, générant la paix et l'abondance. Une autre solution consiste à placer de jeunes plantes vertes, saines et vigoureuses, de part et d'autre de la porte.

Chapitre 11

Une chambre où rayonne la santé, l'énergie et l'amour

Dans ce chapitre :

- Les meilleurs emplacements pour votre chambre
- Forme et disposition de la chambre
- L'entrée de la chambre
- La position du lit peut entraîner une amélioration spectaculaire de votre vie
- Le type de lit a son importance
- Comment augmenter l'énergie du lit

Ce chapitre est consacré au deuxième pilier de la vie – le lit de la chambre principale – et à la chambre elle-même. Le lit est le fondement du repos, de la santé et des relations ou du mariage. Je vous propose un véritable trésor de conseils et de principes. Correctement appliqués, ils apporteront des améliorations extraordinaires dans de nombreux aspects de votre vie. (Reportez-vous au chapitre 2 pour une vue d'ensemble sur les piliers de la vie.)

La chambre principale – la pièce la plus importante de la maison – nourrit le chi des adultes. Et l'énergie des adultes, à son tour, nourrit les enfants. Les déficiences du chi des adultes se transmettent aux enfants. C'est pourquoi l'état de la chambre principale est important pour le bien-être de tous les occupants de la maison.

Les principes énoncés dans ce chapitre à propos de la chambre principale peuvent s'appliquer à toutes les chambres de la maison. (Voir au chapitre 13 des informations plus complètes sur les chambres d'enfant.)

Ce chapitre répond à trois objectifs : indiquer les conditions Feng Shui idéales pour une chambre à coucher, expliquer les problèmes découlant de conditions non conformes à l'idéal, et fournir des solutions à ces problèmes.

Placement de la chambre dans une position forte

Le bien-être de toute la maisonnée dépend pour une large part du placement de la chambre à coucher, de son état et de son énergie. En premier lieu, tenez compte de la position de la chambre sur le plan de la maison. (Consultez le chapitre 10 pour d'autres considérations sur l'emplacement de la chambre à coucher dans la maison.)

La meilleure position de la chambre à coucher est la position dite de commandement de la maison, à l'arrière, et aussi loin que possible de la porte d'entrée. (J'explique la position de commandement un peu plus loin.) La moitié antérieure de la maison est moins favorable car placée plus près de la porte d'entrée – et de l'énergie active de la rue. La moitié arrière est plus favorable, car généralement plus calme, plus paisible et mieux protégée. Et à l'arrière, il est encore mieux de placer la chambre dans la position ou l'une des deux positions de commandement, c'est-à-dire dans l'un des coins diagonalement opposés à la porte d'entrée. Si la porte d'entrée est sur la gauche, la position de commandement est à l'arrière dans le coin de droite. Si la porte est à droite, la position de commandement est le coin de gauche, et si la porte est au milieu de la façade, le coin arrière gauche et le coin arrière droit conviennent aussi bien l'un que l'autre pour y placer la chambre à coucher. (La figure 11.1 montre les positions de commandement convenant le mieux comme emplacement d'une chambre à coucher.)

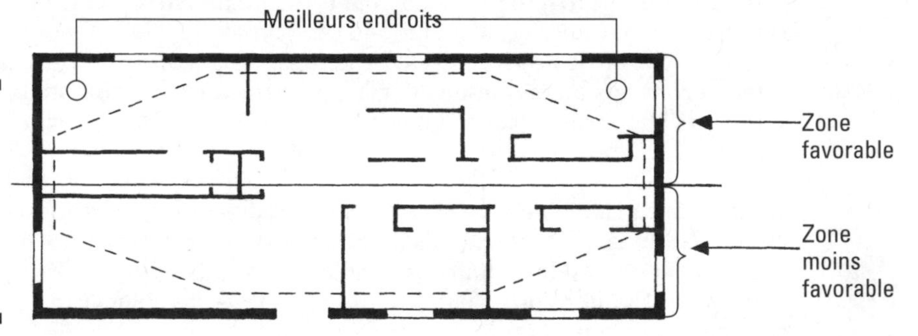

Figure 11.1 : Positions de commandement comme emplacement de la chambre.

Chambre au-dessus du garage, et remèdes

De plus en plus de gens dorment dans des chambres principales situées au-dessus du garage – une position Feng Shui malencontreuse pour plusieurs raisons. Cet emplacement isole la chambre de l'énergie vitale émanant de la terre et fait que vous dormez au-dessus d'un espace froid et vide. Le garage est plus froid, moins ordonné et moins accueillant que le reste de la maison, et il draine la chambre de son chi et de sa chaleur.

Une autre influence négative est la voiture elle-même. L'énergie chaotique et bruyante de la voiture nuit à la tranquillité de la chambre ; en outre, les gaz d'échappement finissent inévitablement par se frayer un passage jusqu'à la chambre, et peuvent avoir une influence débilitante sur les voies respiratoires ainsi que sur l'état général de ses occupants. La solution pour remédier à pareille disposition consiste à utiliser l'énergie symbolique des arbres pour aider l'énergie de la pièce à s'ancrer au sol et à se stabiliser. Sous la chambre, à l'intérieur du garage (de préférence mais pas nécessairement sous le lit) peignez un grand arbre avec des racines brunes paraissant s'enfoncer dans le sol du garage, avec un tronc puissant s'élevant le long du mur du garage. Les branches de l'arbre doivent comporter une multitude de feuilles bien vertes et atteindre le plafond du garage où elles s'épanouissent en une abondance de fruits et de fleurs.

Une variante de ce remède consiste à décorer la chambre au moyen des mêmes couleurs que l'arbre (voir figure 11.2). Peignez les murs de la chambre de vives couleurs vertes, et couvrez le sol de tapis ou revêtements de couleurs brunes ou rappelant la terre. Ornez en outre votre plafond de fleurs et de fruits multicolores.

Figure 11.2 : Remède pour une chambre au-dessus du garage : arbre peint sur le mur.

Un remède utilisable à la place des précédents, ou en complément, consiste à placer de vigoureuses plantes vertes dans la chambre pour y susciter un chi plus nourrissant et vivifiant.

Protection d'une chambre menacée par une voiture

Les voitures qui entrent dans un garage attenant à la maison (ou garées directement à l'extérieur de la maison) et qui sont dirigées vers le lit peuvent menacer de manière subconsciente la santé et la fortune des dormeurs. À la longue, le passage éventuel de la voiture à travers le mur pour atteindre le dormeur peut avoir une incidence négative sur sa psyché. L'une des filles adolescentes d'un de mes clients est entrée en voiture par inadvertance depuis le garage dans la salle de séjour en démolissant la cloison. Si la chambre à coucher avait été placée de l'autre côté du mur, cet accident coûteux aurait pu tourner au tragique.

Deux remèdes peuvent vous protéger contre pareille menace. Vous pouvez installer sur le mur de la chambre le plus proche de la voiture un grand miroir dirigé vers l'intérieur de la chambre. Ce miroir étend la chambre et repousse symboliquement le mur et la voiture beaucoup plus loin. Ou vous pouvez suspendre un carillon métallique dans le garage entre le devant de la voiture et le mur commun. Le carillon diffuse le chi de la voiture et réduit la menace perçue de façon subconsciente par le dormeur.

La forme et l'aménagement de la chambre à coucher

Les meilleures formes de chambre sont les carrés et les rectangles. Si votre chambre est irrégulière ou d'une forme bizarre, consultez le chapitre 8 pour voir les remèdes appropriés.

Placement de l'octogone sur la chambre à coucher

L'octogone est l'outil de base de repérage du Feng Shui, expliqué au chapitre 3. L'octogone montre quelle partie de la chambre affecte chacune des neuf surfaces vitales. Appliquez l'octogone à la chambre de la même façon que vous l'appliquez au jardin ou à la maison elle-même (voir figure 11.3).

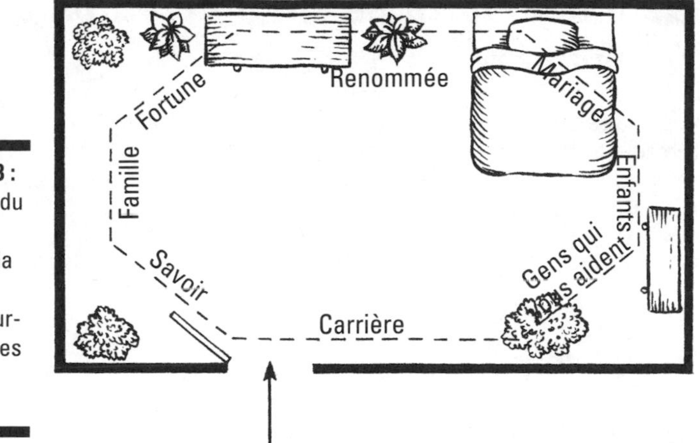

Figure 11.3 : Octogone du Feng Shui placé sur la chambre : les neuf surfaces vitales de la chambre.

Après avoir placé l'octogone, vous pouvez analyser votre chambre et voir si des surfaces vitales comportent un problème. Vous pouvez alors utiliser les principes et les remèdes du livre pour corriger toute déficience de la chambre ou améliorer toute surface vitale que vous voulez. Par exemple, s'il y a une partie manquante dans la surface du mariage de la chambre, il peut en résulter du stress et des problèmes dans vos relations conjugales. Vous pouvez alors installer un miroir pour étendre la surface du mariage.

Traitement des portes et des fenêtres de la chambre à coucher

Dans le meilleur des cas, la chambre principale ne doit comporter qu'une porte (à l'exclusion des portes de placard) – la porte d'entrée dans la chambre. Les portes multiples entraînent des flux d'énergie supplémentaires, au détriment du repos et de la sécurité. Ces portes additionnelles peuvent aussi permettre des fuites d'énergie, entraînant des pertes de santé et nuisant à la relation conjugale. Vous trouverez des remèdes aux portes multiples dans les sections suivantes.

Les fenêtres fournissent la lumière naturelle dont vous avez besoin, mais trop proches du lit, elles posent un problème de sécurité énergétique et peuvent causer des courants d'air malsains pour les dormeurs. S'il y a une fenêtre près de votre lit, vous pouvez suspendre une sphère à facettes de cristal dans l'embrasure de la fenêtre pour diffuser le flux d'énergie excédentaire.

Remède à une porte de salle de bains placée dans la chambre

Une porte de salle de bains dans la chambre entraîne une perte d'énergie dont tant votre santé que votre mariage peuvent souffrir. C'est pourquoi je vous recommande de garder la porte de la salle de bains fermée et d'installer un miroir sur toute la hauteur de la porte, face à l'intérieur de la chambre. Je vous suggère en outre d'examiner les autres remèdes relatifs aux salles de bains, décrits au chapitre 13.

Les effets d'une porte extérieure dans la chambre

Une porte extérieure dans la chambre symbolise l'absence fréquente de la maison de l'un des membres du couple, la possibilité d'un divorce et la perte d'argent. Une porte comportant des carreaux aggrave encore la situation. Celles qui comportent des carreaux sur toute la hauteur sont encore plus problématiques. Vous pouvez améliorer ces portes en les remplaçant par des portes pleines et en les utilisant moins souvent. Si la porte conduisant à la chambre s'ouvre directement sur une porte extérieure, les membres du couple risquent de s'en aller rapidement. Pour remédier à toute porte extérieure dans la chambre, suspendez devant cette porte un carillon en laiton (avec un son qui vous plait). Et servez-vous de cette porte aussi peu souvent que possible.

Remèdes à de multiples problèmes de disposition dans la chambre à coucher

Cette section montre comment appliquer d'un seul coup des remèdes à l'ensemble de la chambre. La figure 11.4 donne deux exemples de disposition de chambre présentant de multiples problèmes Feng Shui. J'ai fait exprès de choisir des pièces comportant plusieurs inconvénients pour montrer comment les remèdes multiples peuvent s'associer. Gardez ce conseil à l'esprit : vous n'avez pas nécessairement besoin d'appliquer tous les remèdes de cette section pour obtenir un bon Feng Shui dans la chambre à coucher. Certaines pièces ont un excellent Feng Shui sans application d'aucun remède. Soyez pragmatique : appliquez les remèdes correspondant à vos besoins.

Remédier à une forme de chambre irrégulière

La liste suivante décrit les problèmes posés par les chambres de forme irrégulière et les remèdes appropriés à chaque situation (voir figure 11.4a).

- **Pièce de forme irrégulière**. Une telle forme de pièce peut entraîner la confusion et la stagnation, des insomnies et des difficultés conjugales. Pour y remédier, vous pouvez suspendre une sphère à facettes de cristal ou un carillon au centre de la pièce.
- **Mur oblique dans la surface du mariage**. Ce défaut peut provoquer des disputes. Vous pouvez y remédier en plaçant une lampe à une extrémité du mur et une plante à l'autre extrémité. (Voir le chapitre 14 pour plus de détails sur les murs obliques.)
- **Un angle de mur dirigé vers le lit**. Cette disposition peut darder une énergie menaçante vers les jambes et les pieds des dormeurs. Le remède peut consister à suspendre une sphère à facettes de cristal directement devant l'angle du mur. (Voir le chapitre 7 pour plus d'informations sur les flèches empoisonnées.)
- **Une grande fenêtre sur le mur de gauche et une porte vitrée extérieure coulissante sur le mur d'en face**. Cette situation peut faire entrer dans la pièce et en sortir une quantité excessive de chi. Il en résulte pour les dormeurs une sensation d'insécurité. Pour harmoniser ces flux d'énergie, suspendez une sphère à facettes de cristal à mi-chemin entre la fenêtre et la porte extérieure.
- **Une cheminée dans la chambre**. Une cheminée peut brûler l'énergie du mariage, conduisant à l'épuisement et à des tensions. Réglez le problème en plaçant une plante en pot devant la cheminée pour en couvrir l'ouverture et abstenez-vous d'y faire du feu.
- **Une porte de placard cognant contre la porte d'entrée principale de la chambre**. Deux portes qui se cognent peuvent conduire à des portes que l'on claque, à des disputes et à des conflits entre les personnalités des occupants. Pour remédier à ce problème, suspendez deux houppes de couleur rouge vif, une sur le bouton de chaque porte, sur les faces en regard l'une de l'autre. (Voir le chapitre 14 pour plus d'informations sur les portes qui s'entrechoquent.)
- **Une entrée étroite dans la chambre**. L'étroitesse de cette porte peut nuire à votre carrière et à vos chances d'évolution. Réglez le problème en suspendant un carillon au-dessus de l'entrée de la chambre, à l'intérieur de la chambre.
- **Une porte qui n'est pas visible depuis l'endroit où l'on dort**. Cette situation rend plus difficile la réussite dans un certain nombre de domaines. Portez-y remède en plaçant un miroir mural ou sur pied de l'autre côté du lit depuis lequel la porte sera désormais parfaitement visible. (Ce problème est traité en détail dans la section « Visibilité de la porte de la chambre » plus loin dans ce chapitre.)

Remèdes applicables à une chambre avec une entrée bloquée, un vitrage au plafond ou une poutre

Les dispositions de chambre suivantes rendent l'entrée dans la chambre plus difficile et peuvent nuire à la santé. La figure 11.4b en montre des exemples.

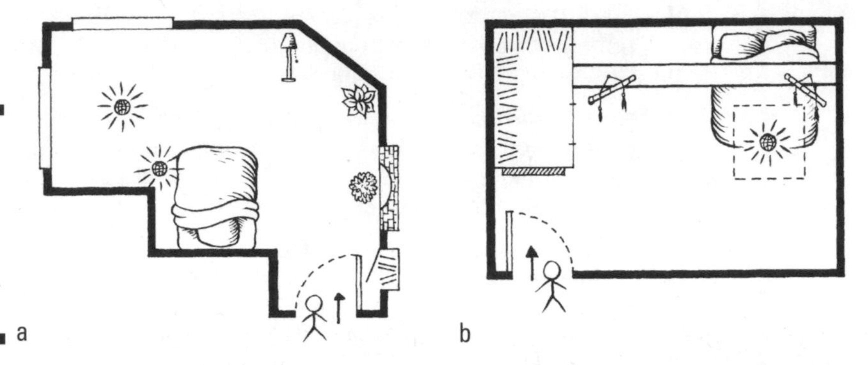

Figure 11.4 : Dispositions de chambre avec des problèmes, et leurs solutions.

- **Entrée bloquée**. Le placard le long du mur ne laisse qu'un petit espace pour avancer en entrant dans la chambre. Il est alors plus difficile d'y pénétrer – et d'en sortir, pour l'énergie comme pour les gens. Les effets peuvent donner l'impression d'être bloqués dans la vie, de fréquentes absences du domicile, des mois passés à dormir seul ou la difficulté d'établir une relation. Remédiez à cette situation en plaçant un miroir du haut en bas du mur faisant face à l'entrée. Ce remède étend l'entrée et attire dans la chambre une énergie supplémentaire.
- **Poutre au-dessus du lit**. Une poutre représente une pression qui s'exerce sur les dormeurs ; en l'occurrence, au niveau du cœur. Vous pouvez suspendre deux tiges de bambou Feng Shui à des angles de 45 degrés, une à chaque extrémité de la poutre. Ce remède diminue la pression de la poutre et crée des conditions plus favorables dans les surfaces de vie de la santé et du mariage. (Voir le chapitre 14 pour plus d'informations sur les poutres et le chapitre 4 au sujet des remèdes à base de tiges de bambou.) Un autre remède à ce problème consiste à déplacer le lit pour que la tête du lit soit dans la surface des enfants.
- **Vitrage au-dessus du lit**. Un aspect positif d'une vitre au-dessus du lit est qu'elle ajoute de la lumière à la pièce. Cependant, elle peut aussi menacer le dormeur. Pour remédier au problème, vous pouvez suspendre une sphère à facettes de cristal après le vitrage. Pour obtenir les meilleurs résultats, suspendez la sphère au bout d'un ruban d'une longueur multiple de 9 centimètres.

Le dilemme de la chambre à coucher spacieuse avec salle de bains

Les habitations de luxe comportent de plus en plus souvent une chambre à coucher très vaste comportant tout ce qui peut contribuer au confort de ses occupants : très grands placards et une salle de bains intégrée à la chambre. Cependant, ces attributs peuvent exercer de diverses manières une influence négative sur l'énergie des occupants.

Une chambre très grande peut causer la désorientation, la confusion, et induire des conflits dans le couple ; une pièce trop grande nuit à l'intimité et peut provoquer une sensation de solitude. (Certains couples finissent par communiquer par téléphone portable depuis différentes régions de la pièce.) Des plantes vertes permettent de combler le vide et apportent la vie dans la pièce.

De façon générale, tout espace irrégulier est pour le subconscient une source d'interrogation continuelle ; dans le cas d'une pièce, une forme irrégulière (voir figure 11.4a) engendre la confusion parce que l'esprit essaie en permanence d'interpréter l'espace. Une pièce ayant de multiples ouvertures et des formes étranges donne l'impression de vivre dans un mystère – il est difficile de déterminer où la pièce commence et finit. « Et alors ? », direz-vous. Eh bien, ma réponse est que vous êtes plus fatigué, désorienté et énervé. Mais heureusement, vous pouvez donner à votre esprit le repos dont il a besoin grâce au Feng Shui.

En outre, une ouverture vers la salle de bains agit comme un trou béant dans la pièce, et attire inévitablement la précieuse énergie du lit. Le meilleur remède à cette situation est de fermer cette ouverture par un rideau ou une porte.

Les chambres de luxe les plus élaborées (avec de multiples ouvertures, des portes vers des patios intérieurs, et/ou des plafonds en pente) sont de véritables cauchemars du Feng Shui. Ces pièces peuvent provoquer de multiples problèmes dans la vie et peuvent rendre quasi impossible le placement du lit dans une bonne position. Un bon remède d'ordre général pour une telle pièce consiste à suspendre une sphère à facettes de cristal au centre de la pièce pour harmoniser les flux d'énergie disparates. Un remède plus drastique consiste à suspendre un chandelier de cristal de très grande qualité (à condition de ne pas le placer au-dessus du lit).

Remèdes pour chambres trop grandes

Voici maintenant une série de remèdes aux problèmes des chambres trop grandes. (Je vous suggère d'examiner dès maintenant l'exemple de chambre de la figure 11.5.) Les sections suivantes analysent les problèmes Feng Shui suscités par ces chambres et décrivent les solutions appropriées.

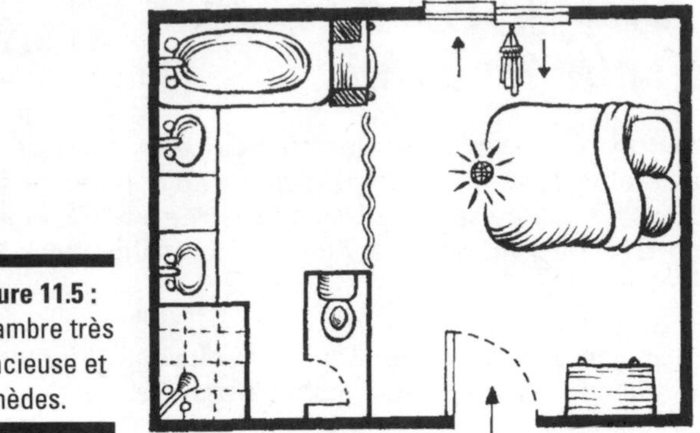

Figure 11.5 : Chambre très spacieuse et remèdes.

- **Il y a dans la chambre une porte donnant sur l'extérieur**. Pareille situation peut créer des problèmes de tous ordres au sein du couple, des pertes d'argent dans le ménage ou la maladie. La porte extérieure peut aussi introduire un chi excessif dans la pièce, entraînant des problèmes supplémentaires.
- **Le chemin de l'énergie allant de la porte d'entrée de la chambre à la porte extérieure passe par le pied du lit**. Cette situation peut créer des difficultés dans le domaine de la carrière.
- **Une grande ouverture dans la pièce conduit à la salle de bains**. Cette ouverture est directement en face du pied du lit et peut drainer l'énergie des dormeurs. Les énergies humides de la salle de bains, du fait du trou béant dans le mur, peuvent jeter le chaos dans les relations du couple et dans sa santé.

Une grande chambre réunissant les trois conditions ci-dessus n'a pas de bon endroit pour placer le lit. En Feng Shui, la position du lit est ce qui compte le plus dans une chambre ; cette position est le fondement de la santé, de la force et de la réussite dans la vie. Trois des murs de la pièce comportent une ouverture ou une porte, et les rendent inutilisables pour y placer le lit. Le mur de droite est la seule possibilité qui reste, mais cette position est elle-même un problème Feng Shui. Vous pouvez appliquer les remèdes suivants à une chambre trop grande.

- **Placez un rideau le long de l'ouverture vers la salle de bains**. Cette barrière visuelle réduit les effets de l'ouverture et ferme la pièce, ce qui contribue à stabiliser et à solidifier le mariage et la santé. L'installation d'une porte est un remède plus puissant, mais pour la plupart des gens, il est plus commode de mettre en place un rideau.
- **Suspendez une sphère à facettes de cristal au centre de la pièce**. Ce remède sert à deux fins. Tout d'abord, un remède au centre est un bon antidote à la multiplicité des problèmes, et il peut améliorer la chance

et la fortune. De plus, le flux d'énergie de la porte d'entrée à la porte extérieure rencontre celui allant de la salle de bains vers le lit (et vice versa). Ceci étant, la sphère placée au centre peut calmer et équilibrer les énergies, protégeant ainsi les dormeurs et harmonisant l'ensemble de la pièce.

- **Placez un carillon au-dessus de la porte extérieure.** Le carillon régule le flux d'énergie entrant et sortant par la porte extérieure. Ce remède contribue à la conservation de l'énergie dans la pièce et protège ainsi les dormeurs.

Note : les chambres très spacieuses comportent le plus souvent un placard, non représenté sur la figure 11.5.

Donner de la vie à l'entrée dans la chambre

L'entrée dans la chambre doit pouvoir se faire par un passage clair et dégagé, du côté intérieur comme du côté extérieur de la porte. Si ce passage est – d'un côté ou de l'autre – étroit, sombre ou encombré, des problèmes peuvent surgir au niveau de la santé, du couple et des finances. Les remèdes suivants peuvent vous ouvrir de nouvelles perspectives dans la vie et dans vos relations.

Une lumière vive porte-chance

Il est toujours utile de disposer d'un très bon éclairage à l'entrée d'une chambre. En plus d'éclairer le chemin, ce remède peut porter chance.

Élargissement d'un passage étroit

Si l'entrée dans la chambre est étroite, vous pouvez placer deux miroirs, un de chaque côté de l'entrée. Ce remède ouvre en grand le flux d'énergie qui s'écoule dans votre vie, stimule votre créativité et vous incite à la pensée latérale. Son efficacité est la même, qu'il soit appliqué à l'intérieur ou à l'extérieur de la chambre.

S'assurer que la porte s'ouvre complètement

La porte de la chambre doit s'ouvrir au moins à 90 degrés. Tout ce qu'il peut y avoir derrière la porte, être suspendu sur la porte ou sur le mur derrière la porte risque d'entraîner un blocage dans votre vie – même si la porte ne heurte pas effectivement les objets en question. (Et il en est ainsi même si la porte peut s'ouvrir à 180 degrés.) Le remède est simple : enlevez les objets qui sont entre l'arrière de la porte et le mur. Si la porte est bloquée par un mur et ne peut s'ouvrir à 90 degrés, vous pouvez suspendre un carillon à l'intérieur de la pièce tout près de la porte pour faire entrer suffisamment d'énergie dans la chambre.

Attention à ce que vous voyez en sortant de la chambre

Vous trouver nez à nez avec un placard, une étagère garnie de livres ou une porte de salle de bains en sortant de votre chambre peut vous priver d'occasions de réussite et nuire à votre carrière. Si vous marchez vers un placard ou des rayons de livres, vous pouvez placer un grand miroir convexe (le plus grand possible) directement au-dessus de vous en pleine vue, de préférence à la hauteur des yeux de la plus grande personne de la maison. Si vous arrivez sur une porte de salle de bains, c'est encore plus grave, vous risquez en outre de tomber malade. Je recommande les remèdes suivants : placez un long miroir sur la porte de la salle de bains, et suspendez un carillon à mi-chemin entre les deux portes. (Voir le chapitre 13 pour d'autres remèdes à placer à l'intérieur de la salle de bains.)

N'oubliez pas la fonction de la chambre à coucher

Le lit doit être le point focal de toute chambre à coucher. Malheureusement, beaucoup de gens transforment leur chambre à coucher en un petit appartement servant à différentes fonctions. De nos jours, beaucoup de chambres servent à faire du travail de bureau, comme salle de gymnastique, à regarder la télé et à d'autres distractions, comme lieu de stockage d'objets qu'on ne sait pas où mettre, comme bibliothèque, et même comme un endroit où l'on mange – tout cela en plus de leur rôle en tant qu'endroit fait pour le repos et les relations intimes. (Certains iront même jusqu'à réparer leur motocyclette dans leur chambre à coucher.) Cet environnement chaotique nuit à votre sommeil et à votre santé. Plus votre vie quotidienne est active et met en jeu d'autres personnes, plus vous avez besoin d'un havre fermé aux clameurs du monde extérieur. Faire pénétrer les médias sous toutes leurs merveilleuses formes (téléphone, télé, radio, Internet) dans votre chambre à coucher est stimulant et amusant, mais c'est à l'opposé de la paix et du calme indissociables d'un repos de qualité.

Essayez de rendre la chambre à coucher aux fonctions pour lesquelles elle a été conçue. Au cas où vous l'auriez oublié, ce sont le sommeil et les relations du couple. Adonnez-vous aux autres activités en dehors de la chambre (par exemple, le living-room ou la salle à manger), et vous observerez une amélioration remarquable de votre sommeil et de votre attitude.

En ce qui concerne la décoration de la chambre à coucher, tenez-vous-en au principe de simplicité recommandé en Feng Shui. Les fonctions multiples d'une pièce tendent à engendrer la confusion, et c'est particulièrement vrai dans le cas d'une chambre à coucher. Si vous voulez plus d'équilibre, un meilleur sommeil et plus d'intimité, d'amour et de passion dans votre relation, je vous recommande les quelques aménagements Feng Shui ci-après :

- **Faites sortir le téléphone et le répondeur téléphonique de la chambre à coucher**. Cette mesure s'applique aux téléphones portables. Le moins que vous puissiez faire, c'est de débrancher le téléphone pendant la nuit.
- **Enlevez les télés, les stéréos et autres équipements de distraction**. La télé dans la chambre est l'ennemi numéro un de l'intimité. (Vous conviendrez que les *talk shows* tardifs n'ont aucun effet aphrodisiaque.) En outre, s'endormir en regardant la télé est le meilleur moyen de vous transformer en zombie. Le simple fait de conserver ces machines dans la pièce vous empêche de vous reposer – même si elles ne sont allumées que rarement. S'il vous est trop difficile d'appliquer ce remède, vous pouvez recouvrir la télé – ou la garder dans un placard fermé – tant qu'elle n'est pas allumée.
- **Retirez les étagères à livres et les piles de livres, de magazines, les factures et le papier**. Tout cela vous empêche de dormir et fait travailler votre esprit pendant le sommeil. Il est cependant parfaitement normal de garder quelques livres sur sa table de chevet.
- **Enlevez l'équipement de bureau, les ordinateurs, imprimantes, et les bureaux qui pourraient se trouver dans la chambre**. Ces créatures ont maints défauts : elles sont bruyantes, encombrantes et émettent des champs magnétiques qui peuvent saper votre énergie. (À cause des champs magnétiques, je recommande également de déplacer les réveils électriques et les radios à au moins 1 mètre de votre corps.) En plus, tout ce qui rappelle le bureau vous détourne du sommeil et de votre partenaire. Si par manque de place vous vous sentez obligé de conserver de multiples fonctions dans une même pièce (un bureau dans la chambre à coucher, par exemple), vous pouvez avoir intérêt à isoler par un paravent la partie de la pièce non utilisée pour le sommeil.

- **Faites sortir les meubles inutiles**. C'est encore la recherche de la simplicité. Que votre chambre soit simple, et vous y trouverez l'équilibre, la paix et le calme. En outre, les meubles supplémentaires peuvent paralyser l'énergie de la chambre et des gens qui y dorment. Vous pouvez quand même avoir dans la chambre d'autres meubles que le lit. Mais rappelez-vous ceci : ne bourrez pas la chambre avec un tas de meubles ! En particulier les meubles imposants peuvent faire qu'au fond de vous-même vous vous sentez dominé, oppressé, voire effrayé. Prenez garde aussi aux *flèches empoisonnées*, ces parties anguleuses d'un mur ou d'un meuble qui pointent vers le lit. Les flèches empoisonnées (voir chapitre 7) peuvent avoir un effet néfaste sur la santé. Si la chambre contient des meubles menaçants par la taille ou des angles proéminents, faites de votre mieux pour les disposer autrement ou enlevez-les. Si ce n'est pas possible, masquez les angles par du tissu ou une plante en pot placée devant pour vous protéger.

Je ne prétends pas que vous devez suivre tous les conseils qui précèdent pour avoir un bon Feng Shui. ***Rappelez-vous*** : les raisons d'être de la chambre à coucher sont la santé et le couple ; après cela, organisez votre vie en conséquence – en faisant au mieux.

Prendre la meilleure position : placement du lit dans la position de commandement

Le Feng Shui comporte de nombreux principes pour arriver à un emplacement *favorable* du lit. Pour tirer parti du plus grand nombre possible de ces principes, et faire le meilleur choix possible, servez-vous de votre bon sens et tenez compte des contraintes pratiques. Dans les sections suivantes, j'explique les cinq principes qui définissent la position de commandement, grâce auxquels vous parviendrez à la position de lit la plus puissante selon les principes de l'école de Feng Shui du grand maître Lin Yun. Si vous constatez que votre chambre à coucher ne satisfait pas ces critères – ne paniquez pas ! Continuez la lecture : je vous montre aussi quels remèdes appliquer pour améliorer de façon spectaculaire la situation de votre chambre.

Position du lit par rapport à la porte

Le premier principe de la position de commandement est que la position du lit par rapport à la porte de la chambre a plus d'importance que la position du lit par rapport à l'aiguille d'une boussole. Grâce au type de Feng Shui utilisé dans ce livre, vous ne vous préoccupez pas de savoir si le lit est face à l'est, à l'ouest, au nord ou au sud. Vous pouvez tranquillement placer le lit de manière à ce que sa position soit la meilleure possible à l'égard de l'autre élément important de la pièce : la porte.

Distance du lit à la porte

Le deuxième principe de la position de commandement est que le lit doit être le plus loin possible de la porte. Si la porte est sur la gauche, la meilleure position du lit est dans le coin du fond le plus à droite ; si la porte est sur la droite, la meilleure position du lit est dans le coin du fond le plus à gauche ; et si la porte est au centre, la meilleure position est soit le coin du fond à gauche soit le coin du fond à droite (voir les exemples de la figure 11.6). Plus le lit est loin de la porte, plus vous sentez que vous avez du pouvoir sur votre espace et sur votre vie. Il n'est pas facile de vous surprendre, et vous disposez de tout votre temps pour vous préparer aux événements et en suivre le déroulement.

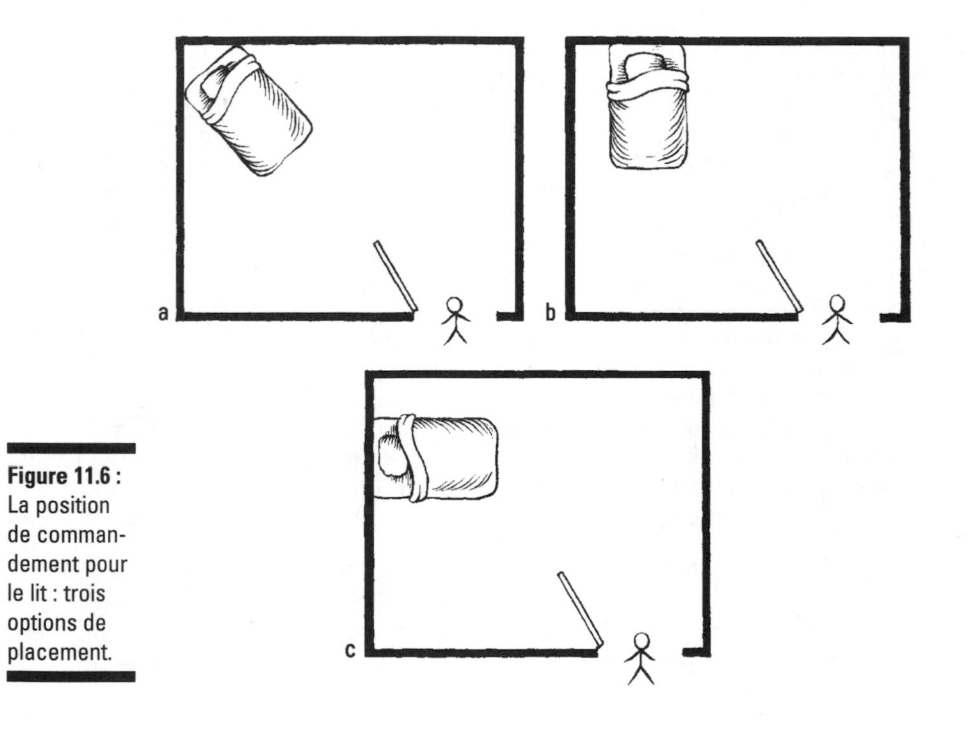

Figure 11.6 : La position de commandement pour le lit : trois options de placement.

Champ de vision du dormeur

Le troisième principe de la position de commandement est que la position du lit doit fournir au dormeur le plus grand champ de vision possible sur la pièce. Une vision dont la portée est restreinte peut restreindre le chi du dormeur ou sa vision de la vie. Plus il y a d'espace devant le lit, plus votre vie peut s'étendre, respirer et s'améliorer. Pour cette raison, le Feng Shui vous recommande de ne pas placer le pied du lit contre un mur, ce qui pourrait bloquer votre carrière et entraîner des problèmes au niveau des pieds et des chevilles. En outre, placer un lit directement contre une cloison (sans espace entre le lit et la cloison) peut vous faire sentir contracté, étouffé et moins souple dans la vie.

Visibilité de la porte de la chambre

Le quatrième principe de la position de commandement est que vous devez voir clairement la porte d'entrée de la chambre depuis le lit. Ceci veut dire que si vous êtes allongé sur le dos dans le lit – au milieu du lit (si vous dormez seul) ou de votre côté du lit (si vous dormez avec quelqu'un) – vous pouvez ouvrir les yeux et voir immédiatement la porte d'entrée sans changer la position de votre corps. Si vous devez faire un mouvement de gymnastique ou inventer une nouvelle position de yoga pour voir qui ou ce qui arrive par la porte, la position de votre lit ne respecte pas ce principe.

Faute de voir qui approche, vous êtes dans l'incertitude et sur les nerfs. Même si vous pensez que vous avez l'habitude de ne pas voir la porte, il est à peu près certain que vous êtes constamment stressé de manière inconsciente, une source de déséquilibre et de frustration. La possibilité d'être surpris vous tient en éveil et, à la longue, cette tension et cette inquiétude permanentes peuvent déséquilibrer le système nerveux. Les conséquences peuvent être des tics nerveux, l'arythmie et des palpitations cardiaques. En outre, si vous vous contorsionnez souvent le corps pour voir si quelqu'un vient, vous risquez de souffrir à terme de distorsions du cou et de la colonne vertébrale.

Si la position du lit ne vous permet pas de voir la porte, et si vous ne pouvez pas bouger le lit, placez un miroir de bonne taille en face du lit vous permettant de voir facilement la porte (voir figure 11.7c). S'il faut incliner le miroir pour que vous puissiez voir la porte, utilisez un miroir sur pied, incliné dans la direction qui convient.

La ligne directe depuis la porte

Le cinquième principe de la position de commandement est que le lit ne doit pas être dans le prolongement direct du chemin d'entrée dans la chambre. En pareil cas, le chi de la porte atteint directement et trop puissamment le milieu du lit, ce qui peut entraîner des maladies le long de la ligne médiane du corps.

Plus vous dormez loin de la porte, plus grande est la portion de la pièce que vous apercevez depuis le lit, et plus vous vous sentez capable de maîtriser votre environnement, et par suite, votre vie. Voir la porte de la chambre veut dire symboliquement que vous voyez ce que la vie vous apporte et que vous êtes prêt à vous occuper de ce qui peut arriver. Vous êtes aux commandes, et cette attitude se répercute sur de nombreux aspects de la vie.

Les principes de la position de commandement vous permettent de choisir parmi trois possibilités de bon placement du lit (voir figure 11.6). Les choix 11.6b et 11.6c sont tous deux excellents ; faites seulement attention, si possible, de laisser suffisamment d'espace du côté le plus proche du mur pour que la personne qui dort de ce côté (vous ou votre partenaire) puisse se mettre au lit. La position 11.6a (le lit dans un angle) est le meilleur choix de tous ; le lit a le support de deux murs au lieu d'un. Si vous choisissez cette position, je recommande de pourvoir le lit d'une tête de lit pleine. Assurez-vous que les coins du lit sont fermement appuyés contre le mur. Vous pouvez renforcer cette position de lit en plaçant une plante et une lumière derrière la tête de lit. (Une plante véritable ou une plante artificielle conviennent aussi bien l'une que l'autre pour ce remède, et la lumière doit être en bon état de marche mais n'a pas besoin d'être allumée tout le temps.)

Principes de positionnement supplémentaires

Outre les principes de la position de commandement, vous pouvez prendre en compte les principes supplémentaires suivants pour bien placer le lit. Utilisez votre bon sens pour faire au mieux dans votre situation particulière : l'astuce est de respecter le plus grand nombre possible de ces principes.

Naturellement, le remède idéal à tout problème de positionnement de lit consiste à placer le lit dans une position telle qu'elle soit conforme aux principes de la position de commandement ainsi qu'aux principes décrits plus loin dans cette section. Je vous propose aussi des remèdes pour les cas où vous ne pouvez pas mettre le lit dans une meilleure position : ils vous permettront aussi d'améliorer les relations avec votre partenaire, votre santé et votre fortune.

Mobiliser la force de la montagne

Placer la tête du lit contre un *mur en dur* – votre équivalent symbolique de la montagne – vous procure un solide sens de support, de sécurité et de protection. (L'exemple de la figure 11.6a obéit à ce principe ; les deux coins du lit touchent les murs.) Si la tête du lit est libre dans la pièce (non adossée à un mur), votre vie et votre carrière tendent à manquer de support. Cette position – pour le lit des parents comme pour celui d'un enfant – peut être concomitante avec la médiocrité des résultats scolaires, et un soutien parental déficient.

Le remède le plus simple consiste à pousser la tête du lit contre un mur. Si le lit est déjà contre un mur, vérifiez qu'il touche bien physiquement le mur. Il ne doit pas y avoir du tout d'espace entre les deux ; même un espace de 1 centimètre réduit votre sécurité, produit une tension mentale et se répercute sur les rêves et le sommeil.

Vous devez aussi éviter de placer le lit contre une fenêtre. L'ouverture du mur affaiblit le support de la montagne et peut créer des courants d'air nuisibles à la santé. S'il n'y a pas moyen d'éviter qu'une fenêtre soit au-dessus du lit, couvrez la fenêtre par un rideau. Le meilleur type de rideau est un rideau donnant l'illusion d'un véritable mur. Pour que l'effet soit encore meilleur, suspendez dans l'embrasure de la fenêtre une sphère à facettes de cristal. Une porte derrière le lit représente un problème encore plus grave. La meilleure solution est de déplacer le lit s'il est possible de trouver une position plus favorable. Si c'est impossible, recouvrez la porte et suspendez un carillon au-dessus du lit pour disperser le chi nocif en provenance de la porte.

Le cas d'un lit dans le chemin de la porte

Si le lit se trouve dans le prolongement du passage d'une porte – surtout s'il s'agit de la principale porte d'entrée dans la pièce –, vous risquez d'éprouver des problèmes physiques au niveau des parties du corps touchées par l'énergie venant de la porte (voir figure 11.7b). Si par exemple l'énergie passe à travers l'estomac et le cœur, vous pouvez avoir des troubles digestifs ou même un problème cardiaque.

La version la plus terrible de cette situation est celle où la tête (ou le pied) du lit pointe directement vers la porte (figure 11.7a). Cette position du lit est celle du « cercueil prêt à être emporté », une métaphore Feng Shui expressive bien faite pour vous alerter sur les dangers d'un tel emplacement. Vous pouvez y remédier en suspendant un carillon métallique à mi-chemin entre la porte et le lit. Le son du carillon dévie le chi émanant de la porte, assurant ainsi votre protection. Vous pouvez aussi suspendre un grand cristal (6 centimètres), seul ou en combinaison avec le carillon.

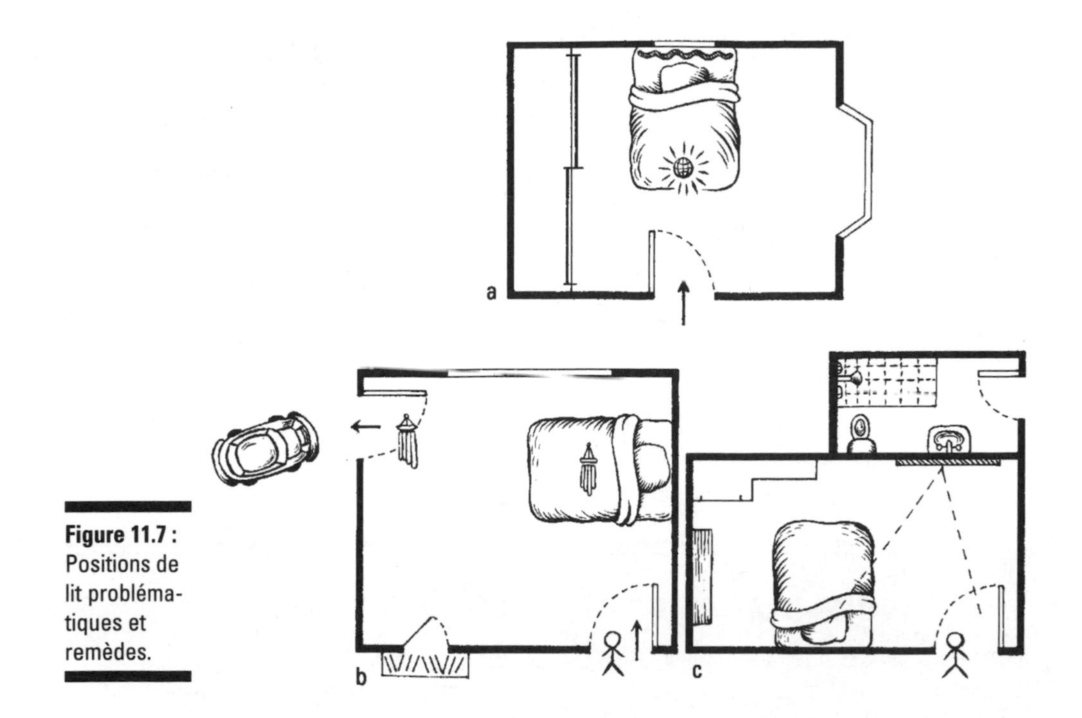

Figure 11.7 : Positions de lit problématiques et remèdes.

Sélection des remèdes aux problèmes de lit

La meilleure des solutions consiste à placer le lit dans la position de commandement. Mais que faire si ce n'est pas envisageable ? Peut-être l'entrepreneur qui a construit votre maison ou votre appartement n'était-il pas au fait de vos objectifs Feng Shui, et vous devez alors tirer le meilleur parti de ce dont vous disposez. Les trois situations suivantes, illustrées par la figure 11.7, vous donnent une bonne idée des problèmes de position de lit les plus courants et des remèdes applicables à chacun d'eux.

Remède à la position du cercueil

La figure 11.7a montre comment appliquer des remèdes pour améliorer une mauvaise position de lit. Le lit se trouve dans la redoutable position du cercueil : l'énergie venant de la porte peut s'attaquer à la ligne médiane du corps et briser les liens du couple. Il est difficile de déplacer suffisamment le lit à cause de la porte de placard sur la gauche et de la grande fenêtre sur la droite. Je recommande de placer une sphère à facettes de cristal au-dessus du pied du lit pour disperser l'énergie venant de la porte et protéger les dormeurs. Suspendez ensuite un rideau épais le long de la petite fenêtre qui se trouve derrière le lit. Le rideau rend le mur plus complet et donne aux dormeurs un meilleur soutien.

Cas de la porte extérieure

Sur la figure 11.7b, la porte extérieure et une immense fenêtre s'opposent au placement du lit dans la position de commandement (le coin gauche du mur opposé à la porte d'entrée). En outre, la position de la porte dans la surface de la fortune (voir chapitre 8) entraîne un risque de perte d'argent. La situation est aggravée par la présence d'une voiture garée directement à l'extérieur, menaçant le lit et le dormeur. (Le placard empêche de placer le lit dans la partie gauche de la pièce.) Le remède à la porte extérieure est un carillon ; le son du carillon disperse le chi agressif et permet de retenir dans la pièce l'énergie porteuse de fortune.

Une telle position de lit comporte un autre problème. L'énergie de la porte d'entrée passe au travers du corps des dormeurs et peut entraîner des maladies au niveau du torse (cœur, estomac, etc.). Pour résoudre cet autre problème, suspendez un carillon ou une sphère à facettes de cristal au-dessus du lit, ou à mi-chemin entre la porte et le lit.

Divers problèmes de chambre à coucher

Voici divers procédés pour améliorer à la fois votre chambre à coucher et votre vie :

- **Tables de nuit** : si vous êtes célibataire et si vous cherchez un partenaire, un remède efficace consiste à placer une table de nuit de chaque côté du lit.
- **Portes qui s'entrechoquent** : si une porte en heurte une autre dans la chambre, il peut en résulter des disputes. Suspendez des houppes de couleur rouge vif sur les poignées des portes du côté de l'impact.
- **Ventilateur au-dessus du lit** : Cet appareil représente symboliquement une énergie coupante, source de chaos physique et émotionnel. S'il n'est pas possible d'enlever le ventilateur, vous pouvez suspendre une sphère à facettes de cristal sous le ventilateur et, de préférence, le maintenir arrêté.
- **Plafond en pente dans la chambre ou poutre au-dessus du lit** : cette situation exerce une pression mentale et physique, et provoque l'insomnie. Vous pouvez résoudre le problème en suspendant une sphère à facettes de cristal depuis le plafond en pente ou la poutre. Ne manquez pas d'utiliser pour ce faire un ruban rouge d'une longueur multiple de 9 centimètres. (Consultez le chapitre 14 pour découvrir d'autres remèdes convenant aux chambres à coucher.)

Vous trouverez des informations sur les couleurs et l'éclairage des chambres à coucher aux chapitres 14 et 15, respectivement.

Montrez-moi la porte !

La figure 11.7c illustre une autre situation de lit particulièrement délicate. Des meubles intégrés sur le côté gauche de la pièce empêchent de placer le lit dans la position idéale – contre le mur de gauche. Il ne peut pas non plus être placé contre la cloison opposée à la porte, parce qu'il y a des toilettes et un évier de l'autre côté de cette cloison. La seule position envisageable est contre le mur de la porte d'entrée, ce qui rend la porte invisible pour le dormeur. Placez un miroir sur le mur opposé pour que la porte soit visible depuis le lit.

L'importance primordiale de la qualité du lit

Le Feng Shui accorde non seulement une importance vitale à la position du lit et à ses rapports avec diverses caractéristiques de la pièce, mais aussi à sa nature et à son état.

Lits neufs ou usagés

Le premier critère Feng Shui à prendre en considération est l'origine et l'état du lit lui-même. Un nouveau lit contient une énergie fraîche, immaculée, et suscite la force et la vitalité. Un lit usagé (utilisé auparavant par quelqu'un d'autre au lieu d'un lit qui vient directement du magasin) a toutes les chances d'entraîner des problèmes dans le domaine sexuel, un manque d'énergie, et de mystérieuses maladies. Cette remarque concerne tous les éléments du lit : le matelas, le sommier et le cadre. Et elle s'applique même à un lit antique que vous aimez vraiment et dont vous ne voulez pas vous séparer.

Dans un lit usagé, les propriétaires antérieurs ont laissé de subtiles impressions énergétiques ; le lit peut conserver des émotions, des événements, de l'énergie sexuelle et des maladies. C'est pourquoi le Feng Shui vous offre un conseil relatif au sommeil dans un lit usagé : abstenez-vous. Si vous dormez actuellement dans un lit usagé, je vous recommande de vous en procurer un nouveau. Le pire des lits dont vous pouvez hériter est un lit qui appartenait à quelqu'un qui vient de passer dans un autre monde. S'il vous est impossible de vous procurer un nouveau lit dans l'immédiat, vous pouvez exécuter sur ce lit la bénédiction de la peau d'orange (voir les détails de ce remède au chapitre 18).

Les moments opportuns pour se procurer un nouveau lit

Le Feng Shui conseille d'envisager l'acquisition d'un nouveau lit et d'une nouvelle literie (draps, oreillers, couvertures, etc.) dans l'une quelconque des circonstances suivantes :

- **La personne avec qui vous partagez ce lit meurt**. Un nouveau lit peut vous aider à supporter sa disparition et vous empêcher de vivre dans le passé.
- **La fin d'une relation**. Un nouveau lit aide à tourner la page et à retrouver une nouvelle énergie.
- **Une personne utilisant le lit a une maladie grave**. Un nouveau lit conforte votre santé et vous protège de la maladie.
- **Vous déménagez**. En installant un nouveau lit, vous laissez l'énergie ancienne derrière vous.
- **Vous vous mariez**. Le nouveau lit symbolise un nouveau départ, sur des bases nouvelles et solides.
- **On vous vole votre lit**. Un nouveau lit vous évite de dormir à même le sol.

Si vous n'avez pas les moyens d'acheter un nouveau lit, une option de rechange consiste à renouveler le matelas ou seulement la literie.

Les formes et les tailles de lit

Vous pouvez rencontrer une myriade de problèmes Feng Shui dans les situations suivantes :

- **Lits de très grande dimension**. Un lit trop large peut provoquer la séparation du couple. Le sommier d'un tel lit est souvent en deux morceaux, ce qui crée une division au sein du lit – incitant l'un des partenaires à plier bagages. Le remède secret adapté à cette situation consiste à placer une étoffe rouge vif sur la surface du lit entre le matelas et le sommier.
- **Lits hydrauliques**. Un lit hydraulique vous prive du fondement solide dont vous avez besoin pour vivre, dormir et réussir. Le mouvement de tangage et de roulis peut être confortable, mais c'est au détriment de votre sécurité et de la stabilité de votre carrière.
- **Stockage d'objets au-dessous du lit**. Les affaires que vous rangez sous le lit peuvent induire des blocages subconscients et la stagnation et neutraliser votre créativité. Rien de bien réjouissant. Quels que soient les objets qui traînent sous le lit, ils peuvent en outre s'opposer à vos tentatives de procréation. Le remède est simple : mettez-les ailleurs.
- **Lits à tiroirs**. Les lits avec des tiroirs sous les dormeurs sont une source de confusion pour toutes les parties concernées. Si vous êtes vraiment obligé de les utiliser, n'y mettez que des objets en rapport avec le lit et le sommeil, tels que des couvertures, des draps et des pyjamas. Les livres, les armes à feu, les déclarations fiscales, et autres articles non liés au contexte (photos d'anciens amants, bouteilles de whisky, etc.) n'ont rien à y faire.

- **Lits trop hauts ou trop bas**. Un lit trop haut ou trop bas peut bousculer vos schémas énergétiques. J'ai eu une cliente qui réglait la hauteur de son lit à un niveau tel qu'il lui fallait une petite échelle pour se mettre au lit. Son problème était qu'elle ne parvenait pas à trouver un partenaire amoureux. Je lui ai expliqué que la cause était le trop petit nombre d'alpinistes dans sa ville. Ayant commencé à dormir dans un lit à une hauteur plus raisonnable, elle a pu s'endormir plus facilement, et a découvert de nouvelles perspectives dans sa vie amoureuse. Si le lit est trop haut pour que vous puissiez vous y mettre facilement, cela peut annuler vos chances de trouver un partenaire.

  Par ailleurs, un lit au ras du sol (ou presque) symbolise une position basse dans la vie, et peut faire que vous ayez du mal à gagner et conserver de l'argent. Un lit qui repose sur de véritables pieds est un meilleur soutien qu'un lit reposant à même le sol.

- **Lits à cadre métallique**. Un lit à armature métallique peut entourer votre corps d'un champ magnétique qui perturbe votre sommeil. Les lits faits de tubes métalliques (et les matelas ou sommiers contenant des ressorts métalliques) créent un champ magnétique néfaste autour du corps et n'ont pas les vertus isolantes du bois.

- **Chaînes ou étagères à livres intégrées**. Les lits dans lesquels sont intégrés des étagères, des chaînes ou autres moyens de distraction sont à déconseiller. Ces lits sont généralement grands et lourds, et leur structure s'élève au-dessus du dormeur. Leurs étagères et leurs cellules de rangement attirent le fouillis. Ils laissent fréquemment un espace derrière la tête du dormeur (comme le font les étagères à livres placées derrière un lit), ce qui peut entraîner des insomnies, un sommeil irrégulier ou des cauchemars. Il vaut beaucoup mieux que la tête du dormeur soit près du mur ou d'une tête de lit pleine.

- **Une chose qui dépasse au pied du lit**. Il est préférable qu'il n'y ait rien qui dépasse de la surface du lit au niveau de vos pieds – et cette recommandation englobe les commodes, les plantes et autres articles. Tout ce qui s'élève au-dessus du pied du lit vous bloque et bloque votre progression dans la vie. Un lit avec un pied de lit qui s'élève au-dessus du matelas peut vous empêcher de voyager et freiner votre développement de carrière et votre avenir. Les lits dont la forme rappelle celle d'un traîneau sont à proscrire car ils violent plusieurs principes du Feng Shui ; le pied du lit s'élève au-dessus du matelas, et la tête et le pied de lit s'incurvent vers le dormeur. Cette disposition est oppressante et peut donner envie à l'un des membres du couple de fuir la relation.

  Le symbolisme d'un pied de lit en forme de barres (comme le pied d'un lit en laiton) est encore plus néfaste et annonce des ennuis avec la justice et même l'incarcération. Vous pouvez remplacer le lit ou remplacer seulement le pied du lit par un autre qui arrive au niveau du haut du matelas ou un peu en dessous. Mais attention, vous pouvez attirer la malchance en utilisant un marteau, une scie ou des outils électriques sur un pied de lit (ou toute autre partie de lit) encore attachée au lit. Vous devez d'abord démonter soigneusement la pièce en cause, puis la modifier ou mieux encore la remplacer, et la remettre soigneusement en place.

- **Déplacer ou modifier le lit**. Déplacez ou modifiez votre lit avec le plus grand soin. Je vous recommande de ne pas bousculer ou cogner votre lit quand vous le déplacez. Cette activité peut générer un chi négatif intense pour les occupants du lit et peut entraîner des disputes dans la famille. Une telle brutalité est particulièrement dangereuse si l'un des dormeurs est une femme enceinte. Pour ne pas nuire à la santé de la mère et de l'enfant, abstenez-vous de bouger le lit pendant toute la durée de la grossesse. Traitez toujours le lit avec le plus grand respect, la plus grande douceur et les plus grandes précautions pour le modifier ou le changer de place.
- **Lits muraux, pliants ou coulissants**. Ces lits qui, par exemple, se replient dans le mur quand on ne s'en sert pas donnent au dormeur la sensation d'être temporaire, déraciné, pas vraiment chez lui – même s'ils sont dépliés en permanence. En revanche, un lit de ce type dans une chambre d'amis peut les inciter à ne pas abuser de votre hospitalité.

Comment augmenter la puissance du lit

Tout ce qui concerne le lit a une incidence sur votre chi. Grâce aux conseils ci-après relatifs au lit lui-même et à son entourage, vous pourrez renforcer son pouvoir bénéfique sur votre santé et votre confort.

Une tête de lit solide contribue à la réussite de la carrière et du mariage

Une tête de lit peut vous rendre plus fort d'une manière générale, et favorise tant la croissance dans le domaine professionnel que la solidité du couple. La tête du lit doit être solidement rattachée au lit ; si vous la saisissez et si vous essayez de la secouer avec la main, elle ne doit pas bouger. Une tête de lit branlante ou, pis encore, séparée du lit (posée sur le sol derrière le lit) affaiblit les occupants. Le meilleur type de tête de lit est une tête de lit pleine – faite d'une seule pièce et non ajourée. Le pire est une tête de lit avec des barreaux, symbolisant les barreaux d'une prison, et qui peut vous donner maille à partir avec la justice. À défaut de pouvoir remplacer tout de suite ces barreaux, vous pouvez leur appliquer un remède d'une grande efficacité, consistant à les entortiller de vigne vierge artificielle en soie. Le symbolisme positif de cette énergie neuve neutralisera le symbolisme négatif des barreaux.

Colorez votre lit, cela augmentera votre vitalité

Les couleurs des draps et des couvertures peuvent produire des résultats conformes à vos intentions. Par exemple, des draps roses suscitent l'amour romantique, et des draps rouges peuvent déclencher une passion brûlante – enlevez-les si vous en redoutez les excès. Des draps verts sont bons pour la santé, attirent l'argent et favorisent la croissance dans de nouveaux domaines. Des draps jaunes ont eux aussi d'excellentes vertus curatives.

Évitez de balayer sous un lit dans lequel vous essayez de concevoir

La théorie énergétique chinoise nous enseigne que lorsqu'une femme tente de concevoir un enfant, l'énergie représentant le futur bébé se cristallise d'abord sous le lit. Lorsque les conditions favorables sont réunies, l'énergie fœtale monte jusqu'à l'intérieur du corps de la femme, et elle devient enceinte. Pour cette raison, balayer sous un lit dans une période où l'on tente de concevoir peut empêcher la réussite de la conception. De même, évitez les lits que l'on peut déplacer facilement (par exemple, ceux qui ont des roulettes). Si vous avez un lit de ce type, bloquez les roues pour qu'elles ne puissent plus bouger.

Chapitre 12

La cuisine, qui nourrit la santé et la fortune

Dans ce chapitre :

- L'énergie subtile de la nourriture
- Attention à la disposition de la cuisine et à l'emplacement du fourneau
- Le fourneau – générateur d'énergie de la demeure

Ce chapitre se consacre en détail à la cuisine et à son élément vedette, le fourneau, troisième pilier de la vie (voir chapitre 2). Les connaissances secrètes du Feng Shui nous révèlent que le flux d'énergie de la cuisine contribue de façon décisive aux effets de la nourriture. La nourriture porte le chi – l'énergie vitale – qui entre dans le corps quand nous mangeons. Selon la théorie chinoise sur l'énergie, la quantité du chi de la nourriture et sa qualité ont plus d'importance que ses caractéristiques nutritives. La théorie de l'énergie n'ignore pas l'importance des vitamines, des minéraux et autres nutriments, mais les qualités énergétiques de la nourriture sont primordiales.

Le fourneau – ce qu'il y a de plus important dans la cuisine – est l'endroit où le cuisinier prépare physiquement la nourriture et en élabore l'énergie. La nourriture est un symbole universel de santé et de renforcement, mais les Chinois établissent une relation supplémentaire en disant que la nourriture est liée à l'argent. Le Feng Shui se réfère au fourneau en tant que *générateur d'énergie*, le lieu où l'énergie du cuisinier, de la nourriture et du feu se rencontrent pour créer le soutien de la santé physique et la force de gagner de l'argent. C'est la raison pour laquelle les maîtres du Feng Shui prêtent une telle attention à l'énergie du fourneau et de la cuisine.

Dans ce chapitre, je vous montre les principes gouvernant l'aménagement de la cuisine idéale et le placement du fourneau, et je vous indique les ajustements simples que vous pouvez faire si votre fourneau le requiert. Je traite aussi d'aspects fondamentaux du Feng Shui appliqué au fourneau, et notamment son utilisation et sa qualité.

Maîtriser l'énergie de la nourriture

L'énergie de la nourriture affecte la santé ainsi que de nombreux autres domaines de la vie. Deux facteurs contribuent à déterminer l'énergie de la nourriture : son origine et la façon dont elle est préparée. L'énergie de la nourriture dérive initialement de la qualité de la terre et de la façon dont la nourriture est cultivée, récoltée et manipulée. Vous n'avez pas besoin d'un maître du Feng Shui pour vous dire que l'achat de nourriture de la meilleure qualité est bénéfique pour la santé, la vitalité et la vigueur.

Le second élément de l'énergie de la nourriture vient de la préparation et de la cuisson des aliments. En particulier, la condition énergétique et l'humeur du cuisinier – aux niveaux conscient et inconscient –, tandis qu'il fait la cuisine, influencent considérablement le chi des aliments. Vous est-il arrivé de faire un repas et de vous dire après coup que quelque chose n'allait pas dans le goût des aliments ? Eh bien, c'est sans doute un cuisinier malheureux qui a préparé ce repas ; la mauvaise humeur ou la tristesse du cuisinier ou de la cuisinière peuvent se transmettre à votre corps et à vos émotions à travers la nourriture. En fait, vous pouvez tomber malade en mangeant des aliments préparés par une personne malade ou perturbée.

La place du cuisinier et du fourneau

Dans une cuisine disposée de façon idéale, le cuisinier (ou la cuisinière) peut voir la porte de la cuisine tout en se tenant devant le fourneau, de manière à ne jamais être surpris en faisant la cuisine. Tout ce que ressent le cuisinier entre dans les aliments et se répercute profondément sur les mangeurs. Si vous tournez actuellement le dos à la porte en faisant la cuisine, vous êtes probablement surpris – même si vous n'en avez pas conscience. Voici les deux facteurs les plus importants pour une cuisine.

- **Facteur Feng Shui culinaire numéro 1 : la relative sécurité énergétique de celui ou celle qui se tient devant le fourneau et fait la cuisine**. Sa position détermine en grande partie la qualité du chi mis dans les aliments. Cette position est liée à celle du fourneau lui-même.
- **Facteur Feng Shui culinaire numéro 2 : le placement du fourneau dans la cuisine et l'incidence de l'énergie de la cuisine sur le fourneau**. C'est au niveau du fourneau que tout concourt à l'élaboration de la nourriture et de l'énergie de toute la famille. L'énergie qui circule dans la cuisine a une incidence sur le fourneau, et par conséquent la position du fourneau est déterminante pour la transformation des ingrédients crus en repas délicieux qui vous feront le plus grand bien, ou pour provoquer des ennuis de santé ou des pertes d'argent.

Le fourneau n'exerce pas seulement une influence sur votre santé physique, votre vitalité et votre tonus, il agit aussi sur de nombreux autres aspects de la vie, au premier rang desquels, l'argent ! Parfaitement, votre fourneau agit sur votre situation financière. La réussite financière d'une famille dépend davantage de l'état énergétique du fourneau que de tout autre paramètre Feng Shui. Cela vous étonne ? Continuez la lecture… Le chi du fourneau est aussi en relation avec les domaines suivants :

- La qualité de votre mariage et le degré d'harmonie qui règne dans votre demeure.
- Votre implication éventuelle dans des procès, des ennuis avec la justice et d'autres difficultés majeures.
- Votre niveau de sécurité et votre protection à l'égard de dangers, d'accidents, d'interventions chirurgicales et autres menaces.

Comme vous pouvez le voir, le fourneau a une influence déterminante sur votre bien-être, et vous pouvez retirer d'énormes avantages du temps et de l'attention que vous lui consacrez. Quelle que soit votre situation dans la vie, vous pouvez l'améliorer et vous éviter de sérieux problèmes en vous préoccupant du Feng Shui de la cuisine.

Optimisation de l'emplacement et de la disposition de la cuisine et du fourneau

La meilleure position d'une cuisine sur le plan d'une maison est dans la moitié arrière de la maison. L'arrière de la maison est mieux protégé, plus calme, et plus sûr que le devant, et est mieux à même de protéger les énergies sensibles du fourneau, assurant ainsi la santé et la fortune. Les pires des emplacements pour une cuisine sont le devant et le centre de la maison (les deux surfaces dont l'énergie est la plus active). Reportez-vous au chapitre 10 pour des remèdes à ces situations.

La disposition idéale de la cuisine

Une bonne disposition de la cuisine empêche l'énergie de s'attaquer au fourneau ou au cuisinier. Elle assure au cuisinier une position solide et sûre devant le fourneau.

L'idéal est que le cuisinier puisse voir l'entrée de la cuisine – et toute personne qui s'en approche – tandis qu'il prépare les repas, sans avoir à se retourner. Je recommande un fourneau au milieu de la cuisine, derrière lequel le cuisinier peut se tenir et observer l'entrée de la cuisine (voir figure 12.1). Je sais bien que 90 % des fourneaux sont adossés à un mur, de sorte que l'énergie vient de la porte et se dirige vers le dos ou le côté (ou les deux) du cuisinier. Le meilleur remède à cette situation consiste à placer un miroir derrière le fourneau, de la manière décrite plus loin.

Figure 12.1 : Position très forte du cuisinier, lui permettant de voir la porte d'entrée de la cuisine.

L'énergie venant de la porte principale ou secondaire de la cuisine ne doit pas arriver directement sur le fourneau. Dans une cuisine que l'on peut traverser en allant d'une porte à une autre, il ne faut pas que le parcours passe directement devant le fourneau. En outre, le fourneau doit être en équilibre par rapport au réfrigérateur.

Même si vous vivez seul et faites la cuisine vous-même, vous avez besoin de voir la porte en faisant la cuisine, parce que la position du fourneau a même dans ce cas une influence sur la qualité de vos émotions, de votre santé et de vos finances. La relation symbolique entre vous et le générateur d'énergie de votre demeure – le fourneau – a encore plus d'importance que quand vous partagez votre habitation avec d'autres gens.

De nombreuses personnes me disent qu'elles font la cuisine sans apercevoir la porte de la cuisine, de sorte que pendant des années, elles ont, dans leur subconscient, tourné leur corps pour éviter de se sentir vulnérables pendant la préparation des repas. D'autres cuisiniers placent habituellement les aliments sur le feu, quittent la cuisine, et y reviennent de temps à autre pour surveiller l'avancement de la cuisson. Si ce comportement vous paraît familier, vous trouverez d'utiles suggestions dans la section suivante.

Dans quelle direction faut-il orienter le fourneau ?

Contrairement à la méthode Feng Shui basée sur la boussole (une façon différente mais tout aussi valable de pratiquer le Feng Shui – voir le premier chapitre), l'école de Feng Shui du grand maître Lin Yun n'utilise pas les indications de la boussole pour déterminer l'orientation du fourneau ou pour choisir la partie de la maison dans laquelle il doit être placé. Selon l'approche décrite dans ce livre, votre fourneau doit être placé de telle manière que vous puissiez voir la porte et qui s'approche de vous. Si votre fourneau ne satisfait pas ce critère, vous pouvez utiliser le remède du « miroir derrière le fourneau » décrit dans la section suivante.

Une position du fourneau propice à la fortune et à la santé

Cette section vous montre comment faire s'il y a dans la cuisine une porte qui n'est pas visible lorsque vous êtes devant le fourneau.

Comment voir une porte de cuisine derrière soi

Une seule porte derrière vous est la version la plus simple du problème de la relation entre le fourneau et la porte. (Notez que si la porte donne directement sur le fourneau, il risque de se produire dans la maison un accident qui fera couler du sang.) Comme beaucoup de gens ne peuvent se permettre de transformer complètement leur cuisine, je propose un remède plus accessible : suspendez un miroir sur le mur auquel est adossé le fourneau. Ce remède bon marché vous permet de voir qui vient et règle efficacement la question de la sécurité du cuisinier ou de la cuisinière. En installant le miroir, visualisez la santé physique dont vous allez bénéficier, ce qui confère au remède sa pleine efficacité. (Reportez-vous au chapitre 6 pour plus de détails sur la visualisation.)

Un miroir de 5 centimètres de diamètre accroché au mur derrière le fourneau ne résout pas le problème de façon satisfaisante. Je recommande la mise en place d'un miroir aussi large que le fourneau, allant de la surface du fourneau jusqu'au-dessus de votre tête ou jusqu'à la hotte (voir figure 12.2).

Figure 12.2 : Miroir derrière le fourneau permettant au cuisinier de voir la porte.

Que faire si vous ne pouvez pas placer de miroir derrière le fourneau ?

Si la disposition du fourneau (par exemple un système de cuisson dont les éléments sont intégrés verticalement) ne permet pas de placer un miroir à l'endroit voulu, vous disposez d'une autre option. Suspendez un carillon métallique au son agréable à mi-chemin entre la porte et votre position devant le fourneau. Le carillon dévie le chi arrivant de la porte, l'empêchant d'atteindre le dos du cuisinier, et protégeant le fourneau et le cuisinier (voir figure 12.3). Pour que les résultats soient encore meilleurs, accrochez le carillon à un ruban rouge d'une longueur multiple de 9 centimètres (voir les détails au chapitre 4). Une autre solution consiste à placer un miroir d'angle au-dessus de la surface de travail voisine du fourneau, de telle sorte que vous puissiez voir l'entrée de la cuisine.

Si le miroir est placé à proximité des brûleurs, spécifiez que le verre du miroir doit être traité pour supporter les variations de température sans craquer.

La disposition de la cuisine peut faire qu'un miroir placé directement derrière le fourneau ne permette pas de voir la porte. Dans ce cas, vous pouvez en général obtenir le résultat voulu en plaçant le miroir sur le mur à côté du fourneau.

Figure 12.3 : Carillon de protection pour une porte située dans le dos de la cuisinière.

Remède à un fourneau visible depuis la porte d'entrée de la maison

De graves problèmes Feng Shui peuvent résulter de la possibilité de voir le fourneau en entrant dans la maison. Si vous pouvez voir le fourneau à travers un ou plusieurs passages en angle, c'est encore pire. (Les cas extrêmes peuvent inclure des violences et des événements tragiques se déroulant dans la maison.) Le remède consiste à placer une porte ou un rideau séparant visuellement le fourneau et la porte d'entrée. Si ce n'est pas envisageable dans votre cas particulier, suspendez un ou deux carillons en laiton ou des sphères à facettes de cristal sur le passage entre la porte d'entrée de la maison et le fourneau.

Remèdes aux portes multiples permettant de circuler dans une cuisine

La présence de plusieurs portes dans une cuisine peut correspondre à différents schémas de circulation, examinés ci-après.

Cuisine que l'on traverse en passant devant le fourneau

Des allées et venues continuelles devant le fourneau risquent d'emporter au passage le chi vital du fourneau. Une cuisine qui sert de couloir peut conduire à des disputes dans la maison et vous empêcher de garder votre argent. Pour y remédier, suspendez des carillons, un entre chacune des portes et le fourneau (voir figure 12.4).

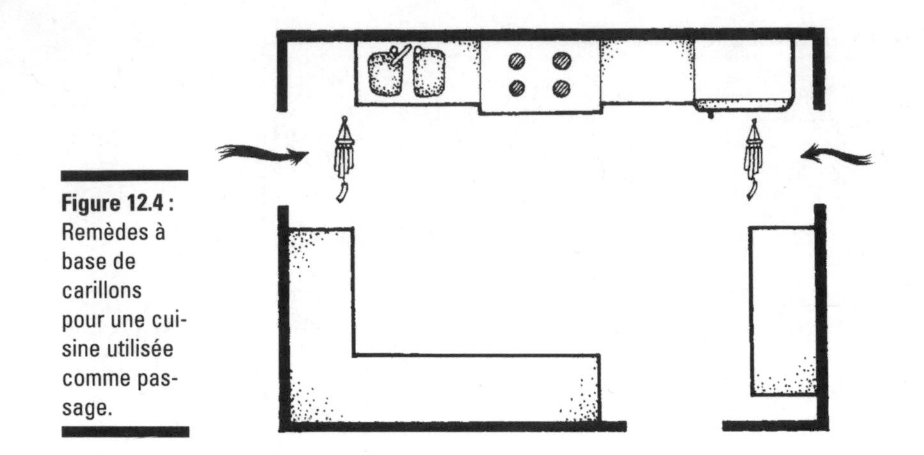

Figure 12.4 : Remèdes à base de carillons pour une cuisine utilisée comme passage.

Porte extérieure donnant sur la cuisine

La présence dans la cuisine d'une porte ouvrant sur l'extérieur représente une menace pour la santé, la sécurité et l'argent. Je recommande deux remèdes. Le premier est d'utiliser moins souvent la porte extérieure pour atténuer les effets du chi du dehors sur la cuisine et le fourneau. Le second est une tige de bambou Feng Shui suspendue horizontalement au-dessus de l'embrasure de la porte extérieure (voir figure 12.5). La tige de bambou apporte la paix et la sécurité, et représente un antidote efficace contre l'énergie menaçante de la porte. Visualisez bien ces effets en appliquant le remède.

Figure 12.5 : Tige de bambou au-dessus d'une porte extérieure dans la cuisine.

Porte de garage conduisant à la cuisine

Une porte de garage conduisant à la cuisine peut amener des émanations nocives directement dans votre nourriture et dans votre corps. Ce problème ne se pose que si vous vous garez dans le garage. En pareil cas, mettez dans la cuisine plusieurs plantes saines et vigoureuses qui lui apporteront un chi de bonne qualité. Certaines plantes comme diverses fougères ont en outre le mérite de purifier l'air d'une cuisine. Je recommande également l'utilisation d'une tige de bambou comme dans la section précédente.

Multiples entrées dans la cuisine

Si la cuisine a plusieurs entrées, une énergie excessive entrant dans la pièce peut créer le chaos et la confusion. Je recommande l'application du principe consistant à placer un remède au centre de la pièce : suspendez une grande sphère à facettes de cristal au centre de la cuisine. (Reportez-vous au chapitre 10 pour plus de précisions sur la notion de centre.) Le cristal placé au centre équilibre les énergies disparates qui circulent dans la cuisine, et lui restitue le calme et l'harmonie.

Le rôle du fourneau : générateur d'énergie de la maison

Le fourneau est le générateur d'énergie de la maison ; il sert à préparer les aliments, source de nourriture et de vitalité pour les résidents. La qualité et l'état du fourneau déterminent la qualité et l'état du chi de la maison. Compte tenu de la relation symbolique entre la nourriture et l'argent, le fourneau est aussi l'un des plus importants facteurs de richesse pour toute la maisonnée.

CONSEIL

Quel est le meilleur type de fourneau pour la cuisson des aliments ?

Pour donner aux aliments la meilleure énergie possible, il faudrait utiliser un feu provenant du bois ou de la paille. Dans les maisons modernes, la plupart des gens utilisent des appareils ménagers, et les choix se limitent à l'électricité, au gaz ou aux fours à micro-ondes (bien que de nouvelles options apparaissent, comme la convection – l'air chaud – se combinant aux autres possibilités). Des trois types de cuisson disponibles, le gaz est de loin la meilleure énergie. (Cette opinion est basée sur l'analyse énergétique des fourneaux, non sur un point de vue scientifique.) Les fourneaux à gaz cuisent avec un véritable feu, ce qui cuit mieux et ajoute à la nourriture un chi de plus grande force. Les fourneaux électriques ne produisent pas de feu, mais cuisent la nourriture par la chaleur d'un champ électrique, ce qui pose au moins deux problèmes : une énergie nutritive de basse qualité, et l'exposition de la personne qui fait la cuisine à des champs électriques importants. Le corps humain n'est pas compatible avec ces champs, qui à la longue peuvent avoir un effet débilitant. Il en va de même pour les fours et grils électriques. Les fours à micro-ondes sont encore d'une moindre qualité, car ils créent de graves problèmes énergétiques au sein des aliments, susceptibles de perturber aussi bien vos émotions que votre santé physique – quoi qu'en disent les experts scientifiques. Un bon remède consiste à se séparer du four à micro-ondes ou à suspendre un carillon en laiton et une sphère à facettes de cristal au-dessus du four à micro-ondes pour vous protéger des radiations.

Choisir un nouveau fourneau plutôt qu'un fourneau usagé

Comme le lit, le meilleur fourneau est un fourneau que vous vous procurez à l'état neuf. Un fourneau usagé conserve inévitablement les énergies de son propriétaire précédent, au détriment de votre propre énergie. L'achat d'un nouveau fourneau en emménageant dans une nouvelle résidence représente un nouveau départ pour votre santé et votre fortune. Faute de pouvoir vous permettre cette dépense, vous pouvez procéder à un nettoyage complet, de la manière expliquée dans la section suivante. Pour en retirer des avantages supplémentaires, vous pouvez aussi procéder à son nettoyage énergétique par la bénédiction aux écorces d'orange (voir chapitre 17).

La propreté du fourneau

Assurez-vous de la propreté de votre fourneau. La doctrine Feng Shui enseigne qu'un fourneau sale vous rend las et déprimé, et fait que vous avez du mal à gagner de l'argent. De vieilles particules de nourriture contiennent une énergie rance, laquelle se mêle au chi des nouveaux aliments que vous préparez. Le remède est simple : nettoyez le fourneau et gardez-le propre. La partie la plus importante est le haut, où se trouvent les brûleurs. Toutefois, pour en tirer un plus grand bénéfice, nettoyez tout le reste : le four, le gril, le devant du fourneau, les boutons et tous les autres éléments.

Vous pouvez aussi écarter le fourneau du mur et nettoyer partout – tous les côtés, et l'intérieur, y compris l'arrière et le bas ; ainsi que le mur derrière et le sol en dessous. Vous pourrez être stupéfait de tout ce que vous allez trouver, et vous serez agréablement surpris du bien-être que vous éprouverez quand tout sera nickel.

L'état et l'usure des brûleurs du fourneau

Les brûleurs sont au fourneau ce que le moteur est aux voitures de course – ce qu'il y a de plus important et qui fait marcher tout le reste. Je traite de deux questions essentielles relatives aux brûleurs dans les sections suivantes.

Réparez les brûleurs cassés

Un brûleur cassé ou qui marche mal peut être une cause de problèmes Feng Shui majeurs. C'est comme si vous perdiez un cylindre du moteur de votre voiture ; elle peut marcher, mais il faut vite la faire réparer si vous avez besoin d'un moyen de transport fiable. C'est la même chose pour le fourneau. Si l'un des brûleurs ne marche pas, vous devez lui porter une attention immédiate. Il n'y a qu'un seul remède : réparer les brûleurs défectueux. Cette recommandation porte aussi sur des brûleurs techniquement en état de marche mais qui présentent d'autres problèmes, par exemple :

- Le brûleur ne s'allume pas à coup sûr ou s'éteint régulièrement pour des raisons mystérieuses.
- Vous devez utiliser une allumette pour les allumer (parce que l'allumage automatique est défectueux).
- Le brûleur (ou la grille) est fêlé ou cassé.

Une psychothérapeute qui m'avait demandé une consultation Feng Shui avait depuis plusieurs années un fourneau en mauvais état. Après ma consultation, sa propriétaire a non seulement réparé le fourneau (qui présentait différents problèmes) mais a également approuvé une rénovation majeure de son appartement. Depuis l'application du remède, elle est devenue plus fortunée, voyage et dispose d'une plus grande liberté.

Utilisez tous les brûleurs pour gagner davantage d'argent

Une autre question importante est la façon dont vous utilisez les brûleurs. L'astuce Feng Shui est d'utiliser régulièrement tous les brûleurs. Beaucoup de gens n'utilisent que deux brûleurs, ceux du devant, et les deux brûleurs arrière restent inutilisés la plupart du temps. Servez-vous-en à tour de rôle pour qu'ils soient tous actifs. Les brûleurs représentent le potentiel de génération de fortune de la maison, mais s'ils ne servent pas, la fortune n'arrivera pas aussi directement qu'elle le pourrait. C'est étonnant mais c'est vrai, la façon dont vous utilisez vos brûleurs a une incidence sur votre situation financière à long terme.

Des brûleurs inactifs peuvent influencer votre santé ainsi que vos finances. Un collègue Feng Shui raconte l'histoire d'un client qui possédait une grande maison avec une cuisine comportant trois fourneaux, et qui souffrait constamment de mystérieux maux d'estomac. La consultation de médecins et de diététiciens de haut niveau n'avait rien donné. Néanmoins, au cours de la consultation Feng Shui, il avait indiqué que deux des fourneaux marchaient bien, mais que le troisième n'avait pas été utilisé depuis l'achat de la maison. Après la réparation du fourneau numéro trois, ses indigestions ont rapidement disparu.

Fonctionnement général du fourneau

Les brûleurs sont les parties les plus vitales du fourneau, mais le bon fonctionnement de ses autres éléments a également de l'importance. Il faut que tout marche bien pour que vous puissiez retirer du fourneau tous les avantages qu'il peut vous procurer. Ce principe s'applique notamment aux éléments suivants :

- Boutons, ou interrupteurs manquants, cassés ou défectueux
- Lumières et ampoules
- Ventilateurs et hottes (faisant partie du fourneau ou placés au-dessus)
- Gril
- Horloges et chronomètres
- Charnières de la porte du four
- Tout ce qu'il peut y avoir dans un fourneau et qui ne marche pas comme lorsqu'il était neuf

Visualisez l'amélioration de vos revenus et d'autres aspects de votre vie tout en appliquant ces solutions. (Voir chapitre 6 pour plus de précisions sur la visualisation.)

Mes collègues Feng Shui et moi sommes souvent stupéfaits de voir à quel point la réparation du fourneau contribue à aider les gens à se sortir de situations financières difficiles. D'innombrables personnes ont simplement réparé leur fourneau et obtenu ensuite un nouveau job, d'autres surmontent des problèmes de santé lancinants ou ont des nouvelles de quelqu'un qui leur doit de l'argent et qui brusquement décide de payer.

Solutions à divers problèmes de cuisine

Les sections suivantes décrivent divers problèmes Feng Shui relatifs à la cuisine, ainsi que les solutions assurant l'optimisation du chi et de la chance.

CONSEIL

Rénovation d'une cuisine : c'est le moment de faire attention

Compte tenu du caractère sensible et de l'importance de la cuisine pour tous les aspects de l'existence, la rénovation d'une cuisine peut entraîner la malchance faute de prendre les précautions voulues. Je recommande deux remèdes préventifs. Le premier consiste à choisir une bonne date et un bon moment pour commencer le travail (voir au chapitre 19 les détails relatifs au *timing*). Le second est de procéder à la bénédiction de la maison traitée au chapitre 17 (bénédiction du riz) le jour où vous démarrez le projet et celui où il se termine. Toutefois, dans le cas d'une transformation majeure de la maison, vous avez intérêt à consulter un professionnel du Feng Shui pour être certain des résultats du projet.

Fourneau trop près du réfrigérateur

Si le fourneau est tout près du réfrigérateur, il peut se produire un conflit énergétique entre l'énergie froide du réfrigérateur et l'énergie chaude du fourneau. Cette proximité peut entraîner des problèmes de santé. Vous avez le choix entre plusieurs solutions pour les résoudre. Vous pouvez mettre un miroir sur le côté du réfrigérateur le plus proche du fourneau : le miroir étend la surface du fourneau, éloignant ainsi symboliquement le réfrigérateur. Une autre solution est de suspendre un carillon ou une sphère à facettes de cristal entre le fourneau et le réfrigérateur en vue d'un meilleur équilibre énergétique. S'il y a un petit plan de travail entre le fourneau et le réfrigérateur, vous pouvez y placer de petites plantes en pot, qui serviront de tampon énergétique.

Une fenêtre au-dessus du fourneau

Une fenêtre au-dessus du fourneau représente une situation Feng Shui négative. Cependant, cette situation est considérablement aggravée si le cuisinier aperçoit l'une des choses suivantes à travers la fenêtre : des barreaux, un grillage, un treillis ou un mur bloquant la vue. Un tel arrangement peut provoquer des problèmes familiaux, l'épuisement, des problèmes d'ordre juridique, l'anémie et des maladies du sang. Le remède, dans un tel cas, est l'élimination des funestes symboles. En cas d'impossibilité, vous pouvez faire pousser du lierre sur les barreaux ou les grilles, pour leur adjoindre du vert – la couleur de la vie. (Vous pouvez même utiliser du lierre artificiel en soie.) Ou suspendre en haut de la fenêtre une sphère à facettes de cristal pour étendre votre vision et disperser le chi négatif.

Cuisine de petite taille

Une cuisine spacieuse est un signe annonciateur de la fortune d'une famille. Essayez d'éviter que votre cuisine donne une impression étriquée. Les miroirs sont le meilleur moyen d'étendre les petites cuisines. Vous pouvez aussi suspendre une sphère à facettes de cristal au centre de la cuisine.

Des toilettes ou un lit adossés au même mur qu'un fourneau

S'il y a des toilettes ou un lit de l'autre côté du mur devant lequel est placé le fourneau, appliquez les remèdes suggérés au chapitre 10. Dans le cas de toilettes, accrochez un miroir derrière le fourneau, de la même largeur et à la même hauteur que le fourneau. (Le côté réfléchissant du miroir doit être dirigé vers le fourneau.) Dans le cas du lit, placez un miroir dans la chambre derrière le lit. Utilisez un miroir de même largeur que le lit, allant du sol jusqu'en haut de la tête de lit (ou du matelas si vous n'avez pas de tête de lit.) Le côté réfléchissant du miroir doit être orienté vers le lit.

Lumière et couleur dans la cuisine

La luminosité de la cuisine influence votre humeur et vos finances. En général, il vaut mieux un bon éclairage qu'une lumière insuffisante, mais une lumière trop vive a un effet négatif. Les lampes à incandescence sont préférables aux tubes fluorescents. Une solution simple consiste à placer de petites lampes au-dessus des plans de travail, ce qui contribue à égayer les coins sombres. La meilleure couleur pour une cuisine est le blanc ; il vaut mieux éviter les couleurs sombres. (Le chapitre 15 fournit de plus amples informations sur ces questions.)

Couteaux visibles dans la cuisine

Les couteaux visibles dans la cuisine symbolisent les accidents (et notamment les doigts coupés). Un remède simple consiste à ranger les couteaux dans des tiroirs au lieu de les laisser en vue.

Chapitre 13

Feng Shui appliqué aux principales surfaces de la maison

Dans ce chapitre :

- Salons et salles de séjour
- Options pour la salle à manger
- Renforcer l'énergie des chambres d'enfant
- Feng Shui appliqué à la salle de bains
- Le garage

Ce chapitre vous fait découvrir comment appliquer le Feng Shui pour renforcer l'énergie et les effets bénéfiques des différents espaces de votre demeure. Du salon jusqu'au garage, chacune des surfaces d'une maison exerce une influence continuelle sur votre état émotionnel et sur votre développement personnel. Voyons comment faire en sorte qu'une énergie positive circule en permanence dans une maison.

Le salon et la salle de séjour

Le salon permet de se relaxer, d'accueillir des visiteurs, et sert aux contacts sociaux. La salle de séjour est plus informelle, étant réservée à la famille et aux invités plus intimes. Si le salon ou la salle de séjour est visible depuis la porte d'entrée ou le hall d'entrée, les résidents éprouvent un sentiment de paix et de confort en entrant dans leur maison. C'est pourquoi il est bon que de telles pièces soient situées sur le devant de la maison. Mais elles peuvent également se trouver à d'autres emplacements. Les principes énoncés dans cette section s'appliquent aussi bien aux salons qu'aux salles de séjour.

Disposition optimale du groupe

La salle de séjour est dédiée à la conversation, dans la position assise. La meilleure disposition des sièges est celle qui permet à la fois aux résidents et à leurs visiteurs de voir clairement la principale porte d'entrée dans la pièce. Chacun peut alors se sentir à l'aise et en sécurité.

Les visiteurs se sentent naturellement honorés si vous leur offrez les sièges les plus éloignés de la porte du living-room ; ce sont les positions les plus sûres et les plus fortes. Les résidents devraient aussi s'asseoir à un endroit depuis lequel ils peuvent facilement apercevoir la porte. Sur la figure 13.1, les dessins a et b représentent de bons exemples de disposition des meubles.

Essayez d'éviter de placer un canapé dans une position où il tourne le dos à la porte (voir figure 13.1c). La personne qui s'y assied peut se sentir vulnérable et, de plus, le meuble bloque la porte. S'il n'y a pas moyen de placer un canapé en permettant d'apercevoir la porte, essayez de placer un miroir sur un mur opposé pour qu'il reflète la porte. Une autre solution consiste à placer derrière le canapé une table avec de belles plantes vertes pour inspirer un sentiment de sécurité.

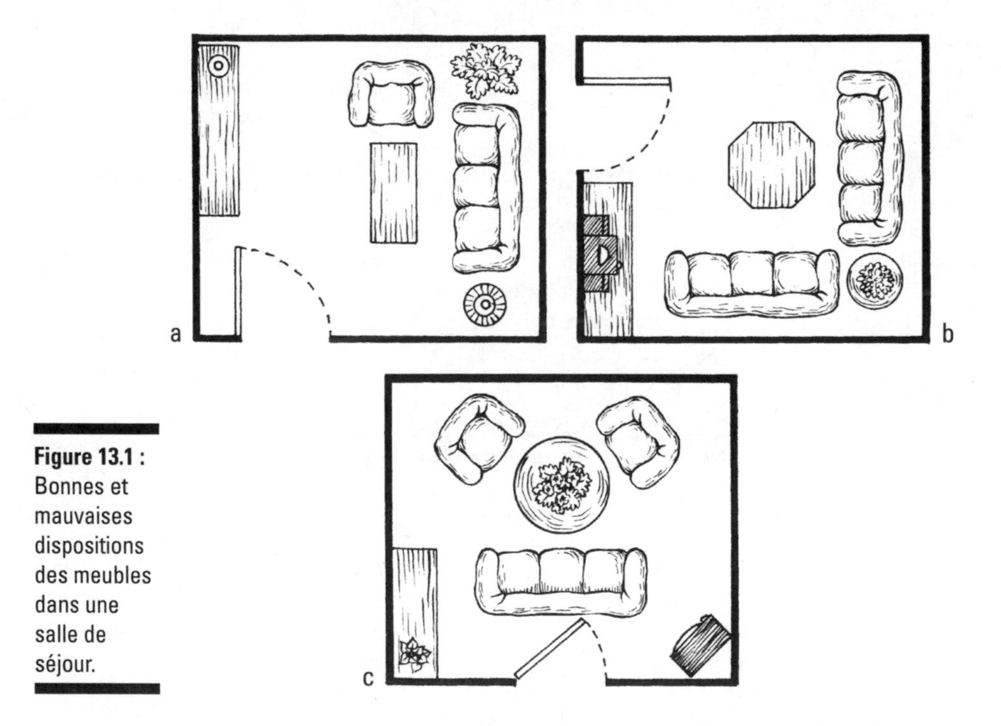

Figure 13.1 : Bonnes et mauvaises dispositions des meubles dans une salle de séjour.

Dispositions des meubles favorables aux conversations

Les meilleures dispositions des meubles d'une salle de séjour favorisent la conversation de groupes de personnes dans de bonnes conditions de confort. Si vous vous adressez à quelqu'un au-delà d'une zone de passage dans la pièce, la conversation devient difficile. Essayez de disposer vos meubles de telle sorte que des groupes de deux à cinq personnes (ou plus) puissent converser dans un même secteur. Si votre salon sert de passage dans une autre pièce, groupez les meubles de manière à ce qu'une conversation cohérente puisse s'établir d'un côté ou de l'autre du passage.

La salle à manger

La salle à manger a un rapport avec votre carrière. Recevoir des invités peut en effet être l'occasion de développer un réseau d'associés et de collègues. La position Feng Shui idéale de la salle à manger est dictée par des considérations pratiques – à côté de la cuisine.

Plus grande est la table de la salle à manger, plus elle rayonne de force et d'énergie – et mieux elle peut contribuer au développement de la carrière. Les formes de tables classiques (rondes, rectangulaires, carrées, ovales, octogonales) ont toutes un bon Feng Shui, mais les tables rondes favorisent en outre la convivialité.

Les miroirs d'une salle à manger ont une influence bénéfique, car en doublant les images d'assiettes et de nourriture de la table, ils symbolisent le doublement de votre fortune.

Si la table de la salle à manger est placée sous une poutre, votre carrière peut souffrir de cette pression que la poutre exerce sur elle. Pour atténuer cet effet, utilisez le remède de la double tige de bambou : suspendez deux tiges de bambou Feng Shui, une à chaque extrémité de la poutre. Une autre solution consiste à déplacer la table, et une autre encore à attacher une vigne vierge en soie à la partie inférieure de la poutre. (Voir le chapitre 14 pour plus d'informations sur les poutres.)

Le Feng Shui nous enseigne qu'il est malsain, tant pour sa santé que pour son compte en banque, de voir le fourneau de la cuisine en mangeant à la table de la salle à manger. Pour résoudre ce problème, placez deux tiges de bambou Feng Shui au-dessus de la porte, croisées à un angle de 45 degrés, et représentant des épées symboliques. (Reportez-vous au chapitre 4 pour plus d'informations sur les tiges de bambou.)

Chambres d'enfant

Les emplacements favorables pour les chambres d'enfant sont le devant de la maison (notamment pour les enfants plus âgés) et la surface des enfants de l'octogone de la maison (voir chapitre 3). Les positions moins favorables sont celles situées à l'arrière de la chambre à coucher principale, ou le centre de la maison.

Si une chambre d'enfant est située plus au fond de la maison que la chambre des parents, l'enfant risque de prendre en main la direction du ménage, se trouvant dans une position de commandement plus forte que celle des parents. (Pour plus d'informations sur la position de commandement, reportez-vous aux chapitres 10 et 12.) Le remède à ce problème consiste à suspendre un miroir de bonne taille devant la maison, en droite ligne du lit de l'enfant. Pour assurer l'efficacité de ce remède, visualisez le lit et l'énergie de l'enfant tirés vers le devant de la maison, et le retour à l'équilibre des relations familiales.

Un autre facteur susceptible de rompre l'équilibre de la maison est la taille de la chambre d'enfant, lorsqu'elle est supérieure à celle de la chambre des parents. Ici encore, l'enfant peut manifester une énergie difficile à contrôler. L'un des remèdes consiste à échanger les deux pièces. Si ce n'est pas possible, vous pouvez régler le problème en suspendant un carillon métallique juste à l'extérieur de la chambre d'enfant, et une sphère à facettes de cristal au centre de la chambre principale. Utilisez des rubans rouges, d'une longueur multiple de 9 centimètres, pour suspendre ces deux objets.

Positions de lit recommandées pour les chambres d'enfant

La position du lit d'un enfant est déterminante pour sa progression, sa croissance et sa sécurité. Les deux meilleurs choix sont la surface des enfants (la surface de la pièce au milieu et à droite) et la position de commandement de la pièce (voir chapitre 10). Un lit situé dans la surface des enfants donne à l'enfant la force, l'intelligence et l'énergie. (Les bonnes positions de lit sont représentées sur la figure 13.2.) Placez le lit de manière à ce qu'il soit adossé à un mur.

Tous les facteurs qui ont un effet sur la chambre principale (comme une situation au-dessus d'un garage, un plafond en pente, etc.) ont un effet similaire sur une chambre d'enfant. Pour résoudre les problèmes correspondants, appliquez les remèdes décrits aux chapitres 11 et 14.

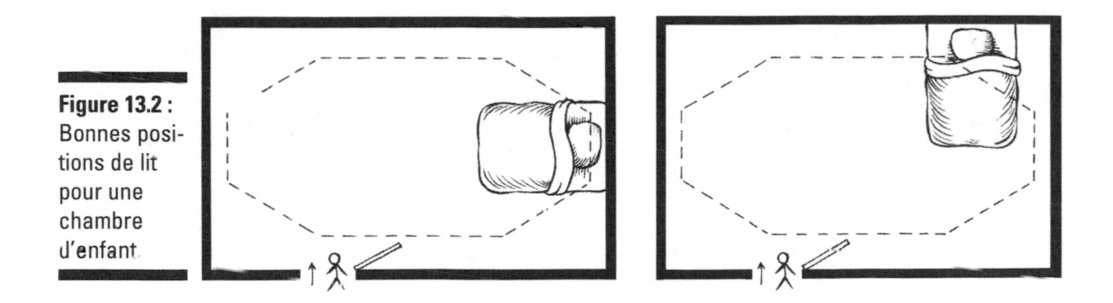

Figure 13.2 : Bonnes positions de lit pour une chambre d'enfant.

Choisissez un bon lit pour votre enfant

Le type de lit dans lequel dort l'enfant a une influence sur sa force et sur son indépendance. Donnez-lui la meilleure qualité de lit possible. Les sections qui suivent mentionnent différents types de lits, leurs avantages et leurs inconvénients.

Débarrassez-vous des lits devenus trop petits

Certains parents confinent leurs enfants dans des lits devenus trop petits pour eux, ce qui bride leur croissance physique et émotionnelle, ainsi que leurs progrès scolaires. Assurez-vous que l'enfant a largement la place de s'étendre confortablement dans son lit pour y dormir.

Lits temporaires

Les lits temporaires, tels que ces lits que l'on peut ranger sous un autre, donnent à l'enfant un sentiment d'instabilité. Si vous ne pouvez pas tout de suite vous permettre l'achat d'un lit classique, vous pouvez stabiliser l'énergie de l'enfant au moyen du remède yu. Préparez un bol yu, de la manière décrite au chapitre 18, puis placez ce bol sous le pied du lit. Attachez un ruban d'une longueur multiple de 9 centimètres au pied du lit et faites-le descendre jusqu'au sol. Le ruban doit être suffisamment long pour que le bol yu puisse être posé sur l'extrémité du ruban. Renforcez ce remède visant à la stabilité et à la tranquillité de votre enfant en pratiquant le renforcement des trois secrets (voir chapitre 6). Vous pouvez aussi appliquer ce remède à chaque fois qu'il vous paraît nécessaire de stabiliser le chi d'un enfant, même s'il a déjà un bon lit et une bonne position de lit.

Lits superposés

Les lits superposés sont très bien pour économiser la place, mais malheureusement ils ne réussissent pas à la plupart des enfants. Bien que l'influence négative soit généralement plus grande pour l'enfant dormant dans le lit du bas, les deux lits peuvent avoir un effet oppressant, affectant l'énergie et la santé des deux enfants. Les enfants qui dorment dans des lits superposés peuvent souffrir de dépressions et manifester des troubles de la personnalité. Il est donc préférable de faire dormir les enfants dans des lits classiques. Toutefois, les lits superposés situés dans une chambre d'amis ou dans lesquels on ne dort que rarement ne présentent pas d'inconvénient.

L'achat d'un nouveau lit est le meilleur remède à cette situation. Un autre remède consiste à suspendre une sphère à facettes de cristal directement au-dessus de la position occupée pendant le sommeil par chacun des deux enfants. Pour l'enfant qui dort dans le lit du bas, suspendez la sphère à seulement 5 centimètres de la base du lit du dessus. Pour le lit du dessus, suspendez la sphère à faible distance du plafond.

L'une de mes clientes déplorait que l'un de ses enfants soit déprimé, d'une faible constitution, et ne travaille pas bien à l'école. À sa surprise, j'ai attribué ces difficultés au lit superposé dans lequel dormait l'enfant. Elle hésitait à suivre ma prescription et à installer un nouveau lit, mais quelque temps après avoir fait le nécessaire, elle m'a informé que son fils avait fait des progrès remarquables, était plus heureux et en bien meilleure santé.

Lits combinés avec d'autres meubles

Certaines combinaisons de meubles tentent d'associer au lit un bureau, un espace de rangement ou une penderie. Ce type de lit économise l'espace, mais peut être néfaste à terme pour votre enfant. La combinaison de ces énergies différentes est une source de confusion, de sorte que le lit ne remplit bien aucune de ses diverses missions. Il vaut beaucoup mieux mettre en place un lit classique.

Si vous n'arrivez à vous débarrasser d'aucun des types de lits décrits dans cette section, vous pouvez appliquer le remède suivant : faites courir une vigne vierge artificielle mais d'apparence réelle tout le long du bord du matelas. En outre, placez de saines plantes vertes dans la chambre pour y introduire du chi vivant. L'énergie vitale de couleur verte contribue à équilibrer et harmoniser l'énergie de l'enfant.

Couleurs et remèdes spéciaux pour chambres d'enfant

Le bleu et le vert sont de bonnes couleurs pour une chambre d'enfant. Elles favorisent sa croissance et ses progrès, et l'incitent à adopter une attitude positive. Le blanc est également une bonne couleur, surtout si vous lui ajoutez des touches de bleu et de vert. S'il s'agit d'un enfant très jeune, la présence dans sa chambre de multiples couleurs stimule ses facultés sensorielles. Pour calmer un enfant hyperactif ou difficile, vous pouvez ajouter à un fond blanc des couleurs plus sombres telles que le noir, le brun ou le vert foncé.

Placés dans une chambre d'enfant, les objets suivants peuvent contribuer à son bonheur et son développement harmonieux :

- **Pour développer l'intelligence de l'enfant** : placez une lumière dans la surface des enfants de la pièce. Ce remède est d'une efficacité garantie.
- **Pour activer la concentration de l'enfant et ses capacités mentales** : suspendez un carillon au-dessus de la tête de lit et/ou dans la surface du savoir de la pièce.
- **Pour équilibrer les émotions de l'enfant et améliorer son image de soi** : placez une sphère à facettes de cristal au-dessus de la tête du lit.

La salle de bains

La salle de bains est la pièce réservée à la propreté et à l'élimination, et cette institution moderne peut susciter divers problèmes Feng Shui. La salle de bains a une influence sur la fortune de la famille et sur la circulation de l'eau dans le corps. L'école de Feng Shui du grand maître Lin Yun ne considère pas que la salle de bains soit une mauvaise pièce en elle-même et qu'il faille s'en passer – et elle ne conseille pas non plus de revenir à des conditions d'hygiène primitives. Mais je vous recommande néanmoins de minimiser les problèmes Feng Shui de la salle de bains en appliquant les remèdes proposés dans cette section. Grâce à ces solutions, votre demeure sera plus saine, plus opulente, plus heureuse, et il fera bon y vivre et y aimer.

Voici les deux problèmes d'ordre général que pose une salle de bains. Tout d'abord, la salle de bains ayant une fonction de nettoiement, elle a une connotation de malpropreté. Ensuite, elle comporte plusieurs systèmes d'élimination, à commencer par celui des toilettes. C'est pourquoi nous devons nous efforcer d'empêcher la salle de bains d'éliminer l'énergie vitale qui circule dans la maison. Un autre objectif est d'empêcher le chi de la salle de bains elle-même (ce qu'on y voit, les odeurs, etc.) de circuler dans la maison. Fort heureusement, les remèdes du Feng Shui mettent ces deux objectifs à votre portée.

Où mettre la salle de bains

Je vous recommande d'accorder une attention particulière à l'emplacement et à la disposition de la salle de bains, si vous désirez améliorer les surfaces de vie de l'octogone associées aux emplacements listés ci-après. Les emplacements suivants, pour une salle de bains, peuvent avoir des conséquences particulièrement néfastes.

- **Une salle de bains au centre de la maison**. C'est le pire des emplacements pour une salle de bains. Le centre est le point le plus important de votre demeure ; une salle de bains à cet endroit peut drainer votre santé et, par extension, avoir une influence négative sur tous les aspects de votre vie. Si la salle de bains est au centre, je vous recommande d'appliquer les remèdes pour salle de bains décrits plus loin dans ce chapitre.
- **Une salle de bains près de l'entrée principale ou qui est la première pièce que l'on voit**. Une salle de bains près de l'entrée principale de la maison peut drainer une partie importante du chi arrivant par la porte d'entrée, et par suite avoir un effet débilitant sur toute la maison. Cette disposition peut créer des problèmes dans tous les domaines de la vie. (Reportez-vous au chapitre 10 pour d'autres remèdes relatifs à l'emplacement de la salle de bains.)
- **Une salle de bains dans la surface de la fortune de l'octogone**. Nous avons tous le souci de nous procurer et de conserver de l'argent, de sorte que la surface de la fortune de la maison (située à l'arrière et à gauche) est une surface vitale pour pratiquement tout le monde. Une salle de bains dans la surface de la fortune peut faire disparaître vos disponibilités financières actuelles et compromettre votre fortune future. Faites aussi attention à une salle de bains située dans la surface de la renommée ou dans la surface du mariage. Mon expérience m'a montré que ces deux emplacements peuvent aussi créer des problèmes. Appliquez à ces salles de bains les remèdes indiqués dans les sections suivantes.

Dispositions de salles de bains favorables

Le critère le plus important pour la disposition d'une salle de bains est la possibilité ou non d'apercevoir les toilettes en entrant dans la pièce. Si elles sont immédiatement visibles dès qu'on ouvre la porte (voir figure 13.3a), la disposition est mauvaise. Il vaut mieux placer les toilettes derrière la porte (voir figure 13.3b) ou derrière un mur, de sorte qu'on ne puisse pas les voir en entrant dans la salle de bains. On peut remédier à cette mauvaise disposition en suspendant une sphère à facettes de cristal au plafond à mi-chemin entre la porte de la salle de bains et les toilettes (voir figure 13.3a).

Figure 13.3 : Mauvaise disposition de salle de bains avec remède, et bonne disposition.

Remèdes de base pour salle de bains

Voici quelques solutions simples pour réduire les effets de drainage produits par une salle de bains. Ces remèdes agissent contre les trois situations de danger évoquées plus haut, mais vous pouvez par précaution les appliquer à toute salle de bains. Voici ce que je recommande à mes clients : dans le doute, appliquez le remède ; vous serez couvert – et surpris par la qualité des résultats.

Gardez la porte de la salle de bains fermée

Maintenir la porte d'une salle de bains fermée est la précaution la plus basique. Cette solution simple répond directement au problème posé, et agit directement sur le niveau d'énergie de la maison. Si vos enfants ou des invités difficiles à contrôler laissent constamment la porte ouverte, vous pouvez vous servir du truc suivant : remplacez les charnières standard de la porte de la salle de bains par des charnières à ressort que vous trouverez chez tout bon quincaillier. Ces charnières ferment la porte d'elles-mêmes.

Accrochez un miroir du haut en bas de l'extérieur de la porte

Ce remède fonctionne en liaison avec le remède précédent : il est très efficace si vous gardez la porte fermée, mais il ne sert pratiquement à rien si elle reste ouverte. Son effet est double. Concernant l'énergie, il réfléchit le chi de la maison en l'éloignant de la salle de bains, de sorte qu'il ne risque pas d'être évacué. Et sur un plan psychologique, il détourne votre attention de la salle de bains, le miroir reflétant une autre partie de la maison.

Maintenez le couvercle des toilettes baissé et fermez la bonde du lavabo et de la baignoire

La principale menace des salles de bains envers l'énergie de la maison est leur fonction d'évacuation. Son blocage contribue à éviter les pertes de chi. Ce remède demande de prendre une habitude que votre maman a sans doute essayé de vous inculquer dans votre jeunesse : « Laisse le couvercle des toilettes baissé ! » (Saviez-vous que votre mère était un maître du Feng Shui ?) Je vous recommande en outre de placer un bouchon ou une bonde sur le trou d'évacuation de la douche ou de la baignoire et de les maintenir en place quand vous ne vous en servez pas. Ces remèdes peuvent retenir l'énergie dans la maison et dans votre vie.

La créativité au service de la salle de bains

Voici quelques suggestions pour apporter plus de vie à votre salle de bains.

- **Fixez de petits miroirs au-dessus des orifices d'évacuation**. Les miroirs ont pour effet de soulever l'énergie vers le haut, et retiennent ainsi le chi à l'intérieur de la maison. L'emplacement le plus utile de ces miroirs est au-dessus des toilettes, mais ils sont également utiles au-dessus du lavabo, de la douche et de la baignoire. Fixez au plafond un miroir circulaire d'environ 20 centimètres de diamètre au-dessus de chaque orifice d'évacuation de la pièce (face réfléchissante orientée vers le bas) et visualisez l'effet de rétention du chi produit par ces miroirs (voir figure 13.4).

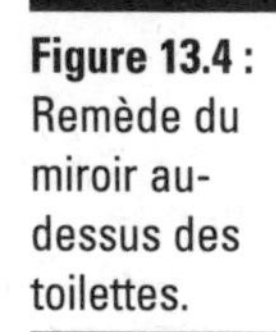

Figure 13.4 : Remède du miroir au-dessus des toilettes.

- **Effet vivifiant des plantes.** Les salles de bains sont souvent mornes et sans vie, mais vous pouvez leur insuffler une saine énergie en y plaçant des plantes vertes. Si votre salle de bains n'aime pas les plantes ou si vous n'avez pas les talents requis, vous pouvez mettre à leur place des plantes artificielles, qui auront le même effet si elles sont suffisamment ressemblantes.
- **Divers procédés pour égayer la salle de bains.** Si la salle de bains paraît insipide et nue, réchauffez-la par une décoration saine et plaisante. Les Chinois disent qu'une salle de bains propre et belle apporte à toute la famille la santé et le bonheur (et ils ont raison !). Les couleurs recommandées par le Feng Shui sont le noir ou le blanc, avec des touches de couleurs vives. Mais fiez-vous à vos goûts personnels et utilisez des couleurs qui vous plaisent. Vous pouvez aussi décorer la pièce par des œuvres d'art, des bougies de couleur, y répandre des parfums agréables, pour votre plus grand bien-être.

Le garage

Un garage attenant fait partie de la maison, même si les gens ne le considèrent pas comme tel. Selon son état et son chi propre, un garage attenant à la maison peut avoir une incidence sur toute surface vitale de l'octogone. Les effets répétés de véhicules entrant et sortant de la maison (le bruit, les gaz d'échappement et l'énergie chaotique) perturbent n'importe quelle surface vitale. Examinez l'octogone du plan de votre maison pour voir où se situe votre garage. Par exemple, si son énergie n'est pas bonne, un garage placé dans la surface vitale du mariage peut nuire à la relation conjugale. (Reportez-vous au chapitre 3 pour plus d'informations sur l'octogone Feng Shui.)

Si vous entrez habituellement chez vous par le garage, par application du principe selon lequel les premières choses vues en arrivant ont une grande influence sur vous, l'état du garage a un effet déterminant sur votre propre énergie. Si vous voyez à chaque fois un garage mal rangé, sombre et sale, vous risquez de vous sentir frustré et de mauvaise humeur, sans aucune raison particulière. Retroussez vos manches et procédez aux rangements, nettoyages et autres améliorations nécessaires. Toute la maison – et toute la famille – se sentir beaucoup mieux.

L'idéal est d'avoir un garage séparé de la maison, ce qui (bien que cela soit moins pratique) est préférable pour l'énergie de la maison en général. L'aspect intérieur d'un garage séparé a moins d'importance, mais il ne faut pas non plus qu'il soit mal rangé ou déborde d'objets dont vous ne parvenez pas à vous séparer (comme ces journaux vieux de douze ans, et vos livrets scolaires). Les garages séparés ont plus d'incidence sur l'énergie du terrain que sur celle de la maison. Vous trouverez plus d'informations sur les dépendances de la maison au chapitre 7.

Locaux divers et sous-sols

Les locaux divers sont les entrées par l'arrière ou le côté de la maison, les pièces réservées au bricolage et les buanderies. La règle de base du Feng Shui pour toutes ces pièces est la même. Gardez-les dégagées, propres et bien rangées.

Les sous-sols ont une influence sur toute la maison parce qu'ils sont le fondement sur lequel reposent le rez-de-chaussée et les étages. Si votre sous-sol est humide, sombre, encombré et sale, pourquoi ne pas prendre le taureau par les cornes et tout nettoyer ? Ce faisant, vous pourrez résoudre des questions qui se posent depuis longtemps et remédier à des anomalies dont vous ne soupçonniez même pas l'existence !

Chapitre 14

Autres parties importantes de la maison

Dans ce chapitre :

- Portes récalcitrantes
- Vision du monde depuis les fenêtres
- Remèdes pour plafonds défectueux
- Solutions pour éléments problématiques

Dans ce chapitre, je présente un véritable pot-pourri de remèdes à diverses situations qui se présentent un peu partout dans beaucoup d'habitations. Elles peuvent mettre en jeu des portes, des fenêtres, des murs, des couloirs, des escaliers, des ouvertures au plafond, des poutres, des cheminées et des appareils ménagers. Tous ces éléments agissent sur l'énergie d'une maison.

Les sections suivantes montrent les modifications à leur apporter pour en améliorer les effets énergétiques.

Portes et entrées

Le premier rôle d'une porte est d'admettre ce que nous voulons faire entrer ; la porte sert aussi à exclure tout ce qui est négatif ou nocif. La porte est pour une pièce ce qu'est une bouche pour le corps, et l'énergie des portes et des entrées contribue de façon majeure au Feng Shui d'ensemble de l'espace habité. La porte d'entrée principale est celle qui a le plus d'importance, mais toutes les autres portes d'une maison ont un effet sur son énergie – et sur votre énergie. Les deux questions que pose le Feng Shui à propos des portes sont : la façon dont l'énergie arrive jusqu'à la porte, ensuite la manière dont elle influence la pièce dans laquelle elle pénètre.

L'énergie d'un espace est conditionnée en grande partie par la façon dont elle pénètre dans cet espace, et elle y pénètre principalement par la porte. L'une des fonctions de la porte est en effet de faire entrer l'énergie dans l'espace où elle mène. L'entrée par la porte des gens qui viennent dans la pièce est sa fonction visible, tandis que sa fonction invisible est de laisser entrer l'énergie vitale, le chi, laquelle circule dans l'espace. Les caractéristiques souhaitables de l'énergie d'une maison ou d'une pièce sont la douceur, l'équilibre et l'harmonie ; les caractéristiques indésirables sont le blocage, le chaos, la stagnation, l'impétuosité et l'agressivité.

Alignement des portes : bon, mauvais, conséquences

La disposition des portes de part et d'autre d'un couloir peut être plus ou moins favorable du point de vue du Feng Shui.

Voici les différentes dispositions possibles et leurs effets éventuels (voir figure 14.1).

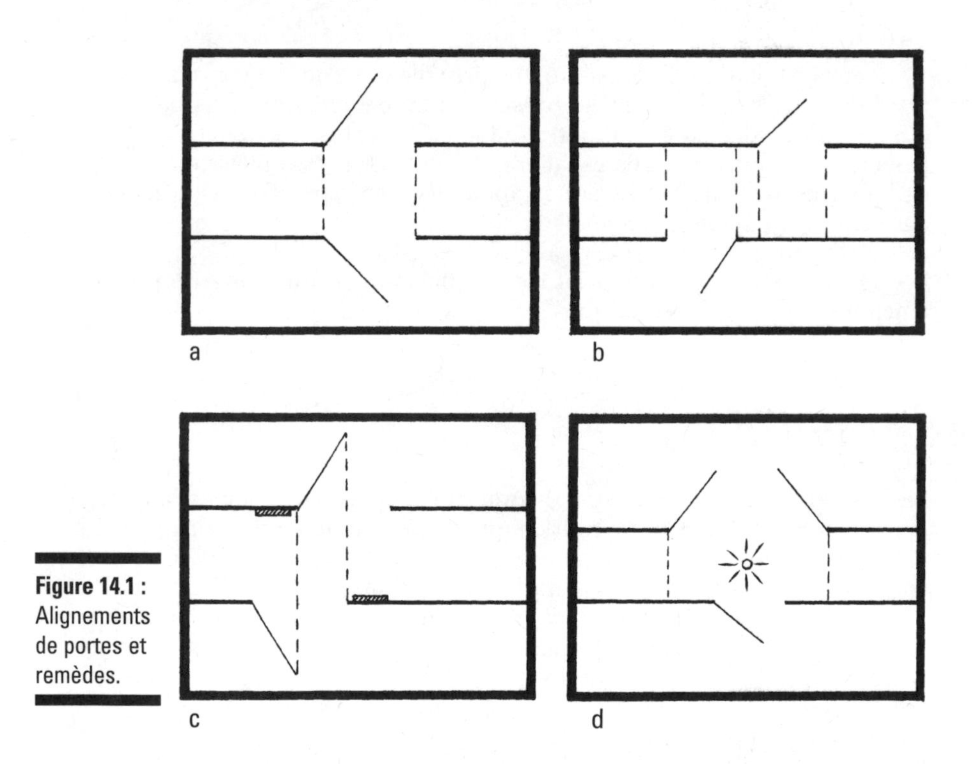

Figure 14.1 : Alignements de portes et remèdes.

- Si les portes ont la même taille et sont parfaitement alignées (voir figure 14.1a), elles sont en accord, ce qui est bien – pas de problème.
- Si les portes sont de même taille et ne sont pas du tout alignées, c'est également très bien (voir figure 14.1b).
- Les portes qui sont de même taille et légèrement décalées (situation non représentée sur la figure) peuvent entraîner des désaccords et des conflits entre les occupants des pièces concernées. Remédiez à ce problème en suspendant un cristal ou un carillon dans le couloir entre les deux portes.
- Si les portes sont nettement décalées, remédiez à la situation en installant des miroirs sur les murs dans les positions indiquées par la figure 14.1c.
- Si une porte est plus grande qu'une autre qui lui est directement opposée (comme sur la figure 14.1d), la porte la plus grande dévore la plus petite. Cette situation est encore plus néfaste si l'une des deux portes donne sur une chambre à coucher, une salle de bains ou une cuisine. Le remède consiste à suspendre une sphère à facettes de cristal dans le couloir entre les deux portes.

Solution au problème de la porte vide

Une porte qui manque (appelée *porte vide* en Feng Shui) est une ouverture servant de passage d'une pièce à une autre, mais sans porte physique entre les deux pièces. Cette situation est admissible pour le living-room, la salle à manger et la cuisine, mais elle représente un problème grave s'il s'agit de la chambre à coucher (ou d'une salle de bains). Une porte de chambre manquante peut vouloir dire que l'un des époux est souvent absent, et que le mariage risque de s'effilocher. Heureusement, on peut facilement y remédier en installant une porte dans l'ouverture en question. Si ce n'est pas possible dans votre situation particulière, vous pouvez toujours accrocher un rideau en travers du passage. Cette variante de la solution conserve son efficacité même si le rideau reste la plupart du temps tiré sur le côté.

Trois passages de porte à la suite

Si vous devez, pour entrer dans une pièce, traverser plusieurs portes en enfilade, vous subissez les effets néfastes d'une situation appelée la *flèche qui perce le cœur*, une variante particulièrement dangereuse du problème de la flèche empoisonnée. Chaque passage de porte comprime progressivement et resserre le chi jusqu'à ce qu'il se comporte comme une flèche qui perce le chi personnel des résidents. Si ces passages de porte aboutissent à une salle de bains ou à une chambre, la situation est encore plus grave. Le remède est simple : suspendez une ou plusieurs sphères à facettes de cristal entre les passages de porte.

Portes qui s'entrechoquent

Quand une porte en touche physiquement une autre à un stade quelconque de son ouverture, on appelle cela des *portes conflictuelles*. Les portes conflictuelles peuvent provoquer des disputes, des discussions et des malentendus entre les occupants de la maison. Cette observation s'applique à toutes les portes, à l'intérieur comme à l'extérieur, aux portes des placards comme à toutes les autres portes. Si par exemple la porte de la chambre principale heurte en s'ouvrant en grand une porte d'un placard de la chambre, l'énergie ainsi libérée peut entraîner la discorde conjugale et d'autres troubles au sein du couple. Pour résoudre ce problème, suspendez une houppe rouge foncé à chacun des boutons des portes conflictuelles, du côté où elles se touchent. (Voir la section « Couloirs » de ce chapitre pour trouver des remèdes aux problèmes suscités par de nombreuses portes dans un espace réduit.)

Portes qui se bloquent

S'il y a chez vous des portes qui ne s'ouvrent pas facilement, ne fonctionnent pas correctement ou se coincent au contact du sol ou de leur embrasure, l'énergie de la maison ne peut pas circuler librement. Si l'un de ces défauts concerne la porte d'entrée principale, c'est toute la maison qui en supporte les conséquences (voir les détails au chapitre 9). Si c'est la porte de la chambre principale qui se coince, votre carrière peut se trouver stoppée ou freinée. Les ennuis de porte des toilettes peuvent avoir des conséquences désastreuses sur vos impôts et votre comptabilité. La porte de la salle à manger est en relation avec votre situation financière, et la porte de la cuisine a un effet à la fois sur votre fortune et sur votre santé. Le remède à tous ces problèmes consiste à réajuster, réparer ou remplacer la ou les portes défectueuses.

Porte « inversée »

En Feng Shui, une porte qui s'ouvre à proximité d'un mur, dans un sens qui limite la vision initiale, s'appelle une porte inversée. Le remède consiste à changer le sens d'ouverture de la porte. Si ce n'est pas possible, vous pouvez placer un miroir sur le mur proche de la porte, comme sur la figure 14.2. Ce miroir ouvre l'espace visuellement, créant une sensation de liberté à la place de la sensation d'enfermement que l'on éprouvait auparavant.

Figure 14.2 : Porte s'ouvrant sur un espace restreint, avec un miroir comme remède.

Portes en angle

Les portes disposées dans un angle d'une pièce conditionnent la qualité et l'évolution de votre vie par leur influence néfaste sur le corps comme sur l'esprit. Une entrée normale symbolise la régularité et l'équilibre, tandis qu'une entrée oblique a un effet déséquilibrant. Les experts du Feng Shui nomment ces portes mal disposées « méchantes portes attirant le chi maléfique » (voir figure 14.3).

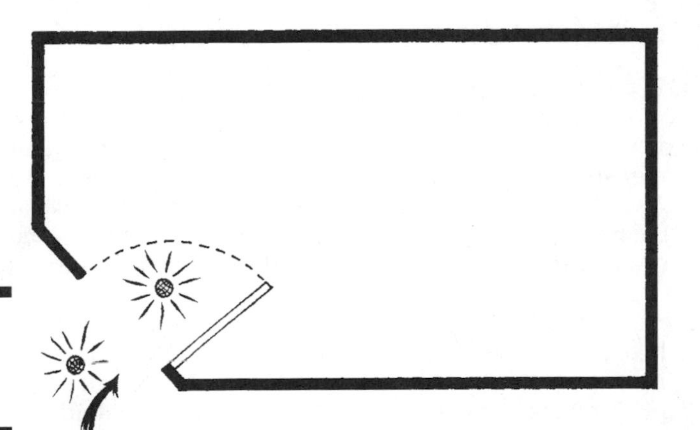

Figure 14.3 : Porte en angle et remèdes.

Les méfaits des portes obliques peuvent être des troubles physiques (affectant la colonne vertébrale, le squelette et les articulations), des désordres émotionnels, des accidents et des séries interminables d'événements malencontreux. Il faut donc y remédier. Toutes les portes obliques sont malsaines, mais les plus dangereuses sont les portes d'entrée principale, de chambre principale ou de bureau. Vous pouvez facilement remédier au problème en suspendant deux carillons métalliques ou deux sphères à facettes de cristal de part et d'autre de la porte, comme sur la figure 14.3.

Fenêtres : les yeux de la maison

La manière dont vous regardez à l'extérieur depuis vos fenêtres influence fortement votre psyché, votre énergie et vos activités quotidiennes. Les fenêtres qui s'ouvrent vers l'extérieur sont mieux considérées en Feng Shui que celles qui s'ouvrent sur l'intérieur, en coulissant sur le côté ou vers le haut, parce qu'une fenêtre s'ouvrant vers l'extérieur fait entrer davantage d'énergie dans la maison. De même, les fenêtres qui s'ouvrent complètement font entrer davantage d'énergie positive que celles qui ne s'ouvrent que partiellement.

Ce que vous voyez par la fenêtre est une bonne métaphore de votre relation avec le monde extérieur. Les fenêtres représentent la façon dont vous voyez votre monde actuel (littéralement) et (symboliquement) la façon dont vous voyez votre avenir. Si la vue est attristante, bloquée ou chaotique, vous en ressentez l'effet dans votre âme. Les fenêtres ont aussi une relation symbolique avec les yeux : les fenêtres endommagées, qui se coincent ou qui sont bloquées, peuvent entraîner la fatigue oculaire ou d'autres troubles de la vue.

Fenêtres dont la vue est bloquée de l'intérieur ou de l'extérieur

Si la vue de vos fenêtres est bloquée, votre carrière et votre avenir peuvent en souffrir, et vous serez incité à la dépression, la stagnation et la frustration. C'est pourquoi je vous recommande d'enlever tous les obstacles qui empiètent sur la vue des fenêtres, et qui sont autant d'obstacles sur le chemin de la réussite professionnelle et du développement personnel.

Je recommande également de veiller à ce que la végétation n'aille pas plus haut que la base des fenêtres. Si des buissons, des arbres ou d'autres végétaux recouvrent vos fenêtres à l'extérieur – même partiellement – taillez-les pour que la vue soit entièrement dégagée. S'il y a un grand arbre devant une fenêtre, vous pouvez élaguer certaines branches, suspendre une sphère à facettes de cristal (à l'intérieur de la maison) ou suspendre un carillon avec un son agréable entre le tronc de l'arbre et la fenêtre (à l'extérieur de la maison).

L'une de mes clientes (une décoratrice) avait devant ses fenêtres un arbre qui bloquait la vue de la rue et du jardin. Après avoir élagué les branches pour bénéficier d'une vue plus ample, elle a retrouvé l'enthousiasme, sa carrière s'est développée plus rapidement, et ses revenus se sont accrus.

Les fenêtres dont la vue est masquée depuis l'intérieur de la maison sont aussi néfastes que celles bloquées depuis l'extérieur. La solution est simple : déplacez cette étagère, cette boîte ou cet autre objet qui fait obstruction, voyez le monde plus complètement, profitez du développement sans heurt de votre vie professionnelle et sociale.

Fenêtres coincées, détériorées, bloquées ou cassées

Les fenêtres doivent être en parfait état pour permettre de voir le mieux possible, qu'elles soient ouvertes ou fermées. Les fenêtres qui s'ouvrent ou se ferment mal, sont abîmées ou cassées, sont coincées par la peinture, peuvent entraîner des troubles de la vue ou des soucis avec les enfants. Le remède consiste à réparer les fenêtres, de sorte qu'elles fonctionnent parfaitement. S'il est impossible de réparer une fenêtre, vous pouvez fixer à un carreau de la fenêtre un miroir circulaire d'environ 8 centimètres de diamètre. Ce remède permet à la fenêtre et à la maison de mieux respirer, et les libère des pressions énergétiques résultant de la fenêtre défectueuse.

Plus de fenêtres que de portes

En Feng Shui, les fenêtres sont la représentation symbolique des voix des enfants dans la maison, ce qui est une autre bonne raison pour remédier au plus vite à tout problème de fenêtre. Une surabondance de fenêtres par comparaison au nombre de portes (lesquelles représentent les voix des parents) peut faire que les voix des parents ne soient plus entendues, et que les enfants commencent à prendre le contrôle de la maison. En pareil cas, il faut rétablir l'équilibre entre le nombre des fenêtres et celui des portes, ce qui n'est possible que par une approche intuitive, car cet équilibre ne résulte pas d'un ratio prédéterminé. (Ma recommandation : dans le doute, appliquez un remède – et observez les résultats.) Vous pouvez remédier à une telle situation en suspendant un miroir à facettes de cristal devant chaque fenêtre pour en contrebalancer l'énergie excessive.

Fenêtres trop hautes, trop basses ou qui descendent trop bas

Si une fenêtre est placée très haut sur un mur et ne vous permet pas de regarder dehors, il peut en résulter une impression de malaise, vous pouvez vous sentir opprimé, dominé, surtout si la fenêtre se trouve dans une chambre. Ce n'est pas un problème majeur, et si vous n'en éprouvez aucune gêne, il n'y a pas lieu d'appliquer un remède.

Mais si vous en ressentez les effets, accrochez au mur une gravure ou un tableau décrivant une scène extérieure. Placez-les au-dessous d'une fenêtre trop haute ou au-dessus d'une fenêtre trop basse. Dans un cas comme dans l'autre, vous pouvez substituer un miroir à la représentation du vaste monde extérieur. Le miroir est aussi un excellent remède dans un espace sans fenêtre ou avec un nombre de fenêtres insuffisant.

Une fenêtre qui descend trop bas (ou dont le rebord inférieur est trop près du sol) peut vous faire sentir trop exposé ou vulnérable. Vous pouvez utiliser des plantes en pot pour couvrir la fenêtre jusqu'au moins à la hauteur des genoux. Une de mes clientes qui avait toujours l'impression que ses voisins l'observaient s'est sentie soudain beaucoup plus à l'aise vis-à-vis du voisinage après la mise en place de cette solution.

Ouverture au plafond

Si l'on tient compte du principe Feng Shui selon lequel « la maison représente le corps physique », une ouverture au plafond représente un trou à l'arrière du corps ou à la tête. Cette relation symbolique peut se traduire par des accidents affectant le dos ou la tête. Le pire est le cas d'une ouverture pratiquée dans une maison existante. Le découpage d'un trou dans le toit peut présager un accident ou une intervention chirurgicale. Ces ouvertures sont particulièrement suspectes lorsqu'elles se trouvent près de l'entrée, du centre de la maison, dans la cuisine et dans la chambre principale. Elles sont alors une menace pour la santé et les finances.

Figure 14.4 : Ouverture au plafond et sphère à facettes de cristal.

Découper un trou dans le toit sans prendre les précautions Feng Shui nécessaires peut provoquer des blessures accidentelles à la tête. Les précautions recommandées sont de choisir une date et une heure propices au début de l'opération (voir chapitre 19) et d'exécuter la bénédiction du riz avant de commencer les travaux (voir chapitre 17).

Vous pouvez remédier à une ouverture au plafond en suspendant depuis son centre une sphère à facettes de cristal (voir figure 14.4).

Murs obliques

Selon les principes du Feng Shui, tout mur oblique (en diagonale par rapport aux murs principaux) est un inconvénient dans n'importe quelle maison (voir figure 14.5). L'angle tend à accélérer la vitesse du flux d'énergie le long du mur. Il en résulte un chi précipité, trop rapide, pouvant tout bousculer et faire régner le désordre dans la maison. N'oubliez pas que l'énergie circule en permanence dans toute la maison – que vous en soyez ou non conscient.

Les murs obliques doivent être traités avec la plus haute priorité s'ils se trouvent dans une pièce ou une surface de vie dans lesquelles vous rencontrez actuellement des problèmes. S'il y a par exemple un mur oblique dans la surface du mariage de votre chambre et si vos relations conjugales sont empoisonnées par d'incessantes disputes, il est vraiment urgent de remédier à cette situation. Bien sûr, vous pouvez envisager de déplacer physiquement ce mur oblique et de le redresser. Toutefois, cette solution est généralement impraticable, et il existe d'autres solutions beaucoup plus simples et tout aussi efficaces. Deux remèdes appropriés sont décrits dans les sections suivantes.

Comment fixer l'énergie d'un mur oblique

Une bonne solution pour réguler le chi d'un mur oblique consiste à placer un remède à chaque extrémité du mur (voir figure 14.5). Placez par exemple une belle plante verte à chaque bout. Ou mettez une plante d'un côté et une lampe de l'autre. Ces procédés contribuent à maîtriser l'énergie surabondante du mur oblique. Il devient alors bienfaisant – au lieu de susciter des ennuis.

Figure 14.5 : Mur oblique avec une lampe et d'autres remèdes.

Comment ralentir ou disperser l'énergie

Le mur oblique crée un déséquilibre dans la pièce, dont le côté plus petit subit une contrainte et une surpression, tandis que l'autre côté connaît une expansion excessive. Pour ralentir ou disperser le flot du chi dans la maison, suspendez un carillon ou une sphère à facettes de cristal au plafond, au centre du mur oblique. Ce remède favorise la circulation paisible du chi le long du mur. Un autre procédé consiste à couvrir la totalité du mur oblique par un miroir reflétant le mur opposé, ce qui donne au mur oblique l'illusion et la sensation d'être parfaitement droit. Si le miroir ne couvre pas le mur entièrement, placez-le au plus près du côté étroit, surtout s'il est proche d'une entrée.

Couloirs

Les couloirs sont les principales artères de circulation du chi, des informations, et des gens à l'intérieur d'une maison. Voici les caractéristiques d'un couloir du point de vue du Feng Shui : sa longueur, sa largeur, le nombre de portes, son éclairage et – c'est le plus important – ce que vous y ressentez. Les meilleurs couloirs sont ouverts et clairs, et permettent le libre écoulement de l'énergie. Dans les sections suivantes, j'aborde les problèmes posés par les couloirs et je donne des solutions simples, mais efficaces. (Pour plus d'information sur la meilleure disposition des portes dans un couloir, reportez-vous à la section « Alignement des portes : bon, mauvais, conséquences », plus haut dans ce chapitre.)

Couloirs comportant trop de portes

Un couloir comportant trop de portes pour l'espace considéré peut entraîner des conflits dans une famille, et vous risquez de dépenser constamment tout l'argent que vous gagnez. Pour y remédier, placez des miroirs sur tous les murs du couloir (voir figure 14.6). Vous pouvez placer des miroirs rectangulaires sur chaque mur ou recouvrir entièrement de miroirs toute la surface du mur. Vous pouvez aussi résoudre le problème en suspendant dans le couloir un à trois carillons ou une à trois sphères à facettes de cristal pour modérer les flux d'énergie. Une solution plus recherchée consiste à installer des chandeliers de cristal.

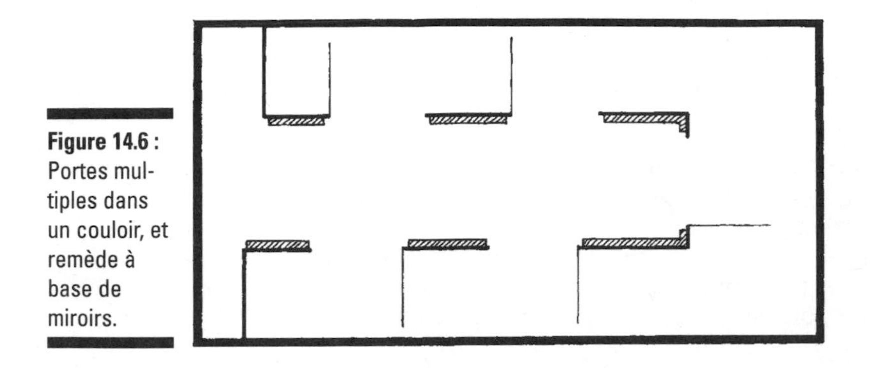

Figure 14.6 : Portes multiples dans un couloir, et remède à base de miroirs.

Couloirs longs et étroits

Si un couloir est très long et étroit, les personnes qui l'empruntent peuvent se sentir étouffées, oppressées. Le chi agressif circulant dans le couloir peut nuire à l'énergie de la maison. Pour donner une impression de lumière, d'espace et de liberté, accrochez des miroirs de bonne taille, carrés ou rectangulaires, sur un côté du couloir ou sur les deux ; plus ils sont grands, plus le remède est efficace.

Une chambre ou une salle de bains au bout du couloir peut avoir une influence néfaste, surtout si le lit ou les toilettes sont visibles depuis le couloir. Pour remédier au flux d'énergie dévastateur, vous pouvez appliquer le même remède que dans le cas d'un couloir comportant trop de portes : suspendez des sphères à facettes de cristal ou des carillons depuis le plafond ou couvrez le couloir de miroirs.

Escaliers

Les escaliers servent au déplacement du chi et des personnes. Ils relient aussi différents niveaux d'une même structure. Selon leur disposition, l'énergie qu'ils véhiculent peut alimenter les étages qu'ils relient ou empêcher la libre circulation de l'énergie entre les étages. La présente section accorde une attention particulière aux inconvénients des escaliers en colimaçon et aux remèdes correspondants. (Vous trouverez au chapitre 9 des informations sur les escaliers extérieurs conduisant à la porte principale.)

Escaliers en colimaçon

Les escaliers en colimaçon sont la source de nombreux problèmes Feng Shui, surtout si vous les installez après la construction de la maison. Leur énergie s'enfonce dans le sol à la manière d'un foret, entraînant avec elle le chi et ses bienfaits. Cette spirale énergétique descendante affecte la pièce et la surface vitale où se situe l'escalier. Les escaliers en colimaçon peuvent aussi entraîner des ennuis de santé. Devant la porte d'entrée, ils peuvent rendre malade, entraînant notamment des troubles cérébraux. Au centre de la maison, ils peuvent provoquer des cardiopathies. Voici les options dont vous disposez pour remédier aux inconvénients d'un escalier en colimaçon.

- **Enroulez un lierre artificiel en soie autour de la rampe, du bas de l'escalier jusqu'en haut**. Le symbole d'énergie vivante du lierre stimule la croissance et la vie, contrebalançant les influences néfastes de l'escalier. C'est le plus efficace de tous les remèdes dans une telle situation (voir figure 14.7).

Figure 14.7 : Escalier en colimaçon avec une guirlande verte comme remède.

- **Suspendez une sphère à facettes de cristal en haut de l'escalier**. Ce remède attire l'énergie vers le haut de l'escalier et inverse la spirale énergétique descendante.
- **Placez une grande et belle plante verte (vivante ou artificielle) au-dessous de l'escalier**. L'énergie ascendante de la plante représente un antidote symbolique à la spirale énergétique descendante de l'escalier.

En appliquant ces remèdes, représentez-vous les effets positifs spectaculaires qui en résulteront dans votre vie, notamment dans la surface vitale de l'octogone où se situe l'escalier en colimaçon.

Remèdes simples applicables à d'autres problèmes d'escalier

Les problèmes d'escalier mentionnés ci-après sont faciles à résoudre ; mais si vous ne faites rien, ils peuvent engendrer des pensées et des sentiments déplaisants.

- **Escaliers sombres, étroits, suscitant la claustrophobie**. De tels escaliers sont effrayants, déprimants et oppressants pour ceux qui les utilisent. Résolvez le problème en inondant l'escalier d'une lumière abondante et agréable.
- **Escaliers rachitiques, dangereux, dépourvus de rampe ou dont la rampe est cassée**. Ces escaliers peuvent rendre votre vie instable, indépendamment du risque physique direct auquel ils vous exposent. Le remède : réparez-les !

Vous trouverez au chapitre 9 d'autres remèdes aux problèmes d'escalier, notamment le cas des marches dépourvues de parois verticales, les escaliers en canard mandarin (montant jusqu'à une porte d'entrée principale devant laquelle se trouve un autre escalier qui descend), les escaliers conduisant à un mur, et les escaliers coudés (blocage de la circulation d'énergie). Tous ces remèdes s'appliquent aussi bien aux escaliers intérieurs qu'aux escaliers extérieurs.

Piliers, colonnes et poteaux

Piliers, colonnes et poteaux sont trois termes désignant une même structure physique susceptible de bloquer l'écoulement du chi et d'envoyer des flèches négatives dans toutes les pièces où on la rencontre. Remédiez aux inconvénients de piliers ou colonnes situés au centre d'une pièce en plaçant des miroirs qui en réfléchissent les quatre côtés. L'application du remède est encore plus nécessaire si une telle structure se trouve à proximité d'un mur.

Un autre remède consiste à placer une plante en pot, comportant de préférence des fleurs, au pied de la colonne. Vous pouvez inciter la plante à grimper autour de la colonne. Ou vous pouvez suspendre de chaque côté d'un pilier des plantes en pot dont les rameaux d'inégale longueur retombent avec un effet décoratif. (Un pilier situé dans un angle d'une pièce rarement utilisée est généralement inoffensif.)

Cheminées

L'incidence des cheminées sur la maison dépend de leur position dans les surfaces vitales de l'octogone. (Reportez-vous au chapitre 3 pour plus d'informations sur l'octogone.) Les cheminées placées dans les surfaces de la renommée, de la famille et du savoir sont en général favorables ou neutres. Mais celles qui se trouvent dans les surfaces de la carrière, des enfants, des gens qui vous aident ou de la santé sont néfastes. Quant à la présence d'une cheminée dans l'une des deux surfaces de vie restantes, celles de la fortune et du mariage, elle peut être néfaste ou bénéfique, et je vous recommande également de leur appliquer des remèdes.

Pour remédier aux effets néfastes d'une cheminée n'importe où dans la maison, placez simplement de vigoureuses plantes vertes tout autour de la cheminée et sur son manteau. L'énergie végétale apporte à la surface un surcroît de vie et d'équilibre. Une version réduite de ce remède consiste en une seule plante devant le tablier de la cheminée. Vous pouvez aussi placer un grand miroir au-dessus de la cheminée. Le miroir, qui représente l'eau, contrebalance le chi du feu (voir figure 14.8).

Figure 14.8 : Cheminée avec des plantes vertes et un miroir.

Plafonds

Le plafond idéal est un plafond plat, proportionné à la dimension de la pièce et de la maison – ni trop haut ni trop bas. Je recommande d'appliquer des remèdes aux plafonds à plusieurs niveaux, en pente, ou présentant d'autres originalités.

Plafonds à plusieurs niveaux, en pente ou irréguliers

Les plafonds à plusieurs niveaux, en pente ou irréguliers peuvent jeter le trouble dans les esprits, engendrer l'instabilité mentale et susciter des opinions divergentes chez les résidents. Les conséquences peuvent être des sautes d'humeur, l'hypertension, ou un taux de sucre dans le sang trop élevé. Il est souhaitable que tous les plafonds soient au même niveau pour chacun des plans d'une maison. Il est également souhaitable que le plafond d'une même pièce soit dans un seul plan. Si vous avez du mal à résoudre vos problèmes de plafond en dépit des informations qui suivent, envisagez de faire appel à un professionnel du Feng Shui.

Les plafonds d'un appartement visité au cours d'une de mes consultations étaient extrêmement hauts (entre 6 et 10 mètres) pour une structure de petites dimensions, et s'étendaient sur plusieurs niveaux. La maison donnait l'impression d'une tour, et le plafond au-dessus du lit de la chambre principale était à plus de 5 mètres de haut et en pente. Je ne fus pas surpris d'entendre que l'occupant précédent avait perdu la raison et avait complètement démoli l'appartement. Ces différents facteurs (petite maison, plafonds extrêmement élevés et à plusieurs niveaux) s'étaient conjugués pour bouleverser la psyché du résident. La mise en œuvre des remèdes décrits dans les sections suivantes a aidé le couple qui m'avait consulté à se sentir beaucoup plus détendu et mentalement stable dans sa nouvelle demeure.

Plafond en pente au-dessus du lit

Un plafond en pente exerce une pression sur la tête des dormeurs, agissant sur leur mental, provoquant des maux de tête, l'insomnie et le désir constant de se lever pour quitter la pièce. En général, un plafond en pente au-dessus du lit crée une situation inconfortable. Le remède consiste à suspendre un carillon ou une sphère à facettes de cristal au-dessus de la tête du lit (voir figure 14.9). Vous pouvez aussi installer des lumières qui éclairent vers le haut, ou suspendre verticalement des tiges de bambou Feng Shui sous la pente pour générer un effet de soulèvement de la portion basse du plafond.

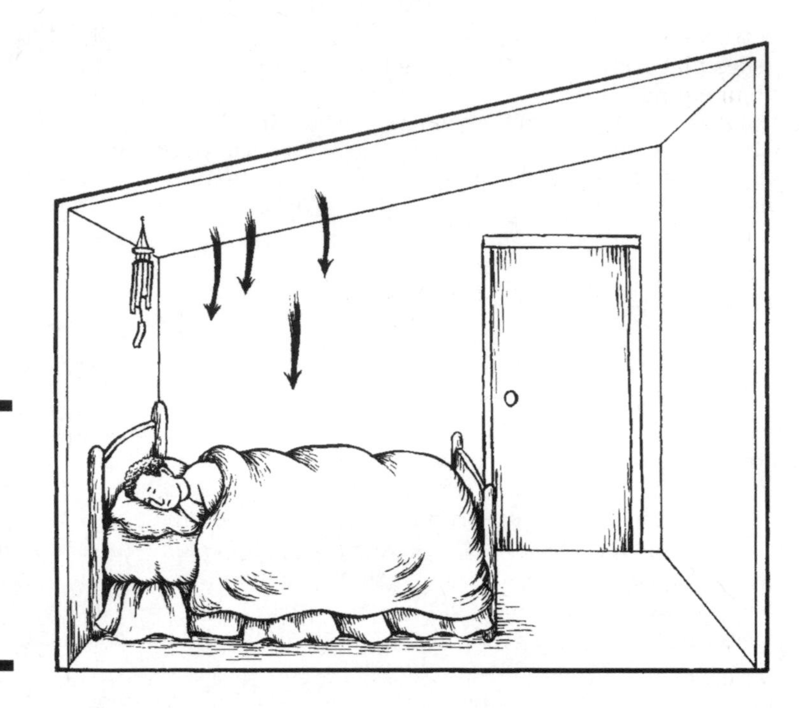

Figure 14.9 : Plafond en pente au-dessus d'un lit avec un carillon comme remède.

Remèdes d'ordre général pour plafonds

Pour un plafond à plusieurs niveaux, vous pouvez installer de faux plafonds pour créer l'apparence d'une surface plus uniforme et régulière. Un remède moins coûteux consiste à étendre avec art, horizontalement, un morceau de tissu couvrant toute la surface ; ce remède assouplit les lignes et permet à l'énergie de s'écouler plus doucement. Une autre option est l'accrochage au plafond de mobiles de grande dimension ou de chandeliers de cristal. Des chandeliers de cristal haut de gamme sont une solution particulièrement efficace au problème posé par un plafond à plusieurs niveaux.

Poutres

Les poutres agissent à la manière de forces oppressantes pouvant susciter la division, la répression et un sentiment de suffocation chez les occupants de la maison. Les poutres ont des effets négatifs à chaque fois que des gens se trouvent au-dessous en entrant, en étant assis ou en s'allongeant. Une poutre au-dessus du fourneau peut bloquer votre carrière, et une poutre au-dessus de la table de la salle à manger peut perturber aussi bien votre carrière que votre vie sociale. Les poutres dont l'effet Feng Shui est le plus nocif sont celles placées au-dessus du lit ; elles nuisent au mariage comme à la santé. (Si une poutre est très haute, très mince ou difficile à remarquer, ses effets négatifs peuvent être négligeables ou inexistants.) Les sections suivantes vous indiquent des remèdes aux poutres placées au-dessus du lit ou d'autres surfaces de la maison.

Poutre au-dessus du lit

Le plafond idéal d'une chambre à coucher est un plafond uniforme dans toute la pièce, ni trop haut ni trop bas, et sans poutre. Une poutre au-dessus du lit exerce des pressions invisibles sur le lit et sur vous – sur votre corps, votre esprit et vos émotions.

Une poutre dans le sens et sur toute la longueur du lit peut exercer une pression inopportune sur tout le corps. Si vous dormez avec un partenaire, la poutre peut pousser celui ou celle qui se trouve en dessous à fuir la relation. Si elle se situe entre les deux partenaires, elle peut entraîner leur séparation. Et si une poutre est en travers du lit, elle peut entraîner des problèmes dans toutes les parties du corps au-dessus desquelles elle passe. Par exemple, une poutre au-dessus de la région des pieds peut provoquer des douleurs dans les pieds ou même des accidents, et une poutre au-dessus de l'estomac peut provoquer des indigestions et des maux d'estomac.

Voici la meilleure solution au problème de la poutre au-dessus du lit. Suspendez deux tiges de bambou Feng Shui sur la poutre, à un angle de 45 degrés, une à chaque extrémité de la poutre. (Reportez-vous au chapitre 11, figure 11.4, pour des repères visuels sur l'accrochage des tiges.) Le symbolisme des tiges de bambou crée un effet puissant de soulèvement et vous libère de la pression et de l'oppression causées par la poutre.

Si la poutre placée au-dessus du lit court au sommet d'un plafond en forme de toit, le remède comporte deux éléments. Tout d'abord, déplacez (si possible) le lit pour qu'il soit sous la partie la plus haute du plafond. Ensuite, suspendez deux tiges de bambou à un angle de 45 degrés sur le mur au-dessus du lit, sous la poutre (voir la figure 14.10). Pour obtenir les meilleurs résultats, visualisez intensément les résultats que vous attendez de ces remèdes, pendant que vous les mettez en place. (La visualisation marche réellement ! Et vous en trouverez les détails au chapitre 6.)

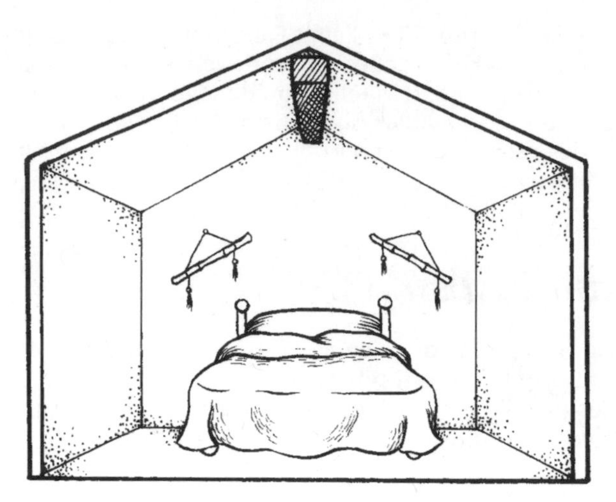

Figure 14.10 : Lit sous un plafond en forme de toit avec une poutre, et remède à base de tiges de bambou.

Neutralisation des poutres dans toute la maison

Mon expérience du Feng Shui en tant que consultant m'a permis de constater que les tiges de bambou sont le meilleur remède à l'effet opprimant des poutres. Si vous ne voulez pas suspendre des tiges de bambou, vous pouvez cacher les poutres par des tissus ou des faux-plafonds, ou même peindre les poutres de la même couleur que le plafond. Si une poutre est déjà de la même couleur que le plafond et si vous en ressentez toujours l'effet oppressant, suspendez une tige de bambou aux deux extrémités de la poutre, conformément aux recommandations de la section précédente.

L'une de mes consultations concernait un investisseur spécialisé dans l'immobilier, que sa femme venait de quitter. Au cours de mon intervention, je me suis aperçu qu'il y avait une poutre au-dessus du lit, sur toute sa longueur, à l'aplomb de l'endroit où dormait son épouse. Quelques jours après que mon client ait suspendu une tige de bambou à chaque extrémité de la poutre – le remède prescrit – sa femme est revenue à la maison et leur relation a repris son cours normal.

Comment vivre avec tous ces objets dont on ne peut plus se passer

L'un des premiers objectifs du Feng Shui est désormais l'adaptation aux conditions et aux pratiques de la vie moderne. Les préceptes du Feng Shui sont constamment mis à jour pour tenir compte de facteurs inconnus au cours de sa longue évolution. Les multiples appareils mis en œuvre dans une maison moderne sont des générateurs d'énergie, et ils peuvent contribuer à l'amélioration de l'énergie de la maison.

- **Bouche de climatisation ou d'aération**. Il convient d'appliquer un remède pour tout élément de cette nature dans les surfaces de vie suivantes : la surface de la fortune (votre argent pourrait s'envoler), dans la surface de la famille (les liens familiaux pourraient se désagréger) ou dans la surface du mariage (la relation pourrait se refroidir). Le remède consiste dans un premier temps à se procurer un morceau de tissu – suffisamment grand pour pouvoir y tailler des bandes – soit rouge uni, soit représentant l'océan, soit représentant des personnages en train de danser. Découpez ensuite des bandelettes de ce tissu ; dans le cas des personnages, découpez des bandelettes représentant chacune un personnage. Suspendez-les ensuite devant l'air qui s'échappe de la bouche d'aération de telle manière que les filets d'air les fassent danser. Ce remède transforme l'effet nocif de la ventilation en un effet bénéfique. Visualisez les avantages que représente cette solution pour la surface vitale concernée.
- **Télévisions et chaînes hi-fi**. Les téléviseurs, magnétoscopes et équipements stéréo ont un effet positif quand ils sont placés dans les surfaces du savoir ou des gens qui vous aident de l'octogone Feng Shui de la maison. Ces surfaces se trouvent dans les coins droit et gauche à l'avant de la maison. (Voir chapitre 3 pour déterminer l'octogone de la maison.) Si vos équipements audiovisuels se trouvent dans d'autres parties de la maison, vous pouvez placer de saines plantes vertes à moins de 1 mètre de chaque élément pour en équilibrer l'énergie.
- **Ordinateurs** : un ordinateur dans la surface du savoir peut vous rendre plus intelligent ; dans la surface de la carrière, il peut contribuer au développement de celle-ci. Un ordinateur dans la surface du mariage peut faire intervenir l'informatique dans votre relation conjugale – ou vous faire découvrir l'âme-sœur sur Internet. Si l'ordinateur est dans la surface de la fortune, vous obtiendrez grâce à l'ordinateur des informations financières d'un grand intérêt. La surface de la famille, en revanche, n'est probablement pas le meilleur endroit pour installer un ordinateur, parce que c'est une surface où il est préférable de trouver l'énergie vivante des personnes plutôt que l'énergie des machines.

Les ordinateurs sont aussi bénéfiques dans la surface des gens qui vous aident et dans la surface de la renommée de la maison. Pour renforcer les effets positifs de la présence d'un ordinateur dans l'un de ces emplacements, pratiquez le renforcement des trois secrets, décrit au chapitre 6. (Consultez le chapitre 3 pour déterminer l'emplacement des surfaces vitales de votre maison.)

- **Câbles dans un bureau**. S'il y a derrière votre bureau un fouillis de câbles de connexion ou d'alimentation, les informations peuvent être confuses ou embrouillées. Mettez de l'ordre dans tous ces câbles en les regroupant et cachez-les derrière des plantes vertes ou décorez-les par des guirlandes de lierre artificiel.

Chapitre 15

Pour décupler l'énergie de la maison

Dans ce chapitre :

- Bienfaits énergétiques d'un bon éclairage
- Se débarrasser du fouillis (et des problèmes)
- La magie d'une demeure propre
- Le bonheur de la couleur
- Quand tout est en ordre de marche

Éclairez les pièces sombres et tristes, éliminez le bric-à-brac des objets inutiles qui vous encombrent, veillez à la propreté de la maison et parez-la de belles couleurs, et vous y ferez jaillir une énergie vivifiante. Ce chapitre vous dit comment vous y prendre et décrit les effets bénéfiques d'une énergie accrue.

Les effets positifs de la lumière

Selon les principes du Feng Shui, l'ajout de lumière dans une surface en augmente le chi, entraînant des changements opportuns dans la maison et dans la vie. Cette section évoque le rôle de la lumière dans une habitation. Le type d'éclairage et la qualité de la lumière à la maison comme au travail influencent en bien ou en mal votre santé, votre humeur, votre prospérité et votre destin. (Reportez-vous au chapitre 4 pour d'autres recommandations sur l'utilisation de la lumière comme remède dans différentes parties de la maison.)

L'un des principaux endroits à devoir bénéficier d'un bon éclairage est l'entrée de la maison – à l'extérieur comme à l'intérieur de la porte d'entrée – parce que la luminosité qui y règne donne le ton pour l'énergie de toute la maison. En outre, une lumière vive dans l'entrée contribue au développement de la carrière et de la fortune. Un autre bon principe est de veiller à ce que toutes les pièces importantes de la maison (la chambre, la cuisine et la salle à manger) soient pourvues d'un très bon éclairage, même s'il n'est pas utilisé constamment. Si vous aimez les lumières douces, installez des variateurs de lumière, mais faites en sorte de pouvoir passer à tout moment à un éclairage beaucoup plus fort.

Bienfaits de la lumière naturelle sur la vie et la santé

La lumière provenant du soleil est le meilleur type d'éclairage tant pour le corps que pour l'esprit. Le grand maître de Feng Shui Lin Yun dit que le corps est le premier environnement auquel appliquer les préceptes du Feng Shui ; le corps a encore plus d'importance que la maison elle-même ou la chambre à coucher. Une bonne façon de tirer parti de ce principe consiste à recevoir davantage de lumière en provenance de la nature. Vous pouvez bénéficier de l'éclairage naturel en allant dehors plus souvent, par exemple pendant l'heure du déjeuner, ou au cours de pauses dans la matinée ou l'après-midi. Ces sorties sont particulièrement recommandées aux personnes qui travaillent toute la journée dans des immeubles de bureau hermétiquement fermés, et privés de lumière naturelle. Si vous pouvez voir une fenêtre en travaillant, la lumière qu'elle apporte est une aide considérable, mais à cause de la façon dont le verre filtre la lumière solaire, son effet est moindre que celui de la lumière reçue à l'extérieur. La lumière reçue directement présente les plus grands avantages (prenez garde aux coups de soleil), même s'il y a des nuages.

Les plus récentes recherches sur les effets de la lumière montrent que le corps a besoin de consommer régulièrement de la lumière naturelle. La lumière du soleil active, équilibre et régule notre système. Le lever du soleil, le soleil au zénith et le coucher de soleil sont les moments où la lumière du soleil a le plus d'effets positifs, notamment sur notre humeur. C'est à midi, heure solaire, que vous pouvez recevoir le plus d'énergie solaire (évitez néanmoins de vous exposer trop longtemps et directement au soleil). Vous pouvez aussi recevoir une lumière de bonne qualité en vous promenant dans les bois. Les taches de lumière filtrée par les arbres ont un effet des plus apaisants. Ces bienfaits des promenades en forêt sont encore plus nécessaires maintenant que la majorité des gens passe une grande partie de leur temps à l'intérieur devant un écran d'ordinateur.

Une méthode méconnue mais néanmoins très efficace pour recevoir de la lumière naturelle consiste à regarder la lune – plus vous la regarderez longtemps, plus vous en bénéficierez. La lumière lunaire a des effets calmants, apaisants et rafraîchissants, et elle nous incite à l'espoir, à la paix et à l'optimisme. Il est bon de regarder la lune à tout moment de son cycle, mais la pleine lune apporte les plus grands bienfaits. En fait, les anciens maîtres du Feng Shui prescrivaient de regarder la pleine lune pendant toute la nuit – une méthode dont on disait qu'elle avait assez de force pour guérir cent huit maladies différentes. L'utilisation mentale (ou interne) de la lumière du soleil et de celle de la lune peuvent apporter au corps et à l'esprit des avantages supplémentaires. Consultez à ce sujet l'exercice de visualisation de la lumière du soleil au chapitre 18.

Comment remplacer la lumière naturelle à l'intérieur de la maison

Si vous passez trop de temps exposé seulement à la lumière artificielle, votre énergie, votre humeur, votre sommeil et votre capacité de travail peuvent en être affectés. Si votre environnement reçoit peu de lumière naturelle ou si vous passez beaucoup de temps à l'intérieur, vous pouvez ajouter à votre ration de lumière les bienfaits de lampes à incandescence ou de tubes fluorescents émettant la totalité du spectre. Ces appareils fournissent une lumière très proche de celle du soleil, tandis que les lampes fluorescentes classiques donnent une lumière froide et bleue, moins bénéfique que les rayons plus jaunes et plus chaleureux à l'autre extrémité du spectre.

Certaines personnes traversent les mois d'hiver dans un état dépressif lié au manque d'exposition à la lumière naturelle. Les techniques modernes permettent désormais de recréer les conditions inventées par notre mère la nature. Le spectre complet émis par certains types de lampes permet de stimuler la glande thyroïde et de supprimer la mélatonine, une hormone du sommeil surabondamment produite au cours de ces états dépressifs.

Augmentation des niveaux d'éclairage intérieurs

Les éclairages intérieurs doivent être agréables, puissants mais ne pas aveugler. Une pièce peut être faiblement éclairée sans inconvénient, à condition de pouvoir passer facilement et instantanément à un éclairage plus fort.

Veillez à ce que vos pièces soient éclairées avec la même intensité de tous les côtés. Un chercheur occidental s'est aperçu que les gens sont à l'aise dans des pièces éclairées sur des côtés opposés, mais ont tendance à quitter rapidement une pièce éclairée d'un seul côté.

L'éclairage de la chambre à coucher est une question de la plus haute importance. La chambre doit comporter au moins une lumière éclairant brillamment à elle seule la totalité de la pièce. (Cet arrangement est bénéfique même si cette lumière vive est rarement utilisée.) Une chambre ne comportant qu'une faible lumière peut annoncer un avenir médiocre, vous déprimer et vous inciter à des sautes d'humeur, vous rendre plus ardue la recherche de l'âme sœur ou vous empêcher de goûter la plénitude d'une relation heureuse avec votre partenaire.

Une lumière forte est également indispensable dans la cuisine. Indépendamment du fait qu'il faut bien voir pour faire la cuisine, un éclairage insuffisant dans la cuisine peut nuire à la santé.

Débarrassez-vous des choses inutiles

Au cours des dernières années, de nombreux livres ont été publiés sur le sujet, vous incitant à vous débarrasser de ce dont vous n'avez plus besoin, à ranger ou faire disparaître les fouillis. Les opinions des donneurs de conseils varient quant aux mérites respectifs du rangement et de la poubelle. Je vous recommande d'utiliser les deux approches, mais je vous conseille de jeter ce dont vous n'avez pas besoin.

Le problème de ces objets accumulés est qu'ils pèsent sur vous, littéralement comme au sens figuré. Un espace rempli de possessions inutiles vous ralentit dans la vie, vous empêche de progresser, d'évoluer. Je vous suggère d'utiliser les techniques du Feng Shui pour modifier le chi des espaces encombrés, ce qui vous évitera de continuer à y entasser des masses de choses inutiles.

Se rendre compte que moins c'est plus

En travaillant avec mes clients, je me suis aperçu que les maisons bourrées d'objets volumineux (comme des meubles de grande taille) tendaient à contenir aussi de nombreux petits objets (livres, journaux, bibelots sans valeur, et des masses d'autres choses). J'attribue ce phénomène à une sorte de contagion. Un environnement déjà encombré tend à le devenir encore plus. Et donc, si vous possédez actuellement trop de choses, vous en aurez encore plus par la suite. C'est un cercle vicieux !

Le bon Feng Shui suppose le libre écoulement de l'énergie dans toute la maison. Si vous stockez trop de choses, l'énergie aura du mal à circuler. Faites ce test : s'il est difficile de se déplacer d'un endroit à l'autre de la maison – ou si cela demande quelques acrobaties – il y a des chances pour que vous possédiez plusieurs choses dont vous pourriez vous passer.

Vous pouvez avoir des besoins de fouillis plus élevés que d'autres personnes. Si vous ne pouvez être créatif dans un bureau parfaitement rangé, n'essayez pas de le ranger. Penser aux cent une choses que vous devez ranger peut neutraliser votre créativité. Ranger une pièce en désordre peut cependant libérer votre esprit – et votre corps s'en trouvera mieux lui aussi.

Les familles ont tendance à inciter les enfants à garder et conserver, une habitude qu'il est ensuite difficile de perdre. Malheureusement, ceux qui s'accrochent au passé ont du mal à avancer. De plus, un excès de possessions reflète un certain désordre subconscient. Inévitablement, le refus de voir tout le fouillis qui vous entoure correspond à un refus de voir ce qu'il y a en vous-même. En dégageant votre environnement, vous pouvez améliorer substantiellement votre esprit, votre santé et le niveau de vos finances. Vous avez le choix – vous faire psychanalyser ou commencer à remplir la poubelle !

S'il y a trop de choses chez vous, vous disposez de trois options : vous débarrasser de ce qui est en trop, déménager dans une maison plus grande ou louer un lieu de stockage. Je recommande évidemment la première option ; mais les deux autres peuvent aussi être avantageuses, compte tenu de vos besoins particuliers. Pour faire le tri, je vous suggère de suivre une règle qui a fait ses preuves : si vous ne vous êtes pas servi de l'objet pendant au moins un an, il est vraisemblable que vous ne vous en servirez plus jamais – et que vous avez intérêt à vous en séparer.

Proclamation d'indépendance : ranger et éliminer le fouillis

Je vous conseille d'être motivé et brutal envers le fouillis – dès maintenant. Plus tôt vous agirez, plus loin vous irez, et plus vous serez libre. Suivez ces quelques conseils pour mettre en mouvement l'énergie en jetant du lest. À toute vitesse !

- **Prenez l'engagement à long terme de conserver moins de possessions matérielles.** Vous verrez que votre esprit et votre corps (et bien d'autres aspects de votre vie) vous en remercieront, et ce qu'il y a de mieux, c'est que 99 % de ce que vous jetez ne vous manquera probablement jamais.
- **Réservez un moment chaque semaine pour faire le vide.** Vous ne vous débarrasserez probablement pas de tout en une seule session, et ce qui importe, c'est de fixer le moment pour le faire et de commencer le plus tôt possible.

- **Définissez des destinations pour les objets que vous allez éliminer.** Il n'y en a que trois : vous pouvez les remettre à des institutions charitables, les donner à des personnes que vous connaissez ou les jeter. Préparez un grand carton pour chaque destination, et commencez à remplir. Donnez à des amis les choses dont vous pensez qu'ils ont le besoin immédiat. Faites don de tous les autres objets utiles à des organisations charitables, et jetez le reste.
- **Invitez un ami (peut-être quelqu'un qui a moins de fouillis que vous !) et travaillez en équipe pour aller plus vite**. Cet ami vous demandera peut-être de lui rendre le même service chez lui. Tant mieux !
- **Travaillez en musique pour mettre en mouvement votre chi**. Chanter et danser tout en travaillant vous aidera à vous dégager de vos possessions superflues.
- **Ouvrez toutes les portes et toutes les fenêtres et laissez un courant d'air frais souffler dans la maison**. Le renouvellement du chi de la maison vous rendra plus facile l'élimination des choses inutiles.
- **Occupez-vous d'une partie de la maison à la fois**. N'essayez pas de tout faire d'un seul coup. Une petite victoire lors d'une première session vous donnera l'envie de recommencer au plus tôt et d'en faire davantage.
- **Faites partir les gros objets en premier**. Un excès d'objets volumineux dans un espace exerce une attirance magnétique sur les petits objets, qui eux aussi s'accumulent. Le départ des choses les plus volumineuses vous aidera à surmonter vos réticences.
- **Faites disparaître le jour même ce que vous avez trié**. Embarquez les objets en question dans votre voiture et emmenez-les. Vous vous sentirez plus léger et plus frais à votre retour.
- **Rappelez-vous que tout ce travail est vraiment payant**. Après avoir réussi à se débarrasser d'un tas de vieilleries, les gens ont en général la même réaction : « Je me sens tellement plus libre ! Pourquoi n'ai-je pas pensé à le faire beaucoup plus tôt ? » Pourquoi ? Bonne question. Essayez d'en faire autant – et vous aurez la réponse !

Pour empêcher le fouillis de revenir

Les mêmes endroits retombent souvent dans le désordre après avoir été rangés. Suivez ces conseils sur la maintenance, et ce problème ne se posera pas chez vous.

- **Nettoyez l'espace à fond après en avoir éliminé le fouillis**. Surveillez-le attentivement au cours des quelques semaines suivantes pour vous assurer qu'il ne reprend pas ses mauvaises habitudes.

- **Suspendez un carillon métallique au-dessus de la surface qui était la plus encombrée**. Représentez-vous la façon dont le tintement du carillon chasse le chi stagnant et fait couler une énergie toute neuve dans l'espace libéré (voir les conseils sur la visualisation au chapitre 6).
- **Utilisez le pouvoir des parfums pour conserver toute sa fraîcheur à l'espace libéré**. Un parfum bien choisi peut avoir un effet miraculeux sur l'ambiance d'une pièce. Parmi les huiles essentielles particulièrement bénéfiques, vous pouvez utiliser le pin, le lemongrass, la citronnelle, l'huile d'arbre à thé et le romarin. Servez-vous d'un *diffuseur d'aromathérapie*, un appareil qui propage le parfum dans l'espace concerné. ***Note*** : en matière d'huiles essentielles, la qualité est toujours payante. Vous pouvez aussi brûler de l'encens de haute qualité ou placer des fleurs fraîchement coupées dans l'espace en question.

Les endroits de la maison propices au fouillis

Quoi que vous fassiez, certains endroits de la maison – principalement les placards, les greniers et les espaces de rangement – tendent à attirer le fouillis. Vous trouverez dans les sections suivantes d'utiles conseils pour éviter leur encombrement.

Libérez vos placards

La directive Feng Shui pour éviter le désordre dans un placard est simple : nettoyez-le, gardez-le bien rangé, ne le remplissez pas complètement. Vos placards seront impeccables si vous suivez ce principe. Mais comme les placards servent en général à conserver des choses qui ne servent pas, dont on n'a pas besoin ou dont on ne veut plus, c'est à eux qu'il faut s'attaquer en premier pour faire le nettoyage par le vide.

Un placard encombré peut empêcher l'énergie de circuler librement dans n'importe quelle surface vitale (voir chapitre 3). Par exemple, un placard dans la surface de la carrière peut vous rendre difficile toute progression professionnelle. Vous vous sentez concerné ? Ce placard est le premier endroit où appliquer des remèdes si vous voulez cette promotion que vous méritez réellement. Rangez-donc ce placard. Si un placard est déjà rangé et si vous voulez que le remède soit encore plus efficace, vous pouvez y installer un bon éclairage (s'il n'en a pas déjà un). Et pour en faire encore plus, vous pouvez suspendre une sphère à facettes de cristal ou un carillon dans l'espace en question pour en renforcer l'énergie.

Un placard dans la surface du mariage d'une maison peut être la cause de problèmes dans un couple, et vous pouvez avoir intérêt à lui appliquer un remède. Vous pouvez suspendre une tige de bambou Feng Shui dans le placard à l'emplacement du mariage ; suspendez la tige de bambou avec un angle de 45 degrés, l'extrémité gauche étant plus haute que l'extrémité droite (voir le chapitre 4 pour plus de détails sur les tiges de bambou).

Dégagez les greniers et autres espaces de rangement

Certains – et même des experts du rangement – partent du principe qu'il n'y a plus à se préoccuper de ce qu'on ne voit plus. Ils affirment qu'il suffit de fourrer les choses au grenier, au sous-sol, dans les placards ou dans un débarras pour régler le problème du rangement. Il est vrai qu'en mettant le fouillis à l'abri des regards, vous le soustrayez à votre attention consciente, mais il est toujours là et son influence persiste. Le déplacement des objets ne résout pas le problème, il ne fait que le cacher. Voyez la réalité en face : ce que vous ne voyez pas peut effectivement vous retenir en arrière. Pour optimiser les flux d'énergie de la maison, vous devez faire en sorte que les espaces invisibles soient propres et bien rangés.

La propreté, source de liberté et de bonheur

La propreté est un facteur fondamental du Feng Shui de la maison. Le *Feng Shui positif* (ou la bonne énergie) est pratiquement inexistant si l'on vit dans la saleté. Comme il y existe des centaines d'ouvrages qui traitent des aspects pratiques du nettoyage, cette section se borne à décrire les aspects énergétiques de la question.

Pour vous aider à être vous-même plus ordonné et plus propre, vous pouvez suspendre une sphère à facettes de cristal dans la surface du savoir de votre maison (voir chapitre 3). Le brillant et la pureté du cristal favorisent la clarté mentale, qui à son tour vous incite à vivre d'une manière plus saine et mieux organisée. L'effet du cristal sera encore plus direct si vous suspendez la sphère au-dessus de la tête du lit.

Vous pouvez installer une petite fontaine posée sur une table dans une pièce que vous venez de ranger. L'eau en mouvement provoque la circulation de l'énergie dans la pièce, de sorte que la saleté aura plus de mal à s'y accumuler. Vous pouvez aussi installer une fontaine dans toute pièce ayant besoin d'un nettoyage approfondi ; l'eau en mouvement vous aidera à mener le travail à bien plus rapidement.

En vue d'un nettoyage approfondi de l'énergie physique et psychique d'une partie de la maison, vous pouvez recourir à l'une des cérémonies décrites au chapitre 17. Elles assurent de façon radicale la propreté d'une maison et la protègent contre les possessions inutiles. Je vous recommande particulièrement la bénédiction aux écorces d'orange (voir chapitre 17). S'il vous semble difficile de vous lancer dans une opération majeure de nettoyage, vous pouvez appliquer ce remède pour débloquer l'énergie du lieu et en renouveler le chi, ce qui vous facilitera la tâche. Et l'exécution de la cérémonie à la suite d'un nettoyage vous permet d'être sûr que l'endroit restera propre.

Les effets vivifiants de la couleur

Tout le monde aime la couleur ! Dans cette section, je décris les grands avantages et le plaisir des couleurs. Mais les couleurs n'ont pas seulement une valeur esthétique. Les énergies particulières de chaque couleur ont différents types d'effets sur les humains. Le Feng Shui vous permet d'utiliser les couleurs pour changer dans le sens désiré différents aspects de votre vie, par les approches décrites ci-après.

Le Feng Shui vous propose différentes options pour utiliser les couleurs à votre profit :

- Utilisation des couleurs associées aux surfaces de l'octogone.
- Choix des meilleures couleurs pour décorer les différentes pièces de la maison.
- Application de l'un des trois systèmes de couleurs Feng Shui enseignés par le grand maître Lin Yun.

Utilisation des couleurs des surfaces de l'octogone

Les remèdes basés sur les couleurs des surfaces vitales de l'octogone sont simples, faciles à mettre en œuvre et efficaces. (Voir le chapitre 3 pour plus de détails sur l'octogone du Feng Shui.) Vous pouvez utiliser les couleurs pour influencer de manière positive l'énergie d'une surface de l'octogone. Vous pouvez appliquer les remèdes suivants à base de couleurs en fonction de votre situation particulière et de vos objectifs. Reportez-vous au tableau 15.1, qui donne une liste des neuf surfaces vitales et des couleurs qui leur correspondent.

- **Placez dans une surface vitale un objet de la couleur de cette surface**. Par exemple, en vous servant du tableau 15.1, vous voyez que pour augmenter votre fortune, vous pouvez placer un objet de couleur pourpre dans la surface de la fortune de la maison (du jardin ou de la chambre). Ce remède marche ! Cinq des surfaces vitales ont de multiples couleurs : par exemple, la surface de la fortune utilise le bleu, le vert, le rouge, et la couleur pourpre. N'oubliez pas de visualiser les résultats désirés en appliquant de nouvelles couleurs (voir le chapitre 6 pour des conseils sur la visualisation).
- **Peignez une surface vitale de l'octogone en utilisant la ou les couleurs qui lui correspondent**. Au lieu de placer dans une surface vitale un seul objet aux couleurs appropriées, vous pouvez étendre cette couleur ou ces couleurs sur toute la pièce. Par exemple, pour améliorer votre mariage, peignez en rose une pièce à l'arrière de la maison et à droite (la surface du mariage).

Tableau 15.1 Couleurs des surfaces de l'octogone

Surface de l'octogone	*Couleurs à utiliser*
Gens qui vous aident	Gris, noir, blanc
Carrière	Noir, bleu-nuit
Savoir	Bleu, vert, noir
Famille	Vert, bleu
Fortune/argent	Pourpre, vert, bleu, rouge
Renommée	Rouge
Mariage/relation	Rose, blanc, rouge
Santé	Jaune, tons ocres
Enfants	Blanc

Identification des couleurs convenant le mieux aux différentes pièces

Le Feng Shui recommande des couleurs particulières à mettre sur les murs des principales pièces. En suivant ces recommandations pour peindre une pièce d'une couleur uniforme ou faire ressortir une autre pièce en la peignant de couleurs différentes, vous pourrez améliorer votre santé, votre tonus et votre bonne fortune. Si vos pièces ne sont pas peintes dans les couleurs recommandées, ne vous sentez pas obligé de changer ces couleurs. Mais si vous voulez améliorer un aspect de votre vie, vous y parviendrez en appliquant les couleurs appropriées aux différentes pièces suivantes :

- **Chambre principale** : les meilleures couleurs pour cette pièce sont le rose, la couleur pêche, le bleu ciel et le vert pâle. Le rose est la couleur de l'amour en Feng Shui, et la couleur pêche représente une forte attraction vers le sexe opposé. Vous pouvez utiliser le rose ou la couleur pêche pour attirer votre partenaire, mais pour prévenir tout comportement volage, passez au rose une fois la relation bien établie.
- **Cuisine** : le blanc est une bonne couleur pour une cuisine, parce qu'il met en valeur les couleurs des aliments. Les touches de couleurs convenant pour une cuisine sont le rouge et/ou le noir. Évitez d'abuser du noir – qui selon les théories chinoises est la couleur de l'eau – qui pourrait éteindre le feu composant l'énergie vitale du fourneau.
- **Chambres d'enfant** : le vert et le bleu sont les couleurs qui conviennent le mieux aux chambres d'enfant. Ces couleurs les aident à grandir et à se développer. Le blanc convient également. Utilisez des couleurs plus sombres pour stabiliser ou calmer un enfant agité.
- **Salon, salle de séjour** : les couleurs multiples conviennent bien dans ces pièces ; elles favorisent l'interaction avec différentes sortes de gens. Les tons de terre – spécialement le jaune, l'or et les différentes nuances de brun – sont très agréables, incitant les occupants de ces pièces très importantes à trouver leur assise, à se centrer. Le vert et le bleu sont aussi des couleurs favorables, car elles impliquent la gaieté, la vie et la croissance.
- **Salle à manger** : le rose, le vert et le bleu sont les meilleures couleurs pour une salle à manger. Ces couleurs suscitent un chi positif chez les convives.

Les trois systèmes de couleurs spéciaux du Feng Shui

Chacun des trois systèmes de couleurs du Feng Shui peut provoquer les mêmes résultats spectaculaires dans n'importe laquelle des surfaces vitales de l'octogone. Laissez-vous guider par votre intuition pour choisir la méthode qui aura les meilleurs effets sur l'énergie de la maison. Après avoir choisi un système de couleurs, vous pouvez choisir un objet contenant toutes les couleurs de la méthode pour décorer la maison, ou bien rassembler de multiples objets ayant chacun l'une des couleurs de la méthode.

- **Les couleurs des cinq éléments** : ce système utilise ensemble les cinq couleurs suivantes – vert, rouge, jaune, blanc et noir – pour évoquer puissamment l'harmonie, l'équilibre, la création et la prospérité.
- **Les six couleurs vraies** : ce système utilise le blanc, le rouge, le jaune, le vert, le bleu et le noir. Les six couleurs vraies symbolisent la guérison, la bénédiction et la chance.
- **Les sept couleurs de l'arc-en-ciel** : ce système utilise ensemble les sept couleurs suivantes : rouge, orange, jaune, vert, bleu, indigo et pourpre. Cette palette de couleurs suscite des sentiments positifs, la chance, et l'harmonie chez tous les résidents.

Maintenez toutes les choses à leur place et en bon état de marche

Comme je le montre en détail dans les sections suivantes, l'entretien et l'état des systèmes et des appareils de votre maison agit directement sur votre état physique, et vous avez intérêt à leur accorder toute l'attention qu'ils méritent. Une chose apparemment d'importance mineure pour qui n'est pas au courant du Feng Shui, comme une ampoule grillée dans une lampe de la chambre à coucher, peut entraîner des problèmes dans un mariage ou provoquer la malchance – un homme averti en vaut deux.

Il est intéressant de constater que la forme du corps humain est très proche de la structure d'une maison : la tête correspond à la porte d'entrée, la moelle épinière aux poutres, et le dos au plafond et au toit. (À l'extérieur, les os et le squelette sont en corrélation avec les arbres et les clôtures de la propriété.) Bien que les troubles physiques soient liés le plus souvent à des causes et des facteurs multiples, de nombreux individus sont souvent soulagés de leurs maladies ou de troubles dus à l'environnement en réglant des problèmes au niveau d'appareils défectueux dans leur maison. Cette section suggère de simples remèdes applicables aux appareils de votre maison dans le but de maintenir la bonne circulation de l'énergie.

Le bon fonctionnement des systèmes

Tous les systèmes ci-après ont une relation avec vos systèmes physiques ainsi qu'avec vos surfaces vitales (voir le chapitre 3 pour plus d'informations sur les surfaces vitales). Les remèdes proposés sont d'ailleurs conformes au bon sens et visent au bon entretien des appareils.

Problèmes de plomberie

Les tuyauteries de la maison correspondent aux systèmes circulatoires et digestifs du corps. Leur mauvais état peut entraîner des troubles physiques, parfois d'une nature inhabituelle et inquiétante.

Tuyaux de vidange obstrués

Les problèmes au niveau des tuyaux d'évacuation sont directement liés aux fonctions de digestion et d'élimination du corps, c'est-à-dire les intestins et l'appareil urinaire. Des tuyaux d'évacuation bouchés symbolisent des difficultés à se séparer de choses anciennes. Le remède est simple : débouchez les tuyaux !

Fuites

Au plan physique, les fuites correspondent à des troubles rénaux et urinaires. En outre, toute fuite dans la maison doit vous faire penser aussitôt à des problèmes d'argent mettant votre fortune en cause. Beaucoup de gens réalisent des gains financiers inattendus et règlent des problèmes d'argent en réparant des robinets qui fuient, des chasses d'eau qui ruissellent en permanence, ou des tuyaux défectueux. Les fuites peuvent se produire ailleurs que dans la maison et provoquer aussi des problèmes – vous subissez les conséquences des fuites n'importe où sur la propriété.

Problèmes au niveau des fondations

Les fondations sont la base de la structure de la maison. Vérifiez s'il y a des fentes dans les murs, des dégâts dus à des séismes, une humidité excessive ou des infiltrations d'eau dans des endroits tels que des sous-sols. Les problèmes de sous-sol peuvent entraîner l'instabilité familiale ou professionnelle, et même des problèmes de santé.

Problèmes électriques

Le système électrique de la maison est en corrélation avec le système nerveux du corps. La réparation de câbles électriques, de lampes, de tableaux de distribution, de transfos, de lignes téléphoniques, et d'ordinateurs défectueux est une saine pratique du Feng Shui, contribuant à restaurer la libre circulation du chi. Ces interventions peuvent contribuer à la guérison de troubles physiques tels que des pertes de mémoire, la nervosité, l'irritation, les crampes musculaires, et mêmes des troubles plus graves du système nerveux.

Assurez-vous de la bonne circulation de l'air

Le système de chauffage ou de climatisation de votre maison est en relation avec votre respiration et la circulation de votre sang. Le lien avec le système respiratoire n'est pas seulement symbolique ; il y a une relation directe entre le mauvais état d'une climatisation et d'éventuels troubles respiratoires ou allergies chez les résidents.

Vous pouvez éviter ces ennuis en faisant nettoyer les conduits de votre climatisation par des professionnels sérieux au moins une fois par an. Veillez aussi au nettoyage régulier de la chaudière, ainsi qu'au remplacement des filtres tant de la chaudière que de la climatisation. Un autre remède consiste à utiliser un aspirateur de haute qualité pourvu de filtres arrêtant les micro-poussières.

Assurez-vous du bon état de la toiture

Le toit de la maison est en relation à la fois avec la tête et avec le dos. Des fuites et des trous dans le toit peuvent représenter des problèmes au niveau de la tête et de la colonne vertébrale, et il vaut mieux s'en occuper immédiatement. Faites attention, en découpant des ouvertures dans le toit ; cette activité peut entraîner des accidents mettant en jeu la tête ou le cerveau. Si vous envisagez de faire un trou dans le toit (même de très petite taille), vous pouvez le faire avec plus de sécurité en pratiquant la bénédiction du riz (voir chapitre 17) le jour où vous commencez l'opération. Une méthode plus efficace consiste à appliquer ce remède à la fois au début et à la fin des travaux. En outre, je recommande d'effectuer le premier percement du toit entre 11 heures et 13 heures, tout en visualisant qu'il n'y a aucun danger pour les ouvriers et pour les membres de la famille. (Vous trouverez des conseils sur la visualisation au chapitre 6 et des indications sur le *timing* des remèdes au chapitre 19.)

Réparez ou remplacez ce qui marche mal ou est cassé

Tout élément en mauvais état de fonctionnement pose un problème de Feng Shui ; tout ce qui est défectueux dans votre environnement génère une énergie de décomposition, laquelle est un symbole de mort sur la propriété. Si tout ce qu'il y a chez vous ne marche pas correctement, vous avez intérêt à jeter ou réparer au plus vite tout élément en mauvais état. La liste suivante donne une idée de la manière dont vous pouvez être affecté par ce qui n'est pas en bon état. Le remède est le même dans tous les cas : réparez-le !

- **Les ampoules grillées ou manquantes, les lampadaires cassés annoncent un avenir sombre et sont un signe de malchance**. Quand des ampoules meurent, il convient de les remplacer rapidement par d'autres éclairant au moins aussi bien.
- **Les pendules cassées ou qui ne marchent pas bien veulent dire que vous n'avez plus assez de temps !** Les pendules qui avancent ou retardent suscitent la confusion et les rendez-vous manqués.
- **Une poubelle ou un vide-ordures cassé provoque des troubles digestifs**. Cette influence s'exerce sur tous les occupants de la maison.
- **Les problèmes de fourneau ont des répercussions sur le porte-monnaie et sur le corps**. En fait, la maintenance du fourneau a une telle importance que je lui consacre une section entière au chapitre 10.
- **Les parties d'un lit cassées sont une priorité majeure du Feng Shui**. Le lit a une influence sur pratiquement toutes les surfaces vitales, et par suite il est indispensable d'en réparer tout élément qui pourrait être cassé.

Et je ne m'étendrai pas sur d'éventuels véhicules hors d'usage en train de rouiller dans le garage ou le jardin !

Chapitre 16

Utilisation du Feng Shui au bénéfice de votre carrière

Dans ce chapitre :

- L'octogone et les cinq éléments dans le cadre du bureau
- Le plan du lieu de travail
- Prendre la position de commandement au travail
- Trouver un bon bureau pour faire une belle carrière
- Utilisation de l'octogone pour disposer les objets sur le bureau
- Être bien assis dans un bon fauteuil

Le livre vise à l'amélioration de votre vie personnelle et familiale et, dans ce contexte, ce chapitre particulier traite exclusivement de vos lieux de travail personnels. Il décrit des applications du Feng Shui au lieu de travail extérieur et au bureau du domicile, grâce auxquelles vous améliorerez votre carrière. Après la mise en œuvre des solutions décrites dans ce chapitre, si vous souhaitez prendre d'autres mesures Feng Shui favorables à votre carrière, vous pourrez faire appel à un professionnel du Feng Shui.

Application au bureau de l'octogone Feng Shui et des cinq éléments

L'octogone et les cinq éléments peuvent vous aider à maximiser la puissance de votre lieu de travail. La mise en œuvre de ces deux systèmes est décrite dans les sections suivantes.

L'octogone

Sur un plan à l'échelle de votre bureau ou de l'espace qui vous est alloué dans un bureau paysage, dessinez les meubles existants. Aucun don artistique n'est requis, et les meubles peuvent être des figurines collantes. L'octogone se place sur le plan de la pièce ou de l'espace en question exactement de la même façon que pour n'importe quelle pièce d'une maison (voir au chapitre 3 les instructions détaillées pour le placement de l'octogone). Après avoir affecté les surfaces de l'octogone, vous pouvez appliquer à toute surface vitale des remèdes conformes à vos intentions. La figure 16.1 montre comment placer l'octogone du Feng Shui sur votre bureau.

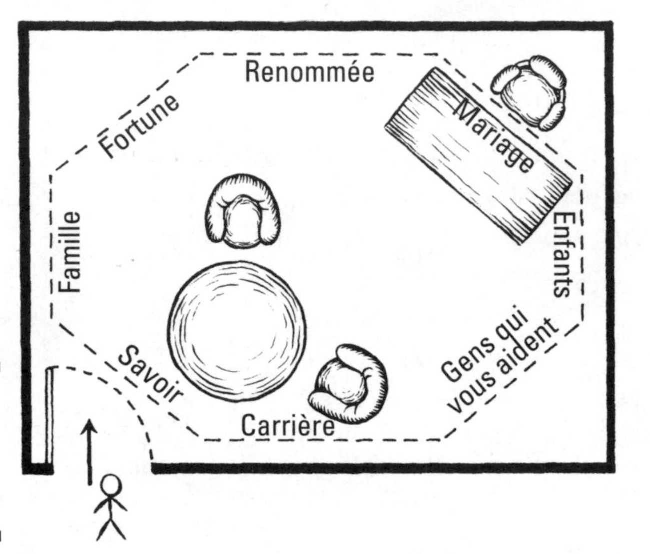

Figure 16.1 : Placement de l'octogone sur votre bureau.

Reportez-vous au chapitre 8 pour y trouver des informations qui vous aideront à déterminer si votre bureau contient des projections ou des surfaces manquantes. Par exemple, si votre bureau est en forme de L, une ou plusieurs surfaces de vie sont manquantes, ce qui peut avoir une influence négative sur votre vie professionnelle. Les surfaces manquantes dans la forme de votre bureau représentent un manque d'énergie dans la surface de vie concernée. Si la surface de la fortune est absente dans votre bureau (par exemple, si un coin est coupé dans la partie arrière gauche), vous pouvez avoir beaucoup plus de mal à faire rentrer l'argent. Après avoir détecté une surface manquante, vous pouvez corriger ses influences néfastes en appliquant un remède, par exemple en suspendant une sphère à facettes de cristal pour compléter la surface sur un plan énergétique. Le chapitre 8 et la figure 8.3 vous donneront une idée précise de la façon d'appliquer ce remède.

Les cinq éléments

Vous pouvez utiliser les cinq éléments à votre domicile, à votre bureau, et dans les pièces individuelles, telles que votre bureau personnel ou même votre cellule d'un bureau paysage. Les cinq éléments sont les phases naturelles de l'énergie (bois, feu, terre, métal et eau) que l'on retrouve dans tout environnement. Le Feng Shui vous donne la possibilité de mettre leur puissance au service de votre carrière. La position naturelle de chaque élément correspond à l'une des surfaces vitales de l'octogone (de la façon décrite dans les sections suivantes).

Pour en savoir plus sur la nature et les utilisations des cinq éléments, reportez-vous au chapitre 5. Et rappelez-vous que les remèdes basés sur les cinq éléments sont efficaces même si vous ne comprenez pas complètement la signification des cinq éléments, de la même façon que vous pouvez goûter la saveur des épices dans les mets, même si vous n'avez pas vu le chef les mettre dedans. Appliquez les remèdes et vous jugerez par vous-même du résultat.

Orientation des cinq éléments dans votre bureau

Les cinq éléments doivent être placés dans leurs positions naturelles de l'octogone, lui-même mis en place à partir de l'entrée principale du bureau (ou de la cellule du bureau paysage).

- **Élément bois** : au centre de la partie gauche de l'espace, la surface de la famille
- **Élément feu** : au centre de la partie arrière de l'espace, la surface de la renommée
- **Élément terre** : au centre de l'espace, la surface de la santé
- **Élément métal** : au centre de la partie droite de l'espace, la surface des enfants
- **Élément eau** : au centre de la partie avant (la plus proche de la porte) de l'espace, la surface de la carrière

Des remèdes pour votre carrière

Le but des informations des sections suivantes est de vous permettre d'utiliser les éléments qui sont efficaces pour vous. Vous n'êtes pas obligé de mettre en œuvre les cinq éléments, mais vous pouvez le faire si vous le souhaitez.

Bois Famille

CONSEIL

Pour la croissance, l'expansion et le mouvement ascendant dans votre carrière, placez du bois dans sa position naturelle. Le bois vous aide à aller plus haut, à grandir dans de nouveaux domaines dans la vie, à enfoncer de solides racines et à bousculer les obstacles. Pour augmenter votre énergie du bois, vous pouvez placer n'importe lequel des éléments suivants à l'emplacement naturel du bois.

- Une vigoureuse plante verte
- Un objet quelconque ou une œuvre d'art contenant les couleurs vert et/ou bleu
- Un objet rectangulaire ou en forme de colonne, notamment un objet positionné verticalement, comme une enceinte stéréo ou une armoire contenant des dossiers

Feu - Renommée

Le feu apporte beaucoup d'énergie et de mouvement, et peut vous aider à devenir plus actif, mieux connu et plus puissant. Pour augmenter l'énergie du feu dans votre carrière, placez l'un de ces objets à l'emplacement naturel du feu :

- Une bougie ou une forte lumière (plus elle est forte, plus l'effet est grand)
- Un objet rouge, triangulaire ou en forme de pyramide, pointe en haut

Terre Santé

La terre, c'est l'équilibre, la paix, la connexion et la stabilité. Les remèdes à base de terre sont utiles si vous êtes dans une période de transition et si vous avez besoin de vous sentir solide sur vos bases. Les personnes et les sociétés des branches d'activité en développement très rapide comme les sociétés basées sur Internet peuvent bénéficier de l'application de remèdes du type terre.

Pour invoquer une plus grande présence de la terre dans votre environnement, vous pouvez mettre dans votre bureau l'un des objets suivants :

- Un objet en terre, comme une poterie, une statue en céramique ou tout simplement une pierre lisse
- Des objets jaunes ou de couleur terre
- Tout objet en forme de carré ou de cube

Si possible, placez les objets ou les couleurs rappelant la terre au centre de l'espace, qui est l'emplacement naturel de l'élément terre. Si ce n'est pas possible, placez-les aussi près que possible du centre.

Métal

Le métal est l'agent de la communication, de la créativité, des codes et des clés. Le métal déverrouille les portes et conduit les énergies d'un endroit à un autre. Si vous avez besoin d'établir de meilleurs contacts avec des gens ou de vous déplacer rapidement et facilement, l'élément métal est votre allié.

Vous pouvez placer les objets suivants dans la position naturelle du métal pour en augmenter la puissance :

- Tout objet métallique – une chaise, une table, une lampe, un objet d'art, par exemple
- Un objet ou un tableau contenant la couleur blanche
- Un objet ou une image avec une forme circulaire ou sphérique

Si un mur situé à l'emplacement naturel du métal (au centre du côté droit de votre espace) est déjà blanc, vous pouvez obtenir un effet plus important en utilisant l'une des deux autres possibilités.

Eau

L'élément eau peut revêtir deux aspects – l'eau en mouvement et l'eau immobile. L'eau en mouvement apporte de l'argent et des gens, ce qui en fait tout l'intérêt dans n'importe quelle entreprise. L'eau immobile favorise la profondeur, la sagesse et la clarté.

Pour une plus grande abondance des deux types d'eau, vous pouvez :

- Appliquer la couleur noir ou bleu-nuit à l'emplacement naturel de l'eau
- Placer à cet endroit une forme ondulante

Pour plus d'eau en mouvement, deux remèdes sont particulièrement recommandés :

- Installer une fontaine à l'emplacement naturel de l'eau
- Suspendre une photo ou un tableau représentant une cascade, une rivière, ou la mer

Une image représentant un grand lac par temps calme est propice à la présence d'eau immobile.

Le plan et la disposition du bureau

Si vous travaillez dans une grande entreprise et si vous ne faites pas partie des dirigeants, vous ne pouvez probablement pas choisir l'endroit du bâtiment où sera votre bureau. Toutefois, si vous connaissez ce qui est favorable et ce qui ne l'est pas, vous aurez l'avantage d'être informé. J'indique dans cette section différents remèdes applicables pratiquement à n'importe quel bureau ou cellule d'un bureau paysage.

Mérites des différents emplacements d'un immeuble de bureau

En général, plus votre bureau est éloigné de l'entrée et proche de l'arrière du bâtiment, plus votre position est forte en termes d'énergie. C'est d'abord parce que la puissance tend à s'accumuler à l'arrière d'un bâtiment. C'est aussi parce que les gens qui sont proches de l'entrée reçoivent en premier les assauts et le bruit des gens entrant dans l'immeuble. L'énergie de l'espace situé à l'avant encourage les gens à être au service des autres, tandis que les gens qui sont à l'arrière ont tendance à commander. En ce qui concerne les bureaux des étages, ceux qui sont situés le plus loin du point d'entrée de l'étage – en général un ascenseur – disposent d'une puissance nettement plus grande.

À part quelques exceptions, et notamment le cas des dirigeants, l'emplacement de votre bureau est dicté par des contraintes physiques et par la volonté d'autres personnes. Bien sûr, si toutes choses égales par ailleurs vous pouvez choisir l'emplacement de votre bureau au sein de l'immeuble, un bureau placé à l'arrière est un meilleur choix et vous apportera plus de pouvoir.

Appliquez ce principe avec bon sens. Si vous pouvez choisir entre deux bureaux – l'un situé sur le devant mais spacieux, très bien éclairé avec un mobilier bien situé, et un autre à l'arrière du bâtiment mais étroit, sombre, encombré et déprimant – le meilleur choix est évidemment le bureau du devant, dans lequel vous vous sentirez bien mieux.

Que faire si vous voulez augmenter la puissance de la position de votre bureau, mais s'il vous est impossible de changer de bureau ? À défaut de trouver un travail dans une autre entreprise, vous pouvez appliquer le remède du déplacement symbolique du bureau. Accrochez au mur le plus proche de l'arrière du bâtiment un miroir le plus grand possible. Le miroir doit être face à votre bureau. Je recommande un miroir d'eau moins 1 mètre de large. Vous pouvez cacher le miroir derrière une œuvre d'art, si vous voulez. Ce remède est excellent, car il ne diminue pas le pouvoir de quelqu'un d'autre. Il augmente simplement votre pouvoir et votre énergie. Visualisez l'augmentation de puissance, d'énergie et de stabilité que vous procure ce remède en vous plaçant plus à l'arrière du bâtiment.

Bureaux séparés ou cellules de bureaux paysage

Le mouvement des grandes entreprises vers la réduction des coûts et l'augmentation des profits les conduit malheureusement à rechercher l'utilisation maximale de chaque mètre carré d'espace de bureau – sans parler de celle des employés.

Les environnements de grandes entreprises se divisent en deux catégories principales : les bureaux individuels (une pièce par employé) et les redoutables bureaux paysage. Le partage de l'espace par un plus grand nombre de personnes, avec ou non des cellules de bureaux paysage, contribue à un remarquable aplanissement des hiérarchies dans l'entreprise. Mais la contrepartie négative en est la stérilité, un manque d'autonomie et d'espace personnel ; vous vous sentez comme un rouage d'une machine plutôt que comme une personne avec des besoins et des désirs individuels.

Avoir une pièce à soi

Le bureau idéal est une pièce à vous de forme régulière (de préférence carrée ou rectangulaire), avec un éclairage naturel (au moins une fenêtre), une porte pleine que vous pouvez fermer, et une bonne position pour le bureau. L'un des grands avantages du bureau individuel est que vous pouvez, beaucoup plus facilement que dans un box de bureau paysage, y opérer des changements inspirés par le Feng Shui. Naturellement, toutes les entreprises ne peuvent pas se permettre de placer chaque employé dans un bureau individuel, et beaucoup pensent que ce n'est pas souhaitable.

Voici des remèdes pour les cas où un bureau n'est pas conforme à ces conditions idéales :

- **Pièce de forme irrégulière** : utilisez une sphère à facettes de cristal, un miroir ou une plante pour corriger la forme de l'espace. (Reportez-vous au chapitre 8 pour les remèdes et solutions relatives aux formes irrégulières.) Si votre bureau est extrêmement irrégulier, vous risquez d'y subir des revers inexplicables ainsi que des frustrations continuelles. Si vous ne pouvez pas changer de bureau, vous pouvez appliquer le remède spécial des plantes vertes. Placez dans votre bureau, le même jour, neuf nouvelles plantes vertes en bonne santé. Achetez-les spécialement pour la circonstance. Si possible, placez-les à côté des irrégularités particulières de la pièce, tels que des angles, des poteaux, des endroits étroits et encombrés, etc. Sinon, mettez-les simplement à des endroits où il y a de la place. Pour que le remède trouve sa pleine efficacité, utilisez le renforcement des trois secrets (voir chapitre 6) et visualisez l'évolution favorable de votre job et de votre carrière.

- **Coins, poteaux, piliers, colonnes, plafonds ou conduits en saillie** : de nombreux bureaux comportent des éléments qui brisent le flux d'énergie de la pièce ou, pire, qui envoient des flèches empoisonnées (voir chapitre 7) vers la position que vous occupez devant le bureau. Placez une plante de bonne taille devant tout élément perturbateur ou suspendez une sphère à facettes de cristal à mi-distance entre lui et la position que vous occupez à votre bureau. Pour plus d'informations, reportez-vous aux sections du chapitre 15 traitant des coins en saillie et des remèdes correspondants.
- **Murs pleins ou cloisons vitrées** : si votre bureau comporte une ou plusieurs cloisons vitrées qui vous font vous sentir un tant soit peu vulnérable, essayez de suspendre de petits stores recouvrant les surfaces vitrées. Les stores sont efficaces même si vous ne vous en servez pas souvent ; leur présence vous procure une protection supplémentaire. Si vous ne pouvez pas utiliser cette solution, suspendez au plafond des sphères à facettes de cristal au moyen de rubans rouges d'une longueur multiple de 9 centimètres. Prévoyez une sphère par largeur de 2 mètres de surface vitrée.
- **Éclairage incorrect** : si comme la majorité des gens qui travaillent dans des bureaux, vous subissez les inconvénients d'un éclairage fluorescent, vous pouvez tirer parti des suggestions suivantes. Peut-être pouvez-vous remplacer vous-même les tubes par d'autres tubes produisant la totalité du spectre. À défaut, ajoutez un éclairage à incandescence, par exemple sous la forme d'une lampe de bureau. Travailler seulement à l'aide d'un éclairage venant du plafond fatigue les yeux, et l'éclairage supplémentaire représente un soulagement, tant pour vos yeux que pour votre esprit.

Comment survivre et prospérer dans un box de bureau paysage

Un box de bureau paysage représente une situation Feng Shui plus défavorable qu'un bureau séparé. Les box soulignent la vulnérabilité des employés. L'un des principaux problèmes est qu'au lieu d'utiliser un véritable bureau, vous travaillez sur une sorte de comptoir, à moins que vous ne disposiez d'un box spacieux tel que ceux prévus pour les managers. Vous pouvez cependant faire beaucoup de choses pour améliorer la situation. En appliquant judicieusement des remèdes Feng Shui, vous pouvez vous retrouver dans votre propre bureau plus tôt que vous ne l'imaginiez. (Voir la position des remèdes sur la figure 16.2.)

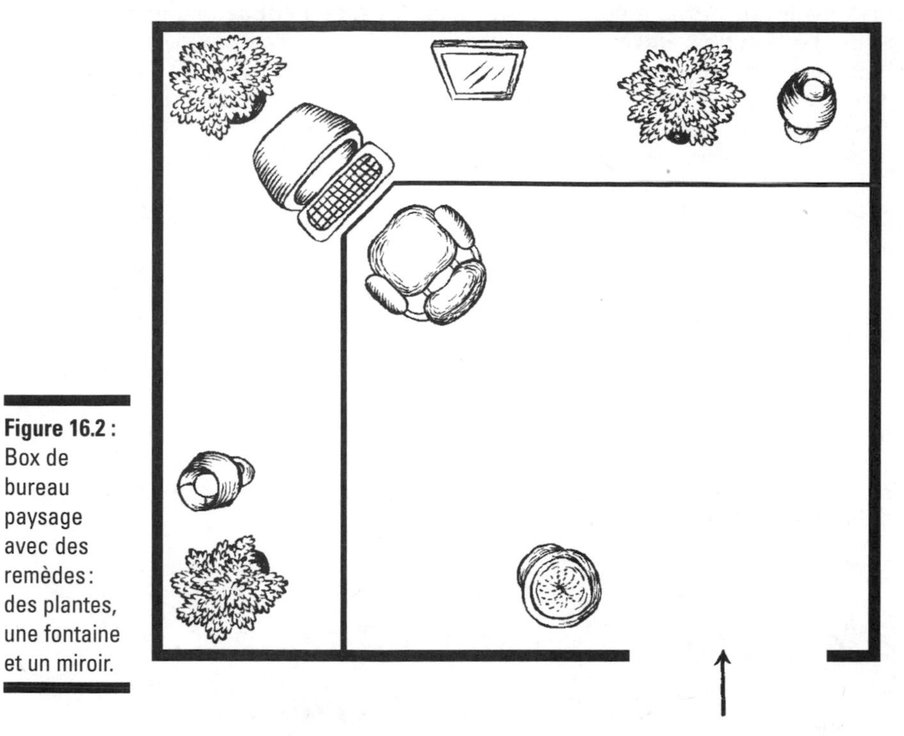

Figure 16.2 : Box de bureau paysage avec des remèdes : des plantes, une fontaine et un miroir.

Voyez cette porte !

La chose prioritaire et la plus importante est que vous puissiez voir l'entrée de votre box depuis votre bureau. Essayez de changer de place, mais n'allez pas vous mettre dans une position inconfortable. Si vous ne pouvez pas bouger, tant pis. Si vous pouvez vous asseoir à un autre endroit, suivez les conseils de la section suivante sur la position de commandement.

Si vous ne pouvez vraiment pas changer de place, vous pouvez placer sur un petit support un miroir de 20 x 25 cm dans un cadre de tableau, qui reflétera l'entrée du box pour vous permettre de voir si quelqu'un approche. Beaucoup de gens utilisent inconsciemment la réflexion de leur écran d'ordinateur pour voir qui vient vers eux, car voir l'entrée est un besoin humain fondamental. Le problème est que la réflexion dans un écran d'ordinateur est déformée, floue et peu fiable.

Apports d'énergie vivante et d'eau

La seconde priorité est d'apporter à votre espace de travail une énergie qui vit et qui circule. Ces apports sont nécessaires pour remédier à la petite taille de l'espace et aux allées et venues continuelles devant votre box. Un nombre impair de plantes saines et vigoureuses est synonyme d'énergie active, vibrante de vie. En outre, une jolie petite fontaine à l'entrée du box peut avoir un effet miraculeux. Non seulement elle peut se traduire par une rémunération plus élevée, mais encore elle peut vous mettre de meilleure humeur et disperser un éventuel courant de chi négatif (dû aux personnes ou à l'environnement) au voisinage de votre espace de travail. Si le manque de place ou les conventions locales s'opposent à l'installation d'une fontaine, vous pouvez retirer les mêmes avantages d'une photo (la plus grande possible) d'eau en mouvement, représentant par exemple une rivière ou une cascade.

Espaces de rangement au-dessus de votre tête

De nombreux box comportent des espaces de rangement placés à environ 80 centimètres de la surface du bureau. Ce sont autant d'obstacles au-dessus de votre tête, symbolisant ce qui gêne votre ascension dans la hiérarchie. Je vous recommande de suspendre des sphères à facettes de cristal, à raison d'une sphère par mètre de largeur, à la base de ces meubles ou étagères. La sensation d'oppression qu'ils vous inspirent disparaîtra, et vos perspectives professionnelles et personnelles vous apparaîtront sous un jour plus favorable.

Prenez la position de commandement dans votre environnement de travail

À l'intérieur de la maison, c'est le lit dont la position est déterminante. Au travail, c'est le bureau (le meuble) qui tient le rôle principal. Une position de bureau malencontreuse peut faire toute la différence entre un développement de carrière simple, sans heurt, rapide, et une vie professionnelle hérissée de difficultés, de déboires et de problèmes.

Les principes de la position de commandement du bureau

Voici les principes qui déterminent la position de commandement Feng Shui de votre bureau.

- La position du bureau par rapport à l'entrée du bureau a plus d'importance que son orientation par rapport aux quatre points cardinaux.
- Le bureau doit être le plus loin possible de la porte.
- La position du bureau doit vous permettre de voir la plus grande proportion possible de la pièce.

- La porte ou l'entrée du bureau doit être clairement visible de l'endroit où vous êtes assis.
- Le bureau ne doit pas être directement dans le prolongement de l'entrée.

Voir la porte égale réussite

L'élément le plus important de la position de commandement est la possibilité de voir la porte ou l'entrée depuis votre place. Voir les choses ou les personnes qui approchent est un moyen de pouvoir et une condition de la réussite. En tournant le dos à la porte, vous vous mettez dans la position symbolique de la victime, ce dont les autres pourront plus facilement profiter. Si vous exposez un côté vers la porte, l'effet est le même, mais c'est un peu moins grave. ***Note*** : voir la porte depuis votre bureau veut dire que vous pouvez lever les yeux de votre travail et voir l'entrée clairement sans avoir à modifier votre position sur votre fauteuil. Les figures 16.3a et 16.3b sont des exemples de positions de bureau très fortes.

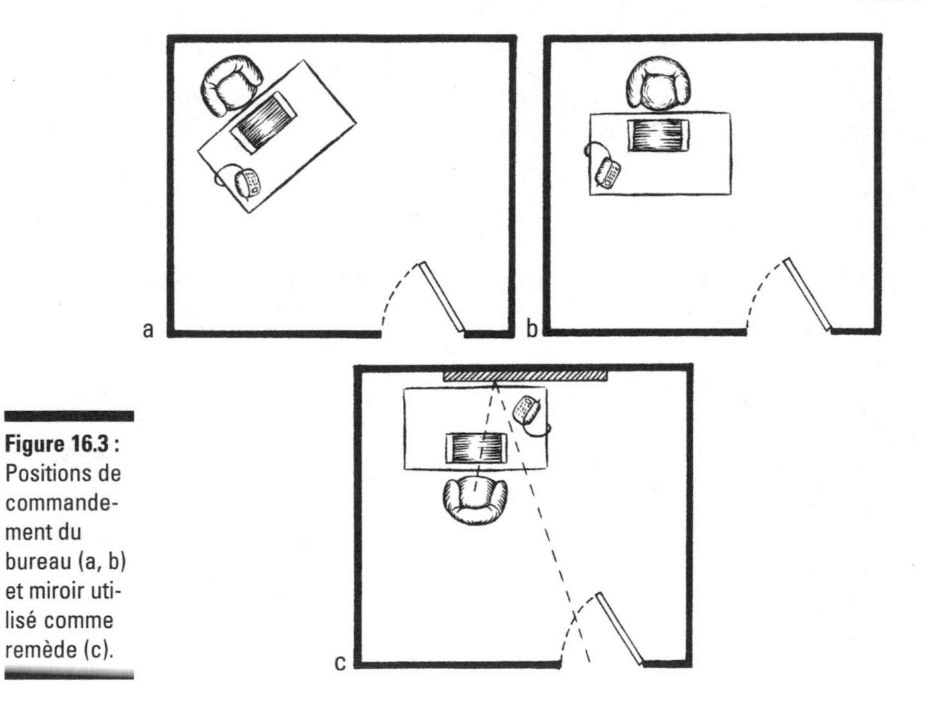

Figure 16.3 : Positions de commandement du bureau (a, b) et miroir utilisé comme remède (c).

S'il vous est impossible de tourner votre bureau pour voir la porte, le Feng Shui vous propose une solution. Placez un petit miroir sur le bureau ou mieux encore, un grand miroir sur le mur vous permettant de voir l'entrée. Ce remède simple et facile à appliquer peut sauver votre carrière – et votre vie (voir figure 16.3).

Certaines personnes affirment que faire face à la porte détourne leur attention de leur travail. Si vous en faites partie, dites-vous bien que je vous comprends. Vous n'aimez pas être dérangé par tous ceux qui passent parce que vous avez beaucoup de travail. D'autres pensent qu'elles peuvent trouver l'inspiration en tournant le dos à la porte, et en contemplant une vue agréable par une fenêtre. (Au contraire, ce qu'elles voient par la fenêtre les détourne de leur travail.) Je recommande en pareil cas d'utiliser au moins le remède du miroir pour voir la porte à volonté. C'est votre contrôle de la situation qui fait toute la différence.

Il est également important d'être aussi loin que possible de la porte, la distance vous donnant symboliquement un meilleur contrôle de l'espace, et plus de temps pour réagir à ce qui vient par la porte. Une telle position favorise le calme, la créativité et la confiance en soi.

Autres facteurs importants de la position du bureau

Les conseils des sections suivantes n'ont pas la même importance que les paramètres de la position de commandement, mais ils peuvent vous aider à réussir dans le contexte concurrentiel du travail et de la carrière.

Octroyez-vous plus de souplesse : accédez à votre bureau par un côté ou par l'autre

Pour disposer de plus de pouvoir et de souplesse, je vous recommande de ne pas pousser un côté du bureau contre un mur – si vous pouvez l'éviter. Vous bénéficierez de plus de souplesse, de créativité et de sécurité si vous pouvez choisir le côté par lequel vous gagnez ou quittez votre bureau (voir figure 16.3b). Si l'espace dont vous disposez vous empêche d'avoir autant d'espace de chaque côté du bureau, essayez au moins d'avoir assez de place pour passer par le côté le plus étroit en cas de besoin (au moins 50 centimètres). Mais si vous obstruez cet espace par des livres, des dossiers ou des meubles, vous vous privez d'une possibilité de retraite, ce qui affaiblit votre position.

Ne vous reculez pas trop près du mur

Sauf si vous travaillez dans un très grand bureau, il vaut mieux qu'il n'y ait pas de meubles derrière le bureau. En outre, il est souhaitable d'avoir au moins un mètre de recul quand vous êtes à votre bureau. Si vous touchez le mur en reculant votre fauteuil, cela pourrait engendrer la frustration et la colère.

N'ayez pas derrière vous une fenêtre ou une porte qui vous menace

L'idéal est d'avoir derrière soi un mur plein lorsqu'on travaille à son bureau. Une fenêtre est un élément de vulnérabilité mais n'est pas en soi une très mauvaise position Feng Shui. En fait, si la fenêtre vous apporte un bon éclairage, elle peut faciliter votre travail. Si la présence de la fenêtre vous met mal à l'aise, vous pouvez suspendre au plafond une sphère à facettes de cristal ou un carillon, à mi-chemin entre vous et la fenêtre. Si la fenêtre est très grande, sa dimension accroît l'impression d'insécurité, et vous pouvez utiliser des stores ou des rideaux pour en réduire la surface apparente.

Une porte placée derrière vous est une situation bien plus grave ; la mise en place d'une sphère à facettes de cristal ou d'un carillon est alors particulièrement recommandée. En pareil cas, la meilleure solution consiste à suspendre le remède directement au-dessus de votre place (voir figure 16.4). Voyez s'il est possible de mettre le bureau dans une position globalement plus favorable. Vous pouvez en outre suspendre une tapisserie ou placer un écran décoratif pour masquer la porte. (Une porte conduisant à l'extérieur et placée derrière vous est particulièrement indésirable, et à moins de disposer d'un très grand bureau, il est préférable de n'avoir pas dans la pièce de porte donnant sur l'extérieur.

Figure 16.4 : Porte derrière le bureau avec un carillon comme remède.

N'encombrez pas votre bureau de meubles lourds, trop larges ou trop hauts

Un ameublement qui domine l'espace laisse moins de place pour vous-même et pour l'écoulement de l'énergie ; il peut être une gêne, vous déprimer, voire vous faire peur. (N'avez-vous jamais eu l'impression de tout recevoir sur la tête ?) Le remède est simple : débarrassez-vous d'un grand bureau ou de systèmes informatiques encombrants dont vous ne vous servez pas beaucoup ou remplacez-les par des éléments plus petits et plus pratiques. Servez-vous de votre bon sens, gardez ce dont vous avez vraiment besoin (comme des armoires de classement et des étagères) et souvenez-vous que 80 % du temps, vous n'utilisez que 20 % des objets.

Ayez un bureau de grande qualité

Après la position du bureau, vous devez accorder la plus grande attention à ses qualités et à l'énergie qu'il irradie.

L'origine et l'énergie de votre bureau

L'histoire antérieure de votre bureau (qui s'est assis dedans avant vous, comment cette personne conduisait ses affaires, dans quelles conditions elle est partie, etc.) peut vous renseigner parfaitement sur son énergie. Conformément à la pratique Feng Shui, l'achat d'un bureau neuf est en général le meilleur moyen de disposer d'une énergie de bureau neuve et positive. Bien sûr, il n'est généralement pas possible, dans une grande entreprise, de demander qu'on vous achète un bureau neuf. La liste suivante vous montre comment lire l'histoire antérieure de votre bureau pour voir s'il convient d'appliquer un remède.

Votre bureau recèle des énergies positives si :

- La personne qui l'utilisait avant vous a été promue.
- Elle a déménagé pour occuper un plus grand bureau ou a pris sa retraite après une carrière longue, réussie et prospère.
- Elle a quitté l'entreprise pour un meilleur job.
- Cette personne se distinguait par sa réussite, l'amitié que les autres lui portaient, et son attitude positive.

Si votre prédécesseur a quitté la société, la situation sera d'autant plus favorable si la séparation s'est faite dans un contexte amical.

Votre bureau émet une énergie négative et peut avoir besoin d'un remède si :

- La personne qui y travaillait avant vous a été licenciée ou forcée de démissionner.
- Elle a été rétrogradée.
- Elle a déménagé pour aller dans un bureau plus petit.

- Elle a dû quitter la société à la suite d'une malversation.
- Elle est partie à cause d'une maladie ou d'un décès.

Si vous êtes obligé d'utiliser un bureau dont le chi prédécesseur est négatif à ce point, vous pouvez lui appliquer la bénédiction aux écorces d'orange (voir les détails au chapitre 17). Ce remède peut effacer tout chi négatif résiduel de votre bureau et vous procure, à vous et votre bureau, une énergie nouvelle et positive.

Tous ces principes relatifs au prédécesseur s'appliquent à un autre élément important de votre espace de travail – votre fauteuil.

Formes de bureau positives

La plupart des bureaux ont une forme robuste, positive : ils sont rectangulaires. Les coins manquants peuvent être une source de problèmes, et vous devez vous assurer que votre bureau a une forme complète et régulière. Une autre forme favorable – mais qu'il est plus difficile de se procurer – est une forme arrondie ou incurvée, comme celle d'un bureau en forme de rein ou un bureau dont l'arrière (la surface de la renommée) est arrondi.

Comme je l'ai expliqué en détail plus haut dans ce chapitre, la meilleure position est celle qui vous permet d'accéder au bureau d'un côté ou de l'autre. En outre, conformément au concept de la position de commandement, les gens sont plus forts et plus productifs dans une position leur permettant de voir la porte et les personnes qui les approchent. Pour ces deux raisons, je vous suggère d'éviter tout bureau en forme de L, ou avec un retour. Typiquement, ces ajouts à la forme de base du bureau abritent un ordinateur. Si vous utilisez un ordinateur, vous tournez probablement le dos à la porte, ce qui augmente votre vulnérabilité. Ces formes de bureau limitent en outre vos mouvements à un seul côté du bureau, ce qui représente un manque de souplesse et une contrainte, symbolisant la disponibilité d'un moins grand nombre d'options dans les périodes de stress et de difficulté.

Le bureau le plus puissant

Le meilleur bureau est un bureau solide et complet. Un bureau léger ne pourra faire aller votre carrière au plus haut niveau. J'ai constaté que mes clients retirent de grands avantages d'un bureau (et d'un fauteuil) qui soient les plus robustes qu'ils puissent se permettre, un choix dont les dividendes leur parviennent tout au long de leur carrière. Si votre espace de travail est assez grand, offrez-vous un modèle de bureau directorial.

Remplacer un vrai bureau par l'un des substituts suivants peut nuire gravement au développement de votre vie professionnelle :

- Une simple table ou une table de salle à manger
- Un bureau miniature
- Une porte ou un morceau de contreplaqué posé sur des meubles de classement

Bien que la robustesse du bureau ait une grande importance, l'utilisation d'un bureau extrêmement grand et lourd peut être malcommode. Laissez votre bon sens piloter le choix de votre bureau en tenant compte de votre budget.

Panneaux arrière et latéraux

Le bureau vous protège devant et le fauteuil vous protège derrière. Le panneau arrière du bureau est vital, car il assure votre protection, votre force et votre sécurité. Un bon panneau doit aller jusqu'au sol. Un panneau incomplet vous rend vulnérable et vous affaiblit dans votre vie professionnelle (voir figure 16.5).

Figure 16.5 : Panneau arrière plein ou partiel.

Les panneaux latéraux ont aussi leur importance. Certains modèles de bureaux n'ayant que des panneaux latéraux partiels, faites-y attention lors de l'acquisition d'un bureau. Un bureau particulièrement vulnérable est un bureau n'ayant que des pieds pour supporter une surface plane – ni côtés ni panneau arrière. Avec ce type de bureau, vous pouvez vous retrouver assiégé de tous côtés, dans l'impossibilité de vous emparer des pouvoirs du monde de l'entreprise ou de les conserver.

Composition du bureau

Un bureau en bois est préférable à un bureau métallique. Des problèmes peuvent surgir si le dessus du bureau est en verre. Un dessus de bureau en verre fait que les affaires et l'argent vous échappent. Les idées, l'énergie et l'argent passent métaphoriquement au travers, rien ne permettant de les retenir. En outre, le verre reflète les multiples sources de lumière de la pièce, entraînant la confusion, le stress, et même des maux de tête. Toutefois, une plaque de verre posée sur un bureau en bois pour en protéger le fini ne présente aucun danger.

L'espace où vous placez les genoux doit être libre de tout obstacle tel que papiers, livres, corbeille à papiers, etc. Tout objet situé à cet endroit est un croc-en-jambe, risquant de vous faire trébucher dans votre carrière.

Emplacement de l'ordinateur sur le bureau

La position idéale de l'écran d'ordinateur est sur le bureau en face de vous, de telle manière que vous puissiez voir la porte de la pièce. S'il est placé sur un support derrière vous, votre puissance s'en ressent, dans la mesure où vous ne pouvez plus voir la porte du bureau en travaillant sur l'ordinateur. Si vous devez tourner le dos à la porte pour travailler, vous pouvez rétablir un bon Feng Shui pour cette situation en plaçant à l'endroit adéquat un miroir qui vous permettra de voir la porte.

Application de l'octogone Feng Shui à la surface du bureau

L'octogone du Feng Shui est un outil versatile utilisable non seulement dans une maison, une chambre à coucher, un jardin et un bureau (le local), mais il donne également de bons résultats lorsqu'il est appliqué à la surface d'un bureau (le meuble). Placez l'octogone conformément à la figure 16.6. L'entrée du meuble est l'endroit où l'avant du corps (le ventre) rencontre le bureau. Cette zone correspond à la surface vitale de la carrière ; les autres surfaces vitales sont distribuées sur la surface du bureau comme sur toute autre surface.

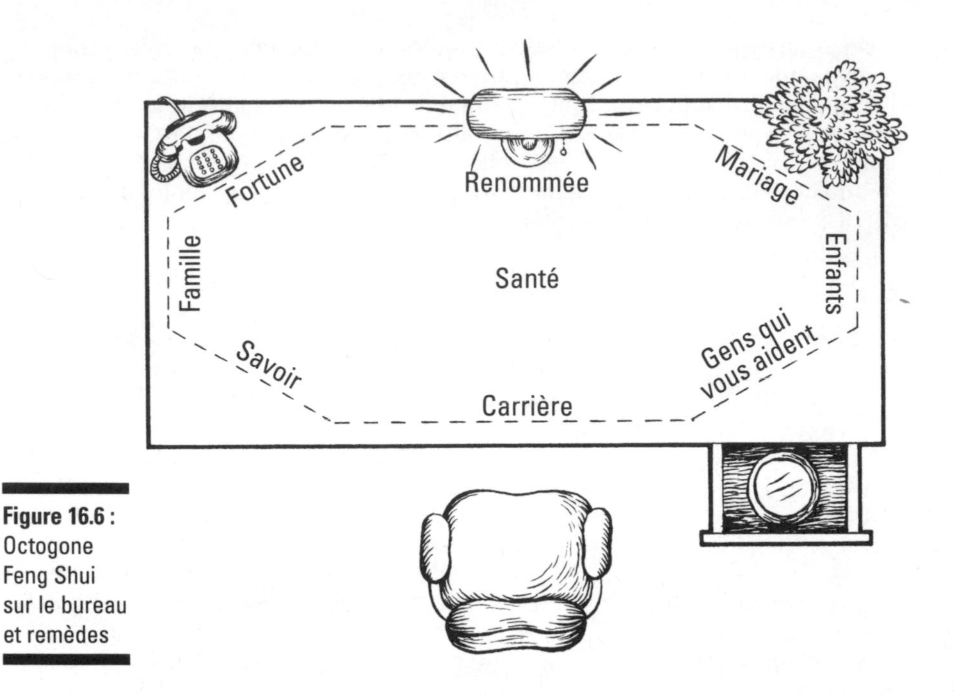

Figure 16.6 : Octogone Feng Shui sur le bureau et remèdes

Remèdes visibles appliqués à la surface du bureau

Vous pouvez avoir intérêt à appliquer des remèdes aux différentes surfaces vitales du bureau.

- **Placez le téléphone dans le coin de la fortune du bureau**. Votre téléphone a plus de chance de sonner pour vous apporter des affaires si vous le placez à cet endroit, et à chaque fois qu'il sonne, la sonnerie incite davantage d'argent à venir vers vous.
- **Servez-vous d'une lampe pour bénéficier d'un avenir plus brillant ou d'une plante pour favoriser la croissance et la vie**. En plaçant une lampe de bureau dans toute surface de l'octogone, vous activerez et ferez resplendir l'aspect correspondant de votre vie (sauf la surface de la carrière ou celle de la santé, parce qu'alors la lampe serait directement en face de votre visage). Une excellente place pour une lampe de bureau est la surface de la renommée, où elle peut contribuer à votre réputation à l'intérieur – et à l'extérieur – de l'organisation où vous travaillez. (Quand vous tenez des réunions dans votre bureau, veillez à ce que la lampe n'empêche pas un contact visuel avec vos collègues.) Une plante en bonne santé dans la surface de la famille du bureau a pour effet de promouvoir l'harmonie et la coopération.

- **Suscitez davantage d'action et de communication au moyen d'une cloche**. Placez une cloche en laiton dans la surface des enfants pour augmenter la qualité des communications – un remède parfait pour les vendeurs, les responsables commerciaux et les pratiquants du télémarketing. Faites sonner la cloche neuf fois pour provoquer l'apparition de nouvelles affaires. Ce remède peut aussi servir dans toutes les autres surfaces vitales du bureau.

Remèdes invisibles appliqués au bureau

Les couleurs et les miroirs sont deux armes puissantes que vous pouvez utiliser sans qu'elles se voient pour augmenter la puissance du Feng Shui de votre bureau. Ces remèdes sont réellement efficaces, et parfois leurs résultats sont époustouflants. Rappelez-vous néanmoins que ces solutions ont moins d'importance que le placement du bureau dans la position de commandement du Feng Shui. La mise en œuvre de ces remèdes consiste simplement à les placer dans le tiroir du bureau sous la surface vitale que vous voulez traiter, ou encore à les scotcher sous le bureau (voir figure 16.6).

Fixez un tissu ou un papier de couleur pourpre sur la surface de la fortune du bureau pour avoir plus d'argent (sur la surface du bureau ou au-dessous), de couleur rouge sous la surface de la renommée en vue d'une meilleure réputation, et noire sous la surface de la carrière pour mieux réussir dans vos entreprises.

Des miroirs octogonaux de 10 à 20 centimètres de large peuvent être cachés sous n'importe quelle surface de vie pour l'activer et la renforcer. Les miroirs doivent être orientés face réfléchissante vers le haut.

Ayez une assise solide : votre fauteuil de bureau

Dans la pièce où vous travaillez, le fauteuil sur lequel vous êtes assis rivalise en importance avec le bureau. Ce fauteuil est littéralement votre fondement au travail. Il vous protège, vous supporte et vous maintient. Les qualités du fauteuil contribuent de façon décisive à votre réussite, ses défauts peuvent entraîner votre échec.

Heureusement, il est assez facile de se procurer un bon fauteuil de bureau. Voici les deux points importants à considérer lors du choix d'un fauteuil : d'où il vient et la protection qu'il vous apporte.

Lecture des antécédents du fauteuil

Les antécédents d'un fauteuil de bureau s'analysent de la même façon que ceux d'un bureau (voir la section « L'origine et l'énergie de votre bureau », plus haut dans ce chapitre). Si vous êtes assis sur un fauteuil dont les antécédents sont négatifs, efforcez-vous de l'échanger contre un autre. Certaines entreprises vous permettent même d'apporter votre propre fauteuil.

Caractéristiques d'un bon fauteuil

Les meilleurs fauteuils n'ont pas d'ouverture entre le siège et le dossier. Quels que soient la qualité et le prix du fauteuil, vous êtes incontestablement plus vulnérable dans votre vie professionnelle si votre fauteuil a une ouverture à cet endroit.

Le dossier du fauteuil doit arriver au moins au niveau du haut des épaules – il vaut encore mieux qu'il arrive jusqu'au sommet de la tête. Un fauteuil dont le dossier est plus bas que le haut des épaules vous affaiblit (voir figure 16.7).

Figure 16.7 : Fauteuil de bureau vulnérable et fauteuil puissant.

Les nouveaux fauteuils de bureau produits depuis quelques années sont incontestablement supérieurs du point de vue du confort, de l'équilibre et du soutien de la colonne vertébrale. Un fauteuil doit comporter un levier pour régler la hauteur du siège. Asseyez-vous quelques minutes dans le fauteuil avant de décider de l'acheter.

Quatrième partie

Le Feng Shui spécial : cérémonials et remèdes personnels

« Cela vous dérangerait-il d'aller vous asseoir devant une autre machine ? Celle-là détraque le Feng Shui de *toute* la rangée. »

Dans cette partie...

Certaines des meilleures méthodes Feng Shui sont restées secrètes pendant des siècles. Mon rôle dans la vie est de transgresser les règles, de tout dire, de tout dévoiler, pour que vous puissiez recevoir bien plus que ce qui était prévu. Dans cette partie, je vous livre la grosse artillerie. Si vous voulez que tout aille infiniment mieux quant à votre maison, votre vie sentimentale et votre santé, puisez à pleines mains dans ces solutions réellement efficaces. Je démarre cette partie par quelques cérémonies de bénédiction pour faire envoler la négativité et chasser la malchance de votre vie, et qui d'une manière générale vous rendront plus heureux, plus libre, plus imaginatif, et apporteront le bonheur et la prospérité à votre maison.

Et si cela ne vous suffit pas, je vous apporte un autre chapitre débordant de remèdes de haut niveau, applicables directement à votre propre énergie sans passer par l'intermédiaire de la maison. Ces remèdes pourront vous paraître étranges, mais ils marchent merveilleusement bien.

Chapitre 17

Facteurs invisibles et cérémonies de bénédiction Feng Shui

Dans ce chapitre :

- Les éléments et les énergies invisibles
- Avantages des bénédictions Feng Shui
- Quand et comment utiliser les bénédictions Feng Shui ?
- Réglages du chi intérieur et du chi extérieur
- Les bénédictions Feng Shui à la maison et au bureau

L'école de Feng Shui du grand maître Lin Yun tient compte aussi bien, pour la pratique de son art, des *éléments visibles* (les caractéristiques physiques de votre maison et de votre terrain) que des éléments invisibles (des facteurs énergétiques tels que les souhaits, désirs, visualisations, intentions, courants énergétiques existants, etc.). Ce livre insiste davantage sur les aspects visibles, pratiques, parce qu'ils sont plus directement perceptibles et parce qu'il est plus courant de commencer par eux. Cependant, de ces deux catégories, ce sont les facteurs invisibles qui ont les effets les plus significatifs.

Deux préoccupations importantes du Feng Shui de l'invisible sont les *facteurs antécédents* (les énergies des gens qui étaient là avant vous) et les *occupants invisibles* (les énergies, les fantômes et les esprits) toujours actifs sur votre propriété. Un problème dans l'une de ces deux catégories peut devenir un véritable problème pour vous. En outre, d'autres types de facteurs invisibles se manifestent dans la plupart des propriétés. Ce sont notamment les intentions des propriétaires actuels ou antérieurs, les principaux événements positifs ou négatifs qui ont eu lieu dans ce lieu, et d'éventuelles sépultures existant sur le site. Heureusement pour vous, le présent chapitre peut vous aider à résoudre tous ces problèmes sans vous enliser dans les détails d'aucun rite obscur.

Ce chapitre vous fait découvrir les *cérémonies de bénédiction*, qui sont des remèdes hautement efficaces destinés au traitement et à l'amélioration des énergies invisibles sur la propriété. Je vous présente également plusieurs excellentes cérémonies de bénédiction pour remédier à des situations néfastes ou renforcer des énergies positives non perçues. Il s'agit de la bénédiction du riz, de la bénédiction aux écorces d'orange, de la bénédiction du vase et de la tige de bambou, et de la roue Dharma en mouvement perpétuel.

Détermination et traitement des facteurs antécédents

Les énergies antérieures de votre maison et de votre lieu de travail ont une grande influence sur leur Feng Shui. Les influences énergétiques persistantes des occupants antérieurs font partie des facteurs invisibles parce qu'on ne peut les détecter par la vue. On peut néanmoins les sentir, et on en fait l'expérience chaque jour. Les méthodes du Feng Shui nous permettent de remarquer ou de lire leurs effets, puis de les modifier pour en tirer avantage.

La doctrine du Feng Shui nous enseigne que les influences énergétiques s'exercent toujours dans deux directions : les énergies d'une maison affectent ses occupants, et les énergies des occupants affectent la maison. En outre, les énergies des occupants restent dans une maison même après leur départ. Toutes les influences énergétiques générées par les occupants antérieurs – qu'il s'agisse d'énergie positive ou négative, de chance ou de malchance, de pauvreté ou de richesse fabuleuse – peuvent agir sur vous de manière subtile quand vous vous installez dans la maison. Il vaut toujours mieux partir du bon pied, d'où l'intérêt des remèdes de ce chapitre pour vous-même et votre entourage.

Les énergies antérieures comportent un grand nombre d'éléments. Dans un but de simplicité, je vous livre les méthodes les plus fiables visant à contrôler et à neutraliser une nouvelle propriété dans laquelle vous vous installez. La consultation d'un professionnel du Feng Shui qualifié est recommandée dans une occasion de cette importance, mais les conseils de ce chapitre peuvent néanmoins vous être très utiles.

La plupart des gens qui envisagent de louer ou d'acheter ne se préoccupent généralement pas des facteurs antécédents. Ils tendent à tenir compte de l'aspect de la maison, mais non à l'impression qu'elle leur fait. C'est de la négligence. Les facteurs Feng Shui ont une importance vitale, et l'aspect de la maison n'est pas le facteur le plus important. Intéressez-vous à ce qui est arrivé à la personne qui occupait la maison avant vous, à ce qu'elle avait de particulier, à son mode de vie, car tout cela commence à vous influencer à la minute où vous emménagez.

Comment mettre KO les énergies antérieures

La première chose à faire concernant les énergies antérieures est de les repérer, ou plutôt, de savoir distinguer les bonnes influences énergétiques et les mauvaises. Je vous conseille de vous enquérir sur l'histoire de la maison et de ses occupants antérieurs. Posez des questions. Si vous ne connaissez pas les prédécesseurs et si vous ne pouvez obtenir aucune information à leur sujet, vous devez vous en remettre à vos antennes Feng Shui principales, vos réactions instinctives et votre intuition. Malheureusement, les appartements abondent souvent d'influences énergétiques antérieures problématiques, compte tenu de la fréquence des changements de locataires. Ces mouvements aléatoires au fil des ans font que la présence d'énergies négatives est pratiquement inévitable – ne serait-ce qu'à cause des perturbations provoquées par les déménagements répétés.

La deuxième chose à faire est de prendre des mesures à l'encontre d'éventuelles énergies antérieures négatives. Une première manœuvre, au niveau stratégique, consiste à essayer de s'abstenir d'emménager dans une maison dont les énergies antérieures sont contraires. Mais ce n'est pas toujours possible ni pratique. Si vous emménagez dans une maison dont le chi antérieur est négatif, la tactique consiste à effectuer les cérémonies de bénédiction Feng Shui pour supprimer ou modifier l'énergie négative, et apporter au site la grâce et la prospérité.

Profitez de l'élan du déménagement

Selon le grand maître Lin Yun, votre volonté et vos bonnes intentions sont au plus haut niveau quand vous arrivez dans une nouvelle demeure. Vous êtes enthousiaste, plein d'énergie, et vous attendez beaucoup du futur. C'est ce que j'appelle l'élan du déménagement. Cet élan est précieux – profitez-en – il ne durera pas toujours. Pourquoi ? Parce qu'à la seconde où vous arrivez dans la maison, vous en subissez les influences. Elles vous travaillent nuit et jour, sans arrêt ; elles ne dorment pas pendant votre sommeil. Si ces influences sont positives, c'est bon pour vous. Mais sinon, que se passe-t-il ? Elles sont déjà dans la place ! Toutefois, elles se manifestent progressivement, et c'est pourquoi il ne faut pas perdre de temps.

Les effets énergétiques de votre environnement sont cumulatifs, et prennent de l'ampleur comme une boule de neige dévalant le long d'une pente. Peu à peu, votre subconscient s'adapte au nouvel environnement. Et cette adaptation – qui se produit typiquement sans que vous en ayez conscience – vous affecte à des degrés divers dans tous les aspects de la vie.

En remontant dans le temps

Techniquement, les influences des antécédents remontent depuis les propriétaires ou résidents précédents jusqu'aux origines. Ces influences incluent les intentions dans lesquelles la maison a été construite et l'énergie du constructeur. (Certains professionnels du Feng Shui analysent également l'utilisation du terrain avant la construction de toute habitation.) Pour simplifier les choses, vous pouvez vous en tenir au prédécesseur le plus important – celui qui habitait la maison juste avant votre arrivée. Les remèdes du présent chapitre ont un effet sur toutes les énergies antécédentes subsistant dans votre nouvelle demeure.

L'élan du déménagement dure en général de deux à trois ans. (Mais ce n'est qu'un ordre de grandeur. Comme toujours en Feng Shui, sa durée dans votre cas particulier dépend de nombreux autres paramètres.) Au cours de cette période, ce sont vos idées, vos pensées et vos ambitions qui ont le dessus. Au bout de deux à trois ans, ce qui se passe dans votre vie commence à s'adapter plus complètement au Feng Shui de la maison.

Un exemple : heureux en mariage depuis quatre ans, vous et votre conjoint emménagez dans une nouvelle maison mise en vente à la suite du divorce du couple qui l'habitait. (Comme vous pouvez le voir sur le tableau 17.1, ce n'est pas un facteur prédécesseur favorable.) Pendant les deux ou trois premières années passées dans cette nouvelle demeure, votre mariage continue d'évoluer plutôt bien. Mais avec le temps, aux alentours du délai fatidique, vous commencez à avoir des dissensions, et l'un ou l'autre commence à envisager une séparation temporaire – voire le divorce !

Tableau 17.1 Motifs négatifs et positifs de déménagement du prédécesseur

Facteurs antérieurs positifs	*Facteurs antérieurs négatifs*
Agrandissement de la famille	Blessures/décès
Mariage	Divorce
Prospérité	Faillite
Promotion/nouveau job	Perte d'emploi
Événement fortuné	Procès
Départ pour une maison plus grande	Départ pour une maison plus petite

Ce scénario n'a rien d'exceptionnel ; je l'ai vu se répéter maintes fois. Le plus étonnant est que vous n'en êtes pas nécessairement responsable. Vos problèmes peuvent être dus à l'énergie séparatiste du couple précédent.

L'énergie de leurs disputes, de leurs souffrances et de leur divorce s'est infiltrée dans les murs, dans la moquette et dans l'atmosphère de la maison. Vous vous êtes installés en plein dedans, vous avez vécu sur votre propre énergie pendant deux ans. Mais voyez maintenant dans quel bourbier vous vous trouvez ! Les influences antérieures négatives peuvent saper les meilleures intentions. Alors, pourquoi ne pas les tuer dans l'œuf dès le premier jour au moyen de quelques simples remèdes Feng Shui ? Si vos relations conjugales sont déjà compromises, continuez à lire, mieux vaut tard que jamais.

Lecture des facteurs précédents

Posez-vous les deux questions suivantes si vous envisagez de résider dans une nouvelle demeure, pour savoir si les énergies antérieures de l'endroit sont positives ou négatives. Une troisième question vous aide à analyser les caractéristiques de la maison dans laquelle vous vivez actuellement.

Pourquoi les occupants précédents sont-ils partis ?

La réponse à cette question est de la plus haute importance. L'énergie associée à leur déménagement est l'énergie finale que les anciens résidents laissent dans la maison. La raison du départ est souvent un facteur déterminant, qui met en jeu beaucoup d'énergie et d'émotions, qui perdurent dans la maison longtemps après le départ de la famille concernée.

Le tableau 17.1 recense les motifs positifs et les motifs négatifs du départ d'une maison. (Toutes choses égales par ailleurs, évitez de choisir une maison dont les énergies sont négatives, et choisissez-en plutôt une dont les énergies sont positives.) Dites-vous bien que si vous habitez actuellement une maison dont les facteurs antérieurs sont négatifs, vous pouvez toujours les éliminer au moyen de cérémonies de bénédiction Feng Shui. Et si vous emménagez dans une maison dont l'occupant précédent est mort, lisez bien la présente section ou passez directement à la bénédiction du riz décrite plus loin dans ce chapitre.

Comment vivaient les gens dans cette maison ?

Après avoir trouvé la raison pour laquelle les occupants sont partis, la seconde préoccupation est de déterminer ce qu'étaient leur comportement général et les grandes lignes de leur vie affective lorsqu'ils habitaient la maison. Prêtez une attention particulière aux trois questions essentielles que sont la fortune, le mariage ou la cohabitation, et la santé. Si possible, renseignez-vous sur tous les incidents significatifs qui se sont produits au cours de leur séjour, positifs ou négatifs, y compris des accidents graves, des maladies, faillites et décès.

Bien sûr, vous ne pouvez pas toujours interviewer les occupants précédents, et les presser de questions sur les traumatismes qu'ils ont subis dans leur vie serait de très mauvais goût. Mais si vous tenez à trouver ce genre d'informations, vous pouvez généralement les obtenir. Les agents immobiliers et les agences de location savent souvent beaucoup de choses sur leurs clients, et les voisins peuvent être d'excellentes sources d'informations. Il vaut mieux disposer de peu d'informations que de ne rien savoir. Posez carrément des questions, et vous découvrirez peut-être des choses époustouflantes.

Comment s'est passé votre vie depuis votre arrivée ?

Si vous avez vécu dans votre maison actuelle pendant plus de quelques mois, vous êtes désormais votre propre prédécesseur. C'est cela, vous avez maintenant diffusé dans cette maison les énergies de tous les événements, intérieurs et extérieurs, qui se sont produits dans votre vie depuis votre arrivée. Ces énergies se combinent à celles laissées par les occupants antérieurs et baignent désormais de manière visible ou invisible tout votre environnement résidentiel. Si votre fortune s'est accrue depuis votre emménagement, il y a des chances pour que vous continuiez à gagner de l'argent grâce aux influences qui s'exercent actuellement sur votre demeure. Inversement, tous les indices négatifs que vous avez observés depuis votre emménagement risquent de continuer à se manifester si vous ne faites rien pour y remédier. La vie se déroule sous forme de tendances et de schémas qui se perpétuent à moins qu'on ne les modifie volontairement.

Les incidents et les schémas de comportement négatifs laissent des traces, qui faute d'être éliminées d'emblée, peuvent acquérir une influence grandissante, à la manière d'une boule de neige.

Ma cliente Marie avait habité pendant vingt-cinq ans dans la même maison au moment de la consultation. Les choses s'étaient bien passées au cours des huit premières années passées. Puis sa mère y était morte. Ignorante des principes du Feng Shui, Marie n'avait rien fait pour purger la maison des énergies négatives associées à la mort de sa mère, et de leur cohorte de chocs émotionnels, de confusion et de chagrin. Sans le savoir, Marie vivait sous l'empire d'une influence négative, qui pesait nuit et jour sur sa santé et qui affectait toute sa famille. Deux ans plus tard, son mari perdait un emploi très bien payé et ne parvenait pas à en trouver un autre. Comme ils ne pouvaient continuer à payer les études universitaires de leur fille, celle-ci dût revenir à la maison, ce qui représentait pour la famille un fardeau émotionnel et financier supplémentaire.

Un cycle négatif était en plein déroulement et continuait de s'amplifier, sans qu'aucun membre de la famille s'en rende compte. L'énergie devenait de plus en plus négative, et chaque incident négatif accélérait la spirale du désastre. Pour finir, l'époux de Marie mourut, ce qui parut achever de briser sa vie. J'ai appris tous ces détails en interrogeant Marie au cours de notre première consultation Feng Shui. Sa situation était bouleversante – un enchaînement tragique d'événements successifs surgissant par vagues régulières tous les trois ans, dont elle était la principale victime. (Je vous fais grâce d'une partie des détails de cette triste et trop longue histoire.) Le moment était venu de renverser cette évolution, et Marie s'y déclarait prête. La solution Feng Shui était simple : la cérémonie de la bénédiction du riz, présentée pas à pas dans la section suivante. Au cours de la cérémonie, la transformation des énergies de sa maison et l'apparition soudaine d'une ambiance de légèreté et d'optimisme étaient palpables. Depuis lors, Marie continue de se sentir beaucoup mieux, enfin libérée des entraves du malheur.

En vous informant sur l'histoire d'une maison, renseignez-vous aussi sur les changements effectués sur sa structure initiale, y compris les rénovations, les réfections, les démolitions, les incendies, etc. Dans le cas de transformations importantes, l'énergie du site risque de rester chaotique, instable, pendant des années – ou du moins jusqu'à la mise en œuvre du Feng Shui.

Les occupants invisibles de votre maison

Beaucoup de gens sont troublés à l'idée que des visiteurs invisibles puissent habiter avec eux dans la même maison. La plupart ont tendance à croire (ou s'efforcent de croire) que les fantômes sont rares (et habitent chez d'autres gens) et que la plupart des demeures ne comptent pas de résidents invisibles. Une autre croyance courante est que les fantômes sont intrinsèquement néfastes et qu'il vaut bien mieux s'en débarrasser une fois pour toutes. Si seulement les choses étaient aussi simples !

Selon le Feng Shui, la plupart des maisons ont un ou deux esprits qui y habitent, et il s'agit d'une situation tout à fait normale. Du point de vue du Feng Shui, il n'est pas nécessairement souhaitable d'habiter une maison ne comportant pas d'esprits. Vous voulez simplement éviter les esprits ou des énergies négatifs, qui perturberaient votre environnement. Le Feng Shui part du principe qu'il existe deux sortes d'influences spirituelles et énergétiques : les influences *bénignes* (les esprits positifs qui apportent l'harmonie, la chance et les grâces) et les influences *négatives* (les esprits malheureux qui apportent la désunion, la malchance et le malheur). La tâche qui revient au Feng Shui est par conséquent d'encourager les esprits et les énergies positifs et de faire partir ceux qui sont néfastes.

Vous avez tout deviné, la réponse tient dans les cérémonies de bénédiction. Les cérémonies de bénédiction sur un site vous permettent de communiquer avec le royaume de l'invisible grâce à des méthodes qui ont fait preuve de longue date de leur aptitude à purger un lieu de ses énergies négatives et de renforcer ses énergies positives, la vôtre, celle de votre famille, et l'énergie de votre maison, actuelle et passée.

Bienfaits des cérémonies de bénédiction

L'école de Feng Shui du grand maître Lin Yun enseigne de nombreuses cérémonies de bénédiction, appelées aussi *ajustements du chi*, pour modifier le chi (ou l'*énergie*) de la maison, de la propriété et de la vie. Alors que les remèdes Feng Shui ordinaires – également présentés dans cet ouvrage – peuvent avoir une influence considérable sur un ou deux aspects de l'existence, les cérémonies de bénédiction peuvent améliorer simultanément tous les aspects de la vie et de l'environnement. Les cérémonies décrites dans ce chapitre proviennent de multiples sources, mais les méthodes spécifiques qui y sont décrites sont particulières à l'école du grand maître Lin Yun.

M'étant aperçu de l'extrême efficacité de ces techniques, j'ai pris l'habitude de les appeler la grosse artillerie du Feng Shui. Une cérémonie de bénédiction réalisée sur votre terrain peut apporter la même amélioration que celle obtenue par de multiples ajustements du Feng Shui (choix approprié des emplacements, adjonctions mineures, etc.) Bien sûr, je vous recommande de recourir aux deux types de procédé.

Supposons que vous découvriez une situation négative dans votre résidence, mais que pour différentes raison, vous ne puissiez appliquer le remède approprié dès maintenant. En pareille circonstance, je vous recommande d'exécuter une cérémonie de bénédiction pour modifier l'énergie et débloquer sensiblement la situation. La plupart des remèdes décrits dans cet ouvrage s'appliquent à des domaines spécifiques de la maison et de la vie – bien que vous puissiez souvent remarquer que leurs bienfaits se répandent aussi de manière inattendue dans d'autres aspects de la vie. Ces remèdes opèrent en changeant le flux, la nature et la qualité du chi dans des endroits spécifiques, tels que l'entrée, la chambre ou la cuisine.

Les cérémonies de bénédiction ont en revanche le pouvoir de changer d'un seul coup la disposition des énergies de tout un environnement. Elles opèrent de manière globale et donc leurs bienfaits recouvrent de nombreux aspects de la vie. N'hésitez pas à les mettre en œuvre, même si vous n'avez qu'un objectif en tête, mais alors ne soyez pas surpris qu'elles vous apportent d'autres avantages en plus de ceux que vous espériez. Les cérémonies de bénédiction sont très puissantes et provoquent souvent des modifications inattendues dans toute une existence.

Exécutez toujours ces cérémonies avec une attitude de respect, de sincérité et de compassion, avec les meilleures intentions à l'égard de toutes les personnes concernées. (Voir les instructions relatives aux intentions et au renforcement des trois secrets au chapitre 6.)

Motifs d'utilisation des cérémonies Feng Shui

L'application des remèdes Feng Shui dans les domaines les plus variés peut produire des résultats probants. Mais dans certains cas, vous pouvez constater qu'il faut aller plus loin. Ces cérémonies de bénédiction du Feng Shui conviennent dans les situations suivantes :

Modifier l'énergie à l'égard de multiples problèmes Feng Shui

Supposons que vous ayez des problèmes Feng Shui dans plusieurs domaines différents. Vous pouvez peut-être régler certains problèmes mais pas les autres. Si vous vous sentez débordé par votre situation Feng Shui, une cérémonie de bénédiction peut vous aider à déplacer l'énergie dans tout votre espace et faire souffler dans toute la maison une forte brise purificatrice et bienfaisante.

Solution d'un problème Feng Shui épineux

Supposons que vous ayez un problème Feng Shui dont vous ignorez la solution ou dont la solution optimale n'est pas à votre portée. Une cérémonie de bénédiction peut être juste ce qui convient, éliminant certaines influences négatives, compensant l'absence de certaines autres influences, et renforçant d'une manière générale les énergies positives du site.

Dissiper une sensation générale de malaise et de dépression dans toute la maison

Il arrive qu'il règne dans une maison une atmosphère néfaste, qui vous entraîne dans la déprime. Peut-être avez-vous appliqué quelques remèdes simples et remarqué une légère amélioration, mais ce n'est pas encore la joie, la santé et l'optimisme. Dans un tel cas, une cérémonie de bénédiction peut contribuer au renouvellement de l'énergie de toute la maison, dont l'ambiance devient vite plus sereine, plus libre et plus heureuse.

Donner le ton dans une nouvelle résidence ou un nouveau lieu de travail

L'emménagement dans un nouvel espace est le meilleur moment pour en revigorer l'énergie. L'exécution d'une cérémonie pour éliminer ses énergies néfastes avant d'y prendre place vous permet de partir du bon pied dans une nouvelle phase de votre vie personnelle ou professionnelle.

Les effets des cérémonies de bénédiction du Feng Shui

Les cérémonies de bénédiction du Feng Shui peuvent éliminer les énergies négatives et renforcer les énergies positives. Voici quelques-uns des objectifs que vous pouvez poursuivre en y recourant :

- Vous attirer des grâces, la prospérité et la bonne fortune
- Bénir une nouvelle demeure avant de vous y installer
- Bénir le lancement d'une nouvelle entreprise
- Évacuer les énergies négatives antérieures
- Substituer la chance à la malchance
- Renforcer votre énergie à la suite d'un accident ou d'un événement malencontreux
- Éliminer le chi associé à la maladie ou la mort
- Faire partir les fantômes ou esprits malfaisants ou d'autres visiteurs indésirables

Questions et réponses sur les cérémonies de bénédiction Feng Shui

Avez-vous une question sur les cérémonies du Feng Shui ? Cette section devrait vous apporter la réponse à toutes vos interrogations sur ce sujet d'importance primordiale.

Dois-je changer mes croyances religieuses ou agir d'une manière qui leur serait contraire pour que ces méthodes soient efficaces ?

Absolument pas ! Ces pratiques marchent pour tout un chacun, indépendamment de sa religion ou de ses croyances (ou de son absence de croyance), de la même façon que les lois de la pesanteur ou d'autres lois de la physique. Ne vous inquiétez donc pas, vous n'avez pas à vous convertir. Et même, je vous recommande d'incorporer vos croyances et vos pratiques personnelles dans les cérémonies que vous exécutez. Cet éclectisme est d'ailleurs souhaité par l'école du grand maître Lin Yun. Que vous soyez chrétien, hindou, musulman, bouddhiste, juif (ou même athée), incorporez vos prières dans les cérémonies Feng Shui pour qu'elles vous paraissent légitimes. Cependant, respectez-en la structure de base et les étapes successives.

Dois-je exécuter une cérémonie de manière parfaitement exacte pour qu'elle opère ?

Si vous suivez les étapes essentielles d'une cérémonie de bénédiction avec une attitude positive, la sincérité du cœur et une intention claire (les ingrédients de tout bon remède Feng Shui), vous en recueillerez les bienfaits. Faites de votre mieux pour suivre étroitement les étapes de la cérémonie en en attendant de bons résultats. Les détails ont leur importance, mais l'obsession des résultats attendus avant qu'ils n'apparaissent a toujours un effet contraire. Le contrôle de soi, l'adhésion aux influences positives et le rejet des influences négatives est la clé de l'efficacité du Feng Shui. Comme je le dis à mes clients, le but du Feng Shui est l'évacuation du stress, et il ne faut surtout pas se stresser à son propos. Relaxez-vous, profitez de l'instant présent et réjouissez-vous des améliorations à venir.

Ai-je besoin d'une formation spéciale pour mettre en œuvre ces cérémonies de bénédiction ?

Oui, absolument ! Ce dont vous avez vraiment besoin pour aller plus loin est un corps humain (le vôtre), l'aptitude à lire le français, et un exemplaire du manuel Feng Shui très complet appelé *Feng Shui pour les Nuls*. Armé de ces trois éléments, vous ne devriez avoir aucun problème ! D'un point de vue plus sérieux, ces méthodes appartiennent aux niveaux plus avancés de la pratique du Feng Shui. Tout art comporte des détails ou des nuances qui ne peuvent être appris à travers un livre, et que seule l'expérience directe peut enseigner. Pour aller plus loin dans leur maîtrise, une formation directe auprès d'un professeur qualifié est indispensable. Les étapes décrites dans ce chapitre peuvent vous permettre d'exécuter ces cérémonies et d'en retirer des bienfaits dans votre vie, mais l'énergie qu'elles procurent se manifestera à un degré beaucoup plus élevé à la suite d'une formation auprès d'un maître qualifié. Après avoir fait votre apprentissage au moyen de ce livre, si vous souhaitez améliorer vos connaissances et votre habileté dans l'art du Feng Shui, vous pouvez toujours contacter un professeur dans votre région pour en obtenir d'autres enseignements.

Comment savoir si la cérémonie a bien marché ou sera efficace ?

Comme pour toute méthode, tout art, les résultats varient en fonction d'innombrables facteurs. Il arrive que vous ressentiez ou remarquiez des effets immédiats après avoir appliqué des remèdes Feng Shui. Et parfois les résultats ne viennent que progressivement et améliorent votre vie sur la durée.

Conseils pour l'exécution des cérémonies de bénédiction Feng Shui

Si vous n'avez encore jamais effectué une cérémonie de bénédiction Feng Shui, votre première tentative peut vous paraître quelque peu éprouvante. Les conseils suivants vous permettront de tirer le maximum de toute cérémonie de bénédiction.

- **Trouvez le calme**. Prenez un état d'esprit paisible avant d'aborder une cérémonie de bénédiction.
- **Soyez bien préparé**. Rassemblez tous les matériaux dont vous avez besoin avant de commencer.
- **Ayez sous les yeux les étapes de la cérémonie**. Ouvrez ce livre à la page voulue pour éviter tout faux mouvement, toute distraction au cours du processus.
- **Hâtez-vous lentement**. Accordez-vous tout le temps requis pour l'exécution convenable de la cérémonie. Votre état d'esprit et votre aptitude à vous concentrer sur l'opération ont une grande influence sur le succès de la cérémonie.
- **Assurez-vous que vous ne serez pas dérangé pendant l'exécution de la cérémonie**. Je vous recommande de désactiver toutes les sonneries de téléphone ou autres appareils de ce genre (et de réduire le volume de votre répondeur téléphonique).
- **Faites appel à un professionnel si nécessaire**. Si vous ne vous sentez pas prêt à exécuter une bénédiction ou si vous avez besoin d'assistance, faites appel à un professionnel du Feng Shui qui procédera pour vous à la bénédiction.

L'exécution d'une bénédiction n'est pas une nécessité absolue pour conférer un bon Feng Shui à votre site. Les bénédictions sont de puissants outils qui sont très utiles dans certains cas, mais elles ne font pas partie des pratiques indispensables.

Adieu l'ancien, bonjour le nouveau : la bénédiction du riz

Le nom chinois pour la bénédiction du riz est *Yu Wei*, qui veut dire bénédiction extérieure ou ajustement du chi extérieur. La bénédiction du riz ajuste le chi en faisant passer l'énergie à un niveau plus élevé de cohérence et d'harmonie dynamique. Dans mon métier de consultant, j'ai maintes fois constaté l'efficacité et la puissance de ce remède. Mes clients signalent d'innombrables bienfaits, y compris la solution de problèmes financiers ou juridiques, une plus grande harmonie familiale et une meilleure santé.

Ce que la bénédiction du riz peut faire pour vous

La bénédiction du riz s'exécute dans le périmètre de la propriété, et elle renforce l'énergie sur tout le site. Appliquée correctement, cette cérémonie purifie et modifie l'énergie dans les trois domaines suivants :

- **Votre terrain** : la bénédiction du riz améliore l'énergie de toutes les parties de la propriété. Les énergies du sol, de l'eau, de l'air et de tous les êtres vivants qui s'y trouvent sont ajustées et améliorées.
- **Votre maison** : la bénédiction du riz étend ses bienfaits au bâtiment d'habitation principale ainsi qu'à tous les autres bâtiments de la propriété.
- **Vous** : la bénédiction du riz profite aux humains (et aux autres êtres vivants), les aidant à vivre une vie meilleure, plus heureuse dans un contexte énergétique purifié.

Le mode d'action de la bénédiction du riz

Le riz est un symbole de bénédiction. (Lors des mariages occidentaux, on jette des poignées de riz sur les mariés pour leur souhaiter bonne chance dans leur nouvelle vie.) Pour la cérémonie de la bénédiction du riz, le riz est préparé spécialement pour en susciter le pouvoir, puis répandu autour du périmètre de la propriété par trois méthodes spécifiques. Cette répartition du riz selon trois procédés au cours de la bénédiction correspond à trois actions énergétiques détaillées dans les sections suivantes. Examinez la figure 17.2 plus loin dans ce chapitre, elle donne des repères visuels pour la bonne exécution de ces trois techniques de dispersion du riz.

Renforcer le chi

On renforce le chi en jetant le riz directement en l'air aussi haut que possible (la paume de la main étant tournée vers le haut) dans un geste appelé la mudra du renforcement (une mudra est un geste spirituel ou énergétique). Cette méthode de dispersion du riz renforce le chi et apporte à votre site la légèreté, la joie et la liberté. Le champ est libre désormais pour accueillir tous les bienfaits !

Nourrir les fantômes affamés

Les *fantômes affamés* sont un terme de la culture chinoise symbolisant tous les problèmes, toutes les injustices, le chaos, la douleur, les émotions négatives et les énergies malsaines qui peuvent résider sur le site. Lorsque le riz est jeté avec la mudra du don, un geste consistant à jeter le riz horizontalement vers le sol avec un mouvement comparable à celui d'un frisbee, les fantômes affamés peuvent se nourrir de l'énergie positive du riz et apaiser leur faim. Les fantômes sont alors libres de quitter le site ou peuvent même se transformer en gardiens bénéfiques de la propriété. Les ennuis des résidents peuvent alors s'évanouir comme par miracle.

Semer de nouvelles graines de croissance

Par la mudra de la plantation, vous pouvez semer de nouvelles graines et récolter la croissance. Cette bénédiction s'opère en jetant des poignées de riz directement vers le sol. Cette mudra met symboliquement dans la terre vos souhaits et vos intentions – en même temps qu'une énergie nouvelle – pour que de nouvelles choses (la réalisation de vos désirs) puissent surgir spontanément et fleurir à profusion.

Ce qu'il faut rassembler pour la bénédiction du riz

Avant de commencer la bénédiction du riz, rassemblez et préparez les éléments suivants :

- **Un grand bol** : une jatte servant à mélanger les ingrédients d'une recette ou un saladier.
- **Au moins 2 kilos de riz cru** : la quantité de riz nécessaire varie selon la taille de la propriété. Vous pouvez avoir besoin de 2 à 3 kilos pour un jardin de taille moyenne, et davantage pour une grande propriété. Utilisez du riz blanc ordinaire ou du riz entier, mais pas du riz minute. (Tant pis pour Oncle Ben's !)
- **Environ un quart de cuillerée à dessert de poudre de cinabre** : le cinabre est un produit utilisé en médecine chinoise pour ses propriétés particulières. Il a été utilisé pendant des millénaires dans les anciens temples chinois et sur les sites funéraires impériaux. Vous en trouverez dans certains magasins vendant des produits asiatiques.

  ATTENTION

  À moins que vous ne soyez un professionnel qualifié pratiquant la médecine chinoise, n'utilisez le cinabre que pour des applications externes.

- **Une bouteille d'alcool pur, achetée pour la circonstance, non ouverte** : l'alcool à 90° à usage pharmaceutique convient très bien. Vous pouvez acheter une bouteille d'une taille quelconque.

Exécution de la bénédiction du riz

La bénédiction du riz s'exécute en deux phases. Préparez d'abord le riz selon les méthodes spéciales présentées dans les sections suivantes, puis allez dehors avec le riz pour le disperser conformément au rituel. Vous pouvez préparer le riz sur une surface de travail de votre cuisine ou à tout autre endroit qui vous convient. Faites attention de bien respecter les étapes suivantes.

Une mudra est un geste de la main mettant la personne qui l'accomplit dans un état spirituel particulier. Une mantra est un mot ou une phrase dotée d'une énergie et d'une signification spirituelle. (Voir au chapitre 6 les informations relatives à ces deux notions importantes du Feng Shui.)

Préparation du riz

1. **Commencez la cérémonie en mettant vos mains dans la mudra qui calme le cœur et récitez neuf fois la mantra qui calme le cœur.** Placez la main gauche sur le dessus de la main droite avec les paumes vers le haut et les pouces qui se touchent (voir figure 6.1b au chapitre 6). Puis récitez, « Gate gate, para gate, para sum gate, bodhi swaha » (prononcez ga-tè ga-tè, pair-eu ga-tè, pair-eu seum ga-tè, bo-dî soua-ha). Une mantra ou une prière de votre propre religion, telle que le « Je vous salue Marie » (ou une prière personnelle) marche également très bien, il suffit de la répéter neuf fois.
2. **Remplissez le bol aux trois quarts avec du riz.**
3. **Ajoutez au riz la poudre de cinabre**. Le cinabre donne au mélange la force dont il a besoin pour chasser les énergies négatives de la propriété, et renforce son pouvoir de bénédiction (voir figure 17.1).
4. **Ajoutez neuf mesures d'alcool au cinabre et au riz**. Vous pouvez mesurer neuf capsules ou verser neuf fois un peu de liquide dans le bol depuis la bouteille – il n'est pas nécessaire que les neuf mesures soient égales. L'alcool contribue à renforcer l'énergie du mélange cinabre/riz (voir figure 17.1). Récitez les six mots vrais (prononcés Om Ma Ni Pad Mi Hum) ou une autre mantra de votre choix tout en versant l'alcool dans le mélange. (Voir le chapitre 6 pour plus de détails sur les six mots vrais.)
5. **Mélangez le riz, le cinabre et l'alcool au moyen du médius de la main gauche pour les femmes, et le même doigt de la main droite pour les hommes**. Oui, c'est la tradition (voir figure 17.1).

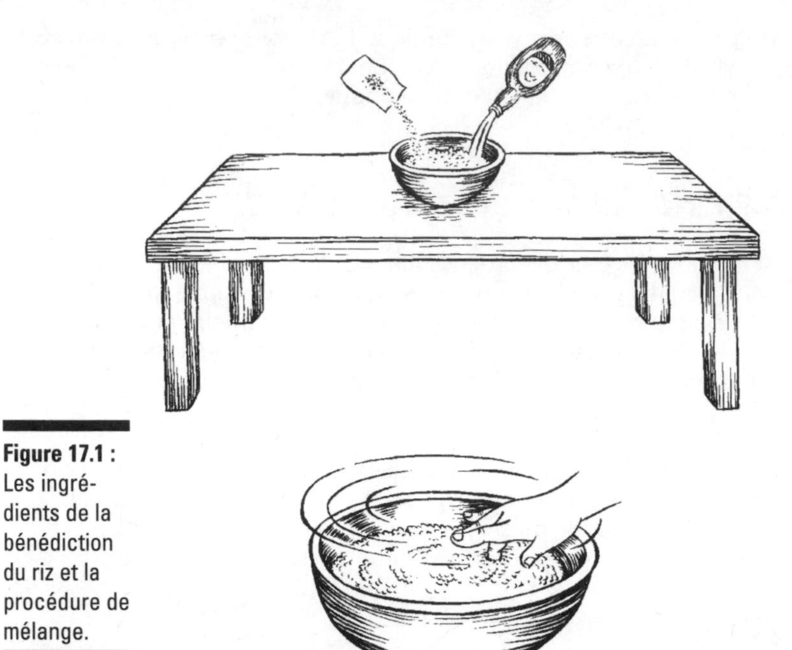

Figure 17.1 : Les ingrédients de la bénédiction du riz et la procédure de mélange.

6. **Récitez les six mots vrais (ou une autre mantra) cent huit fois tout en mélangeant le riz avec le médius**. Visualisez le dieu ou la divinité de votre choix pénétrant le riz de son esprit et lui infusant le pouvoir de bénir et de purifier votre propriété. Pour vous aider à compter, vous pouvez utiliser une mala (un rosaire indien) contenant cent huit perles (un nombre sacré dans de nombreuses traditions religieuses). Comptez une perle pour chaque répétition de la mantra et arrêtez-vous une fois au bout de la mala. Vous pouvez aussi compter de toute autre façon qui vous convient.

Dispersion du riz

1. **Prenez le bol de riz et allez jusqu'à la bouche du chi de la propriété**. C'est l'entrée de la propriété, typiquement l'endroit où votre allée de garage rencontre la rue. Si votre maison n'a pas d'allée de garage, allez à l'endroit où le chemin partant de la porte d'entrée de la maison rencontre la rue ou le trottoir (ou allez jusqu'à l'entrée principale de la propriété).
2. **À la bouche du chi, commencez par jeter vigoureusement en l'air trois poignées de riz aussi haut que possible, en utilisant la mudra du renforcement** (voir figure 17.2). Chaque fois que vous jetez une poignée de riz, récitez les six mots vrais. Visualisez l'énergie de votre site – et de votre vie – qui devient forte, irrésistible.

Figure 17.2 : Méthodes de dispersion de la bénédiction du riz.

3. **Jetez trois poignées de riz vers l'extérieur, parallèlement au sol, en utilisant la mudra du don** (voir figure 17.2). Ce geste nourrit les fantômes affamés. Visualisez la disparition de vos problèmes et celle des pensées néfastes. Ici en encore, répétez les six mots vrais à chaque jet d'une poignée de riz.

4. **Jetez trois poignées de riz droit vers le sol, en utilisant la mudra de la plantation** (voir figure 17.2). Ce geste sert à planter de nouvelles graines de croissance. Visualisez le bourgeonnement tout autour de vous, dès cet instant, de ces nouvelles choses que vous voulez voir apparaître dans votre vie et leur développement robuste. Récitez les six mots vrais à chacun de vos gestes de planteur.

5. **Avancez le long du périmètre de la propriété, dans le sens des aiguilles d'une montre ou en sens inverse, selon vos préférences personnelles** (voir figure 17.3). À chaque fois que votre intuition vous suggère de le faire, arrêtez-vous et jetez du riz conformément aux indications des étapes 2 à 4.

Pour que cette cérémonie produise les meilleurs résultats, récitez la mantra à chaque jet de riz et visualisez le résultat associé à la méthode utilisée, décrit aux étapes 2 à 4. Les jets vers le haut purifient et renforcent l'énergie, les jets extérieurs dispersent et éliminent les problèmes et les influences néfastes, les jets vers le bas plantent de nouvelles énergies de croissance.

Figure 17.3 : Bénédiction du riz et chemin parcouru à l'intérieur du périmètre de la propriété.

6. **Vous pouvez vous arrêter pour jeter trois poignées de riz contre la porte d'entrée de la maison à tout moment lors de votre périple autour de la propriété**. Cette opération sert à bénir la maison en même temps que le terrain. Le parcours complet du périmètre de la propriété vous ramène à la bouche du chi, votre point de départ.
7. **Terminez l'opération en jetant trois poignées de riz finales vers le ciel et en demandant la bénédiction du ciel.**

Renforcement de la bénédiction

L'ultime phase de la bénédiction consiste à effectuer le renforcement des trois secrets : dépliez neuf fois très vite votre médius et votre annulaire repliés, en répétant neuf fois votre mantra ou la prière de votre choix, visualisez la réussite de la bénédiction en vous représentant l'arrivée immédiate de tous les bienfaits que vous en espérez. (Reportez-vous au chapitre 6 pour plus de détails sur le renforcement des trois secrets.)

Questions et réponses sur la bénédiction du riz

Vous trouverez ci-après les questions les plus fréquentes sur la bénédiction du riz. Les réponses vous dévoileront les principaux mystères de cette puissante cérémonie Feng Shui.

Que dois-je faire du riz éparpillé sur le sol ? Et combien de temps doit-il y rester ?

Il est préférable de laisser le riz sur le sol le plus longtemps possible ; le riz est une bénédiction pour la propriété. Le mieux est de l'y laisser au moins 24 heures. Si vous en éprouvez le besoin, vous pouvez néanmoins balayer vos allées pour enlever le riz qui s'y trouve, sans attendre ce délai.

Je vis en appartement et je ne peux pas exécuter cette cérémonie autour de mon bâtiment. Comment puis-je bénir mon appartement ?

Vous pouvez effectuer la bénédiction du riz autour de l'extérieur de l'immeuble ou si vous le désirez autour de tout le pâté de maisons. Vous pouvez aussi effectuer une variante de la cérémonie en jetant le riz le long du périmètre intérieur de l'appartement ; dans cette variante, je recommande de laisser le riz sur le sol au moins 24 heures avant de l'enlever avec l'aspirateur. Si vous ne pouvez exécuter aucune de ces deux variantes, vous pouvez toujours réaliser l'ajustement du chi intérieur (bénédiction aux écorces d'orange), décrite plus loin dans ce chapitre.

Que se passe-t-il si mes animaux domestiques ou des oiseaux mangent le riz ?

Je n'ai jamais vu ou entendu parler de cas où des animaux auraient été incommodés par cette cérémonie, et je pense qu'il n'y a pas de problème. (Peut-être profitent-ils de la bénédiction en mangeant le riz !) Le bruit court à certains endroits que si des oiseaux mangent du riz, ils risquent d'exploser, et ce bobard tend à faire renoncer à la tradition du jet du riz lors des mariages. Les inconvénients pour les animaux ne concernent que le riz précuit, que vous ne devez pas utiliser pour cette bénédiction. Mais si vous vous inquiétez réellement pour les oiseaux, vous pouvez aussi utiliser d'autres graines telles que du millet, du blé ou de l'orge.

Que puis-je faire du riz qui me reste ?

Vous pouvez jeter cérémonieusement quelques dernières poignées généreuses jusqu'à ce qu'il n'en reste plus ou vous pouvez vous en débarrasser de toute autre façon.

Que dois-je faire du bol à la suite de la bénédiction ?

Le cinabre ne doit pas être ingéré sauf sous la supervision d'un médecin pratiquant la médecine chinoise. Pour cette raison, prenez grand soin de bien laver le bol et de vous laver copieusement les mains après l'exécution de la bénédiction. Les articles de pierre ou de jade récupérés sur les anciens sites funéraires chinois avaient été cérémonieusement enduits de cinabre et étaient devenus rouges au contact de ce composé puissant. En d'autres termes, le cinabre est une substance dangereuse, et vous devez nettoyer complètement le récipient utilisé.

Effets de la bénédiction du riz

Typiquement, la maison et la propriété sont aussitôt plongées dans une ambiance plus éthérée, plus libre et heureuse, et l'éclairage de la maison paraît plus resplendissant. Certains disent qu'après la bénédiction du riz, la maison leur paraît comme luminescente. À terme, mes clients rapportent qu'ils sont libérés de leurs entraves, que leurs relations avec leurs proches et leur santé s'améliorent sensiblement, qu'ils profitent mieux de la vie. Il arrive aussi que l'argent rentre plus abondamment. Les enfants, les animaux domestiques et les plantes peuvent aussi montrer des signes évidents des bienfaits de cette bénédiction.

La magie des agrumes : la bénédiction aux écorces d'orange

La cérémonie de l'écorce d'orange a lieu à l'intérieur de la maison ou d'un bâtiment professionnel. Son but est de purifier et de bénir l'énergie du bâtiment et de ses habitants. Par ailleurs, la bénédiction élimine une multitude d'influences négatives et contribue à remédier à des problèmes Feng Shui connus ou inconnus. La bénédiction aux écorces d'orange sert aussi à favoriser un nouveau départ après des événements particulièrement éprouvants. Cette cérémonie convient notamment pour la bénédiction d'une nouvelle maison ou d'un nouveau site professionnel dans lesquels on s'installe ou pour l'inauguration d'une nouvelle entreprise.

Mode opératoire de la bénédiction aux écorces d'orange

La bénédiction aux écorces d'orange s'exécute dans tout l'intérieur d'un bâtiment. Alors que la bénédiction du riz agit sur le terrain et sur le bâtiment, la bénédiction aux écorces d'orange n'agit que sur le bâtiment lui-même et sur la vie des gens qui sont dedans. De ce fait, son emploi est bien indiqué pour développer la liberté et la bonne fortune.

La bénédiction aux écorces d'orange utilise le pouvoir rafraîchissant des agrumes et de l'eau en même temps que des mantras (des paroles spirituelles) et des visualisations pour modifier et rafraîchir les énergies du bâtiment.

Ce qu'il faut rassembler en vue de la bénédiction aux écorces d'orange

Pour cette bénédiction, vous devez rassembler les articles suivants :

- **Neuf oranges** : pour une très grande maison, vous pouvez utiliser dix-huit ou vingt-sept oranges.
- **Un grand bol** : tout grand bol ou saladier convient parfaitement.
- **Des fleurs fraîchement coupées** : achetez des fleurs coupées spécialement pour la cérémonie. Les fleurs qui viennent d'être achetées sont celles qui conviennent le mieux, mais des fleurs provenant de votre jardin peuvent aussi être utilisées. Mettez les fleurs dans l'eau et placez-les dans un endroit de la maison où on peut les voir.

Réalisation de la bénédiction aux écorces d'orange

Les étapes de cette cérémonie ressemblent à celles de la bénédiction du riz. Tout d'abord, vous préparez les écorces d'orange et un grand bol d'eau, de la manière détaillée dans la section suivante. Puis vous passez à la phase active de l'opération dans tout l'intérieur de la maison. Pour finir, vous procédez au renforcement des trois secrets pour augmenter les effets de la bénédiction.

Cette cérémonie diffère légèrement des autres dans la mesure où des étapes supplémentaires s'imposent à la suite du renforcement.

Préparation des oranges et de l'eau

1. **Vos mains étant dans la position de la mudra qui calme le cœur, récitez neuf fois la mantra qui calme le cœur (gate, gate, para gate, para sum gate) ou une autre mantra de votre choix**. Voir chapitre 6, figure 6.1b.
2. **Remplissez le bol aux trois quarts avec de l'eau.**
3. **Déchirez les écorces des neuf oranges en petits morceaux et mettez-les dans l'eau**. Vous pouvez faire ce que vous voulez de la pulpe des oranges, elle ne sert pas dans la cérémonie.

Aspersion au moyen de l'eau à l'écorce d'orange

1. **Emmenez le bol contenant l'eau et les écorces d'orange jusqu'à la porte d'entrée à l'intérieur de la maison**. Tenez le bol dans une main. Plongez le bout des doigts de l'autre main dans l'eau. Avec la mudra de l'expulsion (le médius et l'annulaire dépliés brusquement depuis la paume), projetez de l'eau à l'intérieur de l'entrée (voir chapitre 6, figure 6.1a).
2. **En aspergeant toute l'entrée, récitez les six mots vrais (Om Ma Ni Pad Me Hum) ou votre propre mantra**. Visualisez l'élimination de toute la malchance et du chi négatif. Représentez-vous aussi toutes les grâces et toute l'énergie positive pénétrant dans l'environnement. Voyez vos objectifs atteints et vos vœux exaucés sans délais tandis que vous exécutez la cérémonie.
3. **Continuez dans toute la maison, en trempant le bout de vos doigts dans l'eau et en aspergeant bien toutes les pièces de la maison avec l'eau d'écorce d'orange** (voir figure 17.4). Continuez à réciter les six mots vrais (ou la mantra de votre choix). Visualisez la disparition de l'énergie négative. La visualisation est la partie la plus importante de tout le processus. Plus votre représentation est nette, détaillée, plus fortement vous ressentez à l'avance les effets de la bénédiction, plus ses effets seront grands.

Si vous ne parvenez pas facilement à visualiser, vous pouvez toujours sentir en vous ou entendre le départ de l'énergie ancienne et son remplacement par l'énergie nouvelle avec les résultats qui l'accompagnent.

4. **Aspergez bien partout**. Aspergez tous les sols et toutes les pièces (y compris le sous-sol et le garage s'ils sont attachés à la maison), ainsi que les murs, les meubles, les plafonds, les objets, etc. Une mesure supplémentaire éventuelle est l'aspersion des placards, des débarras et du sol sous les lits.

Vous pouvez parcourir la maison dans le sens des aiguilles d'une montre ou en sens inverse, selon ce que vous suggère votre intuition.

5. **Revenez à la porte d'entrée**. N'essayez pas d'utiliser toute l'eau. Vous pouvez simplement jeter celle qui vous reste.

Renforcement de la bénédiction

Procédez ensuite au renforcement des trois secrets (détaillé au chapitre 6). Ce faisant, visualisez la réussite de la bénédiction et la matérialisation de vos souhaits.

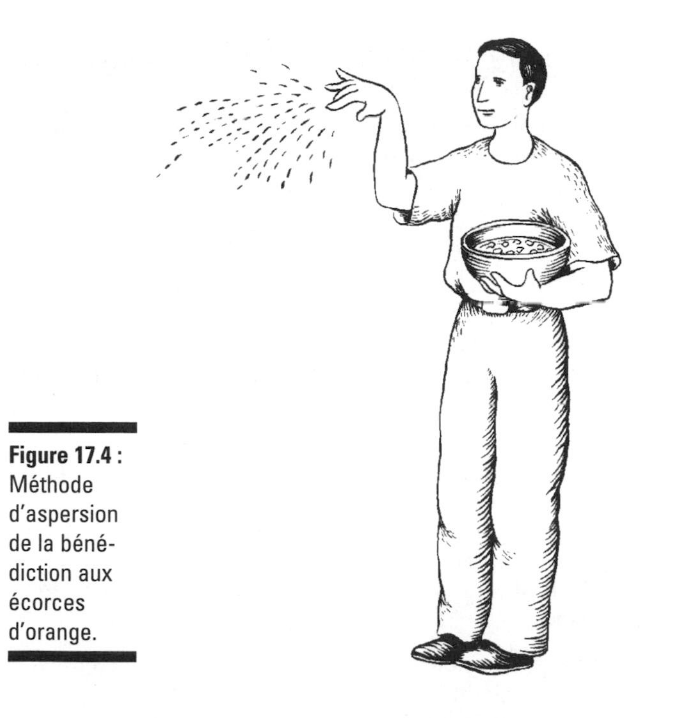

Figure 17.4 : Méthode d'aspersion de la bénédiction aux écorces d'orange.

Exécution des étapes finales

Ces dernières étapes font partie de la cérémonie et doivent être effectuées avec le même soin que les étapes précédentes.

1. **Placez les fleurs de la maison à un endroit central.**
2. **Ouvrez toutes les fenêtres et toutes les portes de la maison, les portes intérieures aussi bien que les portes extérieures, et laissez-les ouvertes pendant 24 heures**. (Si des fenêtres sont coincées ou ne peuvent pas s'ouvrir, vous pouvez les laisser fermées.) La nuit, laissez les fenêtres et les portes entrouvertes de quelques centimètres si vous ne pouvez pas les laisser entièrement ouvertes. Il est particulièrement avantageux de les laisser grand ouvertes pendant la journée. De même, les écorces d'orange doivent rester sur le sol pendant 24 heures.
3. **Remplacez les fleurs deux fois à la suite de la bénédiction, à trois jours d'intervalle, par d'autres fleurs fraîches**. Si les fleurs commencent à se faner avant la fin des trois jours, remplacez-les aussitôt. (Assurez-vous qu'elles ont suffisamment d'eau pour les empêcher de se dessécher.) Vous pouvez laisser le dernier lot de fleurs en place au-delà de la période de neuf jours, mais il faut les enlever dès qu'elles commencent à perdre leur fraîcheur.

Bénédiction du vase et de la tige de bambou

Les étapes de la bénédiction du vase et de la tige de bambou ressemblent à celles de la bénédiction aux écorces d'orange. Vous préparez d'abord le vase et la tige de bambou de la manière précisée dans la section suivante. Puis vous passez à la phase active de la cérémonie en vous promenant dans tout l'intérieur de la maison. Pour finir, vous procédez au renforcement des trois secrets pour conférer à la cérémonie une efficacité redoublée.

Préparation du vase et de la tige de bambou

1. **Préparez un endroit près de la porte d'entrée où vous placerez définitivement le vase contenant le riz et la tige de bambou à la suite de la cérémonie**. Le mieux est que cet emplacement soit visible dès qu'on franchit le seuil de la maison. Ce doit être une place d'honneur où le vase ne risque pas d'être dérangé ou traité sans considération. Une étagère, un buffet, le rebord d'un mur, une table ou toute autre surface stable conviennent parfaitement.

   Le vase doit être placé de préférence au moins à la hauteur des épaules de la plus grande personne de la maison, mais si ce n'est pas possible, la bénédiction peut quand même être efficace.

2. **Placez le riz dans le fond du vase**. Il doit y avoir assez de riz dans le vase pour qu'au moins la moitié de la tige de bambou dépasse du vase.
3. **Placez la tige de bambou dans le vase de telle manière qu'elle repose sur le riz et sorte du vase** (voir figure 17.5).

Exécution de la bénédiction

1. **Adoptez un état d'esprit calme, propice à la méditation.**
2. **Commencez par mettre vos mains dans la mudra qui calme le cœur et récitez neuf fois la mantra qui calme le cœur (Gate gate, para gate, para sam gate, bodhi swaha) ou une autre prière de votre choix** (voir figure 6.1 du chapitre 6).
3. **Récitez un assortiment de dix mantras ou prières différentes dans le col du vase ou récitez les six mots vrais (Om Ma Ni Pad Me Hum) ou d'autres mantras exactement cent huit fois**. Comme toutes les autres étapes de la bénédiction, vous devez exécuter celles-ci avec beaucoup de sincérité et de respect.
4. **Portez le vase contenant le riz et la tige de bambou jusqu'à la porte d'entrée principale**. Visualisez la lumière, l'énergie et l'esprit du Dieu ou de la déité de votre religion ou de vos croyances qui vous accompagnent et rayonne tout autour de vous et du vase.

5. **Promenez le vase dans toute la maison avec une intention sincère et en récitant sans arrêt les six mot vrais (ou la mantra que vous avez choisie).** Représentez-vous l'énergie et la lumière sortant du vase et de la tige de bambou pour irradier toute la maison, bénissant sa structure et ses habitants, et permettant à tous vos souhaits de se matérialiser. Dites-vous que votre déité est avec vous, sentez que tout le site est béni par sa présence et sa lumière.
6. **Revenez à la porte d'entrée après avoir parcouru chaque pièce de la maison.**
7. **Placez le vase à la place d'honneur que vous lui aviez préparée** (voir figure 17.5).

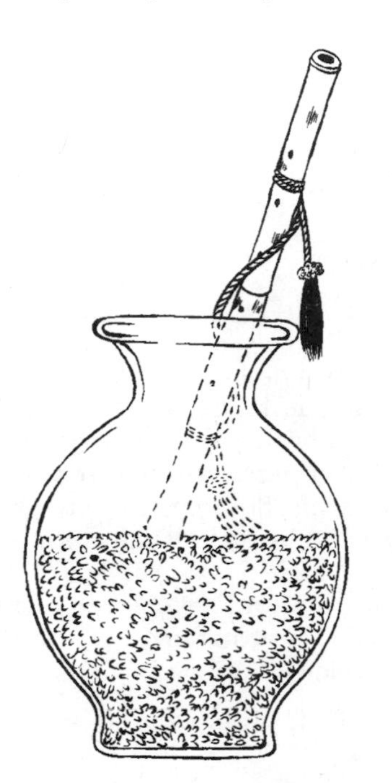

Figure 17.5 : Tige de bambou dans le vase.

Renforcement de la bénédiction

Exécutez le renforcement des trois secrets (détaillé au chapitre 6) tout en vous représentant la bénédiction qui s'étend à toute la maison et à votre vie. Voyez le vase resplendir, bénissant toute l'énergie qui entre par la porte, et irradiant toute la maison de son énergie propre. Visualisez aussi votre prospérité croissante, votre santé désormais florissante, vos relations plus harmonieuses et paisibles, et la réalisation de tous vos désirs.

Faites tourner la roue de la bonne fortune (la roue Dharma du mouvement perpétuel)

La bénédiction de la roue Dharma du mouvement perpétuel disperse une énergie bénéfique sur n'importe quel site sans l'aide d'aucun instrument matériel. Comme les bénédictions du vase et des écorces d'orange, cette bénédiction s'opère à l'intérieur de la maison. Elle permet une purification très complète de la maison, et projette dans tout son espace un flux ininterrompu d'impulsions positives.

La qualité et l'ampleur des résultats que vous obtiendrez dépendent de votre habileté dans l'art de la visualisation. Si vous vous entraînez soigneusement aux visualisations prévues dans cette cérémonie avant de tenter son exécution, vous pouvez en espérer de bons résultats. La plupart des gens qui abordent la question avec un certain détachement obtiennent rarement des effets spectaculaires (mais ce n'est pas exclus !).

Préparation de la cérémonie

Pour exécuter correctement la bénédiction de la roue Dharma du mouvement perpétuel, vous devez pratiquer la visualisation détaillée dans la liste d'étapes ci-après. Si vous êtes très doué pour visualiser des scénarios détaillés, vous pouvez lire cette section et passer directement à la section décrivant la mise en œuvre de la cérémonie. Sinon, je vous recommande de vous exercer pour perfectionner vos capacités de visualisation.

1. **Voyez dans votre esprit six boules de lumière colorée disposées sur un cercle**. Ces boules de lumière doivent toujours être dans l'ordre suivant : blanc, rouge, jaune, vert, bleu, et noir.
2. **Représentez-vous cet anneau de boules tournant en orbite autour d'un point central invisible**. Les boules peuvent tourner dans un sens ou un autre, à votre choix.
3. **Représentez-vous un ensemble plus petit de six boules tournant autour de chacune des boules du premier anneau**. Chacun des ensembles de six plus petites boules est en orbite autour de l'une des boules plus grosses, et comporte la même séquence de couleurs (voir figure 17.6).
4. **Visualisez un troisième groupe de six boules encore plus petites orbitant autour de chacune des boules du second ensemble**. Continuez cette progression aussi loin que vous pouvez. Toutes les boules tournent continuellement sur leurs orbites respectives. Ce sont ces sphères de lumière et leur mouvement qui constituent la roue Dharma du mouvement perpétuel.

Mieux vous réussirez à visualiser en détail ces boules et leurs mouvements, plus la bénédiction sera efficace.

5. **Représentez-vous cet arrangement complexe de boules en orbite reproduit en différentes versions tout autour de vous.**

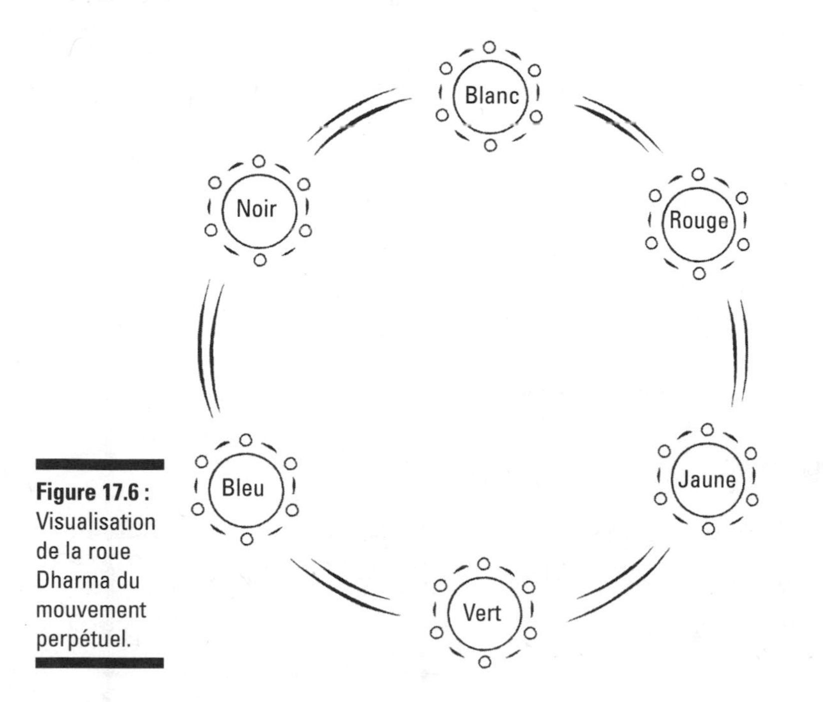

Figure 17.6 : Visualisation de la roue Dharma du mouvement perpétuel.

Exécution de la bénédiction de la roue Dharma du mouvement perpétuel

Voici les étapes de cette bénédiction :

1. **Commencez la cérémonie à l'extérieur de la maison devant la porte d'entrée.**
2. **Adoptez un état d'esprit paisible.**
3. **Placez vos mains dans la position de la mudra qui calme le cœur et récitez neuf fois la mantra qui calme le cœur (Gate gate, para sam gate, bodhi swaha) ou la mantra de votre choix.** Pour plus de détails sur cette mudra et cette mantra, reportez-vous au chapitre 6.

4. **Mettez maintenant vos mains dans la position de la mudra de la bénédiction**. Reportez-vous à la figure 6.1d du chapitre 6 pour plus de détails sur cette mudra.

   Étape facultative : visualisez une fleur de lotus à huit pétales à l'intérieur de votre corps au niveau du cœur. Voyez la déité de votre religion assise sur la fleur de lotus, et grandissant pour remplir entièrement votre corps. Vous et votre déité ne faites désormais plus qu'un. Voyez votre lumière qui irradie et bénit tout ce qui est autour de vous. Restez dans cet état second pendant toute la cérémonie.

5. **Visualisez la progression dans l'espace des multiples orbites des boules multicolores**. Voyez les nuages de boules tournant autour de vous et s'interpénétrant avec votre corps. (Voir la section « Préparation de la cérémonie », plus haut dans ce chapitre.)

6. **Entrez dans la maison et voyez la force et la lumière émanant des boules colorées se répandre d'un coup dans toute la maison** (voir la figure 17.7).

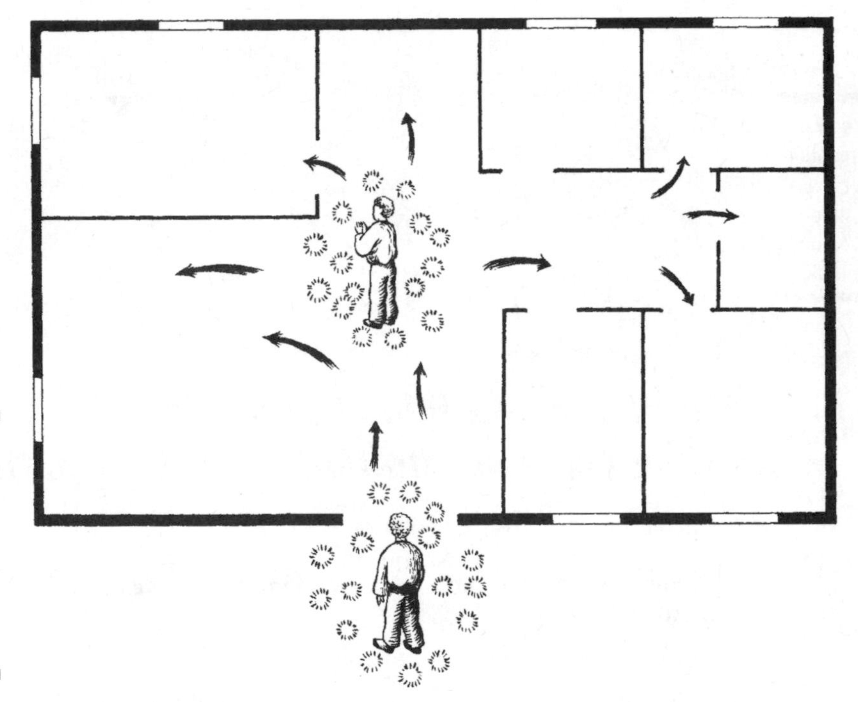

Figure 17.7 : Cérémonie de la bénédiction de la roue Dharma du mouvement perpétuel.

7. **Marchez dans toute la maison en voyant la roue Dharma du mouvement perpétuel vous accompagner**. Voyez-la purifier la maison de toute influence néfaste et la recouvrir d'une aura d'énergie positive. Voyez les problèmes fuir à toute vitesse et les résultats souhaités se précipiter à votre rencontre (voir figure 17.7).

8. **Récitez les six mots vrais (Om Ma Ni Pa Me Hum) ou votre mantra préférée pendant toute la cérémonie.**
9. **Revenez à la porte d'entrée.**
10. **Renforcez la bénédiction par le renforcement des trois secrets**. Reportez-vous au chapitre 6 pour plus de détails sur le renforcement.

Et voilà ! Vous en avez fini ! Vous pouvez vous féliciter d'avoir réalisé l'une des cérémonies du Feng Shui les plus puissantes, de nature à transformer toute une vie.

Chapitre 18

Méthodes d'ajustement du Feng Shui personnel

Dans ce chapitre :

- Méthodes secrètes pour assurer la richesse et la sécurité
- Bénissez vos voyages et décuplez votre énergie
- Comment consolider un mariage
- Entraînement physique à la circulation de l'énergie
- Amélioration de la santé par la méditation

Ce chapitre révèle des méthodes secrètes pour ajuster l'énergie personnelle. Seule leur combinaison avec les remèdes du Feng Shui appliqués à l'environnement permet d'obtenir les meilleurs résultats, mais ces méthodes sont efficaces, même si vous n'appliquez aucun remède Feng Shui à votre maison. Les remèdes personnels du grand maître Lin Yun utilisent des procédés spéciaux, inhabituels, et parfois apparemment illogiques pour changer et améliorer l'énergie personnelle. Ils empruntent des éléments à de multiples sources culturelles et folkloriques, indiennes, tibétaines, chinoises et occidentales. La nature éclectique de ces remèdes contribue à leur puissance et en fait de véritables trésors culturels. Leur plus grand mérite est qu'ils ne coûtent pratiquement rien tout en étant d'une grande efficacité.

Ces méthodes sont secrètes pour diverses raisons : plusieurs d'entre elles n'ont jamais été divulguées jusqu'ici parce que la révélation de certains détails de leur procédure ou du fait qu'elles ont été appliquées pourrait diminuer leur efficacité. Les remèdes secrets font largement appel à la visualisation et à l'intention, qui agissent comme de puissants catalyseurs de leurs effets bénéfiques. La visualisation consiste à vous représenter ce que vous souhaitez voir se produire avant l'apparition de tout résultat ; l'intention recouvre la clarté et l'intensité avec lesquelles vous souhaitez que le remède produise les effets désirés. Reportez-vous au chapitre 6 pour plus de détails sur la visualisation et sur l'intention.

Les remèdes secrets de ce chapitre ne visent pas à remplacer les remèdes Feng Shui dont votre maison peut avoir besoin pour améliorer les aspects correspondants de votre vie. Ils font partie des exercices Feng Shui sur l'énergie interne, visant à ajuster et renforcer directement votre chi pour agir sur certains éléments déficients de votre vie.

Comment se préparer aux remèdes de ce chapitre

Pour appliquer les remèdes de ce chapitre, vous devez avoir à l'esprit divers principes fondamentaux du Feng Shui présentés dans d'autres parties du livre :

- **Le renforcement des trois secrets** : ce remède fait appel à votre corps (position des mains), à la parole (paroles sacrées ou mantra), et à l'esprit (visualisation) pour renforcer les effets des remèdes Feng Shui. Reportez-vous au chapitre 6 pour plus de détails sur la visualisation.
- **La mudra qui calme le cœur** : cette *mudra* (position des mains) procure une sensation apaisante d'équilibre. Pour l'exécuter, placez vos mains devant le corps, paumes tournées vers le haut, avec la main gauche sur la main droite et les pouces qui se touchent (voir la figure 6.1b du chapitre 6).
- **La mantra qui calme le cœur** : cette *mantra* (prière dite à haute voix) est « Gate gate para gate para sum gate bodhi swaha » et elle invoque la paix et le calme. Les mantras invoquent l'énergie des paroles sacrées pour renforcer la puissance des remèdes Feng Shui. Reportez-vous au chapitre 6 pour plus d'informations.
- **Les six mots vrais** : cette mantra est « Om Ma Ni Pad Me Hum », c'est la mantra de la compassion. Elle apporte la chance et la protection (voir chapitre 6).
- **Utilisation de multiples du nombre neuf** : le Feng Shui nous enseigne que neuf est le nombre le plus haut, symbolisant l'achèvement et la puissance. C'est pourquoi l'utilisation de ses multiples augmente la puissance des remèdes Feng Shui.

Le lit et la chance

Dans cette section, je vous présente deux remèdes Feng Shui applicables au lit – le remède du drap rouge apportant la vitalité et la stabilité, et le remède du lit aux pieds rouges pour vous enrichir et vous protéger.

Pour forcer la chance

Le remède du drap rouge peut agir sur votre vie de diverses façons, en relation avec pratiquement n'importe quel désir ou intention. Décidez d'abord ce que vous voulez, puis appliquez le remède avec l'intention correspondante. Les objectifs et les effets du remède du drap rouge peuvent être :

- Une meilleure santé et plus de vitalité
- Raviver la passion d'un mariage ou d'une relation
- Insuffler le moral et l'énergie
- La convalescence au sortir d'une maladie inhabituelle
- Devenir riche et prospère

Pour appliquer ce remède, procurez-vous un morceau de tissu rouge de même dimension que le lit. Je recommande un ton rouge vif, cette couleur étant plus efficace que d'autres teintes comme le bordeaux. Un drap rouge neuf acheté pour la circonstance est un excellent choix parce qu'il vaut mieux utiliser un morceau de tissu d'un seul tenant plutôt que deux pièces réunies par une couture.

Placez le tissu entre le matelas et le sommier du lit. Renforcez le remède par le renforcement des trois secrets et visualisez les résultats pendant l'application du remède. Les parents peuvent aussi faire bénéficier un enfant de ce remède en l'appliquant à son lit. En pratiquant le renforcement des trois secrets, visualisez les résultats que vous souhaitez en obtenir pour l'enfant.

Remède du lit aux pieds rouges

Ce remède s'applique aux quatre pieds du lit. Il renforce votre capacité à gagner de l'argent et assure aux occupants du lit et de la maison une protection efficace.

Quelle est l'efficacité de ces remèdes ?

Vous pouvez vous demander si les remèdes proposés dans ce livre sont aussi efficaces que si vous les appliquiez à la suite d'un enseignement plus formel. Supposons que vous obteniez le livre de recettes d'un chef cuisinier de renom, dont les plats ont fait le bonheur de milliers de gastronomes, et que vous cherchiez à reproduire ces plats chez vous. Ayant le livre de recettes en mains, vous disposez de toutes les informations. Les plats que vous allez préparer auront peut-être moins bon goût – peut-être même seront-ils meilleurs – que ceux préparés par le chef. Si vous pouvez prendre le livre et reproduire les repas, vous pouvez effectivement cuisiner sans formation.

Toutefois, vous pouvez souhaiter une formation pour que les plats aient meilleur goût. Les mêmes remarques peuvent s'appliquer à la pratique du Feng Shui. Certaines variantes et certaines méthodes du Feng Shui doivent vous être enseignées pour que vous puissiez en retirer la substantifique moelle, mais les méthodes proposées dans ce chapitre peuvent vous apporter de merveilleux résultats dans différents domaines de la vie que vous aurez choisis (voir chapitre 3).

Ce dont vous avez besoin pour le remède du lit aux pieds rouges

Il vous faut :

- **Quatre morceaux de tissu rouge carrés de 18 x 18 centimètres**. Le rouge vif est la teinte qui convient le mieux.
- **Quatre pièces de monnaie chinoise d'autrefois**. Ces pièces sont rondes et comportent un trou carré au centre ; leur diamètre est d'environ 2,5 cm. Vous pouvez les trouver dans certains magasins vendant des cadeaux chinois.
- **Quatre longueurs de ruban rouge**. Coupez ces rubans en segments de longueurs multiples de 9 centimètres (18, 27, 36 centimètres).

Exécution du remède du lit aux pieds rouges

Suivez simplement la procédure ci-après :

1. **Déposez un carré rouge auprès de chaque pied de lit**. Faites cette opération successivement pour chacun des pieds de lit.
2. **Placez une pièce chinoise au centre du morceau de tissu. Soulevez le pied du lit puis glissez le tissu au-dessous de manière à ce que le pied de lit soit directement au-dessus de la pièce.**

3. **Reposez le pied de lit sur la pièce.**
4. **Soulevez les bords du carré de tissu et enveloppez-en le pied de lit.** Attachez solidement le tissu autour du pied de lit au moyen d'un ruban rouge. Le pied de lit paraît alors porter une chaussette rouge.
5. **Procédez de même pour chacun des trois autres pieds de lit.**
6. **Renforcez ce remède par le renforcement des trois secrets** (voir chapitre 6). Voyez-vous et sentez-vous devenir riche et bien protégé.

Des remèdes Feng Shui très personnels

Le groupe de remèdes suivant se compose de remèdes personnels spéciaux, le remède des voyages pour vous protéger durant vos voyages, le remède du bain à l'écorce d'orange pour restaurer votre énergie personnelle, et le remède du mariage pour vous assurer une relation longue et heureuse avec votre conjoint ou partenaire.

Gagner de la force grâce au yu

Le remède du yu met en œuvre un bol spécial appelé *yu* (prononcé you). Un bol yu a un corps arrondi avec une base et un bord supérieur de même diamètre (voir chapitre 4, figure 4.1). Le corps du bol, plus large que le bord supérieur, symbolise l'énergie accumulée. Avant d'utiliser le bol pour un remède, mettez d'abord dans le bol neuf petits cailloux lisses et arrondis. Remplissez le bol aux trois quarts avec de l'eau et ajoutez une feuille verte fraîche. Emmenez le bol dehors pour l'exposer brièvement à la lumière du ciel. Puis placez le bol sous le lit ou sur la table de nuit, et exécutez le renforcement des trois secrets (voir chapitre 6). Après avoir exécuté ce rite neuf jours de suite, ramenez les cailloux à la terre. Le bol est maintenant prêt à servir à des remèdes spéciaux destinés à renforcer et stabiliser votre vie, vos relations, et votre carrière. Pour ajouter de la force à votre vie et vous aider à réussir dans vos entreprises, laissez le bol sur votre table de nuit ou sous votre lit indéfiniment. Traitez le bol comme un objet sacré. Si vous voulez donner des ailes à votre carrière, placez le bol sur votre bureau. N'oubliez pas de renforcer chacun de ces remèdes par le renforcement des trois secrets, tout en visualisant l'accomplissement de vos désirs. Pour stabiliser un enfant, exécutez la variante indiquée dans la section « Lits temporaires » du chapitre 13.

Voyager en ayant la chance avec soi

L'application du remède de la chance en voyage vous apporte la protection, la prospérité et la bonne fortune dans vos voyages. Ce remède évoque symboliquement la force protectrice dont vous bénéficieriez en marchant sur un tapis rouge magique lors de votre départ en voyage. Pour ce remède, vous avez besoin d'un morceau de tissu rouge de 2 mètres de long et de 1 mètre de large, que vous pouvez acheter dans n'importe quel magasin de tissus. Le rouge vif est ce qui convient le mieux.

1. **Déployez le morceau de tissu de 2 mètres sur le seuil de l'entrée juste avant de quitter votre demeure pour partir en voyage, après avoir fait vos bagages et quand vous êtes prêt à partir**. Un mètre de tissu reste à l'intérieur de la maison, un mètre se trouve à l'extérieur (voir figure 18.1).

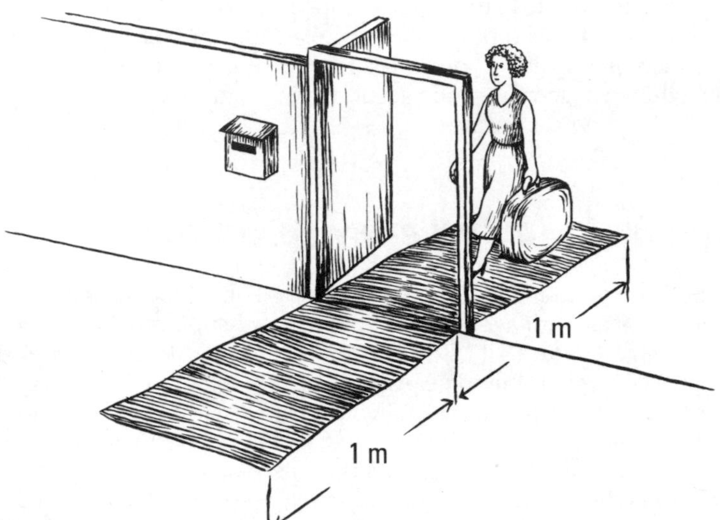

Figure 18.1 : Exécution du remède de la chance en voyage.

2. **Prenez votre valise et sortez en marchant sur le tissu rouge**. Marchez lentement en étant pleinement conscient et en récitant neuf fois les six mots vrais (Om Ma Ni Pad Me Hum) ou une autre mantra de votre choix. Exécutez neuf fois la mudra de l'expulsion tout en marchant sur le tissu (elle consiste à déplier rapidement le médius et l'annulaire repliés contre la paume, voir chapitre 6, figure 6.1a). Visualisez un départ dans de bonnes conditions de sécurité, un voyage avantageux, prospère, sans problème, et un retour dans les meilleures conditions. N'oubliez surtout pas d'emmener le tissu rouge avec vous et conservez-le pendant tout le voyage.
3. **Avant de rentrer chez vous, répétez cette procédure**. Placez le tissu rouge sur le seuil de votre chambre d'hôtel (ou de l'endroit quel qu'il soit où vous séjournez), un mètre à l'intérieur et un mètre à l'extérieur.

4. **Sortez en marchant sur le tissu rouge et récitez neuf fois les six mots vrais (Om Ma Ni Pad Me Hum) ou une autre mantra.** Exécutez la mudra de l'expulsion et visualisez un retour exempt de danger tout en marchant sur le morceau de tissu. Cette seconde exécution du rite vous assure la sécurité au cours du voyage de retour. Saisissez-vous du tissu et retournez chez vous !

Comme ce remède spécial intègre dans son exécution tous les éléments du renforcement des trois secrets (mantra, mudra et visualisation), vous n'avez pas besoin de renforcer ce remède spécialement à la fin, comme je l'ai recommandé pour tous les autres remèdes décrits dans le livre.

Restauration du chi personnel : le remède du bain à l'écorce d'orange

Ce simple remède d'ajustement du chi est particulièrement recommandé dans les périodes difficiles. Il fait appel aux propriétés énergétiques vivifiantes de l'orange. Les agrumes sont réputés pour leur pouvoir de rafraîchissement et de purification, et ils agissent efficacement sur le chi humain. Le remède du bain à l'écorce d'orange rétablit votre énergie personnelle, chasse la malchance, vous protège contre les agressions spirituelles et émotionnelles, et vous guérit des maladies étranges ou rebelles.

Le remède du bain à l'écorce d'orange comporte trois étapes, extrêmement simples.

1. **Déchirez les écorces de neuf oranges en petits morceaux que vous placez dans l'eau du bain.**
2. **Prenez un bain dans l'eau contenant les écorces d'orange.**
3. **Après avoir pris votre bain, exécutez le renforcement des trois secrets (voir chapitre 6) et visualisez-vous comme étant libéré du mal, de la maladie et du mauvais sort.**

En vue d'un mariage long et heureux

Un grand nombre de mariages se terminant par un divorce et de nombreuses relations n'atteignant jamais le stade du mariage, il est clair que beaucoup de gens préfèrent des relations courtes et intenses. Mais peut-être êtes-vous prêt à essayer quelque chose de nouveau et de différent, par exemple, un mariage long et heureux.

Si vous souhaitez un bonheur conjugal de longue durée (ou si vous êtes seulement tenté par cette perspective), le remède du mariage long et heureux est fait pour vous. Ce remède ne vous fera pas trouver un nouveau partenaire, mais il contribuera à la longévité et au bonheur d'une relation existante. Et ce remède est particulièrement efficace lorsqu'il est appliqué correctement et avec une intention très sincère.

Objets à rassembler pour le remède

Vous avez besoin des éléments suivants :

- **Une photo de vous et une photo de votre partenaire** : il est préférable que les photos soient de la même dimension. Chaque image ne doit représenter qu'une seule personne (voir figure 18.2a).

Figure 18.2 : Les étapes du remède du mariage.

- **Un ruban ou un fil rouge de grande longueur en un seul morceau (pas en plusieurs morceaux noués)** : pour déterminer la longueur nécessaire, multipliez par cent la largeur de la photo. Par exemple, si la photo mesure 5 centimètres de large, vous avez besoin d'un ruban ou d'un fil de 5 mètres de long.
- **Une enveloppe rouge** : cette enveloppe doit être assez grande pour contenir les photos. La plupart des papeteries peuvent vous fournir des enveloppes de différentes couleurs et de différentes dimensions. (À la limite, vous pouvez prendre une enveloppe blanche et la colorier en rouge avec un crayon de couleur ou un marqueur.)

Exécution du remède

Voici les étapes de ce remède :

1. **Placez les photos face contre face.**
2. **Inscrivez votre nom complet et le mot « mariage » au dos de la photo de votre partenaire**. Au dos de votre propre photo, inscrivez le mot « mariage » et le nom complet de votre partenaire.
3. **Sous la lumière de la lune, attachez les deux photos ensemble (face à face) en enroulant le fil rouge autour quatre-vingt-dix-neuf fois (voir figure 18.2b).**
4. **Représentez-vous avec votre bien-aimé(e), formant un couple idéal, unis par le destin.**
5. **Placez les photos entourées de fil rouge dans une enveloppe rouge** (voir figure 18.2c).
6. **Placez l'enveloppe sous votre oreiller**. Dormez avec cette enveloppe à cet endroit pendant neuf nuits consécutives (voir figure 18.2d).
7. **Le dixième jour, prenez l'enveloppe et jetez-la dans de l'eau en mouvement**. Trouvez une rivière ou allez jusqu'à un océan. Jetez l'enveloppe dans l'eau. L'eau doit emmener l'enveloppe ; un ruisseau trop petit ou un cours d'eau trop lent pour emporter l'enveloppe ne donneraient pas les résultats espérés. S'il s'agit d'un océan, jetez l'enveloppe à marée descendante (voir figure 18.2e).

   Si vous n'avez pas accès à de l'eau en mouvement, vous pouvez aussi enterrer l'enveloppe dans votre jardin – la surface du mariage est un endroit tout désigné – et en même temps, planter un arbre vigoureux au-dessus de l'enveloppe. La surface du mariage du jardin se trouve à droite et à l'arrière du terrain (voir le chapitre 3 pour plus de détails sur cette surface).

8. **Visualisez la réussite et la pérennité de votre mariage ou relation.**
9. **Renforcez le remède par le renforcement des trois secrets** (voir chapitre 6).

Si vous appliquez ce remède, votre relation peut atteindre un niveau extrême d'amour et d'engagement, dont vous et votre partenaire serez à la fois surpris et ravis.

Laisser entrer le soleil

Le remède suivant est l'exercice du grand Bouddha du soleil, un exercice d'énergie physique qui aide votre corps à faire circuler son énergie d'une manière plus saine et vigoureuse. Il purifie, clarifie et renforce votre système énergétique, assurant la santé physique et mentale. Ce remède est facile, ne demande aucun entraînement, produit des résultats tangibles – et procure une sensation formidable ! Vous pouvez exécuter ce remède chaque jour autant de fois que vous le voulez.

L'exercice du grand Bouddha du soleil comporte trois parties (représentées de gauche à droite sur la figure 18.3). Pour l'école du grand maître Lin Yun, la visualisation est la partie la plus importante du Feng Shui. Si la visualisation présente pour vous des difficultés, vous pouvez sentir à l'intérieur de vous-même les sensations qui accompagnent les visualisations correspondantes.

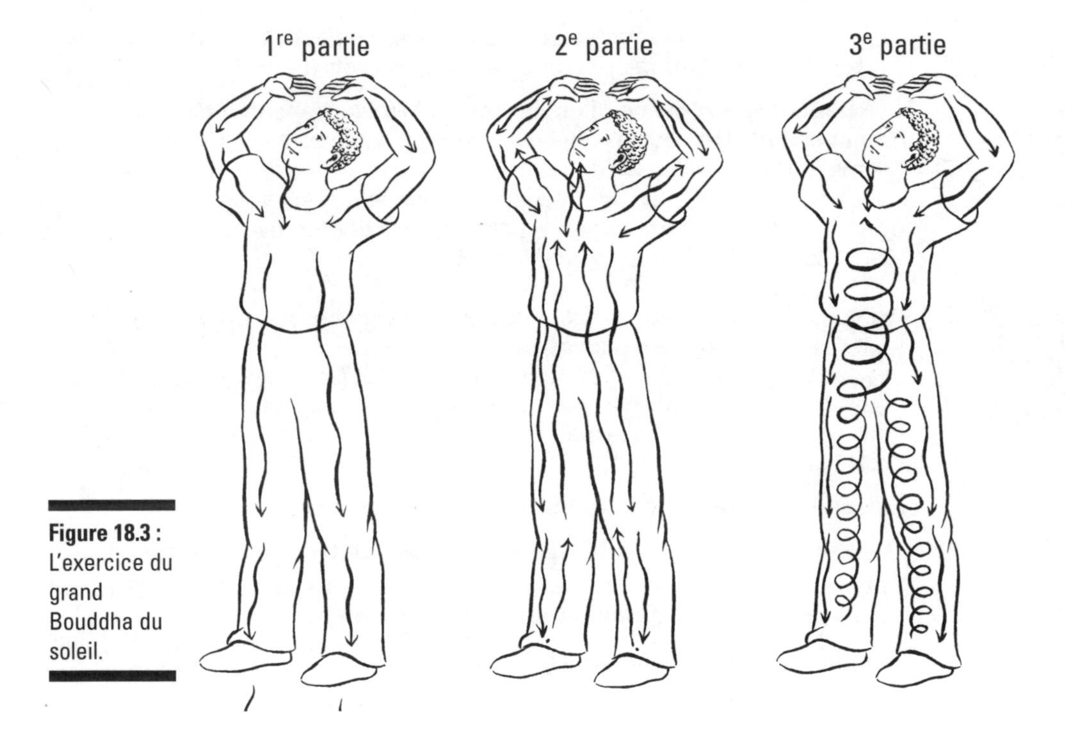

Figure 18.3 : L'exercice du grand Bouddha du soleil.

Grand Bouddha du soleil : première partie

1. **Tenez-vous debout, les pieds écartés à l'aplomb des épaules, les mains sur les côtés.**
2. **Visualisez un soleil brillant, de 70 centimètres à 1 mètre au-dessus de votre tête et directement devant vous.**
3. **Levez les bras au-dessus de la tête, légèrement inclinés vers l'avant et avec les paumes tournées vers ce soleil.** Imaginez que le soleil irradie de l'énergie positive, spirituelle et bienfaisante en même temps que sa lumière. Pour donner à votre visualisation encore plus de force, imaginez un esprit associé à ce soleil et mêlant sa propre lumière aux rayons du soleil.
4. **Inspirez**. En inspirant, voyez la lumière dorée et chaude du soleil se déverser dans votre corps à travers trois points – le centre de vos paumes et le milieu de vos sourcils. Voyez la lumière dorée bienfaisante envahir et remplir votre corps. Voyez la lumière vous remplir et sentez son énergie.
5. **Commencez à expirer dès que votre corps est plein de lumière**. En expirant, visualisez la lumière qui passe à travers vos pieds et s'enfonce dans le sol.
6. **Replacez les mains sur les côtés.**

Grand Bouddha du soleil : deuxième partie

1. **Levez de nouveau les mains au-dessus de la tête, paumes tournées vers le soleil.**
2. **Inspirez l'énergie du soleil et faites-la entrer dans votre corps par trois points – les deux paumes et le milieu des sourcils**. Visualisez la chaude lumière du soleil envahissant votre corps.
3. **Voyez et sentez la lumière qui rebondit aussitôt sur la plante de vos pieds et jaillit vers le haut à travers votre corps dont elle sort par les trois mêmes points pour retourner vers le soleil.**
4. **Replacez les mains sur les côtés.**

Grand Bouddha du soleil : troisième partie

1. **Levez de nouveau les mains au-dessus de la tête, paumes tournées vers le soleil.**

2. **Inspirez l'énergie du soleil par les trois mêmes points – les paumes et le milieu des sourcils**. Visualisez la chaude lumière du soleil qui envahit votre corps.
3. **Commencez à expirer dès que la lumière du soleil a rempli votre corps.**
4. **Expirez et visualisez la lumière qui commence à tourbillonner en spirale en montant dans votre corps**. En s'élevant, elle ramasse les énergies négatives ci-après :
   - La maladie et le chi pernicieux
   - Les émotions et les pensées négatives
   - La malchance et toutes les sortes d'énergie potentiellement négatives
5. **Continuez d'expirer et visualisez la lumière qui sort de votre corps par les trois points et retourne vers le soleil**. Quand la lumière touche le soleil, les énergies négatives qu'elle entraîne sont immédiatement et définitivement brûlées.
6. **Replacez les mains sur les côtés.**

Ces trois phases représentent une série du remède du grand Bouddha du soleil. Après avoir effectué une ou plusieurs séries de ce remède, exécutez le renforcement des trois secrets tout en vous imaginant rafraîchi, clarifié et revitalisé.

Purification et guérison par les méditations

Dans cette section, je vous présente deux méthodes de méditation spéciales : le yoga suprême phase 1, et la méditation des cinq éléments et des cinq couleurs. Ces deux exercices peuvent l'un et l'autre améliorer votre santé et la circulation de votre énergie physique. Le yoga suprême phase 1 procède à un ajustement de l'énergie par une augmentation de votre intelligence et de votre stabilité. La méditation des cinq éléments et des cinq couleurs guérit les organes en les remettant dans un état de bon fonctionnement.

Le yoga suprême phase 1

Le yoga suprême phase 1 est la forme la plus haute de méditation de l'école de Feng Shui du grand maître Lin Yun. Il existe neuf phases de yoga suprême, chacune d'elles portant sur différentes parties du corps et de l'âme. La méthode décrite dans cette section est la première du groupe.

Bienfaits du yoga suprême phase 1

Le yoga suprême phase 1 est bon pour la guérison des insomnies et des névroses. Il améliore la santé, et développe les aptitudes spirituelles et psychiques. Cette méditation est bénéfique indépendamment de votre religion. Elle peut restaurer votre énergie quand vous êtes fatigué et vous aider à vous remettre d'une maladie prétendument incurable. Puissante et hautement efficace, cette méthode opère à un niveau purement interne (elle n'implique aucun déplacement des meubles) en agissant sur l'environnement le plus important du Feng Shui – le système englobant votre énergie, votre esprit et votre corps.

Exécution de la méditation

Voici les étapes du yoga suprême phase 1 :

1. **Mettez-vous debout, assis ou allongé dans la position la plus confortable pour vous avec les mains dans la mudra qui calme le cœur** (voir chapitre 6).
2. **Répétez la mantra qui calme le cœur (Gate gate para gate para sum gate bodhi swaha) ou la mantra de votre choix, neuf fois.**
3. **Imaginez que tout ce qui vous entoure devient particulièrement calme et silencieux.**
4. **Imaginez au loin le son « Hum » qui se rapproche progressivement de vous, augmentant régulièrement en intensité** (voir figure 18.4a).

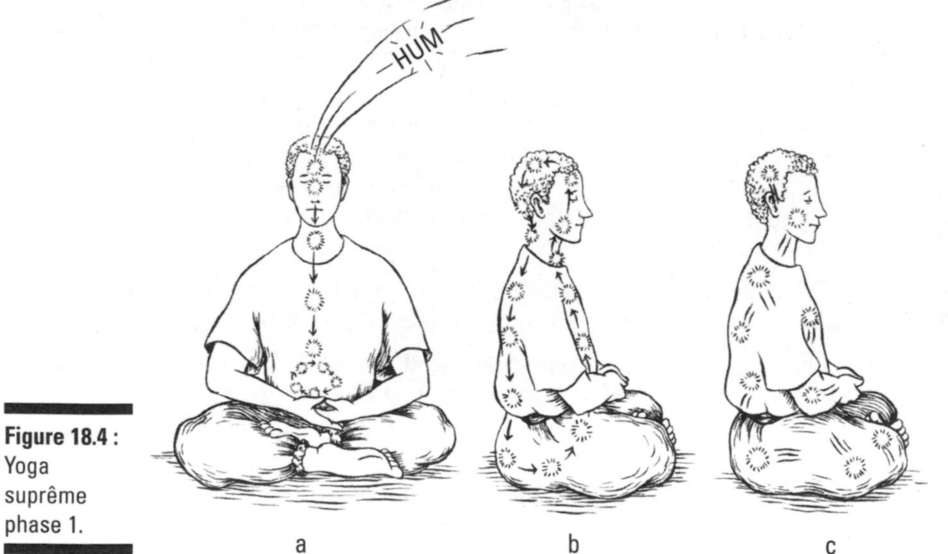

Figure 18.4 : Yoga suprême phase 1.

5. **Entendez et sentez le son entrer dans votre corps au point situé entre vos sourcils et voyez-le devenir une petite boule de lumière blanche.**
6. **Voyez la boule blanche tomber à l'intérieur de votre corps jusqu'à un point situé à 5 centimètres du nombril, au centre de votre corps.** En médecine chinoise, ce point s'appelle le dan tien, ou champ d'énergie.
7. **Visualisez et sentez la petite boule blanche décrivant de petits cercles dans le sens des aiguilles d'une montre.**
8. **Visualisez la boule blanche tombant au bas de votre torse, puis remontant le long du devant du corps, passant par-dessus la tête, et redescendant le long du dos, pour revenir en bas du torse.** Visualisez cette boule blanche parcourant votre corps de cette manière deux autres fois (voir figure 18.4b).
9. **Visualisez la boule blanche revenant au dan tien.**
10. **Voyez et sentez la boule devenir très chaude et brillante comme le soleil, émettant de la chaleur et de la lumière.**
11. **Voyez la boule blanche circulant partout à l'intérieur de votre corps, tout en émettant de la chaleur et de la lumière** (voir figure 18.4c). La boule blanche peut circuler lentement ou rapidement. Elle peut se déplacer suivant un parcours régulier ou de façon aléatoire. À vous de fixer ces détails.

    Tandis que la boule circule, visualisez ses mouvements, sa chaleur, et sa lumière qui stimulent les systèmes circulatoires de votre corps :

    - Circulation physique : le flux du sang et de la lymphe, de l'air, les impulsions du système nerveux, la digestion, et la circulation du chi dans tout le corps sont stimulés. Le corps est mis sous tension, purifié, guéri.
    - Circulation mentale et émotionnelle : les émotions résiduelles stagnantes comme la peur, la colère et la haine sont évacuées ; la stagnation mentale y compris les idées arrêtées, l'ignorance et la confusion sont remplacées par la clarté, la sagesse et la plénitude de la conscience.

S'il y a dans votre corps des régions qui ont besoin de soins particuliers, laissez la petite boule blanche y circuler un peu plus longtemps.

12. **Permettez à la petite boule blanche de revenir à sa position au niveau du dan tien dès que vous sentez que sa circulation est achevée.**
13. **Complétez la méditation en tenant les mains dans la position de la mudra qui calme le cœur et récitez neuf fois les six mots vrais (Om Ma Ni Pad Me Hum) ou une autre mantra de votre choix.**

Méditation des cinq éléments et des cinq couleurs

Cette méditation applique le pouvoir des cinq éléments et des couleurs qui leur correspondent à cinq organes du corps. Les tenants de la médecine chinoise croient que ces cinq organes sont les plus importants de tout le corps humain. Chaque organe est lié à une énergie particulière des cinq éléments, de la manière suivante.

- Les poumons sont liés au métal.
- Les reins sont liés à l'eau.
- Le foie est lié au bois.
- Le cœur est lié au feu.
- La rate est liée à la terre.

Quand les cinq éléments sont équilibrés et fonctionnent normalement dans votre corps, votre vie parvient à un équilibre et à une harmonie inégalables. Cette harmonie se répercute aux niveaux physique, émotionnel, mental, et spirituel. En d'autres termes, cette méditation vous apporte de grands bienfaits dans tous les aspects de la vie.

Exécution de la méditation des cinq éléments et des cinq couleurs

La méditation des cinq éléments et des cinq couleurs comporte les étapes suivantes :

1. **Tenez vos mains dans la position de la mudra qui calme le cœur et psalmodiez neuf fois la mantra qui calme le cœur (gate gate para gate para sum gate bodhi swaha) ou une autre mantra de votre choix.**
2. **Imaginez qu'un profond silence enveloppe tout ce qui vous entoure, et que tout s'est dissout dans un vide total.**
3. **Visualisez chaque élément de votre squelette, le crâne pour commencer, en train de se transformer en fer incandescent.** Centimètre par centimètre, la chaleur intense descend de votre crâne à votre mâchoire, à votre cou, puis à votre épine dorsale et aux côtes, au pelvis, aux fémurs, aux tibias, aux os des bras, des mains et des pieds – tous les os de votre corps se transforment progressivement en fer incandescent, brûlant, irradiant une lumière intense.
4. **Imaginez les transformations suivantes induites par l'émission de chaleur intense du squelette** :
   - Toutes les causes et tous les effets négatifs accumulés au cours de votre existence précédente, de votre existence actuelle et de la suivante sont purifiés.

- Les énergies négatives emmagasinées dans votre corps et votre esprit à la suite d'actes, de paroles, d'émotions et de pensées néfastes sont évacuées.
- Le chi négatif, la malchance et la maladie sont extraits de votre corps et brûlés.

5. **Imaginez une fleur de lotus rose, à huit pétales, s'élevant à partir de la plante de vos pieds**. La fleur de lotus commence à enrouler ses pétales autour de votre squelette incandescent, passant des pieds aux jambes, au pelvis, à la cage thoracique, au dos, aux bras, etc.
6. **Imaginez que tous vos organes vitaux (poumons, estomac, foie, etc.) sortent complètement rénovés de la chair de la fleur de lotus**. Voyez aussi votre squelette qui renaît à partir de cette fleur de lotus rose. Composé entièrement de la chair rose du lotus, votre corps est nouveau et pur.

Purification des trois existences

Les praticiens bouddhistes du Feng Shui intérieur pensent que les causes et les effets négatifs s'accumulent au cours d'existences successives. Cependant, il n'est pas nécessaire de croire à des existences passées pour retirer de la méditation des cinq éléments et des cinq couleurs d'immenses avantages dans l'existence présente. Visualisez simplement l'élimination de la négativité dans les trois portions passée, actuelle et future de votre existence. Ce concept s'appelle *purification des trois existences.*

7. **Imaginez une fleur de lotus rose à huit pétales, plus petite, fleurissant dans votre cœur**. Sur cette fleur apparaît un petit Bouddha (ou une déité de votre propre religion). Voyez son image grandir peu à peu et envahir votre corps jusqu'à ce que cette déité et vous ne fassiez plus qu'un. Vous avez maintenant la même image, la même couleur et la même forme qu'elle. Vous ne faites plus qu'un avec la déité, et la déité ne fait plus qu'un avec vous. Vous en possédez la vision parfaite, la grande compassion et la puissance infinie.
8. **En commençant par les poumons, visualisez la couleur de chaque organe principal, en train de changer selon le cycle créatif des cinq éléments, tel qu'il est décrit dans les sections suivantes.**

Poumons : couleur naturelle blanc (métal)

Visualisez vos poumons en train de changer de couleur, passant du blanc au noir (eau), puis au vert (bois), au rouge (feu), au jaune (terre), et revenant au blanc (métal).

Représentez-vous la disparition de tous vos désordres pulmonaires ; imaginez que vos poumons émettent de la chaleur et de la lumière, et que vous respirez normalement.

Reins : couleur naturelle noir (eau)

Visualisez vos reins en train de changer de couleur, passant du noir au vert (bois), au rouge (feu), au jaune (terre), au blanc (métal), pour revenir au noir (eau).

Représentez-vous la disparition de tous vos troubles rénaux, et imaginez que vos reins émettent de la chaleur, de la lumière, et fonctionnent désormais normalement.

Foie : couleur naturelle vert (bois)

Visualisez le changement de couleur de votre foie, passant du vert au rouge (feu), au jaune (terre), au blanc (métal), au noir (eau), pour revenir au vert (bois).

Représentez-vous la disparition de toute éventuelle maladie du foie, et imaginez que votre foie émet de la lumière, de la chaleur, et fonctionne normalement.

Cœur : couleur naturelle rouge (feu)

Visualisez le changement de couleur de votre cœur, passant du rouge au jaune (terre), au blanc (métal), au noir (eau), au vert (bois), pour revenir au rouge (feu).

Représentez-vous la disparition de tous vos troubles cardiaques, et imaginez que votre cœur est comme un soleil, émettant de la lumière et de la chaleur, et qu'il bat normalement et vigoureusement.

Rate : couleur naturelle jaune (terre)

Visualisez le changement de couleur de votre rate, passant du jaune au blanc (métal), puis au noir (eau), au vert (bois), au rouge (feu), pour revenir au jaune (terre).

Visualisez la disparition de toute anomalie éventuelle affectant votre rate, et imaginez que votre rate resplendit comme un soleil, émettant de la lumière et de la chaleur, et qu'elle fonctionne normalement.

Le corps tout entier

Représentez-vous maintenant la totalité de votre corps envahie par la lumière de la déité située dans votre cœur. Tous vos organes internes fonctionnent sainement et émettent une lumière spirituelle et vivifiante dans toutes sortes de directions :

- **Vers des millions de déités (ou d'êtres angéliques de votre propre religion) dans l'univers** : tous ces êtres spirituels vous renvoient leur propre lumière.
- **Les six royaumes où vivent des êtres conscients** : dans le bouddhisme, ces royaumes sont le royaume céleste, le royaume des dieux jaloux, le royaume humain, le royaume des animaux, le royaume des fantômes affamés et le royaume de l'enfer. Si vous êtes d'une religion différente, vous pouvez émettre la lumière vers les royaumes conformes à la cosmologie de votre propre religion (par exemple le ciel, l'enfer, la terre, etc.). Imaginez que tous les êtres de ces royaumes passent de la souffrance au bonheur, et du bonheur à la paix absolue. Maintenant leur lumière spirituelle parvient jusqu'à vous.
- **Votre maître spirituel (si vous en avez un), un guide spirituel ou un ami** : vous recevez sa lumière spirituelle en retour.
- **Votre famille, vos amis et vos parents qui sont au loin** : vous les bénissez, et ils renvoient leur lumière spirituelle vers vous.
- **Votre maison et votre lieu de travail** : débarrassés des mauvais esprits, de la malchance, du chi de la maladie et du chi négatif, votre maison est nettoyée et purifiée, elle irradie la bonne fortune.

Formulez maintenant un souhait. Tout en visualisant la réalisation de ce souhait avec les mains dans la position de la mudra qui calme le cœur, récitez neuf fois les six mots vrais (Om Ma Ni Pad Me Hum), votre prière ou votre mantra personnelle.

Quand vous avez terminé cette méditation, votre circulation s'est améliorée, vos organes fonctionnent beaucoup mieux et votre énergie est parfaitement ajustée. Vos énergies intérieures sont équilibrées et harmonisées, permettant à votre corps et à votre esprit d'être parfaitement centrés. Vous vous sentez calme et apaisé – prêt à aborder d'autres remèdes Feng Shui !

Cinquième partie

La partie des dix

Dans cette partie...

Si vous avez horreur de perdre du temps et si vous souhaitez entrer d'emblée dans des temps meilleurs, cette partie est faite pour vous. Des dizaines et des dizaines de méthodes Feng Shui pour remédier à la tristesse et en finir avec elle. Elle commence par dix conseils qui vous assurent de l'efficacité de votre Feng Shui et se termine par dix œuvres d'art créées par le maître du Feng Shui. Cette partie bénit votre vie, apporte le bonheur dans votre maison et chasse vos soucis. L'un dans l'autre, un trésor de solutions à toute épreuve, une véritable corne d'abondance.

Chapitre 19

Dix principes pour assurer le succès de votre Feng Shui

Dans ce chapitre :

- Faites attention à votre environnement
- Fiez-vous à vos instincts Feng Shui
- Laissez l'énergie circuler
- Faites appel aux remèdes Feng Shui
- Choisissez les bons moments pour l'application des remèdes

Si vous avez lu la plus grande partie de ce livre, vous avez déjà une bonne idée de la façon de mettre en œuvre le Feng Shui. Il est permis d'espérer que vous vous êtes déjà lancé et que vous commencez à en récolter les avantages. Mais la lecture d'un livre sur le Feng Shui et la mise en œuvre de quelques remèdes ne suffisent pas pour obtenir des résultats complets. Le Feng Shui n'est pas un gadget, comme ceux dont vous vous servez une fois ou deux, et que vous mettez ensuite au placard avec l'appareil à développer les abdominaux. Le Feng Shui est un outil à facettes multiples, pour voir ce qu'il y a sous la surface de votre environnement, comprendre comment il vous influence, et réaménager votre vie de fond en combles. Commencer le Feng Shui, c'est la même chose qu'embarquer pour un long voyage – qui vous conduit à des découvertes, à de nouveaux savoirs, et à une plus grande abondance de tout ce que vous attendez de la vie !

Pour vos remèdes Feng Shui, servez-vous des meilleurs produits que vous puissiez trouver. Considérez les remèdes Feng Shui comme un investissement. Comme pour toute chose dans la vie, vous retirez du Feng Shui ce que vous avez mis dedans.

Dans le même ordre d'idées, s'il y a plusieurs approches, choisissez le remède le plus puissant pour le problème dont il est question. J'ai précisé un peu partout dans le livre quel est le remède le plus puissant. Mais vous pouvez aussi utiliser votre intuition pour sélectionner le meilleur remède.

Pourquoi se contenter d'une solution partielle ? Si vous vous engagez à fond à chaque application d'un remède, les résultats obtenus seront bien meilleurs et plus gratifiants.

Pour voyager dans la vie, nous avons besoin de poteaux indicateurs. Les dix recommandations qui suivent vous guideront dans votre voyage au pays du Feng Shui.

Fiez-vous à votre intuition et agissez avec diligence

Permettez à votre intuition – le savoir inné – de vous guider lors du choix des remèdes, et dans vos décisions quant au moment, au lieu et à la manière de les appliquer. (Si vous ne croyez pas à l'intuition, eh bien, utilisez la Force.) Après tout, c'est vous qui vivez dans cette maison, et vos sensations sont liées à son énergie. La clé de la réussite est de faire attention à ce que vous ressentez – et à agir en conséquence !

Je vous recommande d'appliquer les remèdes dans les trois jours qui suivent le moment où vous en avez compris le besoin – le plus tôt étant le mieux. Cette période de trois jours est le moment où l'efficacité des remèdes est maximale. Un problème Feng Shui est un peu comme une blessure dans l'énergie de votre environnement, une blessure qui opère sur vous, que vous vous en rendiez compte ou non. Plus vous attendez, plus elle fait de dégâts. Par exemple, si vous vous coupez au doigt avec un couteau rouillé, penserez-vous, « Hum… je devrais vraiment laver cette coupure et mettre un pansement, mais il y a ce match de tennis à la télé en ce moment, et ce soir il y a cette invitation à dîner chez les Durand, et j'ai pas mal de travail au bureau ces temps-ci. Peut-être que je le ferai samedi prochain. » Certainement pas ! Eh bien, la même idée s'applique aux blessures Feng Shui. (Les solutions Feng Shui s'appellent des remèdes, au cas où vous l'auriez oublié.) Pas de procrastination ! Procédez à la réparation dès que vous constatez que quelque chose est cassé ! (Si vous ne pouvez pas régler le problème dans la période de trois jours, essayez au moins de démarrer la procédure au cours de cette période.)

Faites attention au feed-back de votre vie

La vie elle-même est le mécanisme de feed-back ultime, infaillible du Feng Shui. Les événements qui se produisent dans la vie sont inséparables de votre environnement, avec lequel ils sont en interaction continuelle. Observez ce qui se passe dans la vie et ce que vous faites à la suite de l'application des remèdes et recherchez des signes indicateurs des changements désirés. Si vous n'obtenez pas les résultats voulus ou si les effets n'arrivent pas assez vite, vous pouvez avoir besoin d'appliquer des remèdes supplémentaires aux domaines correspondants de votre vie.

Peaufinez votre Feng Shui

Utilisez le feed-back que vous donne votre vie pour atteindre réellement vos objectifs. Ce qui vous arrive après l'application d'un remède vous renseigne sur la manière de peaufiner votre Feng Shui. Si vous appliquez un remède en vue de la fortune et si vos revenus n'augmentent que d'un tiers du montant désiré, que cela vous encourage – ce résultat est un progrès ! En outre, vous apprenez ainsi l'art d'utiliser l'énergie pour créer de nouvelles richesses. En persévérant, vos talents deviendront plus grands et vous irez plus loin.

Conservez votre énergie

Le Feng Shui vous recommande de garder pour vous les détails et les objectifs des remèdes que vous mettez en œuvre. En gardant secret ce qui touche à vos remèdes, vous en conserverez l'énergie. (Les lèvres trop mobiles ne laissent pas seulement échapper des mots, elles perdent aussi de l'énergie.) Vous pouvez sans risque discuter le sujet du Feng Shui et faire savoir aux autres que vous l'utilisez, mais en révélant à des gens extérieurs à votre ménage les particularités et les objectifs de vos remèdes ou en leur enseignant des remèdes sans recevoir d'enveloppes rouges, vous laissez inutilement l'énergie s'écouler de votre vie. (Et ont-ils vraiment besoin de savoir ?) Voyez les informations sur les enveloppes rouges à la fin du chapitre 6 pour en savoir plus sur la protection de votre énergie.

N'arrêtez pas de continuer

Continuez à appliquer des remèdes, et toujours davantage de remèdes ! Le Feng Shui est un processus perpétuel, non un voyage unique jusqu'à votre destination. Le besoin de Feng Shui se manifeste à chaque fois que vous laissez vos chaussures dans l'entrée, que vous achetez de nouveaux meubles, que vous transformez votre garage en bric-à-brac, ou que simplement vous éprouvez un besoin de changement dans un domaine quelconque de la vie. Plus vous appliquez de remèdes, plus l'énergie de votre maison se met en phase avec vos besoins et concourre à vos objectifs. Vous améliorez votre adresse à chaque remède. Et souvenez-vous, une attitude positive peut faire des miracles aussi bien en Feng Shui que dans la vie en général, de sorte que vous devez attendre des résultats avant même qu'ils ne se produisent et vous réjouir quand ils apparaissent. En continuant à opérer des changements positifs (et à mesure que votre sens du Feng Shui deviendra plus aigu), vous remarquerez de nouvelles parties de votre demeure qui ont besoin d'être rééquilibrées. Occupez-vous-en sans tarder !

Si vous êtes perplexe sur un aspect du Feng Shui, vous pouvez rechercher l'aide d'un guide spirituel, auprès de toute source à laquelle vous pouvez avoir accès – votre cœur, Dieu, Jésus, Marie, Bouddha, Allah, le Tao. Demandez son aide pour sélectionner et appliquer les bons remèdes. Représentez-vous l'intervention de cette source, qui vient à vous et guide vos actions et vos pensées. Vous serez surpris de ce qu'elle vous apporte, et des excellents résultats de vos remèdes.

Cultivez aussi les questions pratiques

Ce principe vous recommande le bon sens. Concentrez votre attention et vos efforts sur les exigences pratiques de la vie aussi bien que sur votre pratique du Feng Shui. Si vous désirez la fortune, étudiez et mettez en pratique les principes et les techniques conduisant à la création de la richesse. Le Feng Shui ne peut se substituer à une activité rémunératrice. Il ne peut pas remplir par magie votre compte en banque tandis que vous regardez la télé dans votre demeure strictement conforme aux règles du Feng Shui. Le Feng Shui renforce l'efficacité de votre travail et crée un environnement favorable à la réalisation de vos rêves. Appliquez des remèdes à votre maison et faites votre travail dans le monde. La combinaison d'efforts intelligents, de la volonté de s'améliorer et de puissants remèdes Feng Shui est la meilleure recette du succès.

Continuez à apprendre

Si vous pratiquez le Feng Shui avec application, votre aptitude à détecter les points faibles Feng Shui et à les traiter avec profit se développera continuellement. Finalement, vous deviendrez comme le commandant d'un bateau bien organisé, où tout marche en douceur, et où tout est agréable à regarder. Et ce bateau est votre environnement de vie et de travail – la totalité de votre vie. Suivre des cours et lire d'autres ouvrages sur le sujet peut vous aider à progresser dans l'art du placement judicieux.

Gardez la foi

Gardez l'esprit ouvert dans votre travail Feng Shui. Il n'y a pas de remède inopérant. Ce qui compte est que vous devez en faire assez et le faire dans la bonne direction. (Face à toute action, il y a une réaction égale et opposée.) Certaines personnes appliquent des remèdes et sont découragées si elles n'obtiennent pas des résultats immédiats, mais des changements majeurs conformes à leurs désirs s'opèrent dans leur vie quelques mois plus tard. Il est impossible de prévoir avec précision les résultats d'un remède quelconque. Cependant, ce sont les détails qui font l'efficacité d'un remède, et en Feng Shui, ce sont les détails qui comptent. Continuez à appliquer les remèdes avec une intention sincère et en utilisant le renforcement des trois secrets (voir chapitre 6). Vous pourrez ensuite patienter et attendre en toute confiance des résultats qui ne manqueront pas d'apparaître et que vous aurez bien mérités.

Agrandissez l'équipe

Si vous avez besoin d'aide pour appliquer un remède Feng Shui, recrutez votre conjoint ou d'autres membres de votre proche famille. Le groupe veut dire la synergie – une force combinée – et donc davantage d'intention positive investie dans le remède et de meilleures chances de résoudre le problème Feng Shui. Faites appel à une aide qualifiée si vous en ressentez le besoin. Si un problème Feng Shui vous paraît en dehors de vos compétences ou si simplement vous voulez passer à un niveau de compétences supérieur grâce à l'aide d'un professionnel, vous trouverez probablement un spécialiste adéquat dans votre région.

Un timing approprié pour plus d'efficacité

Le Feng Shui vous enseigne qu'un *timing* particulier peut rendre vos remèdes plus efficaces. Deux moments de la journée sont particulièrement bien adaptés : de 11 heures à 13 heures, et de 23 heures à 1 heure du matin. Ces moments – où le jour fait place à la nuit et la nuit au jour – ajoutent une signification particulière et une efficacité supplémentaire aux remèdes mis en œuvre. Vous pouvez aussi consulter l'almanach chinois pour voir les dates et les heures favorables. De bons jours pour l'application des remèdes sont le jour de la nouvelle lune ou de la pleine lune, et votre anniversaire. Le nouvel an, le nouvel an chinois (qui diffère chaque année, et il convient de consulter un almanach chinois ou Internet pour connaître la date exacte) ou tout autre jour ayant une signification particulière pour vous. Le choix de dates et d'heures spécifiques a un effet encore plus grand s'il s'agit des remèdes particuliers (comme les cérémonies de bénédiction ou les remèdes personnels) décrits aux chapitres 17 et 18. Mais souvenez-vous, si ces dates ne conviennent pas pour vous, appliquez les remèdes quand vous pouvez. Il vaut mieux aller de l'avant maintenant et améliorer la situation que d'attendre une date ou une heure particulière.

Chapitre 20

Dix (+1) façons d'augmenter la fortune

Dans ce chapitre :

- Dégagez le chemin conduisant les énergies de la fortune jusque chez vous
- Placement du bureau favorable à l'augmentation de la richesse
- Modelez votre terrain et votre maison pour qu'ils attirent la fortune
- Bloquez les fuites d'argent qui se produisent dans votre maison et votre portefeuille
- Montrez-vous pour que l'argent sache où vous trouver

Il y a des chances pour que vous soyez à cet instant dans une librairie, lisant cette section pour voir si cela vaut la peine d'acheter *Le Feng Shui pour les Nuls*. (Après quoi vous allez probablement vous jeter sur le chapitre « Améliorez votre vie sexuelle par le Feng Shui » – vous ne le trouverez pas, l'éditeur l'a censuré !) Ou peut-être avez-vous lu tout le livre, et vous cherchez des conseils supplémentaires pour avoir plus d'argent ! Eh bien, vous avez de la chance : j'ai gardé le caviar pour la fin. Dans ce chapitre, je décris onze remèdes puissants dédiés à l'argent, qui vous aideront si vous avez besoin de plus d'argent, et ils ne vous feront aucun mal si vous en avez déjà beaucoup. Les trois surfaces clés de la fortune sont l'entrée principale, la surface de la fortune de l'octogone et la cuisine (en particulier le fourneau). Vous trouverez dans ce chapitre plusieurs remèdes relatifs aux deux premières de ces surfaces clés. (Pour plus d'informations sur l'entrée principale, voyez le chapitre 9. Pour des informations sur l'octogone, consultez le chapitre 3. Et pour des conseils supplémentaires sur le fourneau, voyez les chapitres 12 et 22.)

Gardez le chemin conduisant à la porte d'entrée bien dégagé

Le chemin conduisant à la porte d'entrée et l'espace à proximité de la porte ont une incidence sur la manière dont le chi (énergie) est attiré – ou non – dans la maison. L'état et la qualité de l'énergie qui circule à l'intérieur de la maison (et qui a un effet direct sur vous) dépendent de la quantité d'énergie qui peut passer par la porte d'entrée. Si donc ce chemin d'accès est libre, une plus grande quantité d'énergie entrera chez vous, et ce qui est encore plus important, circulera dans la surface de la fortune de la maison. Dégagez le passage de la fortune ! Enlevez tout ce qui traîne, comme des chaussures, des bicyclettes, des jouets, des journaux, des arbustes ou des arbres morts et tout autre obstacle. Taillez les buissons ou autres plantes pour que l'accès soit libre et ouvert. Exécutez le renforcement des trois secrets (voir chapitre 6) pour augmenter l'effet de votre intention, et voyez l'énergie désormais plus abondante et de meilleure qualité entrer dans votre maison et dans votre vie.

Mettez de la vie dans la surface de la fortune

L'énergie vivante est un moyen agréable de susciter la croissance de votre situation financière. Une plante convenablement disposée dans la surface de la fortune est un excellent remède financier (voir au chapitre 3 où se trouve la surface de la fortune dans votre maison). Essayez cette approche ! Achetez une nouvelle plante, belle, saine et vigoureuse pour la surface de la fortune de la maison et procédez au renforcement des trois secrets (expliqué au chapitre 6). L'argent ne pousse peut-être pas sur les arbres, mais les arbres (et les plantes) peuvent contribuer à la santé de votre chi financier. Si votre surface de la fortune n'a pas assez de lumière pour y faire vivre une plante, utilisez votre créativité. Installez-y une lumière, achetez une plante qui aime l'ombre ou une plante artificielle qui ait l'air naturel. (Oui, les plantes artificielles marchent aussi. Comme ce remède !)

Placez votre bureau dans la position de commandement

Il vous est plus facile de réussir si votre bureau est placé dans la position de commandement chez vous ou sur votre lieu de travail (voir chapitre 16 pour plus de détails et des illustrations sur la position de commandement). Changer l'emplacement du bureau contribue à faire travailler l'énergie de la surface de la fortune pour vous, au lieu de travailler contre vous. (Avez-vous jamais remarqué que vous pouvez courir plus vite avec le vent dans le dos que lorsque vous l'avez dans la figure ?) Placer votre bureau dans la position de commandement (le plus loin possible de la porte et face à la porte), c'est la même chose que courir dans le sens du vent, et vous en retirez plusieurs avantages. Vous pouvez constater que vos prises de décision viennent plus facilement, vous vous sentez plus détendu, concentré, maître de vous ; votre confiance en vous augmente naturellement, et tout semble s'améliorer autour de vous. En outre, votre aptitude à gagner de l'argent peut s'améliorer (en même temps que votre chi) grâce à ce déplacement opportun du bureau dans la position de commandement. Un résultat notable pour un remède qui ne demande aucun effort financier, et seulement un investissement musculaire minime.

Faites resplendir votre entrée principale

Une entrée sombre implique un avenir sombre, une carrière difficile et des difficultés pour attirer l'argent. (Sans parler de la difficulté à mettre la clé dans la porte !) Une entrée idéale suscite des sentiments positifs, une sensation de clarté. Beaucoup d'entrées n'ont qu'une ampoule de 60 watts. Ajouter de la lumière est une méthode simple et efficace pour augmenter le chi d'une entrée, et éclairer le chemin conduisant la fortune jusqu'à votre porte. Le remède est simple. Mettez des lumières vives près de votre porte (plus elles sont fortes, mieux cela vaut). Ce remède augmente en outre le niveau d'énergie de toute la maison.

Augmentez le flux de la fortune dans la maison

En Feng Shui, l'eau veut dire la fortune, et l'eau qui coule crée le *cash flow*. Ce que l'eau peut faire de mieux, c'est de couler vers votre porte d'entrée. C'est pourquoi une fontaine extérieure disposée de telle manière que de l'eau coule vers la porte d'entrée présente de grands avantages. L'eau qui coule en s'éloignant de la porte d'entrée symbolise l'argent qui quitte la maison. (Mauvais !)

Plus le débit est important, plus les bienfaits résultants sont grands. Même si vous ne pouvez pas faire marcher la fontaine en hiver à cause du gel, elle continue de contribuer à développer votre fortune si elle est bien placée. (Pour contrebalancer les effets du gel, vous pouvez envisager de placer une fontaine supplémentaire à l'intérieur – ici encore, avec de l'eau qui s'écoule vers le centre de la maison.) Notez cependant qu'une fontaine endommagée ou qui fonctionne mal a une influence négative.

Les fontaines qui font circuler de l'eau jusqu'à un bassin recueillant cette eau symbolisent l'argent qui se rassemble pour entrer dans votre vie. Cette sorte de fontaine est préférable à une fontaine dont l'eau disparaît quand elle circule (comme de l'eau qui s'écoule entre des rochers, par exemple). Si vous pouvez voir l'eau s'accumuler, il vous sera plus facile de vous approprier l'argent généré par la fontaine.

Régularisez le terrain

La forme de votre terrain est l'un des principaux facteurs de votre destin et de votre chance (bonne ou mauvaise). Une forme de terrain irrégulière correspond à des occasions de réussite irrégulières – vous travaillez dur, et l'argent ne rentre pas. Si votre terrain est un carré ou un rectangle, c'est bon signe. Sinon, corrigez les surfaces manquantes en installant des lumières, en plantant des arbres ou des mâts surmontés de drapeaux. (Voir chapitre 8 sur la manière d'identifier les surfaces manquantes et de les compléter.) Corrigez les côtés en biais en installant des lumières à chaque extrémité. Remédiez aux terrains qui ont plus de quatre côtés ou dont la forme est bizarre en plaçant un drapeau vert en haut d'un mât élevé à chaque coin du terrain. (Voir chapitre 8 pour plus d'informations sur ce sujet.)

Colmatez ces fuites d'argent

Comme je l'ai mentionné plus haut dans ce chapitre, l'eau qui coule vers la maison (sauf dans le cas de fuites, d'inondation et de l'eau provenant d'une lance d'incendie) veut dire de l'argent qui entre. Par contraste, l'eau qui s'en va symbolise le départ de l'argent. Tous les conduits d'évacuation, par conséquent, correspondent automatiquement à de l'argent perdu. Il est clair que vous n'allez pourtant pas renoncer à la commodité qu'ils représentent. Que peut alors faire toute personne raisonnable ? C'est vraiment très simple : appliquer les bons vieux remèdes Feng Shui, pardi ! Chaque fois que vous trouvez un conduit d'évacuation, retenez l'énergie en maintenant l'orifice fermé ou couvert, et visualisez l'augmentation de votre fortune (voir le chapitre 13 pour plus d'informations sur les conduits d'évacuation). Ces conduits sont particulièrement problématiques dans la surface de la fortune, dans l'entrée et au centre de la maison (voir chapitres 3 et 10, respectivement, pour plus d'informations sur la manière de déterminer la surface de la fortune et le centre de la maison). Mais pour plus de sûreté, je vous recommande de neutraliser tous les conduits d'évacuation de la maison.

Maintenez les portes de salles de bains fermées et placez un miroir sur toute la hauteur de la face extérieure de la porte. Vous empêcherez ainsi le chi vital de s'échapper de la maison, emportant avec lui la fortune et la santé. Les orifices des conduits d'évacuation des lavabos, baignoires, douches doivent être fermés quand vous ne vous en servez pas. Je suggère également de placer une fermeture sur tous les autres conduits d'évacuation de la maison (dans le garage, la buanderie, etc.). Beaucoup de gens ressentent dans leur corps le renforcement de l'énergie ambiante aussitôt après avoir appliqué ces remèdes antifuite. Et d'ici peu, votre portefeuille devrait aussi ressentir un renforcement profitable.

Décuplez votre opulence

La nourriture et les plats sur la table de la salle à manger représentent la fortune. Vous pouvez exploiter cette influence bénéfique en plaçant sur la table une grande jatte décorative garnie de fruits frais ou d'autres mets appétissants. Un remède encore plus radical consiste à placer un grand miroir dans la pièce pour qu'il reflète la table de la salle à manger. Le miroir double symboliquement les plats, multipliant l'opulence et la fortune. Une autre méthode – avec ou sans miroir – consiste à acheter une table plus grande sur laquelle vous pourrez placer davantage d'objets bénéfiques.

Rééquilibrez la forme de la maison

Si votre maison comporte des surfaces manquantes (si par exemple elle est en forme de L au lieu d'être rectangulaire), faites bien attention, surtout si la surface manquante se trouve être la surface vitale de la fortune, de la carrière ou des gens qui vous aident (voir le chapitre 3 pour plus d'informations sur l'identification des surfaces vitales au moyen de l'octogone). Les remèdes d'intérieur applicables à ces surfaces manquantes sont l'installation de miroirs pour refléter un mur dans la surface manquante et étendre ainsi symboliquement la surface de la maison, la mise en place de plantes saines et vigoureuses, ou la suspension d'une sphère à facettes de cristal dans la surface manquante. Ces procédés rétablissent l'équilibre et l'harmonie, et vous pourrez plus facilement attirer l'argent et le conserver.

Visez le point sensible de la chambre à coucher

La surface de la fortune de la chambre à coucher est une zone financièrement très sensible ! (Voir le chapitre 3 pour plus de détails sur l'utilisation de l'octogone pour identifier la surface de la fortune dans une pièce de la maison.) La surface de la fortune de la chambre à coucher – la pièce où vous passez environ un tiers de votre vie – a une influence déterminante sur votre destin financier. Un remède décisif consiste à suspendre un carillon dans la surface de la fortune de la chambre. Suspendez le carillon par un ruban rouge d'une longueur multiple de 9 centimètres.

Rendez visibles le numéro de la maison et la boîte à lettres

Si les gens ont du mal à vous trouver, il en sera vraisemblablement de même pour l'argent et pour l'énergie. Se cacher n'est généralement pas la bonne approche pour s'enrichir. Le remède le plus simple consiste à mettre bien en vue le numéro de la maison – sur la maison, sur la boîte à lettres, et sur le bord du trottoir – cela ne peut pas faire de mal.

Les numéros disposés en diagonale vers le haut (un angle de 45 degrés convient très bien) ont une influence positive plus forte que les numéros en diagonale vers le bas. Veillez aussi à ce que votre boîte à lettres soit visible et en bon état. Une boîte à lettres invisible ou décrépite est une autre barrière énergétique opposée à l'arrivée de l'argent et de la fortune. Rappelez-vous que les chèques arrivent par le courrier ! Plus encore que les remèdes usuels de maintenance, ces précautions vous rendent plus facile la réception d'argent, d'informations et de contacts.

Chapitre 21

Dix façons de créer l'harmonie dans votre mariage (ou de trouver le partenaire idéal)

Dans ce chapitre :

- D'excellentes positions pour le lit (pas les positions au lit !)
- Pas de diversions ni de désordres dans la chambre
- Utilisation du rose pour soulever la passion
- Abandon des reliques du passé
- La lumière pour illuminer votre relation

Encore un vendredi soir passé à regarder une émission du genre *reality TV* tandis que vos amis passent une soirée merveilleuse dans la vie réelle avec un partenaire fabuleux. De quoi devenir... un adepte du Feng Shui ! Un petit pourcentage de gens vivent une relation heureuse, durable. Les autres attendent le miracle – ce qui veut dire qu'ils espèrent rencontrer le partenaire idéal ou faire évoluer leur relation actuelle décevante vers des sommets d'amour, de respect et de communication intime.

Que faut-il faire ? Je vous suggère de commencer par le Feng Shui (ce qui ne vous surprendra pas), dont la mise en œuvre appropriée peut faire des miracles. En ce moment même, le Feng Shui a déjà une influence considérable sur votre relation. L'énergie de la maison et celle de la chambre à coucher peuvent éloigner de vous votre partenaire ou s'opposer au passage de l'énergie entre votre partenaire et vous. Une chose aussi simple que le positionnement correct du lit par rapport à la porte de la chambre peut représenter la moitié de la victoire. (Bien sûr la façon dont vous vous habillez, dont vous parlez, votre parfum ont également une petite influence... mais c'est le sujet d'un autre livre ... *pour les Nuls*.)

Ce chapitre vous conduit à travers dix remèdes authentiques, soigneusement sélectionnés pour corser votre chi amoureux. Appliquez-les avec un brin d'intention, une pincée de renforcement, et une cuillerée de visualisation, et votre vie amoureuse deviendra florissante.

Positionnez votre lit en vue de la bonne fortune

Un bon positionnement du lit est un facteur déterminant pour la qualité de votre mariage et de votre vie amoureuse. Il intervient aussi dans la qualité de votre sommeil, laquelle affecte directement votre vitalité, y compris celle que vous manifestez dans vos relations avec le sexe opposé.

La position idéale du lit est la position la plus éloignée de la porte. Si la porte de la chambre est sur la droite de la pièce (en se plaçant dans l'embrasure de la porte), la meilleure position du lit est l'angle arrière gauche de la pièce. Si la porte est sur la gauche, le lit doit être placé dans l'angle arrière droit. Et si la porte est au milieu, le lit doit être placé dans l'un des deux angles du fond. Il faut aussi que la tête du lit soit fermement appuyée contre le mur, de sorte que la porte soit parfaitement visible depuis le lit. (Si votre lit n'est pas placé selon ces règles, consultez le chapitre 11 pour y trouver des remèdes.)

Les principes énoncés dans le paragraphe précédent sont vraiment importants, et tous ont une influence. Appliquez-les avec bon sens en tenant compte d'autres paramètres éventuels, et fiez-vous à votre intuition.

Placez votre lit dans la position la plus forte possible, et voyez votre vie amoureuse s'envoler progressivement – ou même brusquement – vers les sommets de la félicité.

Éliminez de la chambre à coucher tout ce qui fait diversion

Les mots d'ordre du Feng Shui pour la chambre à coucher sont la simplicité, la paix et la beauté. Tout ce qui n'est pas lié au repos et aux rapports avec votre partenaire nuit à votre relation. Ces objets à enlever de la chambre sont tout ce qui touche à votre travail, comme votre attaché-case et différents papiers, votre téléphone et votre répondeur (voulez-vous vraiment dormir avec un biper sous l'oreiller ?), la télévision et la radio (vous pouvez vivre sans). Les rayons de bibliothèque et les piles de livres entassées dans la pièce sont aussi des diversions. La lecture est une activité passionnante, mais peu de livres concernent le sommeil et les relations amoureuses – les deux fonctions normales d'une chambre à coucher. Enlever la plupart des livres des étagères de la chambre réduit les turbulences mentales, améliore la qualité du sommeil et contribue tant au repos qu'aux délices de vos nuits.

Évacuez le désordre et les meubles inutiles de la chambre à coucher

Pour que l'énergie puisse passer entre votre partenaire et vous, la chambre à coucher doit être assez spacieuse pour permettre l'écoulement du flux énergétique. Si vous devez faire des contorsions pour circuler dans la chambre, c'est qu'elle est trop encombrée. Cet entassement peut étouffer l'énergie vitale d'une relation ou même inciter votre partenaire à aller dormir ailleurs – voire à vous quitter purement et simplement ! Dans la chambre à coucher, moins veut dire en général plus, et tout meuble encombrant, surtout s'il est placé près du lit, doit être enlevé. Si la pièce vous paraît trop vide après avoir été libérée des gros objets qui la bloquaient, remplissez les vides par des plantes, de jolies lampes ou des meubles beaucoup plus petits.

Une tige de bambou pour plus de force

Les tiges de bambou spéciales du Feng Shui symbolisent la paix, la sécurité et la force – trois bienfaits hautement désirables dans une union. Pour qu'ils participent à l'épanouissement de votre relation, suspendez une tige de bambou dans la surface du mariage de la chambre à coucher. (Voir au chapitre 3 la manière de déterminer la surface du mariage de votre chambre, et au chapitre 4, les indications relatives aux tiges de bambou).

Attention à toutes les surfaces du mariage

Adoptez une approche globale. Examinez toutes les surfaces du mariage (le chapitre 3 vous montre comment les déterminer), et notamment celles de votre jardin, de la maison et de la chambre à coucher. Recherchez-y ces éléments négatifs : des objets détériorés ou inutiles, des fuites, de la saleté, des morceaux de bois prévus pour ce projet d'amélioration ou de réfection sur lequel vous « travaillez » en ce moment, etc. Réparez ou jetez ces objets. Nettoyez et embellissez les surfaces du mariage, puis amplifiez l'effet de ces remèdes par le renforcement des trois secrets décrit au chapitre 6.

Habillez votre lit de draps roses

Le rose stimule les sentiments tels que l'amour et la tendresse, et la proximité de cette couleur (mieux encore, dormir entre des draps roses) favorise l'harmonie de votre relation.

Oubliez le passé, accueillez la nouveauté !

Si vous gardez en mémoire de tristes souvenirs d'un mariage ou d'une liaison passés, n'en laissez pas la trace dans la chambre à coucher, ni d'ailleurs dans aucune autre partie de votre propriété. Selon le Feng Shui, ces souvenirs sont autant d'obstacles psychiques au développement d'une nouvelle relation sur des bases saines. Faites un feu dans la cheminée, et placez-y les photos, les lettres et tout ce qui vous rappelle ce passé qu'il vaut mieux oublier. Pleurez s'il le faut, puis ne vous laissez plus aller à la nostalgie et à la tristesse. Pratiquez le renforcement des trois secrets (voir chapitre 6) et recherchez activement votre nouveau partenaire ou un bonheur nouveau avec votre partenaire actuel.

L'un de mes clients conservait sous son lit la robe de mariée de son ex-femme. Rien de répréhensible, mais sa nouvelle compagne l'a trompé, lui a volé son argent avant de fuir le lieu du crime (en l'occurrence, leur union). Il va sans dire que cet infortuné a fait disparaître ce néfaste souvenir, après quoi l'atmosphère est devenue plus sereine (de même que son moral).

Tu éclaires toute ma vie

Comme ce remède agit dans pratiquement tous les domaines de l'existence, j'hésite quelque peu à le présenter dans le cadre du mariage – mais qu'importe ! Il consiste à installer dans la chambre une lumière suffisamment forte pour illuminer toute la pièce. Comme j'ai coutume de dire : « Les grandes lumières font les vies brillantes, les petites lumières, les vies ternes. » (J'écris aussi pour les marchands de fortune cookies.) Une lumière insuffisante a un effet déprimant sur votre mariage et sur votre vie. Il n'est pas nécessaire que la lumière soit allumée pour que le remède soit efficace, il suffit qu'elle soit en bon état de fonctionnement.

De multiples lumières susceptibles d'éclairer la pièce fortement quand elles sont toutes allumées sont moins efficaces qu'une lampe capable d'illuminer à elle seule toute la pièce, sauf si l'on peut les allumer d'un seul coup avec un seul interrupteur. Si vous avez déjà mis en place un tel système, vous pouvez en décupler l'énergie au moyen du renforcement des trois secrets (décrit au chapitre 6).

Plantez un bel arbre tout neuf dans la surface du mariage

Un nouvel arbre suggère une nouvelle vie, et par suite, en plantant un bel arbre dans votre jardin, vous attirerez un nouveau partenaire ou vous insufflerez une nouvelle vie dans votre relation actuelle. Placez-le dans la surface du mariage de votre propriété, arrosez-le bien, et votre vie amoureuse s'épanouira bientôt sous l'empire d'une énergie accrue.

Si l'arbre est paré de fleurs colorées, c'est encore mieux. Toutes les couleurs conviennent, mais le rose a des vertus spéciales.

Servez-vous du symbole du double bonheur

Le double bonheur est un symbole chinois ancien qui représente l'unité et le bonheur mutuel. Ce symbole (habituellement peint en or sur fond rouge) est très beau et il tient encore aujourd'hui une place de choix dans la plupart des mariages chinois. Vous le trouverez dans de nombreux magasins chinois. N'hésitez pas à en placer au moins un dans la chambre à coucher, il agira n'importe où, mais plus encore si vous le mettez dans la surface du mariage.

Chapitre 22

Dix façons de bénéficier d'une meilleure santé grâce au Feng Shui

Dans ce chapitre :

- La santé par le Feng Shui dans la cuisine
- Une meilleure circulation de l'énergie dans la maison
- Remède aux projections néfastes et aux effets des poutres
- Garder l'air et l'eau à l'abri de la pollution
- Protéger votre famille et vous-même contre les radiations électromagnétiques

En avez-vous assez d'être abattu, vidé, déprimé ? Peut-être êtes-vous prêt désormais à perdre ces huit kilos en trop ? Eh bien, si vous recherchez des remèdes Feng Shui rapides et faciles pour améliorer instantanément votre moral et votre santé, vous êtes arrivé exactement à l'endroit qui convient. Votre santé émotionnelle et physique est fortement influencée par l'état de votre maison et le placement des objets qui s'y trouvent. De simples modifications peuvent souvent produire d'énormes avantages au point de vue de la santé – sans parler de leur effet sur votre état d'esprit. Essayez donc les remèdes qui vous sont proposés ci-après, et voyez ce qu'ils vous apportent.

Les remèdes Feng Shui ne peuvent se substituer à des soins médicaux adéquats. Ce ne sont que des remèdes de soutien agissant sur l'énergie. Allez voir tout de suite votre médecin pour tout problème de santé. Et utilisez sans réserve les remèdes Feng Shui en complément des soins médicaux indispensables.

Placer un miroir derrière le fourneau

Le fourneau de la cuisine est un facteur déterminant de la santé des occupants de la maison. La grande règle du Feng Shui est que vous devez voir la porte d'entrée de la cuisine tout en faisant la cuisine, pour éviter toute surprise au cours de cette activité, parce que ce que vous éprouvez alors a une influence sur la nourriture et par suite sur votre corps. De proche en proche, ces émotions peuvent affecter votre vie entière ainsi que celle de ceux qui vivent sous le même toit.

Pour cette raison très simple mais fondamentale, la position idéale du fourneau – une position qui vous permet de voir la porte d'entrée de la cuisine tout en préparant les repas – vous protège contre toutes sortes d'influences néfastes.

Un fourneau en forme d'îlot – c'est-à-dire placé au centre de la cuisine – peut être mis dans la position de commandement de la pièce. Dans cette position, le fourneau fait face à la porte d'entrée de la cuisine. Mais comme cet arrangement est assez rare, le remède applicable à la position classique du fourneau (contre un mur) consiste à placer un miroir derrière le fourneau. Le miroir doit être au moins aussi large que le fourneau – et plus il est haut, mieux c'est. Vous verrez ainsi l'entrée de la cuisine, et en plus les brûleurs du fourneau sont dupliqués – faisant ainsi d'une pierre deux coups. Renforcez ce remède en visualisant l'amélioration de votre bonheur et de votre santé. Combiné aux deux remèdes décrits ci-après, ce miroir agira non seulement sur votre santé, mais en outre sur votre fortune.

Suspendre une sphère de cristal au-dessus du cuisinier

Que le cuisinier voit ou non la porte, et quelle que soit la position du fourneau, ce remède peut améliorer la santé des occupants de la maison. Le chi positif et la lumière irradiée par les cristaux vous apportent une bonne énergie, la chance et des occasions de succès pour toute la maisonnée. Suspendez un carillon ou une sphère à facettes de cristal par un ruban rouge d'une longueur multiple de 9 centimètres au-dessus de la position du cuisinier près du fourneau. La circulation du chi de la cuisine, notamment à proximité du cuisinier, est harmonisée par la présence du carillon ou de la sphère, ce qui améliore la qualité de la nourriture.

Le cristal harmonise et apaise le chi chaotique qui pourrait circuler dans la cuisine, ce qui réduit les risques d'accident au cours de la préparation du repas.

Maintenir le fourneau en bon état de marche

Un fourneau propre et en parfait état de fonctionnement – c'est bien ! Un fourneau cassé ou sale (de la crasse autour des brûleurs, des brûleurs qui ne marchent pas bien) – c'est beaucoup moins bien.

La relation symbolique du fourneau avec la bouche et le corps fait contribuer la propreté du fourneau à votre bonne santé. Si le fourneau ne marche pas bien ou a l'air crasseux, il y a des chances pour que quelque chose n'aille pas bien non plus au dedans – je veux dire au dedans de vous ! Le remède est très simple : maintenez votre fourneau propre et en bon état.

Plus de santé grâce à un tissu rouge vif

Manquez-vous de vitalité ? Placez un morceau de tissu rouge vif ou un drap neuf tout rouge entre le matelas et le sommier. (Quel que soit le type de tissu utilisé, il doit recouvrir toute la surface du sommier.) Ce remède est efficace, que le tissu soit ou non visible après sa mise en place. Attendez-en des effets puissants. (Ils se manifesteront aussi dans votre vie sexuelle – l'énergie du rouge suscite la passion et l'ivresse ! Le Feng Shui opère même dans l'obscurité.)

Exécutez le renforcement des trois secrets pour augmenter les bienfaits du remède. (Voir le chapitre 6 pour plus d'informations.)

Augmenter la circulation de l'énergie par un mobile

Le centre de la maison est en rapport avec la santé des résidents, et c'est ainsi un endroit privilégié pour la mise en place de remèdes relatifs à la santé. (Voir le chapitre 10 pour plus d'informations sur le centre de la maison.) Les mobiles favorisant l'écoulement et la circulation de l'énergie, la suspension d'un mobile au centre de la maison est excellente pour la santé. Renforcez son action en visualisant les progrès de votre santé et la meilleure circulation de l'énergie dans votre corps et votre maison.

Maintien des systèmes de la maison en bon état de marche

Tout ce qui circule dans une maison a un effet sur les systèmes circulatoires du corps. Les réparations correspondantes ont un effet non seulement sur les flux d'énergie qui se propagent dans la maison, mais aussi vous évitent des ennuis respiratoires.

Vous devez surveiller notamment la plomberie, les canalisations électriques, le chauffage et le conditionnement d'air, la ventilation. Réparez immédiatement tout système défaillant.

Vous obtiendrez de meilleurs résultats en procédant à des réparations correctes et complètes. Les réparations provisoires, incomplètes ou faites à la va-vite n'ont que des effets médiocres.

Dévier les flèches empoisonnées

Les flèches empoisonnées sont une véritable menace pour la santé. (« Mais je n'ai pas de flèche empoisonnée », direz-vous. Continuez la lecture.) Une flèche empoisonnée est tout angle aigu, toute pointe ou tout coin dirigé vers une porte d'entrée, un lit, un berceau, un bureau, un canapé, un fauteuil ou un autre endroit que vous pouvez occuper. Ces pointes rappelant des flèches peuvent être des objets très divers, comme le rebord en saillie du toit du voisin, une branche d'arbre ou un poteau indicateur pointant sur votre porte d'entrée, les bords anguleux d'un meuble ou d'une sculpture, ou même l'angle de deux murs se projetant dans une pièce.

Il est généralement facile de remédier aux flèches empoisonnées. Pour les flèches situées à l'extérieur, placez un miroir Ba-Gua au-dessus de la porte d'entrée de la maison (voir au chapitre 7 une description plus complète des mérites des miroirs Ba-Gua). Pour les flèches empoisonnées qui vous menacent à l'intérieur, il faut enlever (ou réorienter) l'objet menaçant, ou le recouvrir d'un tissu, d'un rideau ou d'une vigne vierge artificielle en soie. Vous pouvez aussi suspendre une sphère à facettes de cristal au-dessus de la pointe pour en atténuer les effets. (Dans certains cas, il suffit de déplacer l'objet affecté pour qu'il ne soit plus menacé.) N'oubliez pas de visualiser l'amélioration de santé attendue de l'application de ces remèdes. (Voir le chapitre 6 pour plus d'informations sur la visualisation.)

Remédier aux poutres apparentes

Les poutres apparentes peuvent engendrer des flux d'énergie descendants néfastes pour la santé physique et psychique, et dans d'autres domaines. Les poutres les plus pernicieuses sont celles qui sont au-dessus d'un lit, d'un fourneau, d'un bureau, d'une table de salle à manger ou de la porte d'entrée principale. Le meilleur remède consiste à suspendre à chacune des extrémités de la poutre une tige de bambou Feng Shui inclinée à 45 degrés. (Voir le chapitre 14 pour plus d'informations sur les poutres.)

D'autres remèdes peuvent consister à peindre les poutres de la même couleur que le plafond, à installer un faux plafond ou à camoufler les poutres au moyen de draperies décoratives.

Rafraîchir l'air et filtrer l'eau

Le Feng Shui veut dire le vent et l'eau, et accorde la plus haute importance à la qualité de l'air et de l'eau de la maison. Malheureusement, les maisons contiennent souvent des centaines de produits chimiques et de substances toxiques dont les molécules s'attaquent à vos poumons. La cuisine, le garage, le sous-sol et la salle de bains sont des entrepôts de produits polluants. La plupart des gens ramènent eux-mêmes ces produits chez eux, et ne se rendent pas compte de tous les poisons qu'ils respirent quotidiennement. Cela vous surprend ? Le traitement complet de ce sujet pourrait remplir un livre tout entier.

Voici une liste partielle des produits chimiques courants qui émettent dans l'air que vous respirez des substances toxiques et polluantes : nettoyant pour le four, produits pour rafraîchir l'air, désinfectants, produits pour cirer les meubles et les parquets, pour enlever les taches sur les textiles, pour déboucher les éviers. Ces merveilles de la technique moderne ont l'avantage d'être très efficaces et faciles à utiliser ; ils ont l'inconvénient d'exposer vos poumons à des produits toxiques pour lesquels votre corps n'a pas été prévu. N'oubliez pas que ce que vous respirez a la plus grande importance pour votre santé.

Avec quoi peut-on nettoyer ? direz-vous. Envisagez l'utilisation de nettoyants naturels et inoffensifs pour l'environnement. Ils consomment peut-être un peu plus d'huile de coude, mais leur voisinage est beaucoup plus sain. Non seulement ils sont préférables pour vous, mais ils ménagent aussi davantage l'environnement et les précieuses réserves d'eau de la planète. Le bicarbonate de soude, le vinaigre et les nettoyants à base d'agrumes peuvent venir à bout d'à peu près n'importe quoi. À la place des produits commerciaux censés rafraîchir l'atmosphère, vous pouvez utiliser du vinaigre blanc additionné de quelques gouttes de menthe ou d'une autre huile essentielle. Vous pourrez aussi faire le tour des substances chimiques et des poisons entassés dans le garage et à d'autres endroits de la maison.

Il est également possible d'installer un filtre à air de bonne qualité ainsi qu'un générateur d'ions négatifs pour reconstituer dans l'air que vous respirez les charges électriques nécessaires. Ces charges influent sur votre santé et sur votre tonus.

N'oubliez pas le rôle essentiel de l'eau en Feng Shui : elle est indispensable à l'énergie et à la santé du corps. C'est pourquoi la qualité de l'eau que vous buvez et qui est au contact de la peau (le corps absorbe une quantité d'eau non négligeable pendant la douche) a une grande incidence sur votre état de santé. La meilleure solution est la mise en place d'un système performant de filtrage de l'eau alimentant toute la maison, si possible avec un dispositif supplémentaire pour l'eau potable.

Méfiez-vous des champs électromagnétiques malfaisants

Les champs magnétiques, dont on sait qu'ils entourent des appareils aussi courants que des réveils, des radios, des unités centrales et des écrans d'ordinateur, et des stéréos, ont un effet indéniable sur les humains. Au cours de violents débats, on se demande si cet effet est négatif ou neutre, mais la prudence doit nous inciter à réduire l'exposition à cet éventuel danger, en attendant une conclusion nette. Les endroits les plus exposés sont ceux où vous passez beaucoup de temps, et donc faites attention aux champs magnétiques autour de votre bureau ou de votre ordinateur personnel et de votre lit. Une règle de prudence consiste à placer les appareils électriques à une distance d'au moins 80 centimètres de toute partie du corps. (Vous pouvez aussi vous procurer un appareil de mesure des ondes électromagnétiques sur le site Web www.lessemf.com).

Les couvertures chauffantes électriques posent problème et il vaudrait mieux s'en passer complètement. Assurez-vous également qu'il n'y a pas de tableau de distribution d'électricité ou de fusibles à proximité de votre lit ou de votre bureau.

En ce qui concerne les écrans d'ordinateur, je puis vous faire deux recommandations. Tout d'abord, cet écran doit respecter la norme TCO-99, ce qui vous assure qu'il émet moins de radiations que d'autres appareils (consultez le site www.tco-info.com pour en savoir plus). La différence est sensible, au point que vous pouvez travailler plus longtemps sans fatigue. De plus, placez devant le moniteur un écran contre les radiations et la fatigue des yeux. Les moniteurs peuvent provoquer des maux de tête, un problème de plus en plus aigu dans les entreprises (voir www.lessemf.com pour plus d'informations).

Chapitre 23

Dix conseils pour vendre, trouver et acheter une maison

Dans ce chapitre :

- Enlever les obstacles jusqu'à l'entrée de la maison pour attirer les acheteurs potentiels
- Comment organiser un déménagement sans stress
- Trouver une nouvelle demeure avec une chambre à coucher bien située
- S'informer sur les occupants précédents
- Éviter les formes de terrain qui pourraient absorber votre énergie et celle de la maison

Pour beaucoup de gens, déménager est un festival de stress à mi-chemin entre vivre avec ses beaux-parents et la torture. Mais le Feng Shui peut atténuer les souffrances de cette épreuve, au point de vous la rendre tout à fait supportable. Ce chapitre vous aide à assurer la vente de votre demeure actuelle, à décider ce qu'il faut emmener avec vous, et à trouver une nouvelle demeure ayant d'emblée de bonnes caractéristiques Feng Shui.

Pour vendre une maison, il faut tout d'abord faire en sorte que des acheteurs potentiels qualifiés manifestent un intérêt pour elle et la visitent. Les remèdes Feng Shui de ce chapitre contribuent à activer l'énergie qui incitera les personnes voulues à acheter la maison. Ces remèdes portent essentiellement sur la porte d'entrée, parce que c'est par elle que commence la visite de la maison.

Lorsque vous avez trouvé un acheteur pour la maison et que vous êtes prêt à la quitter, il est temps de traiter l'énergie très forte qui vous y attache. Cette démarche est nécessaire, même si vous avez conscience de vouloir déménager. Une manière de faire face à cet obstacle psychique est de vous débarrasser de ces montagnes de possessions inutilisées qui encombrent vos placards et votre garage. Tout ce bagage accumulé représente un poids mort émotionnel et physique qui vous ancre à votre résidence actuelle, et il convient de le jeter par-dessus bord avant de mettre le cap sur la nouvelle demeure.

Enfin, ce chapitre donne des indications sur la façon de trouver un nouveau chez soi comportant un bon Feng Shui.

Le choix d'une nouvelle demeure met en jeu plus de facteurs que ceux évoqués dans ce bref chapitre. Je vous recommande de contacter un professionnel du Feng Shui pour choisir votre prochaine résidence.

L'aspect business de l'opération

Lors de la vente d'une maison, les trois facteurs suivants ont autant d'importance que tout remède Feng Shui que vous pourriez appliquer. Voici trois préparatifs indispensables, par ordre d'importance :

- Fixez le bon prix (un prix réaliste)
- Prenez un bon agent immobilier
- Ayez un bon plan marketing

Pour être clair, il est très difficile de vendre une maison en l'absence de ces facteurs. Le prix est le plus important. Les remèdes Feng Shui ne peuvent pas pousser les acheteurs à agir à l'encontre de leur propre intérêt (par exemple, payer un prix trop élevé). C'est pourquoi il est vital de satisfaire avant tout à ces trois conditions, après quoi les remèdes Feng Shui renforceront vos chances de succès.

Envoyez le bon message

Un remède Feng Shui efficace pour vendre une maison consiste à activer l'énergie de son entrée. Les sons, particulièrement des sons clairs comme ceux d'une cloche, développent l'énergie de messages destinés à susciter l'intérêt. C'est pourquoi il est recommandé de suspendre un carillon près de la porte d'entrée. Le son du carillon éveille et attire le chi jusqu'à la porte d'entrée, tout en attirant les gens vers votre porte. Il salue en même temps les visiteurs, qui ont l'impression d'être les bienvenus. En accrochant le carillon, visualisez une vente de la maison en peu de temps – et au bon prix.

Rendez l'entrée plus visible

Si l'entrée n'est pas visible de la rue, c'est un obstacle à la vente de la maison. Un bon remède est l'installation de lumières vives pour illuminer la façade. Si l'entrée de la maison est sombre, placée dans l'ombre, ou bien se trouve dans un renfoncement (une entrée en entonnoir), placez une lampe à l'extérieur pour éclairer fortement l'entrée de la maison. Ce procédé active l'énergie de l'entrée de la maison, qui en est la partie la plus importante. Et si l'énergie est élevée à ce niveau, les acheteurs seront plus enclins à visiter et acheter la maison.

Enlevez les obstacles de l'entrée

Si l'entrée (ou bouche du chi) est encombrée, les acheteurs potentiels tendront à rester à l'écart. Si des arbres ou buissons bloquent l'entrée, je vous recommande de les tailler pour que le chi parvienne librement jusqu'à la porte d'entrée. Vous augmenterez ainsi considérablement vos chances de vendre la maison rapidement.

Activez les gens qui vous aident et l'énergie relative à l'argent

La surface des gens qui vous aident a une importance plus grande encore que toutes les autres surfaces d'une maison qu'il s'agit de vendre (voir au chapitre 3 la façon de déterminer la surface des gens qui vous aident). Pour mener à bien toutes les étapes de la vente d'une maison, vous avez besoin de nombreuses personnes qui vous aident, des agents immobiliers, des banquiers, des intermédiaires, des gens de votre famille et, bien sûr, de l'acheteur. C'est pourquoi les meilleurs remèdes à appliquer à cette surface sont ceux qui stimulent l'activité. L'installation d'une fontaine dans la surface des gens qui vous aident de la maison ou du terrain permet d'espérer des résultats tangibles. L'énergie de la fontaine crée un flux très favorable à l'arrivée de l'élément clé de la vente de la maison – un acheteur qualifié. Visualisez la vente rapide de la maison en installant la ou les fontaines et n'omettez pas de procéder au renforcement des trois secrets pour amplifier l'effet du remède.

Un autre ingrédient important de la vente d'une maison est évidemment l'argent. C'est pourquoi la surface de la fortune intervient également dans l'opération. Un carillon placé dans cette surface peut effectivement attirer l'argent lié à la transaction. (Reportez-vous au chapitre 21 pour de plus amples détails.)

L'application de remèdes dans les surfaces des gens qui vous aident ou de la fortune peut aussi vous aider à trouver un bon agent immobilier, et à rassembler les fonds dont vous aurez besoin pour acheter une autre maison.

Commencez à déménager dès maintenant

La vente d'une maison, d'un point de vue extérieur, dépend de son prix et du marché immobilier, mais d'un point de vue intérieur, la vente dépend de l'énergie personnelle du vendeur et de sa volonté de déménager. De nombreux vendeurs pensent consciemment qu'ils veulent s'en aller, mais ils restent attachés à leur maison par crainte de l'inconnu et du changement et par des liens émotionnels. Pour éviter que cet état d'esprit vous empêche de vendre votre maison, mettez le plus vite possible votre énergie en mouvement.

Commencez par alléger votre charge. Détachez-vous de toutes les choses matérielles dont vous ne vous servez plus et débarrassez-vous des choses que vous n'emmènerez pas lors du déménagement. Plus vous enlevez de poids mort de votre propriété et de votre vie, plus vous libérez d'énergie pour vous aider à partir. Mettez toutes les chances de votre côté, participez à une brocante, donnez des objets à des organisations de bienfaisance, à des amis ou des voisins, ou jetez-les simplement au fond d'une camionnette pour les conduire à une décharge. Évaluez aussi la valeur personnelle des choses que vous placez dans un garde-meubles. Chaque objet dont vous vous séparez diminue votre attachement inconscient à votre maison. Plus vite vous ferez le ménage, plus vite vous serez prêt – au plan des émotions et à celui de l'énergie – à emménager dans une nouvelle demeure.

Enfin, prenez un bon départ en commençant à ranger dans des cartons les objets qui iront dans la nouvelle demeure. Plus vite vous serez prêt à déménager, plus ce sera facile (et urgent) de trouver une nouvelle résidence.

Trouvez une chambre principale dans la position de commandement

La chambre étant la pièce clé de toute maison, sa position dans la nouvelle maison revêt la plus haute importance. Il est toujours préférable de trouver une maison avec une chambre dans la position de commandement. Une chambre située sur le devant de la maison peut engendrer le chaos (et même de regrettables séparations). Il est également prioritaire de déterminer les autres caractéristiques Feng Shui de la chambre, telles que sa forme et la possibilité de placer le lit dans une bonne position. (Consultez le chapitre 11 pour de plus amples détails.)

Si vous trouvez la maison de vos rêves mais si la chambre à coucher n'est pas bien située ou n'a pas une forme adéquate, vous pouvez remédier à ces imperfections au moyen des remèdes Feng Shui décrits dans cet ouvrage. (Voir le chapitre 10 pour des solutions relatives à la position de la chambre, le chapitre 8 pour les remèdes concernant la forme de la chambre, et le chapitre 11 pour les autres remèdes applicables aux chambres.)

Informez-vous sagement sur le chi des prédécesseurs

Le chi des prédécesseurs, l'énergie des gens qui habitaient dans la maison avant vous, est un facteur Feng Shui déterminant pour ce qui vous arrivera dans votre nouvelle résidence. Les influences négatives des gens qui sont partis peuvent être dues à une faillite, un divorce, la maladie, un décès, la perte d'un emploi, etc. (Si l'occupant précédent a divorcé, est tombé malade, a perdu son travail, puis a fait faillite et est mort, vous feriez bien de chercher une autre maison !) D'autres facteurs de chi antérieur négatif sont la pauvreté, les conflits, y compris les violences physiques ou émotionnelles. Bien que les cérémonies de bénédiction soient efficaces pour purifier ces énergies négatives, il vaut mieux éviter si possible d'être confronté à un chi antérieur négatif. Pour éliminer le chi antérieur négatif, effectuez l'une des bénédictions du chapitre 17 ou contactez un professionnel du Feng Shui.

Choisissez un terrain favorable

Des terrains en pente à l'arrière de la maison peuvent entraîner des ennuis financiers et d'autres calamités pour les occupants de la maison. Cette configuration conduit l'énergie de la maison à s'échapper, entraînant dans sa fuite l'argent, la santé et les relations avec autrui. Une meilleure forme de terrain est un terrain plat à l'arrière de la maison ou, mieux encore, un terrain qui se relève doucement à l'arrière, retenant ainsi le chi et tout le reste.

Une maison située au-dessous du niveau de la rue peut inhiber votre carrière ou votre vie sociale, et avoir un effet néfaste sur la santé. Plus l'entrée de la maison est en contrebas de la rue, plus ces effets sont accentués. Je recommande donc le choix d'une maison au même niveau que la rue ou légèrement au-dessus. Vous serez ainsi davantage dans une position de commandement, davantage maître de votre destin.

Recherchez une rue dont l'énergie soit positive

L'énergie de la société (les gens, l'argent, le courrier et tout le reste) est principalement reliée à votre maison par l'énergie de la rue. D'où l'intérêt d'un flux d'énergie important. Cependant, une rue trop fréquentée peut avoir un effet déstabilisant sur le chi de la maison, et même lui faire perdre une partie de son énergie. Ce qui peut vous faire manquer certaines occasions de réussite dans la vie. (Sans parler du bruit dont vous pouvez avoir à souffrir.) La meilleure situation est une rue animée à laquelle accède un chemin conduisant à la propriété, mais sur laquelle le trafic automobile n'est pas trop intense.

Évitez les intersections en T ou en Y (qui peuvent être dangereuses), les rues en sens unique (elles éliminent certaines possibilités), les impasses (certains aspects de votre vie peuvent stagner), et les rues très en pente (vous pourriez vous sentir facilement déséquilibré dans la vie).

Chapitre 24

Dix conseils pour la vie en appartement ou dans une maison en centre-ville

Dans ce chapitre :

- Décupler votre énergie de propriétaire
- Habiter au-dessus d'un garage
- Les relations avec les voisins
- Des pièces dont les fonctions sont claires
- Faire entrer la nature dans la maison
- Résoudre le dilemme d'une cuisine d'appartement

La vie dans une résidence collective pose un certain nombre de défis, de dilemmes, et comporte certains avantages. Que vous soyez locataire ou propriétaire d'un appartement ou d'une maison en ville, le Feng Shui peut vous aider à tirer le meilleur parti de la situation. Dans ce chapitre, le mot *appartement* se réfère à toutes les formes de logements abritant plusieurs familles, pouvant représenter divers défis en Feng Shui. Heureusement, vous trouverez des solutions au plus grand nombre d'entre eux un peu partout dans le livre. Mais les solutions les mieux adaptées à la vie en appartement vous attendent dans les pages qui suivent.

Quels sont donc les problèmes ? Pour commencer, les appartements sont en général plus petits que les maisons individuelles. Les voisins sont plus proches. Les murs sont moins épais. Il y a moins d'espaces verts – et moins d'espace psychique. Mais n'ayez crainte – le Feng Shui est toujours là, et vous aide à résoudre tous ces problèmes mesquins, et à vivre parfaitement heureux en appartement. Et si votre but est d'en partir le plus vite possible, il vous offre aussi des remèdes appropriés pour aller vers des sites plus verdoyants (et vivre dans des murs plus épais).

Agissez en propriétaire, bon sang !

La première suggestion à l'adresse des locataires est d'adopter intérieurement une position de commandement. En d'autres termes, agissez comme si vous possédiez tout (votre appartement). Trop de locataires jettent l'éponge et se comportent en locataires, abandonnant la position de commandement et le pouvoir personnel qui lui est associé. (« Oh, je ne suis qu'un locataire, et donc pourquoi investir dans cet endroit et le rendre plus agréable et confortable ? C'est comme si je donnais de l'argent au propriétaire ! Je me contenterai de regarder la télé jusqu'à ce que j'ai trouvé un endroit à moi. ») Une telle abdication affaiblit le chi du locataire au sein de sa demeure et est à l'origine du malaise chronique de ce dernier. Et si vous appliquez les remèdes du Feng Shui avec cette attitude (sans y croire), vous récolterez ce que vous avez semé – des résultats médiocres.

Les remèdes Feng Shui ne sont pas seulement un investissement dans un lieu, ils sont un investissement dans votre vie. Ne soyez donc pas avare de remèdes en vous disant que vous en privez le propriétaire. (Souvenez-vous que ce n'est pas lui qui habite ici.) Lésiner sur les remèdes et succomber au malaise du locataire risquent de vous bloquer dans un endroit ou une forme de vie dont vous pourriez vous sortir. Si vous investissez dans de bonnes solutions, vous augmentez votre pouvoir et vous investissez en vous-même. Vous pouvez alors prospérer dans votre environnement, et soit partir pour un meilleur endroit, soit faire de votre logement un tel paradis que le propriétaire ne pourra jamais vous en déloger. Et si vous déménagez, vous pourrez emmener avec vous la plus grande partie de vos remèdes, et en faire bénéficier votre logement suivant.

Résoudre les problèmes d'entrée

L'entrée est peut-être l'emplacement le plus important de toute maison ou de tout appartement, et les entrées des appartements sont souvent configurées de façon alambiquée. Des entrées compliquées, sombres, mal éclairées, étroites, confuses, nez à nez avec l'entrée de l'appartement d'en face peuvent soulever de nombreux problèmes Feng Shui, et peuvent même être dangereuses. Pour atteindre la porte d'entrée de nombreux appartements, il faut souvent se faufiler à travers un labyrinthe de couloirs et de détours. Vous risquez alors de rencontrer de nombreux obstacles énergétiques affectant votre vie, votre carrière et vos relations personnelles. Alors, que faire ?

S'il ne vous est pas possible de déménager ou d'obtenir du propriétaire qu'il fasse les aménagements souhaitables, vous disposez encore de nombreuses autres options. Remédier à l'une des situations évoquées plus haut n'est pas un luxe, c'est une nécessité. Je vous suggère d'employer tous les moyens à votre disposition. Dans toute la mesure du possible, rendez votre entrée claire, ouverte et libre – à l'intérieur comme à l'extérieur de la porte d'entrée. Vous pouvez installer un meilleur éclairage, si nécessaire des miroirs pour agrandir l'espace, des fontaines pour créer du mouvement, et suspendre des carillons pour attirer le flux d'énergie jusqu'à la porte. Choisissez dans la liste précédente les remèdes correspondant à vos besoins, et observez les changements surprenants qu'ils produisent.

Assis sur des aiguilles : les piliers du garage

Certains immeubles d'appartements comportent un parking gigantesque couvrant tout le rez-de-chaussée. Cette disposition est supposée contribuer à la sécurité et au confort des résidents. Mais cela crée un problème pour ceux qui habitent à l'étage situé directement au-dessus du garage. Se tenir au-dessus d'un immense espace vide dans lequel le mouvement constant des véhicules perturbe le chi environnant peut engendrer la panique dans la vie. En outre, l'énergie de tout l'immeuble est dans un état précaire, parce qu'il repose sur des aiguilles (les piliers du parking). La solution consiste à faire dans l'appartement des opérations de raccordement à la terre, pour solidifier et stabiliser votre vie. Placez à cette fin des plantes ou de grandes pierres lisses aux quatre coins de l'appartement ou seulement aux quatre coins de la chambre à coucher, et vous obtiendrez le résultat cherché.

Tout en haut dans le ciel

Pendant des millions d'années, les humains ont évolué – sur la terre. Les techniques modernes du bâtiment permettent désormais à des millions de gens de vivre dans des appartements à plusieurs niveaux et dans des bureaux d'immeubles de grande hauteur. (Dites-donc, si votre immeuble brûle, serez-vous encore propriétaire du petit carré de ciel ou se trouvait votre appartement ?) Maintenant que tant de gens occupent d'innombrables étages au-dessus du sol, il n'y a plus qu'à trouver le moyen de s'en accommoder.

Du point de vue du Feng Shui, l'habitat dans un immeuble en hauteur présente au moins un avantage. Vous avez au moins une vue qui domine votre environnement. Vous avez le sentiment d'avoir le dessus. Mais il y a aussi des inconvénients. Vous pouvez vous sentir trop haut, trop loin du sol, dangereusement perché. Les cycles de l'énergie humaine sont en fait associés aux rythmes magnétiques de la terre. De sorte qu'au-dessus du deuxième étage, beaucoup de gens sont mal à l'aise, déconnectés de la terre. L'habitat dans un immeuble tout en hauteur peut provoquer une sensation de flottement, car le corps a un besoin fondamental de contact avec la *terre ferme*.

Que pouvez-vous faire ? À part le déménagement vers un étage inférieur, trois bonnes solutions consistent à mettre en place des plantes, encore des plantes, et toujours des plantes (avec évidemment beaucoup de terre en dessous). D'autres remèdes apportant l'énergie de l'élément terre sont les objets en poterie, les objets aux couleurs de terre, et les formes cubiques. Et tous ces remèdes peuvent agir pleinement dès que vous avez procédé au renforcement des trois secrets (voir le chapitre 6 pour plus de détails sur ce procédé d'amélioration des remèdes).

Comment remédier au manque de place

La dimension (ou son manque) est la plaie de la vie en appartement. Pour contrebalancer l'impression d'être enfermé dans une boîte, je vous suggère les trois remèdes suivants :

1. **Débarrassez-vous d'une partie de vos affaires**. Jetez par-dessus bord tout ce qui n'est pas absolument nécessaire.

2. **Mettez partout où c'est possible de grands miroirs pour augmenter l'espace**. Cet agrandissement est illusoire mais quand même très agréable.

3. **Suspendez des sphères à facettes de cristal pour créer une sensation énergétique d'expansion, de gaîté et de légèreté**. Ces sphères ont pour effet d'accroître la sensation d'espace éprouvée par les occupants. Le milieu des pièces est le meilleur endroit pour placer ce remède. Renforcez-le par le renforcement des trois secrets (voir chapitre 6).

Donnez-vous un peu d'espace vital

Vous êtes gêné par les voisins ? Des cloisons trop minces vibrent quand ils font marcher leur ventilateur ? Vous avez l'impression que le voisin vit sur vos genoux ? (« Dites-donc, pourriez-vous ronfler un peu moins fort ? ») Quoi, vous pouvez aussi les sentir ? Ah ces voisins ! De toute façon, les miroirs sont un remède à effets multiples pour ceux qui vivent les uns sur les autres. Il y a deux manières de les mettre en œuvre. Tout d'abord, si l'énergie d'un voisin est particulièrement gênante – voire inquiétante – vous pouvez placer un miroir Ba-Gua sur le mur de séparation, faisant face à votre voisin. Faites l'opération avec un sentiment de compassion et l'intention d'établir l'harmonie entre toutes les personnes concernées. Le miroir ne fera de mal ni à vous ni aux voisins, mais il déviera les jets d'énergie lancés dans votre direction.

Si les voisins sont aimables mais un peu trop familiers à votre goût, exécutez le remède de la section précédente. De grands miroirs (non Ba-Gua) sur les murs de séparation servent à repousser les murs plus loin. Ils ont aussi le mérite de rendre l'espace plus lumineux, léger, et serein. Ces miroirs doivent être tournés vers votre pièce. Plus ils sont grands, mieux c'est. (Choisissez des miroirs de très bonne qualité, et surtout parfaitement plans.)

Les pièces à usages multiples – elles peuvent semer la confusion

Les appartements ayant souvent moins de pièces que les maisons, il est normal que vous utilisiez les pièces à plusieurs fins. Malheureusement, cette approche peut entraîner des problèmes de frontière. Une solution consiste à séparer les espaces avec de grands paravents décoratifs (qui ont le grand avantage de pouvoir être déplacés), des rideaux ou des sphères à facettes de cristal. Les paravents et les rideaux créent un blocage visuel assurant la séparation nécessaire. S'il n'est pas possible de mettre en place un rideau ou un paravent, vous pouvez suspendre une sphère à facettes de cristal servant à diviser l'énergie de la pièce, à équilibrer vos cellules grises, et à harmoniser les flux d'énergie.

Mettez l'extérieur à l'intérieur

Un problème fondamental de beaucoup d'appartements est qu'ils ne comportent pas ou pas assez d'espaces verts ou de jardins. Ce manque d'énergie naturelle peut entraîner une déprime associée au confinement, que l'on peut combattre en introduisant chez soi un peu d'énergie naturelle. Je recommande l'usage de photos murales représentant des paysages naturels saisissants. Vous pouvez en rechercher sur Internet, et la plupart vous coûteront approximativement 120 euros. Grâce aux miracles de la technique moderne, vous pourrez profiter des chutes du Niagara, du Grand Canyon ou du Mont Fuji dans votre petit studio. Il suffit d'un peu de patience et de beaucoup de colle. (En fait, la plupart de ces photos murales sont autocollantes.)

Est-ce que regarder une image du Mont Fuji, c'est la même chose que d'en faire l'escalade ? Pas vraiment. (Mais l'avantage c'est que vous ne risquez pas de tomber.) Et vous pouvez en même temps profiter de tous les avantages de la civilisation. Vous pouvez dans le même esprit ajouter une fontaine, des tableaux, des plantes, une source pour un aquarium… Vous finirez même par être obligé de sortir pour échapper à toute l'énergie naturelle de votre petit appartement.

Réparez les fenêtres récalcitrantes

Les propriétaires ont souvent un comportement étrange en matière de fenêtres. Certains insistent pour les peindre de telle manière qu'on ne puisse plus les ouvrir. D'autres préfèrent les clouer pour obtenir le même résultat. D'autres encore ont un penchant pour les prisons, et barricadent les fenêtres par des barreaux. Quoi qu'il en soit, si vos fenêtres ne s'ouvrent pas facilement, vous vous sentirez frustré, opprimé, et même claustrophobe. Une solution simple : ouvrez la fenêtre ! Si la fenêtre est cassée, faites-la réparer. Si elle est coincée par la peinture, essayez de détacher la peinture tout autour de la fenêtre. Et si les fenêtres sont recouvertes d'un matériau opaque ou de barreaux inutiles, voyez si vous pouvez aussi éliminer ces obstacles. Ne suffoquez pas dans votre espace vital. Réglez le problème par le renforcement des trois secrets (détaillé au chapitre 6) pour y voir plus clair, pour un meilleur écoulement de l'énergie et plus de liberté. Vous vous sentirez mieux et vous respirerez plus librement. (Bien sûr, si vous vivez au rez-de-chaussée dans un voisinage malfamé, réfléchissez bien avant d'enlever des barreaux de sécurité. Comme toujours, laissez-vous guider par le bon sens.)

Au secours de la cuisine

Les cuisines des appartements soulèvent deux problèmes. Le premier est qu'elles sont petites. Pour augmenter l'impression d'espace dans la cuisine, disposez des miroirs aux endroits stratégiques entre les placards et les surfaces de travail ou sur tous les murs disponibles – il n'y aura jamais trop de miroirs. Ils vous procurent une sensation de liberté et d'expansion. Le second problème est que les cuisines d'appartement sont en général sur le devant, ce qui est très malsain pour votre carrière comme pour votre santé. Dans pareille situation, je recommande de suspendre un carillon pourvu d'un timbre clair et apaisant à mi-chemin entre la porte d'entrée et le fourneau.

Chapitre 25

Dix calligraphies originales pour bénir votre vie

Dans ce chapitre :

- Signification des calligraphies
- Utilisation des calligraphies pour embellir votre vie

Ce chapitre vous offre en bonus dix œuvres d'art conçues à l'attention des lecteurs de l'ouvrage par le grand maître Lin Yun, maître en Feng Shui et en calligraphie traditionnelle chinoise. La culture chinoise révère la calligraphie et la peinture comme la seule véritable forme d'art, et très peu d'artistes atteignent le sommet de cet art difficile.

Chacune des dix calligraphies a une énergie et un sens particuliers. Le grand maître Lin Yun a mis beaucoup d'énergie dans la création de ces œuvres d'art ; chacune d'elles est susceptible d'ajuster votre énergie par le simple fait que vous la regardez. Elles peuvent aussi contribuer à animer votre environnement. Vous pouvez profiter de ces calligraphies en tant qu'œuvres d'art ou vous en servir comme remèdes pour votre maison.

Vous pouvez notamment les utiliser pour améliorer des surfaces vitales de certaines pièces de la maison dans un but déterminé. Pour ce faire, vous pouvez faire une photocopie de l'une d'elles ou la découper et l'accrocher au mur telle quelle ou dans un cadre. Je vous recommande de mettre la calligraphie « Pour que vos vœux soient exaucés » dans toute surface où vous désirez la réalisation d'un souhait ou un désir particulier ; « La boîte aux trésors » peut vous apporter la fortune (en la plaçant par exemple dans la surface de la fortune) ; et « Talisman taoïste pour la fortune et la sécurité » peut vous apporter la richesse tout en vous protégeant. (Reportez-vous au chapitre 3 pour découvrir ou retrouver les surfaces vitales de votre maison.)

Chaque calligraphie comporte un titre, et est suivie de la traduction en français des caractères chinois, à partir de la traduction anglaise faite par Crystal Chu. Traditionnellement, les calligraphies chinoises indiquent le lieu et/ou la date où elles ont été composées. Dans les pages suivantes, ces indications suivent la traduction des différentes calligraphies.

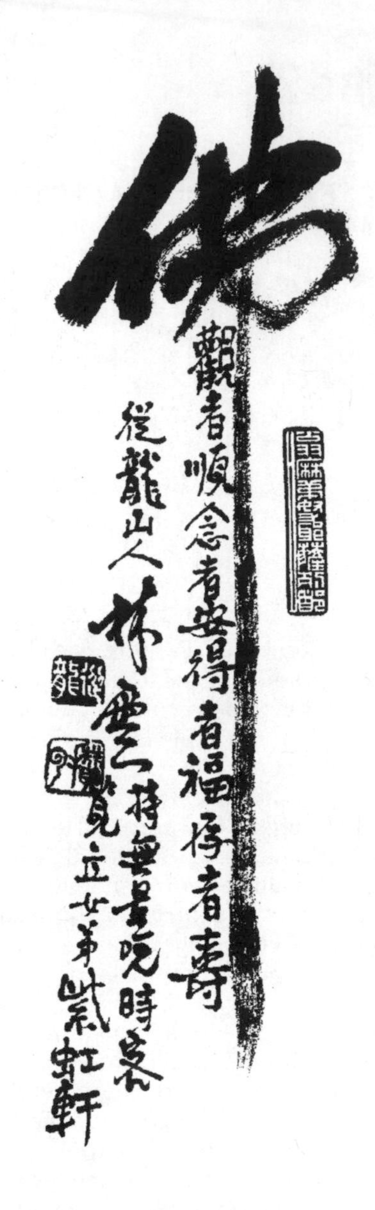

Bouddha

Que l'observateur (de cette calligraphie) soit béni par une vie en douceur. Que celui qui psalmodie soit béni par la paix. Que celui qui reçoit soit béni par la prospérité. Que celui qui conserve soit béni par la longévité.

Composée par le grand maître Lin Yun en psalmodiant un nombre infini de mantras dans l'atelier du disciple Crystal Chu.

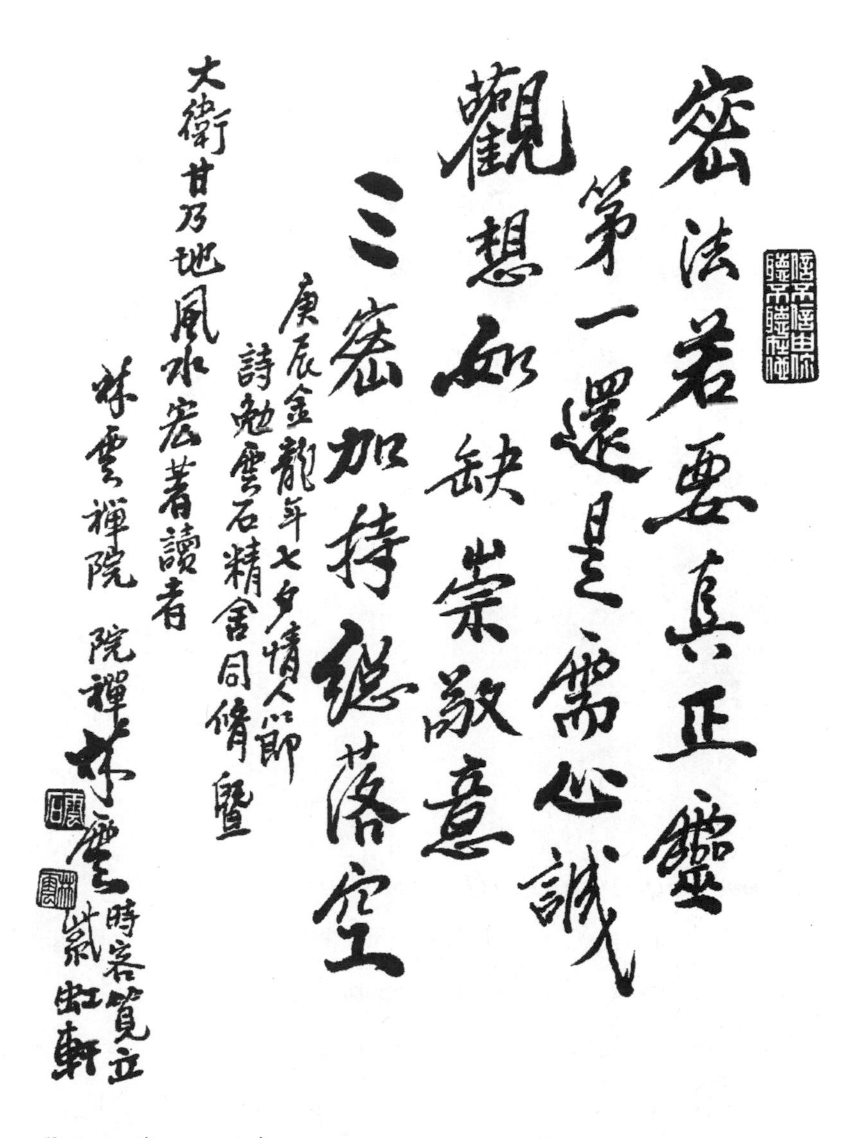

Poème des remèdes secrets

Pour que vos remèdes secrets soient vraiment efficaces
Votre cœur doit tout d'abord être pur
Si vos visualisations manquent de respect et de sincérité
Même le renforcement des trois secrets sera sans effet.

Écrit par le grand maître Lin Yun le deuxième jour du septième mois lunaire, appelé aussi la Saint Valentin chinoise, pour encourager tous les disciples du grand maître Lin Yun ainsi que les lecteurs du livre de David Kennedy sur le Feng Shui.

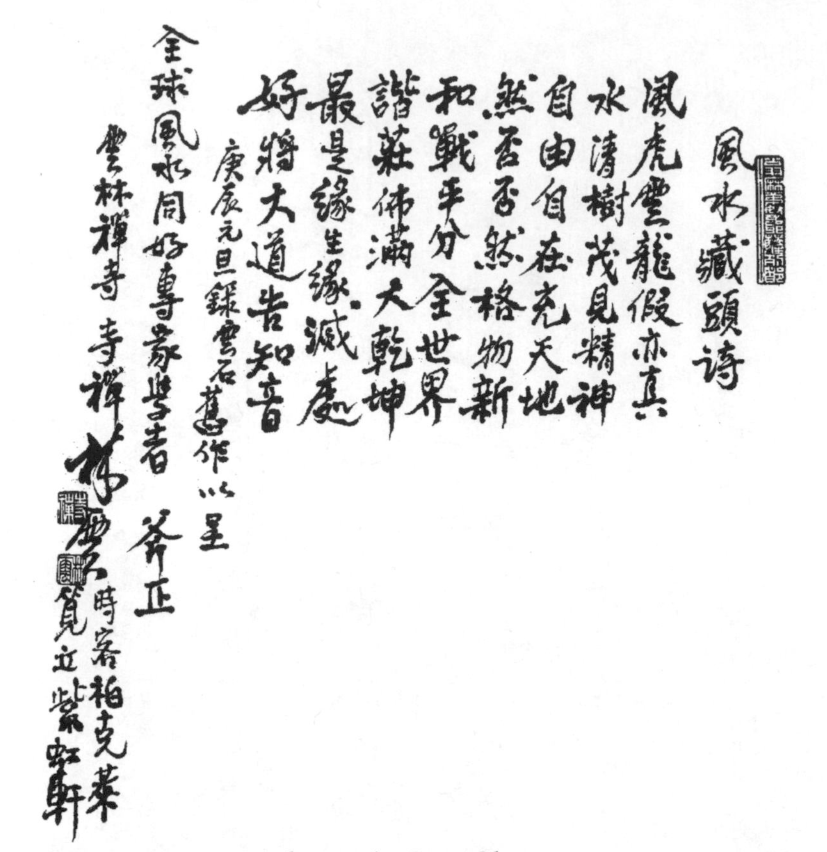

Poème au titre caché sur le Feng Shui

Les tigres paraissent dans le vent, et les dragons émergent des nuages,
Ces images semblent réelles mais sont fausses.
L'eau est claire et les arbres sont luxuriants,
Ils nous font ressentir l'énergie vitale.
La liberté et l'aisance remplissent le ciel et la terre
Que cela soit vrai ou non,
Nous aurons d'autres connaissances après l'avoir analysé.
La paix et la guerre s'étendent également dans le monde ;
L'humour et la gravité remplissent aussi tout l'univers.
Le but ultime est le commencement de karma et la fin de karma
Il vaut donc mieux partager cet enseignement avec ceux qui agissent pour le bien commun.

Le grand maître Lin Yun a composé ce poème en rendant visite à l'atelier du disciple Crystal Chu. Écrit le Jour de l'an 2000, à partir d'un poème antérieur. Ce poème s'adresse à tous les fondateurs du Feng Shui, aux experts et aux étudiants du Feng Shui du monde entier.

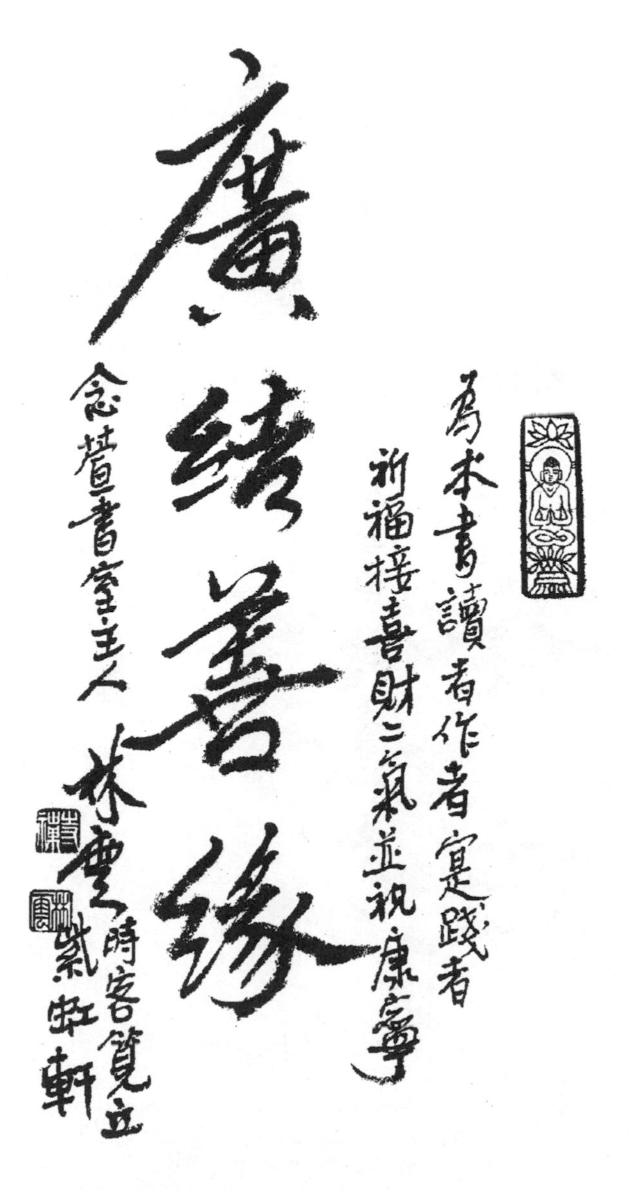

Le bon karma doit être largement répandu

Pour répandre la bénédiction sur le lecteur, l'auteur et l'utilisateur de ce livre. Puissent-ils recevoir la prospérité, le chi porte-bonheur, la santé et la paix.

Cette calligraphie a été composée par le grand maître Lin Yun au cours de sa visite au disciple Crystal Chu.

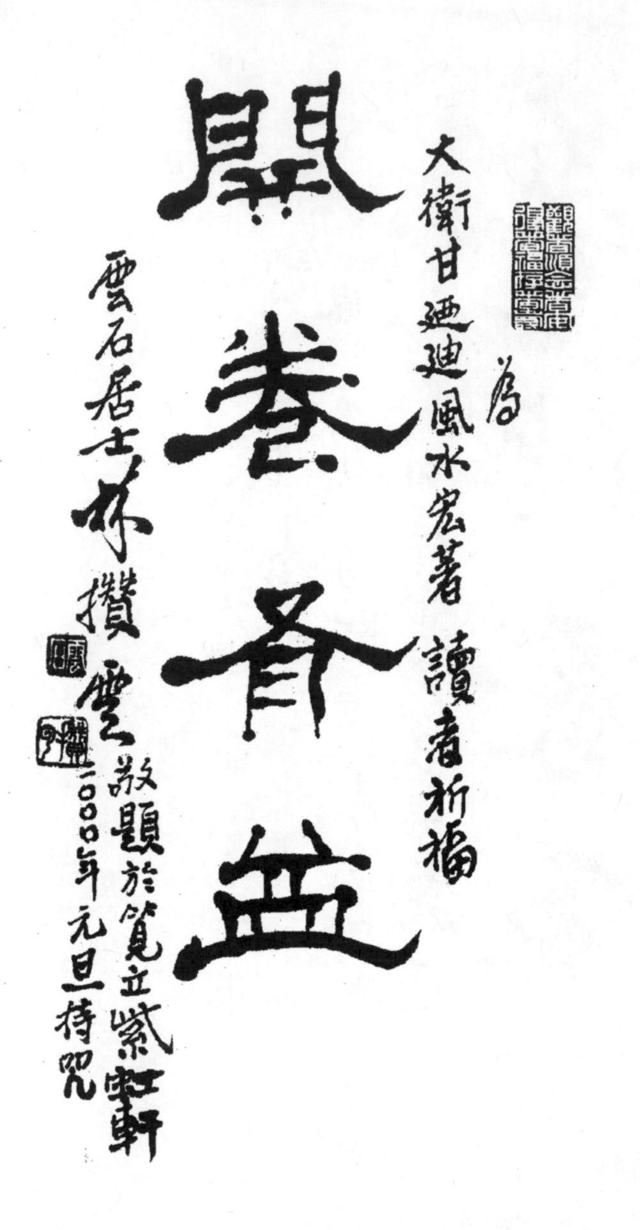

De grands avantages viendront de l'ouverture de ce livre

Pour étendre des bénédictions sur les lecteurs du livre de David Kennedy sur le Feng Shui.

Cette calligraphie a été composée par le grand maître Lin Yun alors qu'il psalmodiait des mantras le Jour de l'an dans l'atelier du disciple Crystal Chu.

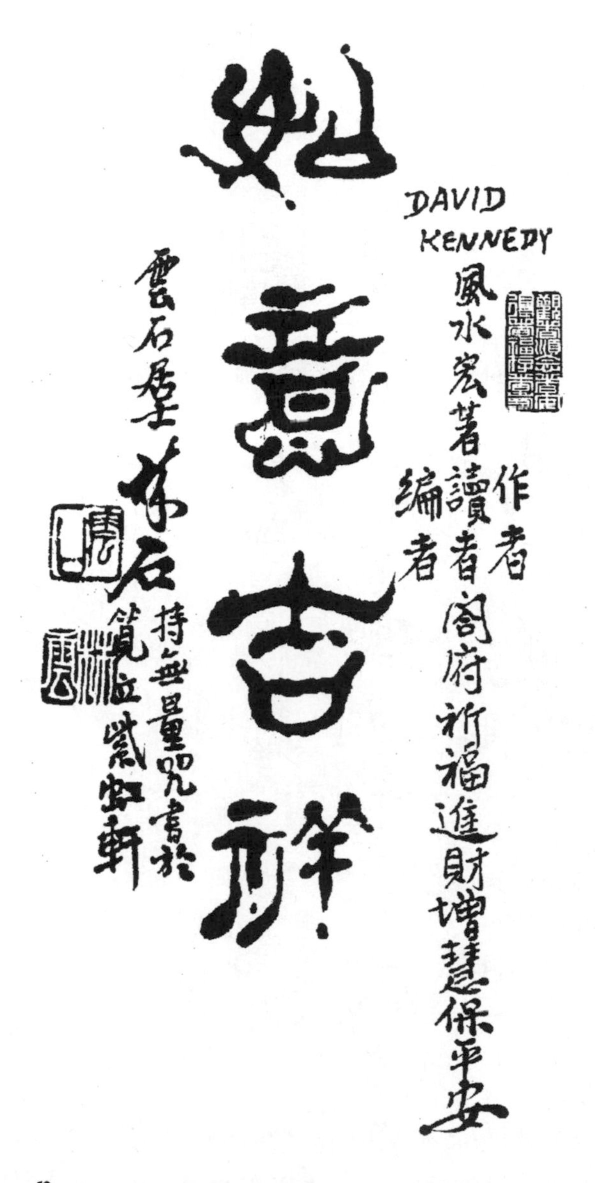

Pour que vos vœux soient exaucés

Pour bénir le livre de David Kennedy sur le Feng Shui. Que son auteur, ses lecteurs, son éditeur et les membres de leurs familles reçoivent tous la prospérité, la fortune, la sagesse et la sécurité.

Composé par Lin Shi en psalmodiant un nombre infini de mantras, à l'atelier du disciple Crystal Chu. (Lin Shi est l'autre nom du grand maître Lin Yun.)

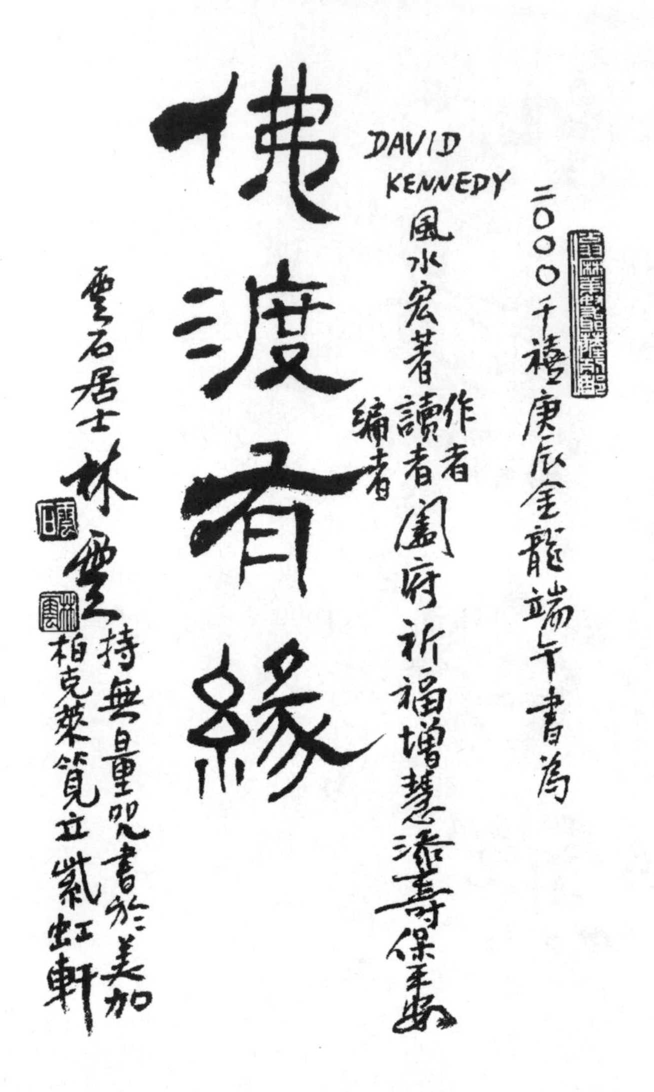

Le Bouddha libère de toute souffrance ceux qui ont le bon karma

Écrit l'année du millénaire du dragon doré pour le livre de David Kennedy sur le Feng Shui.

Que son auteur, ses lecteurs, l'éditeur et les membres de leurs familles reçoivent tous la sagesse, la longévité et la sécurité.

Composé par le grand maître Lin Yun en psalmodiant un nombre infini de mantras à l'atelier du disciple Crystal Chu.

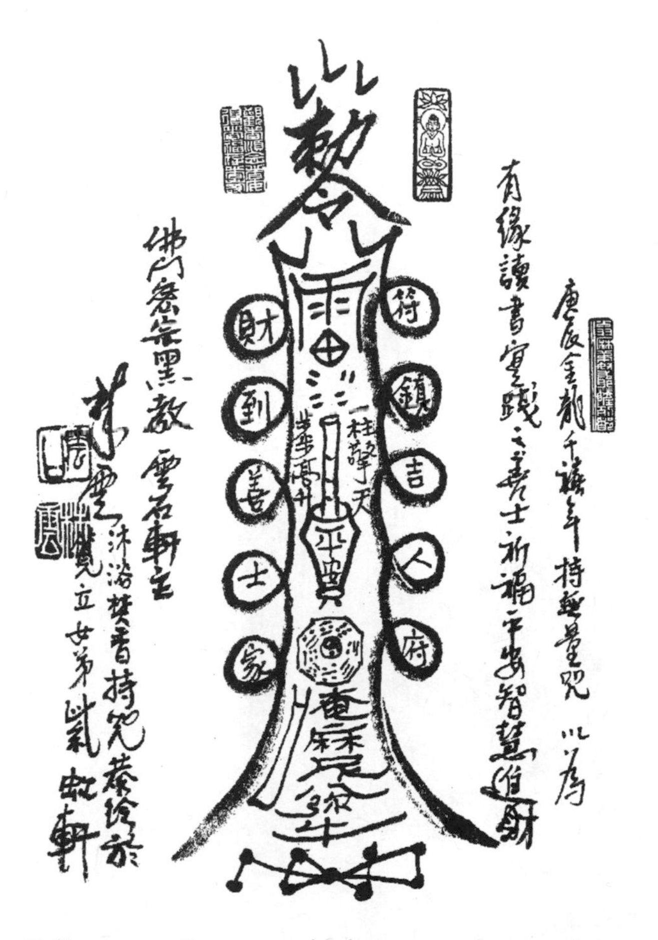

Talisman taoïste pour la fortune et la sécurité

Le talisman taoïste (montrant les bénédictions suivantes) : « Ordre suprême le plus haut », « Cinq protecteurs contre le tonnerre », « Tige de bambou dans un vase » pour apporter la sécurité, tout en décuplant votre réussite et votre bien-être., « Huit trigrammes », « Mantra des six syllabes : Om Ma Ni Pad Me Hum », et « Tracé du chemin des neuf étoiles ».

Ce talisman apportera la sécurité à la résidence de celui qui est béni.
La fortune parviendra à la résidence de ceux qui font le bien.

Respectueusement composé par le grand maître Lin Yun à l'atelier du disciple Crystal Chu. Écrit l'année du millénaire du dragon doré en psalmodiant un nombre infini de mantras pour apporter la bénédiction aux lecteurs et aux utilisateurs du livre ayant un bon karma. Puissent-ils recevoir la prospérité, la sécurité, la sagesse et la fortune.

Boîte aux trésors

Pour accorder l'acquisition de la fortune à l'auteur, aux lecteurs, à l'éditeur et au traducteur du livre de David Kennedy sur le Feng Shui.

Concernant la fortune

Ne suppose pas que la recherche de la fortune soit de l'avidité.
L'argent peut simplement te soulager
Dans les temps difficiles où tu es dans le besoin.
Mais s'il est acquis et utilisé
Sans une méthode appropriée,
Il sera plus facile de chavirer le navire
que de le faire avancer sur l'eau.

Composé par le grand maître Lin Yun en psalmodiant un nombre infini de mantras à l'atelier du disciple Crystal Chu.

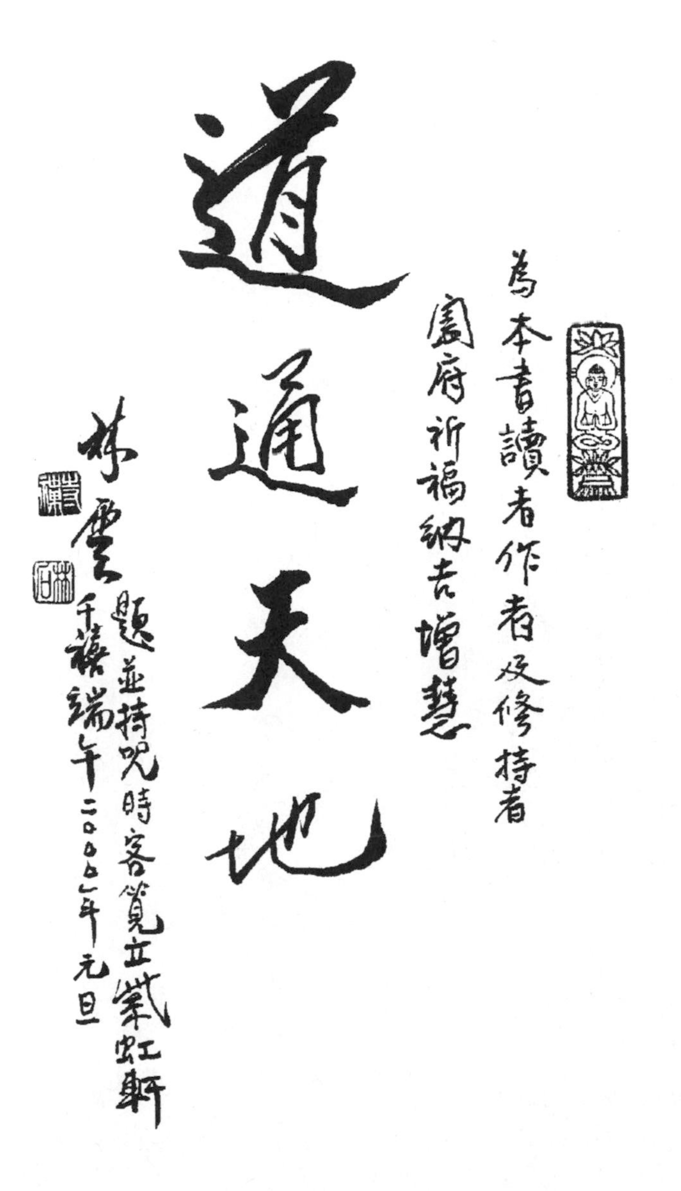

Le Tao atteint le ciel et la terre

Pour les lecteurs et l'auteur de ce livre, ainsi que pour ceux qui pratiquent la culture spirituelle. Que toutes leurs familles soient bénies par la prospérité, la réalisation de leurs souhaits et la sagesse.

Composé par le grand maître Lin Yun en psalmodiant des mantras à l'atelier du disciple Crystal Chu le Jour de l'an du millénium 2000.

Index alphabétique

L

M

N

O

P

R

S

T

V

X

Y